L'ÉGLISE ET L'ÉTAT EN FRANCE

DEPUIS LE CONCORDAT JUSQU'A NOS JOURS

(1801-1906)

G. DESDEVISES DU DEZERT

DOYEN DE LA FACULTÉ DES LETTRES DE CLERMONT-FERRAND

L'ÉGLISE & L'ÉTAT

EN FRANCE

TOME SECOND

DEPUIS LE CONCORDAT JUSQU'A NOS JOURS

(1801-1906)

PARIS
SOCIÉTÉ FRANÇAISE D'IMPRIMERIE ET DE LIBRAIRIE
15, RUE DE CLUNY, 15

1908

L'ÉGLISE ET L'ÉTAT EN FRANCE

DEPUIS

LE CONCORDAT JUSQU'A NOS JOURS

(1801-1906)

NAPOLÉON ET L'ÉGLISE

Le 18 avril 1802, les trois consuls de la République française et toutes les autorités civiles et militaires de Paris se rendirent en grand cortège à Notre-Dame, dans les voitures du sacre de Louis XVI. La foule, étonnée et indifférente, les regardait passer avec un sourire. Les soldats, qui faisaient la haie sur le passage du cortège, dissimulaient mal leur dédain pour cette « capucinade ». Beaucoup de hauts dignitaires avaient peine à s'empêcher de rire, comme avait ri, disait-on, le premier consul, quand on avait présenté le Concordat à sa signature.

Sur le seuil de Notre-Dame, le vieil évêque de Marseille, Mgr de Belloy, devenu archevêque de Paris, attendait les consuls au milieu de son clergé et les conduisit, à travers la nef de la glorieuse basilique, jusqu'aux sièges d'honneur qui leur avaient été préparés sous un dais, du côté droit de l'autel, en face du trône élevé pour le cardinal Caprara, archevêque de Milan, légat *a latere* de Sa Sainteté le pape Pie VII. Les grands corps de l'Etat garnissaient les tribunes. Les femmes des grands fonctionnaires accompagnaient Mme Bonaparte; l'État-major de l'armée avait dû, malgré sa mauvaise humeur, se rendre à la cérémonie.

M. de Boisgelin, archevêque de Tours, prononça un discours sur le rétablissement du culte ; puis la messe commença.

Après la lecture de l'Evangile, le premier consul reçut le serment de vingt-sept évêques présents.

Un *Te Deum*, accompagné par le Conservatoire de musique, termina l'office.

Au sortir de Notre-Dame, Bonaparte demanda au général Delmas ce qu'il avait trouvé de la fête : « C'était fort beau, « répondit le général ; il n'y manquait que le million d'hommes « qui se sont fait tuer pour détruire ce que vous rétablissez. » Mot amer et profond, qui marque bien le caractère exclusivement politique de l'acte qui venait de s'accomplir.

Douze ans séparent le *Te Deum* de Notre-Dame de la chute de Napoléon. Ces douze ans n'ont été qu'une lutte incessante entre l'Eglise humiliée et asservie et le despotisme sans frein de l'empereur.

Avec la nouvelle de la restauration officielle du culte, Pie VII recevait le texte des articles organiques et protestait, dès le 24 mai, contre cette manière déloyale de commenter le Concordat. Bonaparte affecta de ne voir dans la protestation du pape qu'un acte sans importance, exigé par les convenances, et la fit publier dans le *Moniteur*, pour bien montrer combien il la trouvait peu dangereuse.

Les Jésuites, déjà rétablis en Russie et à Naples sous le titre de Congrégation du Sacré-Cœur (1801), cherchaient à pénétrer en France. Bonaparte prononça leur dissolution (24 janvier 1803). Il accueillit, au contraire, l'Institut des Frères de la Doctrine chrétienne, et permit l'installation de pensions libres auprès des lycées. Quelques congrégations de femmes, vouées à l'assistance des malades, furent autorisées à se reconstituer et placées sous le protectorat de Mme Letizia Bonaparte, mère du premier consul.

Mais le pape dut créer cinq cardinaux français, parmi lesquels l'archevêque de Lyon, l'abbé Fesch, oncle du premier consul. Il dut accepter pour la République cisalpine un concordat bientôt complété par de nouveaux articles organiques. Il avait, dès 1804, une telle peur du premier consul qu'il n'osa faire entendre la moindre protestation contre le meurtre du duc d'Enghien.

Quand la servilité des grands corps de l'Etat eut fait du premier consul un empereur, le nouveau Charlemagne songea à placer sa dynastie sous la protection divine, et crut rendre son pouvoir plus auguste en le faisant consacrer par le pape.

Dès le mois de mai 1804, des négociations s'engagèrent entre les Tuileries et le Vatican, et Pie VII finit par se résigner à venir à Paris assister au sacre de Napoléon.

L'empereur montra, dans cette circonstance, tout ce qu'il y avait de vanité mesquine au fond de son âme. Sa grande préoccupation fut de ne jamais accorder au Souverain Pontife aucun honneur qui parût entraîner la reconnaissance d'une suprématie quelconque : il le traita en souverain italien et ne parut pas vouloir le traiter en chef suprême de la religion.

La première entrevue eut lieu dans la forêt de Fontainebleau, au cours d'une partie de chasse. La voiture de Napoléon fut adroitement amenée au milieu du groupe que formaient les deux souverains et leur entourage, le pape se trouva du côté gauche du carrosse et l'empereur du côté droit ; les deux portières s'ouvrirent ensemble, et les deux rivaux s'assirent côte à côte, placés comme Napoléon l'avait voulu.

De mœurs très douces et d'abord extrêmement gracieux, le pape était déjà populaire en France. On racontait de lui mille traits charmants. Paris se préparait à le recevoir avec cette sympathie un peu bruyante, mais si cordiale, qui effraie les gens d'étiquette et qui ravit les gens de cœur. Napoléon ne voulut pas que le Souverain Pontife eût l'entrée triomphale qu'on lui ménageait. Jaloux de la popularité du pape, il l'amena de nuit à Paris, et l'interna, pour ainsi dire, au pavillon de Flore.

Mais, dès le lendemain, l'arrivée de Pie VII était connue ; les quais, le pont Royal, la partie publique du jardin des Tuileries étaient couverts de monde, et la foule témoignait son impatience et sa curiosité en criant : « Vive le pape ! Vive le pape ! » sur le rythme scandé et agaçant si familier aux cohues parisiennes. Il fallut que Pie VII parût au balcon, saluât le peuple et le bénît. Cet incroyable peuple, qui, dix ans plus tôt, se ruait aux fêtes de la Raison, s'agenouillait maintenant devant le pontife de Rome, lui présentait ses enfants, l'acclamait à lui fendre la tête, et n'entendait pas qu'on manquât aux égards qui lui étaient dus. Quelques irrespectueux furent houspillés sérieusement.

La veille du sacre, un incident des plus bizarres faillit brouiller le pape et l'empereur en plein Paris.

Napoléon et Joséphine n'étaient mariés que civilement ; Joséphine avait souvent demandé à son mari la régularisation canonique de leur mariage ; pensant peut-être déjà au divorce futur, Napoléon avait toujours refusé. La rusée créole imagina de mettre le pape au courant de la situation, et Pie VII, très vivement alarmé, déclara à l'empereur qu'il ne paraîtrait pas à Notre-Dame si le mariage religieux n'était pas célébré. Malgré sa rage, Napoléon dut s'exécuter. Le cardinal Fesch bénit le couple impérial dans la chapelle des Tuileries, et l'on remarquait, le lendemain, l'humeur massacrante de l'empereur et les yeux rouges de l'impératrice.

A Notre-Dame, l'empereur fit attendre le pape pendant une heure et demie.

Au moment du couronnement, Napoléon se leva, marcha à l'autel, y prit la couronne devant le pape ébahi, et, se retournant vers le peuple, se posa lui-même sur la tête le laurier d'or des Césars romains.

La cathédrale semblait crouler sous les applaudissements. Les soldats, jusque-là assez sombres, acclamèrent leur empereur, qui n'avait pas voulu se laisser couronner par un prêtre. Leurs cris profanes durent avoir un écho douloureux dans le cœur du pape, amené là pour rehausser l'éclat de la cérémonie, considéré comme un décor, comme un trophée, et rien de plus.

Aux époques de foi religieuse et de foi monarchique, le sacre était une cérémonie réellement auguste. Le monarque chrétien voyait l'Église élever en sa personne la royauté à la dignité d'un sacerdoce, et lorsque l'archevêque de Reims déposait la couronne sur le front du roi agenouillé, c'était le Roi des rois lui-même qui semblait déléguer au roi de la terre une partie de son autorité : c'était devant Dieu que s'inclinait le roi.

Au sacre de Napoléon, rien de semblable : plus de foi religieuse, plus de foi monarchique, ni chez le peuple ni chez le souverain. C'est le vainqueur qui s'installe au pouvoir en face de son peuple et de ses soldats ; ce n'est plus sur les anciennes croyances que repose le nouvel empire, mais sur la force. Le pape n'est plus là qu'un comparse, un figurant ; il ne représente plus l'idée divine : il représente l'Église concordataire, que le triomphateur traîne derrière son char.

Et, dès lors, la cérémonie perd son ancien caractère : c'est l'apothéose de la force ; et tout ce qu'il y a de brutalité chez les hommes de guerre, tout ce qu'il y a de cupidité chez ces hauts dignitaires aux manteaux semés d'abeilles d'or, tout ce qu'il y a chez César de ruse et d'hypocrisie conspire à faire de cette grande scène un spectacle tragi-comique, triste à faire peur et grotesque à le siffler. Tout le monde tint son sérieux cependant ; « mais, si un seul rire, dit de Pradt, eût donné le signal,

« nous courions le risque de tomber dans le rire inextinguible
« des dieux d'Homère. »

Pie VII aurait dû reprendre le chemin de l'Italie, au lendemain même du sacre. Il s'attarda à Paris dans le vain espoir que le successeur de Charlemagne lui rendrait les trois provinces qu'il lui avait enlevées en 1800. Il partit, le 4 avril 1805, sans avoir obtenu autre chose que la suppression du calendrier républicain à partir du 1er janvier 1806.

Rentré à Rome, le pape y retrouva la misère dorée à laquelle le condamnaient la diminution de ses Etats et la mauvaise administration de ses officiers. Sans industrie, sans commerce, sans chemins, sans police organisée, l'Etat pontifical suffisait à peine aux dépenses publiques. Rome était un merveilleux musée, mais une ville sordide, toujours à la merci d'un débordement du Tibre, décimée par la fièvre, menacée par la famine et rançonnée par les voleurs qui pullulaient dans ses rues étroites et tortueuses et dans les masures de ses faubourgs.

L'année 1805 finit sur le coup de tonnerre d'Austerlitz. Le royaume d'Italie s'augmentait de l'État vénitien, du Frioul, de l'Istrie et de la Dalmatie ; les Bourbons de Naples cessaient de régner, et leur royaume était donné à Joseph Bonaparte.

L'Etat pontifical se trouvait ainsi bloqué, au Nord et au Midi, par les Etats feudataires de l'empire français, et il était évident que, tôt ou tard, Napoléon supprimerait cette principauté gênante, qui l'empêchait de mouvoir ses troupes à travers l'Italie.

Dès le mois de février 1806, une armée de quarante mille hommes, commandée par Masséna, traversait l'Etat romain et allait faire la conquête de Naples.

Napoléon étendait le régime concordataire à ses nouvelles provinces italiennes, et nommait des évêques aux sièges vacants d'Adria et de Zara.

Pie VII protesta contre l'extension du Concordat, contre la nomination des évêques, contre les incessants passages de troupes qui ruinaient ses finances, contre la déchéance des Bourbons.

La colère de Napoléon s'en accrut ; et, quand la victoire de Friedland eut fait de lui le maître de l'Europe, il parla plus haut, et, par une voie indirecte mais sûre, il fit connaître au pape sa volonté.

De son camp impérial devant Dresde, le 31 juillet 1807, il écrivit à son beau-fils le prince Eugène, vice-roi d'Italie, une lettre foudroyante, avec ordre secret de la communiquer à Pie VII. La voici, telle qu'on la lit aux Archives du Vatican :

« ... J'ai vu, par la lettre que Sa Sainteté vous a envoyée et
« qu'Elle n'a certainement pas écrite, qu'Elle me menace. Croi-
« rait-elle donc que les droits du trône sont moins sacrés aux
« yeux de Dieu que ceux de la tiare? Il y avait des rois avant qu'il
« n'y eût un pape. Les conseillers du pape veulent me dénoncer
« à la chrétienté ! Cette pensée ridicule ne peut venir que d'une
« profonde ignorance du siècle où nous vivons. C'est une erreur
« de mille ans de date. Un pape qui se porterait à un tel excès
« cesserait d'être pape à mes yeux ; je ne le considérerais plus
« que comme l'Antechrist, envoyé pour soumettre l'univers et pour
« faire du mal aux hommes, et je rendrais grâces à Dieu de son
« impuissance... Je souffre depuis longtemps de tout le bien que
« j'ai fait ; je le souffre du pape actuel, que je cesserais de recon-
« naître, le jour où je serais persuadé que toutes ces intrigues
« viennent de lui ; je ne le souffrirais pas d'un autre pape.

« Que veut faire Pie VII en me dénonçant à la chrétienté ? —
« Mettre mon trône en interdit ? M'excommunier ? Croit-il donc
« que les armes tomberont des mains de mes soldats ? Pense-t-il
« mettre le poignard aux mains de mes ennemis pour m'assassiner ?
« Oui, il y a eu des papes furieux nés pour le malheur des hommes;
« qui ont prêché cette infâme doctrine ; mais j'ai encore peine à
« croire que Pie VII ait l'intention de les imiter... Il ne lui reste-
« rait plus alors qu'à me faire couper les cheveux et à me renfer-
« mer dans un monastère. Croit-il donc que notre siècle soit
« retourné à l'ignorance et à la stupidité du huitième siècle ?

« Le pape actuel s'est donné la peine de venir à mon couronne-
« ment ; j'ai reconnu en lui, en cette circonstance, un saint prélat ;
« mais il eût voulu que je lui rendisse les Légations : je n'ai pu
« ni voulu le faire. Le pape actuel est trop puissant. Les prêtres
« ne sont pas faits pour gouverner... Jésus-Christ a dit : Mon
« royaume n'est pas de ce monde... Pourquoi le pape ne veut-il
« pas rendre à César ce qui est à César ?... Ce n'est pas d'aujour-
« d'hui que la religion est le dernier des soucis de la cour de
« Rome... Le temps n'est peut-être pas éloigné où je ne recon-
« naîtrai plus le pape que comme évêque de Rome, au même rang
« que les évêques de mes Etats. C'est la dernière fois que je dis-
« cute avec la cour de Rome ; mes peuples n'ont pas besoin d'elle
« pour rester constamment dans l'esprit de la religion et dans la
« voie du salut. Et, en fait, ce qui peut sauver dans un pays peut
« sauver dans un autre. Les droits de la tiare ne sont, au fond,
« que le devoir, l'humilité et la prière. Je tiens ma couronne de

« Dieu et de la volonté de mes peuples ; j'en suis responsable
« envers Dieu et mes peuples seulement. Je serai toujours pour
« la cour de Rome Charlemagne et jamais Louis le Débon-
« naire (1). »

Cette lettre extraordinaire fut suivie de dépêches encore plus alarmantes de M. de Champagny, nouveau ministre des Relations extérieures de l'empire français.

Le 21 août, le ministre déclarait que l'empereur était disposé à mettre un terme « aux discussions fâcheuses et irréfléchies de
« quelques hommes sans lumières qui abusaient de leur crédit
« auprès du Saint-Siège... avaient laissé perdre la religion en
« Allemagne... tourmentaient par une funeste administration les
« peuples infortunés de l'Etat romain... cherchaient à perpétuer
« l'agitation dans le royaume de Naples et laissaient la ville de
« Rome remplie des ennemis de la France. Les malveillants
« répondraient devant Dieu, et peut-être devant les hommes, des
« malheurs où leur mauvais gouvernement exposait leur pays.
« L'intérêt et la sûreté de Naples, des Etats d'Italie et de l'armée
« exigeaient que tous les Anglais et les ennemis de la France
« fussent éloignés de Rome, ou qu'on mît ces deux royaumes à
« l'abri de tout événement en réunissant à l'un d'eux la marche
« d'Ancône, le duché d'Urbin et la province de Camerino. La
« fausse politique du Saint-Siège lui avait déjà fait perdre trois
« provinces ; Sa Majesté était loin de vouloir lui en enlever encore
« trois autres, mais la sûreté de ses Etats l'exigerait si le
« Saint-Siège persistait dans cet état d'irritation et d'animo-
« sité (2). »

Un mois plus tard, il y avait quelque espérance d'accommodement. Le pape s'était décidé à négocier, et avait donné pleins pouvoirs au cardinal de Bayanne. Mais les prétentions de l'empereur avaient grandi ; il ne s'agissait plus seulement d'expulser de Rome quelques Anglais ennemis de la France, il fallait que le pape « marchât désormais dans le système de la France, et
« que, placé au milieu du grand empire, environné de ses armées,
« il ne fût plus étranger à ses intérêts ni à sa politique... Si, seul
« sur le continent, le pape voulait rester attaché aux Anglais, le
« devoir du chef de l'empire ne serait-il pas alors de réunir immé-
« diatement à l'empire cette partie de ses domaines qui se serait

---

(1) Arch. du Vatican, appendice, époque napoléonienne, vol. XII, *Francia*.
(2) Arch. du Vatican, *loc. cit.*

« isolée par la politique, et d'annuler la donation de Charlemagne
« dont on faisait une arme contre son successeur. »

M. de Champagny réclamait au nom de l'empereur la suppression des ordres monastiques : « Il n'y en avait point du temps des
« apôtres ; il n'y en a pas en France ; l'Italie n'en a pas besoin,
« mais dans ce temps de crise, il lui faut des soldats pour la dé-
« fendre contre les infidèles et les hérétiques. »

L'empereur voulait que les évêques italiens fussent dispensés
du voyage de Rome, que Venise et les pays conquis fussent compris dans le concordat d'Italie, que le tiers des cardinaux fût français et que l'Allemagne eût aussi son concordat. « L'empereur
« n'est-il pas aussi revêtu d'un sacerdoce qui lui impose le de-
« voir de défendre les catholiques des rives de l'Oder, de la Vis-
« tule et du Rhin contre l'influence des protestants et des luthé-
« riens, de ces sectes qui, nées des abus de la cour de Rome,
« voient, chaque jour, ses fautes accroître leur puissance (1) ? »

A la fin de décembre 1807, Napoléon étant en Italie, le pape
chargea le cardinal Caselli, évêque de Parme, et le cardinal Oppizoni, archevêque de Bologne, d'aller saluer l'empereur à Milan.
Les cardinaux répondirent que les lois du royaume d'Italie défendaient aux évêques de quitter leurs diocèses sans la permission du gouvernement, qu'ils avaient sollicité l'autorisation de se
rendre à Milan, et que, si elle leur était accordée, ils seraient
heureux d'obéir aux ordres du Saint-Père. La permission leur fut
donnée, et Oppizoni fut invité au lever de l'empereur. S. M. lui
adressa la parole, lui parla des affaires d'Italie, dont elle ne parut
pas trop contente, et dit qu'il faudrait s'arranger (*arrangiarsi*) et
que le pape, souverain temporel, ne pouvait se dispenser de
s'unir à l'empire contre les Anglais. Le cardinal Casoni, secrétaire d'Etat, trouva qu'Oppizoni s'était mal acquitté de sa commission et aurait dû profiter de l'occasion pour parler à l'empereur
des griefs du Saint-Siège. Oppizoni répondit que l'Empereur lui
avait parlé à l'improviste, devant toute la cour, et n'aurait probablement pas permis qu'on lui parlât de choses dont il ne parlait
pas lui-même. « Au surplus, ajoutait le cardinal, ma mission était
« toute de courtoisie, et je n'ai pas cru devoir engager de contro-
« verse. Je ne puis faire autrement que d'exprimer ma douleur
« sur un incident aussi désagréable et d'adresser ma fervente
« prière au Très-Haut, afin qu'il accorde au Saint-Père lumière

---

(1) Arch. du Vatican, *loc. cit.*, 21 septembre 1807.

« et force pour savoir se conduire droitement dans des circons-
« tances si scabreuses, que le Seigneur ne permet que pour
« éprouver ses paternelles sollicitudes (1). »

On voit, par cette petite négociation, en quelle terreur Napoléon tenait les évêques italiens, et combien peu le pape pouvait compter sur leur appui.

Le 9 janvier 1808, l'ambassadeur français Alquier transmettait à la Curie l'ultimatum de Napoléon. Pie VII n'ayant pas voulu déclarer la guerre à l'Angleterre, le général Miollis occupa Rome, sans coup férir, le 2 février.

Cette date marque le fond du gouffre.

Ce jour-là, Miollis aurait peut-être eu le pouvoir de faire capituler Pie VII, abattu par de longs mois de lutte, mais il n'avait pas d'ordres ; il s'installa à Rome à titre provisoire ; il laissa au pape le temps de se reconnaître, de protester, de compter ses partisans ; quinze jours plus tard, les Romains faisaient le vide autour du général, et le pape, sans soldats et sans canons, exerçait dans Rome une autorité que son vainqueur ne parvenait pas à conquérir (2).

La force morale de la papauté, chancelante depuis si longtemps et réputée morte, se réveillait.

Sur un ordre du pape, les grands de Rome désertèrent les salons du général Miollis ; les Romains refusèrent de s'enrôler dans les gardes civiques organisées pour réprimer le brigandage.

Miollis voulut que la fête de Noël 1808 éclipsât en magnificence toutes celles qu'on avait vues précédemment ; le pape défendit la fête, et elle n'eut pour acteurs et pour spectateurs que les dragons français.

Le 21 mars 1809, jour anniversaire de l'élection de Pie VII, les maisons de Rome s'illuminèrent comme par enchantement, elles qui étaient restées closes et noires le jour de la fête de l'empereur. — « L'ours danse au bâton, disait Pasquino, mais pas l'homme ! »

L'annexion de Rome à l'empire français devenait fatale. Dès le 2 avril 1808, Napoléon avait réuni au royaume d'Italie les provinces d'Urbin, Ancône, Macerata et Camerino.

Le 17 mai 1809, de son camp impérial de Vienne, il décrétait l'annexion des États romains à l'empire français : « La ville de
« Rome, premier siège du christianisme, était déclarée ville impé-

---

(1) Arch. du Vatican, *loc. cit.*, 15 janvier 1808.
(2) Cf. Louis Madelin, *la Rome de Napoléon*, Paris, Plon, 1906.

« riale et libre ; les revenus actuels du pape étaient portés à deux
« millions de francs, libres de toute charge et de toute redevance. »
Le 10 juin, le pape rejetait avec mépris l'aumône impériale et
protestait contre la violence qui lui était faite : « Nous nous
« couvririons tous d'opprobre à la face de l'Eglise, si nous con-
« sentions à tirer notre subsistance des mains de l'usurpateur de
« ses biens. Nous nous abandonnons à la Providence et à la
« piété des fidèles, content de terminer ainsi dans la médiocrité
« la carrière douloureuse de nos pénibles jours. »

Il adressait, en même temps, au monde catholique une lettre
indignée, où il annonçait sa résolution inébranlable de ne jamais
céder sur le principe de sa souveraineté temporelle : « Nous nous
« souvenions avec saint Ambroise que le saint homme Naboth
« avait reçu l'ordre du roi de céder la vigne qu'il possédait, afin
« qu'on l'arrachât, et qu'on la remplît de légumes, mais que
« Naboth avait répondu : Dieu me garde de livrer l'héritage de
« mes pères !... Si le Seigneur s'est un peu irrité contre nous,
« pour nous châtier et nous corriger, il se réconciliera de nou-
« veau avec ses serviteurs ; mais comment celui qui est l'auteur
« de tous les maux dont l'Eglise est accablée évitera-t-il la main
« de Dieu ? Oui, le Seigneur n'exceptera personne, et il ne res-
« pectera la grandeur de qui que ce soit, parce qu'il a fait les
« grands comme les petits, mais les plus grands sont menacés
« des plus grands supplices... Si nous ne voulons être accusés de
« lâcheté... il ne nous reste plus qu'à faire taire toute considé-
« ration humaine et toute prudence charnelle, pour mettre en
« pratique ce précepte de l'Evangile ; s'il refuse d'écouter l'Eglise,
« qu'il soit à vos yeux comme un païen et un publicain. » Et le
pape prononçait l'excommunication majeure contre tous ceux
qui avaient violé le patrimoine de saint Pierre, avaient agi contre
les droits, même temporels, du Saint-Siège, avaient donné l'ordre
de ces violences, en avaient facilité l'exécution ou les avaient
exécutés eux-mêmes.

A l'excommunication, Napoléon répondit par l'arrestation du
pontife :

« Aucun asile, écrivait-il à Murat avant de connaître l'excom-
« munication, ne doit être respecté si on ne se soumet à mes
« décrets... Si le pape, contre l'esprit de son état et de l'Evan-
« gile, prêche la révolte et veut se servir de l'immunité de sa
« maison pour faire imprimer des circulaires, on doit l'arrêter. »
Quand il connut la bulle, sa colère n'eut plus de bornes : « Je re-

« çois à l'instant la nouvelle que le pape nous a tous excommuniés.
« C'est une excommunication qu'il a portée contre lui-même. *Plus
« de ménagements : c'est un fou furieux qu'il faut renfermer.* Faites
« arrêter Pacca et autres adhérents du pape. » (20 juin 1809.)

Dans la nuit du 5 au 6 juillet 1809, le jour même de Wagram, à trois heures du matin, un détachement français escalada les murs du palais du Quirinal où le pape faisait sa résidence ; le général Radet se présenta devant le pape, qui ne s'était point couché, et le somma d'abdiquer tout pouvoir temporel. Pie VII, levant les yeux au ciel et le montrant de la main, répondit : « Je n'ai agi en « tout qu'après avoir consulté l'Esprit-Saint, et vous me mettrez « en pièces plutôt que de rétracter ce que j'ai fait. » Le général Radet très ému lui déclara alors qu'il avait l'ordre de l'emmener hors de Rome. Sans dire un mot, le pape se leva, prit son bréviaire, et, soutenu par le général, descendit sur la place où une voiture fermée l'attendait.

A la porte du Peuple, des chevaux de poste furent attelés à la berline, le général Radet monta sur le siège à côté du cocher, et à fond de train l'attelage prit la route de Florence. Le soir, on atteignit Radicofani, premier village de Toscane. Le pape, malade de chaleur et d'émotion, ne put se remettre en route que le lendemain à cinq heures du soir. Il arriva, le 8 juillet, à Florence et fut logé à la Chartreuse, hors de l'enceinte de la ville. Le lendemain, on le sépara du cardinal Pacca et on le dirigea sur Gênes par la route du littoral. A Chiavari, le général Montchoisy, qui se trouva sur le passage du pape, fit observer que le mauvais état des routes rendrait le voyage trop fatigant, et fit prendre à la voiture la route d'Alexandrie et de Turin. Le pape passa, le 17 juillet, en vue de Turin sans s'y arrêter. Entre Rivoli et Suze, il éprouva une défaillance et, revenu à lui, dit au colonel de gendarmerie Boissard qui l'accompagnait : « Si votre ordre est de me « faire mourir, continuons la route ; s'il est contraire, je veux « m'arrêter. » Le colonel lui accorda un peu de repos, mais reprit le voyage le jour même et le mena jusqu'à l'hospice du Mont-Cenis, où l'on s'arrêta deux jours. Le 21 juillet, Pie VII entra à Grenoble, où il demeura onze jours à la préfecture de l'Isère, recevant des marques de respect des habitants.

Le 1er août, le cardinal Pacca, qui s'était réuni de nouveau au pape, fut emmené à la forteresse de Fenestrelle, et Pie VII fut dirigé sur Aix, puis sur Nice.

Le séjour du pape dans cette ville fut un véritable triomphe.

Logé à la préfecture, il dut paraître au balcon pour bénir le peuple. Le soir du 9 août, soixante-douze barques de pêcheurs, toutes illuminées, se rangèrent devant les remparts, en face de la demeure du pape, et de la mer, des remparts, des rues, montèrent de longues et enthousiastes acclamations.

Le voyage de Nice à Savone ne fut de même qu'une ovation continuelle ; le peuple se portait en foule au-devant du pontife ; on acclamait en lui le droit méconnu et l'homme de paix outragé par le conquérant sans scrupules. Dans les souhaits pieux que l'on adressait au pape montait déjà la colère que l'on ressentait contre l'empereur (1).

L'année même qui suivit l'enlèvement du pape eut lieu le divorce de Napoléon.

L'officialité diocésaine de Paris cassa le mariage religieux de Napoléon et de Joséphine, comme atteint du vice de clandestinité. L'officialité métropolitaine l'annula pour défaut de consentement suffisant de la part de l'empereur.

Après ce coup d'Etat, Napoléon fit régler la situation du pape par les deux sénatus-consultes des 17 et 25 février 1810. Des palais à Paris, à Rome, et dans la ville qu'il choisirait pour résidence, deux millions de revenu, voilà les conditions, splendides à son avis, qu'il offrait au pape ; mais il fallait que le pape se reconnût son vassal : « J'ai la mission de gouverner l'Occident ; ne vous en « mêlez pas... Je vous reconnais pour mon chef spirituel, mais « je suis votre empereur. »

Il ne trouva personne pour porter cette lettre au pape. Il rassembla le Sacré Collège à Paris, et le Sacré Collège refusa de négocier avec le pape, pour lui faire accepter ces conditions.

Le 1er avril 1810, Napoléon épousa Marie-Louise de Lorraine-Habsbourg ; treize cardinaux sur vingt-sept s'abstinrent de paraître à la cérémonie. L'empereur, furieux, les chassa de sa cour, leur interdit la pourpre, et Fouché dispersa les *cardinaux noirs* dans les petites villes de province. Dix-neuf prélats des Etats romains furent internés comme eux en Italie et en France pour avoir refusé de prêter serment à l'empereur ; des centaines de prêtres italiens furent déportés en Corse. Le despote écumait et frappait à tort et à travers.

Le pape résistait toujours. Isolé de ses conseillers et du reste

---

(1) *Correspondance authentique de la cour de Rome avec la France, depuis l'invasion de l'Etat romain jusqu'à l'enlèvement du souverain pontife.* Paris, 1814.

du monde, presque gardé à vue par le préfet du département de Montenotte, M. de Chabrol, ne recevant de visites qu'en sa présence, ne pouvant librement écrire à personne, il restait toujours aussi doux et aussi tenace, ne quittait sa petite chambre que pour faire un tour dans le jardin de l'évêché, protestait de son admiration pour l'empereur, en parlait même affectueusement, mais refusait toute concession. Vingt sièges épiscopaux étaient vacants dans l'empire, et le pape refusait l'investiture canonique à tous les candidats nommés par l'empereur. Ormond, nommé archevêque de Florence, Maury, archevêque de Paris, se voyaient accueillis par leurs chapitres comme des intrus.

Maître des journaux et de la correspondance des particuliers, Napoléon avait cru pouvoir dérober au public et la bulle d'excommunication qui l'avait frappé et l'enlèvement du pape et sa captivité. Il apprit avec rage que la bulle, imprimée clandestinement, courait toute la France, et qu'en dépit des meilleurs limiers de sa police, le clergé était au courant de tous ses démêlés avec le souverain pontife.

Une congrégation de gens du monde fort intelligents, instruits, bien apparentés, s'était créée en 1801 dans un but de piété et de charité ; la persécution dont l'Église était victime fit tout de suite de cette société un centre d'opposition. Sentant venir l'orage, elle se dispersa (10 septembre 1809) ; mais ses membres séparés continuaient à n'avoir qu'un cœur et qu'une âme (*cor unum et anima una*), et semèrent dans le clergé leur indignation passionnée et leur haine de la tyrannie impériale.

La colère de Napoléon fut terrible : les sœurs de charité furent inquiétées ; la communauté de Saint-Sulpice fut dissoute ; une douzaine de petits séminaires furent fermés ; un décret supprima toutes les congrégations particulières. Le clergé se tut ; mais l'empereur eut, en la personne de quelques évêques, de véritables ennemis personnels (1).

Au printemps de 1811, il résolut d'en finir. Après avoir reçu les rapports d'une commission ecclésiastique nommée par lui, il se décida à négocier encore avec le pape et réunit en même temps à Paris un concile où il convoqua environ la moitié des évêques français, un tiers des prélats italiens et quatre évêques allemands. Il croyait arriver, cette fois, à un résultat en faisant

---

(1) Cf. J.-M. Villefranche, *Histoire et légende de la Congrégation*, Paris, 1901.

peur du concile au pape et en trompant le concile sur les intentions du pontife. Sa tentative échoua complètement.

Au mois de mai 1811, trois prélats impérialistes arrivèrent à Savone pour engager le pape à accepter la situation qui lui était faite par les sénatus-consultes de février 1810 et pour obtenir de lui qu'il réglât définitivement la question des institutions canoniques.

Pendant neuf jours, les quatre évêques et le préfet se relayèrent auprès du pape. Pie VII finit par tomber malade de chagrin. Il ne mangeait plus, ne dormait plus. Toujours intraitable sur la renonciation à ses droits, il finit, de guerre lasse, par accepter que l'institution canonique fût donnée aux évêques par les métropolitains, si le pape ne la donnait pas lui-même dans un délai de six mois. C'était une grande concession ; les négociateurs se retirèrent ; mais le pape, délivré de leur présence, comprit quelle arme il leur avait donnée contre lui. Le remords faillit le rendre fou ; il appela M. de Chabrol, lui déclara dans une surexcitation indicible qu'il se repentait de sa complaisance de la veille, qu'il n'avait pas signé la note des évêques, qu'il ne la signerait jamais, qu'il la désavouait, et que, si on la donnait comme acceptée par lui, il ferait un éclat dont retentirait tout le monde chrétien. (Debidour.)

Au concile, Napoléon ne fut pas plus heureux. Les évêques se déclarèrent solidaires du pape, lui prêtèrent solennellement serment de fidélité et d'obéissance, sur l'invitation de l'oncle même de l'empereur, le cardinal Fesch.

Le message de Napoléon, lu par le ministre des cultes, fut très froidement accueilli. L'adresse qu'il prétendait dicter au concile fut âprement discutée, et le président eut toutes les peines du monde à écarter une motion en faveur de la mise en liberté du pape. Napoléon essaya de tromper le concile en lui laissant entendre que le pape avait cédé ; le concile demanda des preuves, et, le 11 juillet, Napoléon prononça la dissolution de l'assemblée. Le lendemain, trois évêques étaient arrêtés à leur domicile par les agents de Fouché et mis au donjon de Vincennes.

Napoléon essaya d'obtenir de chaque prélat pris à part ce qu'il n'avait pu obtenir du concile tout entier. Quatorze prélats refusèrent tout net de souscrire aux volontés de l'empereur. Quatre-vingt-huit signèrent un projet de décret admettant l'institution canonique par le métropolitain. Le concile, une dernière fois réuni le 5 août, enregistra le décret sans opposition.

Lorsque cette pièce eut été ainsi arrachée à la faiblesse des évêques, Napoléon la fit présenter au pape, et Pie VII, découragé, acquiesça au décret avec quelques restrictions destinées à rendre sa capitulation moins humiliante. L'empereur refusa à son tour de les admettre. Fidèle à sa tactique d'abandonner toute entreprise trop difficile, il déclara qu'il était las de ces « querelles de prêtres » et laissa l'affaire, comme il avait laissé Saint-Jean-d'Acre et l'Égypte, comme il avait abandonné l'affaire d'Espagne, comme il allait abandonner son armée en Russie et au soir de Waterloo.

En juin 1812, au moment d'entrer en campagne, il ordonna d'enlever le pape de Savone et de le conduire en poste à Fontainebleau. Le 9 juin, le pape, dépouillé de ses ornements pontificaux, fut mis en voiture cadenassée et mené en France par Turin et le mont Cenis. Au passage des montagnes, il tomba si gravement malade qu'on crut sa fin prochaine, et qu'on lui administra les derniers sacrements (14 juin). On ne l'obligea pas moins à continuer son voyage. Il arriva mourant à Fontainebleau, le 20 juin, et dut garder le lit pendant plusieurs mois.

Par ses ministres, par les cardinaux et les évêques dévoués à sa politique, Napoléon faisait le siège de la volonté du moribond.

A son retour de Russie, sentant l'empire ébranlé, il comprit la nécessité d'une réconciliation avec le pape, et, laissant de côté ses rancunes et ses colères, il vint s'installer à Fontainebleau, avec l'impératrice et le roi de Rome, à côté du Saint-Père, comme dans l'intimité, comme en famille. Seul à seul, le grand comédien et le vieux pontife réglèrent leur querelle, et de leurs entretiens sortit le bizarre Concordat du 25 janvier 1813, vrai replâtrage mal venu et peu solide, qui n'accordait au pape que les conditions vingt fois repoussées par lui, et qui donnait à l'empereur le droit de faire instituer canoniquement les évêques par les métropolitains.

Pie VII n'avait cédé que par fatigue, pour gagner du temps et surtout pour obtenir la mise en liberté des cardinaux noirs, ses amis. Sitôt qu'il les vit, il connut par eux l'état de l'Église et l'état de l'Europe et se repentit de sa faiblesse.

Pour lui forcer la main, Napoléon publia le Concordat de Fontainebleau comme loi de l'État, le 13 février 1813. Le 25 mars, Pie VII le désavoua formellement. L'empereur feignit de ne pas l'entendre, déclara le nouveau concordat obligatoire pour tous les membres du clergé et nomma, le même jour, douze évêques. Le cardinal Pacca fut interné à Auxonne, l'évêque de Troyes à Beaune, les chanoines de Tournai furent arrêtés, les séminaristes de Gand incorporés dans l'artillerie (Debidour, p. 319). Mais ce sont les dernières convulsions de la tyrannie aux abois. Napoléon est vaincu à Leipzig, et, le 18 janvier 1814, il offre à Pie VII de traiter avec lui sur la base de la restitution de ses Etats. Le pape répond sans s'émouvoir « que la restitution de « ses Etats, étant un acte de justice, ne peut être l'objet d'aucun « traité, et que, d'ailleurs, ce qu'il ferait hors de ses Etats sem- « blerait l'effet de la violence et serait un objet de scandale pour « le monde catholique ».

Napoléon déçu ne savait que faire de son prisonnier. Ne voulant pas s'exposer à le voir tomber aux mains des Autrichiens, il lui fit quitter Fontainebleau le 24 janvier, et l'achemina à petites journées vers le midi de la France, par Limoges, Brive et Montauban. La campagne de France se poursuivant chaque jour plus désespérée, l'empereur laissa enfin le pape prendre la route des Alpes. Son voyage était un triomphe. « Que ferait-on de plus pour « l'empereur ? » dit, un jour, un magistrat impérial ennuyé de toute cette joie populaire : « Pour l'empereur ? répondit son « interlocuteur, s'il passait par ici, on le jetterait à l'eau ! »

Au commencement de mars, Pie VII était à Savone. Le 25 mars, il atteignait les avant-postes autrichiens. Quelques jours plus tard, il trouvait à Bologne le roi de Naples, Joachim Murat.

Le pauvre prince, caractère aussi médiocre que brave soldat, était passé à la coalition après Leipzig. Metternich lui avait promis Naples et l'Italie, et il avait occupé Rome, objet de ses secrètes ambitions. Le 10 mars 1814, le général Miollis et la petite garnison française avaient évacué le château Saint-Ange, et le drapeau napolitain flottait sur tous les édifices de Rome ; mais Rome, qui n'avait pas voulu de Napoléon, voulait moins encore de Murat : elle ne voulait que revoir son pape, qu'elle vénérait comme un saint et comme un martyr.

Murat comprit bien vite que le pape ne se laisserait pas duper, et que, dans cette question, l'Autriche serait du côté du Saint-Siège. Il se retourna aussitôt, et, avec une effusion et un lyrisme parfaitement joués, annonça aux Romains le retour imminent du souverain pontife.

Ce fut le 24 mai que Pie VII rentra dans sa capitale, dans le carrosse de gala du vieux roi d'Espagne Charles IV. A la porte du Peuple, la jeunesse romaine dételà les chevaux du pape et le mena en triomphe à Saint-Pierre, puis au Quirinal, que Napoléon avait fait remettre à neuf pour en faire le palais impérial de la seconde ville de l'empire. Aussi modeste dans la victoire qu'il avait été patient dans l'adversité, Pie VII bénissait son peuple, souriait à ses amis et remerciait Dieu d'avoir pris pitié de lui et de l'Eglise.

En entrant au Quirinal, étincelant de dorures et paré de bas-reliefs et de tableaux assez païens, il regarda d'un œil amusé ces déesses et ces dieux qui s'étaient emparés de sa demeure, et dit avec bonhomie : « Ils ne nous attendaient pas. Si ces peintures « sont trop indécentes, nous en ferons des madones, et chacun « aura fait *suo modo*. » (L. Madelin, p. 679.)

Napoléon était déjà à l'île d'Elbe, Pie VII ne devait plus s'occuper de lui que pour donner, dans sa ville pontificale, asile à la famille désemparée de son ancien ennemi et pour intercéder en sa faveur auprès des souverains coalisés.

LES ORIGINES DU PARTI PRÊTRE

L'année 1815 compte parmi les plus tristes de notre histoire, non seulement parce que la France y apparaît vaincue, envahie et rançonnée, mais parce qu'elle semble avoir perdu toute conscience nationale et tout sentiment d'honneur. Les partis, au comble de la rage, se dévorent sous les yeux de l'ennemi. C'est à qui, parmi les fonctionnaires, fera le plus tôt et le plus platement sa soumission au nouveau pouvoir. Le roi suit les conseils de Wellington; il a pour ministres Talleyrand et Fouché; il laisse exiler Carnot et fusiller le maréchal Ney. Paris scandalise les étrangers eux-mêmes par son luxe et par ses fêtes. On danse sur les ruines de la patrie. On chante les prouesses des uhlans et des cosaques, « nos bons amis les ennemis ». On insulte les vaincus de Waterloo. On annonce la représentation du « grand ballet des esclaves, dansant le pas redoublé en arrière « devant une entrée de Tartares, de la composition d'un « maître de ballet du Nord, déjà avantageusement connu par « des productions de ce genre ». Dans les provinces, Russes, Autrichiens, Prussiens, Anglais, Sardes, Espagnols vivent sur le pays, boivent, mangent, font ripaille, sans que les autorités royales osent rien dire, sans que le roi ose réclamer en faveur de son peuple.

La guerre civile ajoute ses horreurs à l'invasion. La terreur blanche ensanglante le Midi. Les cours prévôtales parodient la justice et servent les rancunes des partis.

Dans ce furieux chaos, les hommes honnêtes, les patriotes, car il en reste, semblent obéir à deux pensées bien différentes et se rangent sous deux bannières opposées.

Les uns restent fidèles à l'idéal révolutionnaire et napoléonien. Ils voient dans la défaite de la France l'écrasement de la Révolution par toutes les monarchies et les aristocraties confédérées; ils gardent, en général, une admiration très vive pour l'empereur qui fut en Europe le missionnaire armé de la Révolution; ils crient volontiers que sa chute est due à la trahison ; libéraux ou autoritaires, ils n'ont pour la dynastie restaurée que mépris et que haine; ils rêvent soit le rétablissement de l'empire, soit l'avènement de la République. Ils ont un sentiment commun : l'amour de la Révolution; et une commune religion : le culte du drapeau tricolore. C'est ce parti qui triomphera en 1830.

D'autres hommes sont restés fidèles à l'ancien idéal religieux et monarchique. Ils voient dans la défaite de l'usurpateur le digne châtiment de ses crimes et la punition providentielle de la France qui s'est faite sa complice. Ils abhorrent la mémoire de l'empereur, ami des régicides, bourreau du pape, tyran de ses peuples et tueur d'hommes. Ils voient dans sa chute une délivrance. La dynastie royale leur paraît incarner le salut de la France. Ils rêvent ou la reconstruction de l'ancienne monarchie, ou l'avènement d'une monarchie modernisée, qui fera régner la paix en France et rétablira la santé morale de la nation guérie de ses erreurs. Ils ont un sentiment commun : la haine de la Révolution; ils ont un symbole : le drapeau blanc.

Ces deux partis correspondaient en définitive aux deux factions fondamentales de toute société libre : l'un d'eux représentait l'élément progressiste; l'autre, l'élément conservateur. Ils avaient tous les deux leur légitimité, leur raison d'être, leur noblesse et leur grandeur. Un honnête homme, un bon Français, pouvait hésiter entre les deux bannières et se demander sous laquelle il servirait le mieux, le droit, la liberté et la patrie. Beaucoup de Français se trouvaient engagés dans l'un ou dans l'autre de ces partis par les événements qui venaient de bouleverser la France, ceux qui pouvaient choisir allaient ici ou là, au gré de leurs idées ou de leurs instincts. L'Église ne pouvait guère choisir; elle eût certainement fait preuve d'illogisme en se rangeant au parti de la Révolution; elle ne pouvait manquer de saluer avec joie le retour de la vieille dynastie et de considérer la victoire de la monarchie de droit divin comme une victoire ecclésiastique. C'était là une idée tellement naturelle qu'il est impossible d'adresser au clergé, à cette occasion, le moindre reproche raisonnable. Il ne pouvait, en 1815, être que légitimiste.

Seulement il le fut avec intempérance, avec frénésie, sans mettre à sa joie rien de l'élégante discrétion que le pape sut mettre à la sienne.

Pendant près de dix ans, le clergé de France avait chanté des *Te Deum* pour toutes les victoires de l'empire, fêté la Saint-Napoléon, enseigné à tous les petits Français le catéchisme officiel où

il était dit : « Les chrétiens doivent au prince qui les gouverne,
« et nous devons en particulier à Napoléon notre empereur,
« l'amour, le respect, l'obéissance, la fidélité, le service militaire,
« les tributs ordonnés pour la conservation et la défense de
« l'empire et du trône... car c'est lui que Dieu a suscité dans des
« circonstances difficiles pour rétablir le culte public de la reli-
« gion sainte de nos pères et pour en être le protecteur. Il a ra-
« mené et conservé l'ordre public par sa sagesse profonde et
« active ; il défend l'Etat par son bras puissant ; il est devenu
« l'oint du Seigneur par la consécration qu'il a reçue du souve-
« rain pontife, chef de l'Eglise universelle... Selon l'apôtre saint
« Paul, ceux qui manqueraient à leurs devoirs envers notre
« empereur résisteraient à l'ordre établi de Dieu même et se
« rendraient dignes de la damnation éternelle. »

En 1815, l'oint du Seigneur est devenu l'usurpateur, le tyran, l'ogre de Corse. On l'accuse en pleine chaire d'avoir frappé le pape, de l'avoir foulé aux pieds et traîné par les cheveux. On mène au sermon les généraux napoléoniens et les officiers en demi-solde ; on leur lit le testament de Louis XVI; puis on « tombe sur Buonaparte, qui avait porté le carnage chez toutes « les puissances avec ses satellites, ces buveurs de sang, qui « égorgeaient les enfants au berceau. » (*Cahiers du capitaine Coignet*.) On oublie les gloires du drapeau tricolore pour ne plus voir en lui que l'emblème infernal du régicide et de la rébellion.

Et tout de suite cette volte-face, si subite et si maladroite, donne à l'Eglise l'apparence d'un parti politique, le cachet d'une faction réactionnaire. Les *ultras* applaudissent à ce beau zèle ; le peuple s'étonne et se souviendra.

C'est le souvenir, tout vivant encore, des épreuves passées qui rend ces gens enragés, car la plupart sont de nature paisible et ne demandent qu'à vivre en repos.

Sexagénaire et goutteux, Louis XVIII est un vieux seigneur lettré et gourmet, un égoïste aimable, qui retrouve avec joie le luxe ancestral, se plaît dans la société bariolée où il vit, s'amuse des cancans du jour et des chansons nouvelles, et ne serait, en somme, qu'un épicurien, s'il ne se savait roi de France et n'entendait jouer son rôle au sérieux.

Son frère, le comte d'Artois, n'a plus rien de l'étourdi cavalier qu'il fut avant la Révolution ; il s'est rangé et est devenu terriblement dévot, mais il est aussi plus moral, plus charitable, et il n'y a point en lui l'étoffe d'un fanatique dangereux.

Ses deux fils, les ducs d'Angoulême et de Berry, n'ont qu'une personnalité bien effacée. Angoulême, dévot comme son père, bien intentionné, mais d'esprit assez borné, n'est, comme le dira malignement Béranger, « qu'une poire molle de bon chrétien »: Berry, plus actif, plus fringant, un peu plus moderne aussi, joue au militaire, tire la moustache des grognards, mais gâte par sa brusquerie et ses caprices un fond très réel de générosité.

La duchesse d'Angoulême, fille de Louis XVI, est, suivant le mot de Napoléon, le seul homme de la famille. Sa démarche virile, sa voix rude et brève, ses traits durs, disent son âme revêche et volontaire. Le malheur lui a enseigné le mépris des hommes, et parfois un éclair de haine passe dans ses yeux froids. C'est elle qui, en 1815, essaie de soulever le Midi contre Napoléon. La garde nationale de Bordeaux veut lui jurer fidélité. Elle répond par ce mot amer : « Pas de serments ; j'en ai reçu assez depuis six mois ! » C'est elle qui décidera sa famille à laisser exécuter le maréchal Ney. C'est la seule personne de la maison royale qui ait l'esprit sectaire, et c'est le malheur qui l'a faite ainsi.

Le monde politique est composé de bonapartistes ralliés, qui n'ont jamais eu pour l'Église qu'une sympathie fort médiocre, et d'émigrés rentrés d'exil, qui n'ont pas tous oublié combien il était de bon ton jadis de jouer au libertin. Tous ne se sont pas faits ermites comme Monsieur.

Les évêques concordataires, nommés par Napoléon, sont heureux de ne plus vivre en crainte perpétuelle de ses avanies et de ses algarades ; mais tous ne sont pas royalistes, et les princes eux-mêmes ne leur ménagent pas l'expression de leur méfiance. Monsieur se montre très dur avec l'archevêque de Besançon, Lecoz, ancien constitutionnel, accepté du bout des lèvres par Pie VII. A Coutances, Mme la duchesse d'Angoulême reçoit très froidement l'évêque Dupont, un autre constitutionnel ; et, quand celui-ci, son voisin de table, lui ramasse son mouchoir qu'elle a laissé tomber, elle le cingle d'un « Merci, l'abbé ! » si sec et si coupant que toute conversation s'arrête autour du banquet.

Le clergé du second ordre règle sa conduite sur celle de ses pasteurs, devenus par la grâce du concordat ses maîtres tout-puissants. L'évêque de l'ancien régime pouvait être contrecarré par son chapitre, partageait la collation des bénéfices de son diocèse avec le roi, avec des abbés, avec des prieurs, avec des patrons laïques. L'évêque moderne gouverne sans contrôle et est vraiment pape dans son diocèse. C'est lui qui nomme les vicaires et les desservants et qui les révoque à volonté ; c'est lui qui nomme les curés doyens, avec l'agrément de l'administration. Les curés sont inamovibles ; mais plus d'un évêque leur fait, en les nommant, signer leur démission préventive, et les a ainsi dans sa main et sous son autorité suprême. L'évêque est donc désormais le maître absolu de son clergé, comme le colonel l'est de son régiment ; il l'instruit dans son séminaire diocésain ; il le surveille et le contrôle par ses visites pastorales ; il le conduit par ses mandements ; il le gouverne par le principe de l'obéissance inconditionnelle et absolue, qu'il lui a inculqué comme le premier de ses devoirs.

L'Eglise est désormais, comme l'a voulu le premier consul, une administration, un corps de fonctionnaires dirigés, réglés, contenus par leurs chefs hiérarchiques et salariés par le gouvernement.

Il y avait donc peu d'apparence qu'un corps ainsi constitué pût vivre d'une vie religieuse bien intense, et tout semblait annoncer que, quand les passions politiques se seraient assoupies, le clergé donnerait le spectacle d'une administration aussi régulière et aussi consciencieuse, aussi paisible et aussi neutre que pouvait l'être la magistrature ou le corps des finances.

Et cette religion officielle, toute prête à se contenter d'apparences, était bien celle qui paraissait convenir à la France d'alors, en majorité indifférente aux idées religieuses, toute à la joie de vivre et de se voir un lendemain, après avoir, pendant vingt-cinq ans, vécu dans l'insouciance des camps et les hasards des batailles.

Mais la France n'était pas faite pour rester longtemps enlizée dans ce calme honteux, et la paix matérielle était à peine assurée que la lutte des idées recommençait.

On se souvient combien pauvre a été l'histoire de la pensée religieuse au dix-huitième siècle ; on peut dire que, depuis la grande querelle de Fénelon et de Bossuet, aucune question spirituelle n'avait réussi à s'imposer à l'attention publique. La France avait feint de se faire janséniste pour fronder l'autorité royale ; elle n'avait été que philosophe avant la Révolution, et jacobine depuis 1793.

En l'année 1802 parut à Paris un ouvrage singulier, *Le Génie du Christianisme*. L'auteur, un gentilhomme breton de trente-trois ans, le vicomte de Chateaubriand, prétendait réhabiliter la vieille foi au nom du sentiment, de la poésie et de l'art.

C'était un dessein superbe et hasardé ; car on vivait, depuis Boileau, dans l'idée que la religion et la poésie étaient deux choses inconciliables. Chateaubriand prouva, au contraire, qu'il y a dans le christianisme plus de poésie et plus d'art, plus de beauté esthétique et plus de passion que dans les fades mythologies depuis si longtemps à la mode. Son livre, trop long et mal composé, fut à la fois une poétique nouvelle, une philosophie de l'art, une apologie de la religion, une collection merveilleuse de tableaux éblouissants, d'épisodes délicieux.

Nous sommes tentés, aujourd'hui, de le trouver faible dans sa partie dogmatique, et nous lui reprocherions volontiers de s'adresser à notre imagination plutôt qu'à notre raison ou à notre cœur. Au moment où il parut, il révéla à tous ses lecteurs des mondes inconnus. Quoi donc ? le dernier mot de l'art n'était point d'imiter les anciens ? Français et chrétiens, il ne nous était point défendu de penser et d'écrire en chrétiens et en Français ? La Bible valait comme poésie et Virgile et Homère ? C'étaient là de stupéfiantes découvertes, et les colères des classiques et des philosophes montrèrent tout ce qu'avaient d'audacieux les théories du novateur. Tous les hommes qui procédaient du dix-huitième siècle crièrent au scandale et à la folie. Porté aux nues par les uns, décrié par les autres, le livre fut lu par tous, et ramena plus d'une âme au christianisme par l'attrait de la beauté.

Quelques années plus tard, Chateaubriand voulut donner un exemple de ce que pouvait être la poésie chrétienne et publia ses *Martyrs*, épopée en prose, dont la première partie au moins comptera toujours parmi les chefs-d'œuvre de notre langue.

Le *Génie du Christianisme* et les *Martyrs* n'étaient que des œuvres littéraires ; elles réussirent là où avaient échoué tant d'ouvrages dogmatiques, tant de traités savants ; elles rompirent le charme qui avait rendu la religion muette depuis un siècle, elles lui rapprirent le chemin des cœurs et des volontés.

Chateaubriand s'était adressé à l'imagination de ses lecteurs ; le comte Joseph de Maistre s'imposa aux méditations des hommes d'État. Né à Chambéry en 1753, d'une famille originaire du Languedoc, ce grand penseur, ce grand écrivain refusa de devenir Français quand son pays fut conquis par nos armes. Il resta fidèle à la maison de Savoie et occupa, de 1799 à 1817, les fonctions d'ambassadeur de Sardaigne auprès de la cour de Russie. Il revint en Sardaigne pour y mourir quatre ans plus tard (1821), laissant derrière lui des œuvres remarquables, qui devaient avoir une influence profonde sur l'esprit public et sur la politique de la Restauration.

Elevé dans un milieu très conservateur, fonctionnaire d'une des cours les plus aristocratiques de l'Europe, chassé de son pays par l'invasion française, privé de ses biens par les autorités révolutionnaires, représentant de la Sardaigne à la cour de l'autocrate de toutes les Russies, le comte de Maistre est l'ennemi personnel de la philosophie française du XVIIIe siècle et de la Révolution ; mais les grands spectacles auxquels il a assisté, les victoires inouïes de nos soldats, les gloires incontestables de la France révolutionnaire, le fascinent malgré lui. Il admire la France, même quand il la condamne ; il reconnaît l'influence prépondérante, le magistère moral qu'elle exerce dans le monde ; il hait la France rebelle à Dieu et au roi, mais il la hait d'une haine familiale, qu'on sent toute prête à se changer en amour passionné le jour où la France, coupable à son avis, reviendrait à la raison, au devoir, à la vérité.

Son premier ouvrage important fut publié, en 1796, sous le titre de *Considérations sur la France et sur la Révolution*. C'est une attaque à fond contre la France révolutionnaire, considérée comme un véritable Pandémonium, comme un pays voué, par on ne sait quel obscur jugement de la Providence, aux puissances d'orgueil et de ténèbres. « Ce qui distingue la Révolution française, dit
« l'auteur, ce qui en fait un événement unique dans l'histoire,
« c'est qu'elle est mauvaise radicalement, c'est qu'aucun bien n'y
« soulage l'œil de l'observateur. C'est le plus haut degré de cor-
« ruption connu. C'est la pure impureté. »

Mirabeau est « le roi de la halle ».

Les Français ont cru, en tuant leur roi, prendre une mesure de salut public, et pour chaque goutte de sang du roi ont coulé des torrents de sang français.

Une fois déchaînée, la Révolution a passé sur la France comme un fleuve dévastateur, entraînant et engloutissant tour à tour tous ceux qui prétendaient la canaliser et l'endiguer. La tempête n'a connu aucune loi, et sa course paraît n'obéir qu'à une main divine.

Mais la République ne pourra se maintenir, par la raison très simple qu'on n'a jamais vu dans l'histoire une seule grande nation libre sous un gouvernement républicain.

La France n'a aucune confiance dans la République. « Personne
« ne croit, par exemple, à la légitimité des acquisitions de biens

« nationaux, et celui-là même qui déclame le plus éloquemment
« sur ce sujet s'empresse de revendre pour assurer son gain. »

La République travaille « pour l'avantage de la monarchie
« française ». Et la France ne trouvera de repos qu'après s'être
réconciliée avec l'Église et avec la monarchie.

On ne peut s'empêcher d'admirer ici la pénétration du comte,
qui, dès 1796, donnait la restauration des Bourbons comme épilogue naturel à la Révolution. Napoléon faillit bien, il est vrai,
lui donner tort ; mais il faut remarquer qu'en 1796 de Maistre ne
pouvait prévoir que Bonaparte serait, un jour, de taille à endiguer
le flot révolutionnaire, et il faut convenir aussi qu'à partir de
1809 la théorie de l'auteur reprit, chaque jour, plus de vraisemblance : « Vous êtes content, disait Decrès à Marmont, parce
« que l'empereur vous a fait maréchal ; je vous dis, moi, qu'il est
« fou, absolument fou, et que tout cela finira par une épouvan-
« table catastrophe. »

En 1814, de Maistre donna au public un nouvel ouvrage :
*Essai sur les principes générateurs des constitutions politiques et
des autres institutions humaines.* Il y attaquait avec amertume
et véhémence l'idée bourgeoise de l'efficacité des constitutions
écrites. Il montrait l'inanité des garanties qu'elles paraissent
offrir et leur refusait tout mérite, lorsqu'elles ne répondent
point aux principes éternels de gouvernement des sociétés et
aux traditions du pays. Une constitution improvisée tout d'un
coup et de toutes pièces serait un monstre, comme un homme qui
naîtrait adulte. Elle ne pourrait être faite que pour un être de
raison, pour l'*homme*, comme disent les philosophes... « Or il n'y
« a point l'*homme* dans le monde ; j'ai vu dans ma vie des Français,
« des Italiens, des Russes. Je sais même, grâce à Montesquieu,
« qu'on peut être Persan ; mais, quant à l'*homme*, je déclare ne
« l'avoir rencontré de ma vie ; s'il existe, c'est bien à mon insu. »

L'idée d'écrire une constitution apparaît à de Maistre comme
une folie, comme une marque de stupidité : « L'écriture, dit-il, est
« constamment un signe de faiblesse, d'ignorance ou de danger.
« A mesure qu'une institution est parfaite, elle écrit moins. » Et il
opposait à la constitution écrite de la France la constitution
traditionnelle de l'Angleterre, bien plus souple, bien plus conforme au génie national, et plus favorable à l'initiative du gouvernement et des citoyens.

En 1819, un nouvel ouvrage vint mettre le comble à la réputation du comte de Maistre et couronner sa théorie politique du gouvernement providentiel. Dans son livre du *Pape*, il ne craignit pas de se faire l'ardent apologiste de la papauté, et de présenter la théocratie comme le gouvernement idéal.

Il remarque que l'histoire de la France se distingue de celle des autres peuples européens par un élément idéaliste très marqué, et avec la tournure spéciale de son esprit, il y voit une tendance providentielle : « Il y a, dit-il, dans le gou-
« vernement naturel et dans les idées nationales du peuple
« français je ne sais quel élément théocratique et religieux qui
« se retrouve toujours. » Il en conclut que la France manque à sa mission et se mutile de ses propres mains, quand elle relâche seulement le lien qui l'unit au chef de l'Église.

L'Église de Rome lui apparaît comme le chef-d'œuvre incomparable de la religion et de la politique, comme « la mère immor-
« telle de la science et de la sainteté ». Il en retrace à grands traits l'imposante histoire, envisagée dans ses rapports avec les souverainetés temporelles, avec la civilisation et le bonheur des peuples, avec les Églises schismatiques. Dans un autre ouvrage, il dressera en face de l'Église romaine l'Église gallicane, à laquelle il demandera de faire sa soumission à Rome.

Dans son ardeur apologétique, il ne s'embarrasse de rien ; il touche aux sujets les plus brûlants ; il tranche les difficultés avec la fermeté passionnée d'un politique doublé d'un théologien. La bulle *Inter cœtera*, par laquelle Alexandre VI partagea le monde entre l'Espagne et le Portugal, lui apparaît comme « un noble arbitrage ». La bulle *In Cœna Domini*, dont tous les gouvernements monarchiques interdisaient la publication dans leurs Etats, n'est pour lui qu'un monument de la prévoyante sagesse des pontifes. Il fait observer malignement que la bulle défend aux princes d'augmenter les impôts sans l'autorisation du Saint-Siège, que la Révolution a justement fait couler des torrents de sang pour enlever aux princes le droit de taxer arbitrairement leurs peuples, et qu'elle n'y a point réussi.

Le dogme et la discipline ecclésiastiques lui paraissent également admirables. Il loue le célibat des prêtres. Il va même jusqu'à louer le latin des prières liturgiques : « Quant au peuple pro-
« prement dit, s'il n'entend pas les mots, *c'est tant mieux*. Le res-
« pect y gagne et l'intelligence n'y perd rien. Celui qui ne com-
« prend point comprend mieux que celui qui comprend mal. »

Il enseigne délibérément la supériorité de la foi sur la science ; mais il ne reconnaît cette supériorité qu'à la foi catholique :

« La science est une espèce d'acide qui dissout tous les métaux, « excepté l'or. Aucune religion ne peut supporter l'épreuve de la « science, sauf une, celle qui, par son principe même, se met hors « des atteintes de la science et de l'esprit d'examen. » Ce principe, c'est le dogme tutélaire de l'infaillibilité pontificale, proclamé par de Maistre cinquante ans avant le concile du Vatican.

On n'a qu'à choisir, dit le philosophe, entre la souveraineté du pape ou la souveraineté des peuples ; « car, depuis que les peuples « ne voient plus rien au-dessus des rois, ils s'y sont mis eux-« mêmes », et leur souveraineté collective et irresponsable comporte tous les excès et toutes les tyrannies.

L'infaillibilité pontificale est, au contraire, « un magnifique et « divin privilège de la chaire de saint Pierre ».

On est tenté de se récrier devant une pareille affirmation, et d'y voir un de ces paradoxes auxquels se plaisait de Maistre. N'a-t-il pas dit « que la guerre est divine » ? N'a-t-il pas appelé le bourreau « la pierre angulaire de l'édifice social » ? Mais il s'agit pour lui, dans l'espèce, d'une vérité historique, dont il prétend faire la démonstration scientifique. Il fait remarquer qu'en vertu des seules lois sociales toute souveraineté se donne, en fait, comme infaillible, et que les grands tribunaux revendiquent eux-mêmes cette prérogative, sans laquelle nul gouvernement ne serait possible. « Si vous êtes forcés de supposer l'infaillibilité dans les « souverainetés temporelles, où elle n'est pas, sous peine de voir « l'association se dissoudre, comment pourriez-vous refuser de « la reconnaître dans la souveraineté spirituelle, qui a cependant « une immense supériorité sur l'autre, puisque, d'un côté, ce « grand privilège est seulement humainement supposé, et que, « de l'autre, il est divinement promis. »

Le *Pape* de Joseph de Maistre ne rendra, sans doute, aucun libre penseur ultramontain, mais on ne peut nier la belle ordonnance et le logique enchaînement de ce grand ouvrage, et l'on s'explique l'impression profonde qu'il produisit sur les esprits au moment de son apparition. Tous ceux qui, au lendemain de la tempête révolutionnaire, cherchaient le principe sur lequel on pourrait reconstruire la société saluèrent avec joie l'œuvre de l'éloquent dialecticien.

La publication des *Soirées de Saint-Pétersbourg* (1821) contribua encore à populariser le nom du comte de Maistre et à répandre ses idées sur le gouvernement temporel de la Providence. La lecture de cet ouvrage vous donne la sensation d'un voyage vertigineux sur une route de montagne. A chaque pas, l'on s'étonne, ou l'on s'effraie, souvent on rit, et l'on se laisse entraîner loin des chemins battus par ce terrible raisonneur, dont l'audace vous intéresse et dont le charme vous retient.

De Maistre, qui plaisante souvent, mais à froid, reproche à un Français son ton léger et frivole : « Vous me glacez quelquefois « avec vos *gallicismes*. Quel talent prodigieux pour la plaisanterie ! « Jamais elle ne vous manque, au milieu même des discussions « les plus graves. »

Le dix-huitième siècle, qui sut traiter si plaisamment les sujets les plus graves, est pour lui un siècle de rebut. « Le dix-huitième « siècle, dit-il, n'a jamais aimé et loué les hommes que pour ce « qu'ils ont de mauvais. » — Voltaire est pour lui « un fleuve de « fange qui roulait des diamants ». Rousseau est un pervers, et Montesquieu est plus noir encore que lui. « Le *Contrat social* « s'adressait à la foule et les laquais mêmes pouvaient l'entendre. « C'était un grand mal, sans doute ; mais, enfin, leurs maîtres « nous restaient. Le livre de Montesquieu (l'*Esprit des Lois*) les « perdit ! »

Ce vilain siècle a fini par une catastrophe, digne châtiment de ses crimes ; mais les hécatombes de la Révolution présagent une ère de paix et de pardon. De Maistre croit à la réversibilité des douleurs de l'innocence au profit des coupables. Le christianisme repose tout entier sur ce dogme agrandi de l'innocence payant pour le crime. C'est de ce sombre mysticisme qu'il tire toute son espérance. Avais-je pas raison de dire que de Maistre donne le vertige ?

Tandis que l'esprit conservateur et les rancunes politiques entraînaient le diplomate savoyard jusqu'à l'affirmation de l'infaillibilité pontificale, un prêtre breton aboutissait aux mêmes conclusions en suivant une route un peu différente.

Hugues-Félicité-Robert de Lamennais, né le 19 juin 1782 à Saint-Malo, porta dans l'étude de la théologie toute la passion et toute la ténacité de sa race. A douze ans, il avait déjà lu Plutarque, Tite-Live, Nicole et Rousseau ; il était déjà tourmenté de tels scrupules qu'il ne se jugea pas digne de faire sa première communion, et n'accomplit cet acte qu'à vingt-deux ans. L'influence de son frère le fit entrer dans les ordres, à vingt-neuf ans ; mais, toujours assailli par le doute, il ne reçut l'ordination qu'à trente-quatre ans, et ceux qui le virent dire sa première messe conservèrent le souvenir étrange d'un homme de grande foi terrorisé par les saints Mystères. Il resta longtemps à l'autel, coupant son récitatif de longs silences, le front pâle et baigné de sueur comme un agonisant.

Lamennais appartient à la classe des esprits nobles, épris de vérité pure et de sincérité absolue. Il a aspiré de toutes ses forces à posséder ces deux biens suprêmes, et n'a pas su voir qu'ils ne sont pas faits pour l'humanité. Il s'est usé dans une lutte sans merci contre les hypocrisies du monde et de l'autorité. Il n'est pas de roman plus douloureux que le martyre de cette grande âme aux prises avec la routine, la sottise et la méchanceté des hommes. Nous n'exagérerons rien en disant que nous voyons en Lamennais un des grands hommes du dernier siècle.

Son premier livre est intitulé : *Réflexions sur l'état de l'Église en France pendant le dix-huitième siècle et sur sa situation actuelle.* Il parut en 1808 et fut supprimé par la police impériale.

C'était un livre très hardi et profondément pensé. Lamennais voyait dans l'indifférence religieuse le mal secret dont mourait l'Église. « On ne lutte plus contre la religion, disait-il, on s'en « détache. » On ne s'en détachait que pour courir aux intérêts matériels ; gagner pour jouir, tel semblait être désormais le but de tous les hommes, et la barrière entre le pauvre et le riche, entre celui qui souffre et celui dont la vie est une fête, se faisait chaque jour plus haute et plus infranchissable. Pouvait-on du moins compter sur le clergé pour consoler les souffrants et pour crier aux riches : Justice et charité ? Non, le clergé-fonctionnaire, créé par le concordat, touchait son salaire, végétait, remplissait sa fonction officielle et perdait de vue sa mission évangélique.

Il est probable que plus d'un évêque approuva le ministre de la police pour avoir fait disparaître un ouvrage aussi scandaleux.

En 1814, Lamennais attaqua l'Université napoléonienne, comme il avait attaqué le clergé concordataire. Refuge de moines sécularisés et de prêtres constitutionnels, l'Université était encore imbue de l'esprit du dix-huitième siècle ; Lamennais ne pouvait voir de bons éducateurs de la jeunesse dans ces philosophes plus qu'à demi païens, et demandait la liberté de l'enseignement.

En décembre 1817 parut le premier volume d'un nouveau livre sur l'*Indifférence en matière de religion*, où l'auteur protestait encore contre « le salaire insultant » que l'État accordait à la religion, comme s'il n'eût consenti qu'à la tolérer, sans la comprendre et sans l'honorer comme elle en était digne.

La deuxième partie de l'*Essai sur l'Indifférence*, publiée en 1823, annonça une nouvelle philosophie de la religion et prétendit rattacher la foi à la raison par des liens tellement étroits et tellement solides qu'il fût désormais impossible de les désunir.

Lorsque nous affirmons une idée que nous croyons évidente, nous n'entendons point dire que cette idée nous *paraît* vraie jusqu'à l'évidence, mais qu'elle l'*est*, et nous ne la donnons pas comme telle en vertu de notre sentiment particulier, mais en vertu de sa conformité avec une raison extérieure à nous, et plus haute que la nôtre, la raison universelle.

Si donc nous parvenons à découvrir une vérité plus générale que toutes les autres, tellement générale qu'on la rencontre partout tenue pour évidente, cette idée sera de toutes la plus sûre et la plus vraie.

Cette idée universelle est, pour Lamennais, l'idée de Dieu.

Dieu a créé l'homme, et, en lui donnant l'intelligence, la conscience et le langage, il s'est révélé à lui, et par lui à toute l'humanité.

Cette révélation, toujours une et identique en son essence, a pu être obscurcie, déformée et gâtée par les hommes ; elle n'en existe pas moins à travers toutes les folies qui la défigurent ; elle forme le fond uniforme et solide de toutes les religions. Considérée dans sa pureté primitive, elle constitue la religion adéquate à la réalité, qui doit, de nécessité absolue, être connue de nous pour nous conduire au salut.

Mais nous ne pouvons la connaître ni par le sentiment, principe de tous les fanatismes, ni par le raisonnement, principe de discussion et d'incertitude. Nous ne la pouvons connaître que par le moyen de l'autorité, de telle sorte que la vraie religion sera incontestablement celle qui reposera sur la plus grande autorité visible, c'est-à-dire qu'elle sera le catholicisme (1).

Lamennais prouve donc la vérité du catholicisme par l'autorité du Saint-Siège, et tout son raisonnement conclut à l'insuffisance, à l'impuissance de la raison. Il ne se sert de sa raison que pour l'humilier aussitôt devant l'autorité. Son critérium de la vérité n'est plus l'évidence philosophique, mais la parole du pontife romain. Il aboutit, comme de Maistre, à l'infaillibilité dogma-

---

(1) Albert Cahen, *Lamennais*, dans Petit de Julleville, *Histoire de la littérature française*, t. VII.

tique du pape et fait de ce point, encore contesté à cette époque, la pierre angulaire de son édifice théologique.

Lamennais et de Maistre furent des penseurs de grand mérite, mais sans action directe sur la vie politique de la France ; de Bonald, moins profond et moins génial, eut part au gouvernement.

Né près de Milhau en 1753, le vicomte de Bonald émigra en 1791 et ne revint en France que sous le consulat. L'amitié de Fontanes lui valut une place de conseiller de l'Université impériale. La Restauration lui ouvrit la carrière des honneurs. Député en 1815, ministre, membre de l'Académie française (1816), pair de France (1823), il défendit jusqu'en 1830 la cause de la monarchie traditionnelle et de l'alliance étroite de l'autel et du trône.

Son éducation et son tempérament en faisaient l'ennemi-né de la Révolution. « La liberté et l'égalité, disait-il, ne sont que
« l'amour de la domination et la haine de toute autorité qu'on
« n'exerce pas. »

Il ne croyait pas à la liberté de la presse et professait nettement le principe d'une orthodoxie d'État : « Écrire et même parler
« ne sont pas des facultés natives... mais des facultés sociales,
« dont nous devons compte à la société... les choses morales et
« le monde social n'ont pas été livrés à nos vaines disputes.
« Comme ils sont l'objet de nos devoirs, ils peuvent servir d'ali-
« ment à nos passions, et si, dans son orgueil ou la faiblesse de
« sa raison, l'homme méconnaît les lois de cet ordre moral, il
« peut livrer la société aux troubles et aux révolutions. »

Il démontrait la révélation par l'existence du langage, dont il faisait un don de Dieu. Il pensait que l'homme, abandonné à lui-même, n'eût jamais parlé, et qu'en lui donnant la parole, Dieu lui avait en même temps révélé ce qu'il avait besoin de connaître pour assurer son salut. Son intelligence, faite de logique serrée et pénétrante, étroite et profonde, ne lui permettait de voir la vérité que sous les apparences monarchiques et catholiques, et il formulait son opinion avec une rigueur toute mathématique.

« En supposant l'existence des êtres sociaux, Dieu et l'homme,
« tel qu'il a été et tel qu'il est, le gouvernement monarchique
« royal et la religion chrétienne catholique sont nécessaires,
« c'est-à-dire qu'ils ne pourraient être autres qu'ils sont, sans
« choquer la nature des êtres sociaux, c'est-à-dire la nature
« de Dieu et celle de l'homme. »

Nous nous trouvons ainsi en face d'un dogmatisme absolu, si absolu qu'il nous paraît fou ; mais on conçoit quelle force devait donner dans l'action une foi aussi entière et aussi voulue.

Pour un esprit de cette trempe, toutes les questions se ramenaient à la question religieuse. « La révolution qui agite l'Europe, « disait-il, est beaucoup plus religieuse que politique, ou plutôt « dans la politique on ne poursuit que la religion, et une rage « d'antichristianisme impossible à exprimer, et dont de célèbres « correspondances du dernier siècle ont donné la mesure, « anime un parti nombreux à la subversion des anciennes « croyances. »

Il voulait reconstruire la société par la base et changer tout d'abord l'esprit de l'Université : « Il faut, disait-il, prendre dans « tous les ordres religieux tous ceux qui se sentiront de l'attrait « et des dispositions pour embrasser ce nouvel état, *plier ensuite* « *tous les esprits, tous les cœurs, tous les corps*, sous un institut « approuvé de l'Église et de l'État. » Et il donnait comme type à son Université idéale l'institut des Frères de la doctrine chrétienne.

Le pauvre clergé concordataire ne suffisait pas à ses ambitions de renaissance religieuse. « Loin de pouvoir faire l'aumône aux « pauvres, le clergé était obligé lui-même de la recevoir des « paroisses qu'il desservait et où il n'était souvent regardé que « comme le premier valet de la commune. » De Bonald voulait le tirer de la misère et de la dépendance et se plaignait avec une rageuse amertume de sentir ses efforts paralysés « par les intri- « gues impénétrables d'un parti qui s'entrelace dans toutes les « affaires pour les enrayer, quand il ne peut les conduire, et qui « fait servir à l'asservissement de la religion en France jusqu'aux « libertés de l'Église gallicane ». Depuis les grands jours de Louis XIV, le clergé n'avait pas entendu un pareil langage. Surprise, piquée au vif, la foule prêtait l'oreille, et il semblait bien que des hommes de ce caractère fussent capables de la ramener à la vieille foi. Ils avaient pour eux l'éloquence et la conviction qui commande toujours le respect. Les événements semblaient justifier leurs théories ; le pouvoir encourageait leurs ambitions. Tout paraissait leur promettre le succès, et le succès n'est point venu.

La France a refusé de se laisser conduire où ils voulaient la mener. Son vieil esprit d'indépendance s'est défié de l'ultramontanisme. Elle s'est cabrée devant les prétentions à l'infaillibilité du pontife romain. Les indomptables fiertés, dont le gallicanisme n'était que le symbole, se sont réveillées dans son âme ; elle a rejeté résolument le vasselage spirituel qu'on voulait lui imposer.

A l'autorité dogmatique, qui n'est point dans son génie, elle a préféré nettement le libre examen. Elle n'a pas voulu que sa culture scientifique fût gênée en quoi que ce fût par une préoccupation religieuse quelconque. Elle a voulu l'absolue indépendance de l'esprit. Et, en défendant son autonomie politique et intellectuelle, elle a, croyons-nous, fait œuvre courageuse et sage. Mais dans sa résistance à la conquête catholique, peut-être a-t-elle obéi à un autre sentiment moins noble, et qu'il est du devoir de l'historien de signaler comme il a signalé les autres. Il y eut peut-être dans cette résistance une part de faiblesse morale, une préférence fâcheuse pour le laisser faire, le laisser aller, pour la loi du moindre effort.

LE CONCORDAT DE 1817. — LA CONGRÉGATION

La dynastie était à peine restaurée que commença de s'affirmer, par les actes les plus significatifs, la nouvelle alliance de l'Eglise et de la monarchie. L'article 6 de la charte constitutionnelle de 1814 reconnut la religion catholique, apostolique et romaine comme la religion de l'Etat.

Le 7 juin 1814, le ministre de la police, Beugnot, rendit l'observation du dimanche obligatoire par une ordonnance dont le préambule considérait « que l'observation des jours consacrés « aux solennités religieuses est une loi qui remonte au *berceau du* « *monde*, qu'il y avait été pourvu par différents règlements de « nos rois qui ont été perdus de vue durant les troubles, et qu'il « importait d'attester à tous les yeux le retour des Français à « l'ancien respect de la religion et des mœurs, et à la pratique de « vertus qui peuvent, seules, fonder pour les peuples une pros- « périté durable. »

Le même jour, une seconde ordonnance défendit la circulation des voitures dans Paris les deux dimanches de la Fête-Dieu, de huit heures du matin à trois heures de l'après-midi, et obligea tous les habitants à tendre les façades de leurs maisons sur le parcours des processions.

Louis XIII avait jadis placé la France sous la protection spéciale de la Vierge. Louis XVIII annonça par une lettre aux évêques qu'il renouvelait le vœu de son aïeul, et une procession montra aux Parisiens les princes de la maison royale suivant la statue de Notre-Dame un cierge à la main. C'eût été, en d'autres temps, un spectacle touchant : le Paris de 1814 s'en amusa.

En janvier 1815, une comédienne très aimée du public, Mlle Raucourt, vint à mourir, et le curé de Saint-Roch, qui avait souvent reçu pour ses pauvres les libéralités de l'actrice, fit fermer son église au cadavre de l'excommuniée. La foule s'amassa, introduisit de force le cercueil dans l'église, et, pour éviter de plus graves désordres, le roi envoya un de ses aumôniers réciter les dernières prières sur les restes de la pauvre femme. Le peuple de Paris se montra, ce jour-là, plus chrétien que le clergé.

Le 21 janvier, on transporta en grande pompe à Saint-Denis les restes de Louis XVI et de Marie-Antoinette, exhumés de la couche de chaux vive qui les recouvrait depuis 1793. Cette cérémonie fournit aux feuilles royalistes l'occasion naturelle d'anathématiser, une fois de plus, la Révolution.

Le retour triomphant de Napoléon prouva, peu de jours après, combien la France était restée révolutionnaire.

Elle l'était à tel point que, même après Waterloo, la situation de Napoléon n'eût peut-être pas été désespérée, s'il eût consenti « à se coiffer du bonnet rouge »; mais il eut peur de la foule qui l'acclamait, et il aima mieux, par pudeur d'aristocrate et gloriole d'empereur, se confier aux Anglais que de devenir le César de la plèbe.

Lui disparu, la réaction fut toute-puissante. Les députés de la Chambre introuvable entrèrent au pouvoir avec leurs rancunes d'émigrés, les fureurs amassées pendant les Cent jours, et le désir sincère de rendre à la France son âme des anciens jours.

Les plus violents criaient : « Des fers ! des bourreaux ! » Les meilleurs songeaient à refaire l'éducation morale de la nation, mais n'imaginaient rien de mieux que de la remettre sous la férule du clergé, et semblaient, dans leur impolitique précipitation, se faire les complices des sectaires qui ne rêvaient que proscriptions et représailles.

Il y avait des talents chez les ultras. M. de La Bourdonnais, l'un des plus fougueux, ne manquait dans ses discours ni d'élévation ni de vigueur, mais avait toutes les passions d'un conventionnel qui serait passé au drapeau blanc.

M. de Lalot avait un style plein d'images et d'une abondance véhémente et colorée:

« M. Dudou était profondément versé dans l'étude de la législation administrative ; son front haut ne pliait devant aucune « objection ; il recevait à bout portant les coups de mitraille de « l'opposition avec le flegme d'un Anglais. »

« M. de Castelbajac s'agitait sur son banc avec une vivacité « toute méridionale, frappait du pied et du poing, criait, s'exclamait et interrompait les députés incrédules à sa foi monar- « chique. »

« M. de Salaberry, chaud royaliste, orateur pétulant, mar-
« chait, le pistolet au poing, à la rencontre des libéraux et ré-
« pandait sur eux, du haut de la tribune, les bouillantes impré-
« cations de sa colère. »

« M. de Marcellus, pour qui la royauté n'était pas seulement
« un principe, mais une divinité, se prosternait devant son idole
« avec la ferveur naïve d'un pèlerin et d'un chevalier. »
(Cormenin.)

Ces hommes naïfs, passionnés et honnêtes, tout à fait compa-
rables pour la candeur aux républicains de 1848, eurent, un
moment, une grande idée : ils songèrent à établir en France le
suffrage universel et à donner à la royauté restaurée la large base
du consentement populaire. Cette idée n'était pas seulement
grande, elle était de plus très politique. La population des grandes
villes n'était pas, en majorité, monarchique ; mais celle des campagnes l'était probablement, et si le gouvernement de Louis XVIII
eût accepté le suffrage universel, il eût certainement noyé le libéralisme bourgeois sous le flot irrésistible du loyalisme populaire. Il est bien à croire que la monarchie se fût trouvée ainsi
consolidée pour de longues années et peut-être pour toujours.

Mais ce ne fut chez les royalistes qu'une velléité. Ils ne surent
pas accomplir ce qu'ils rêvèrent jamais de plus grand, et ils
firent en revanche une foule de maladresses qui donnent la
mesure de leur inaptitude politique.

M. de Castelbajac demanda que la religion fût mise au-dessus
de la loi. La Chambre introuvable supprima le divorce comme
attentatoire à la loi religieuse des catholiques, sans penser que
les non-catholiques pouvaient s'en accommoder, et que le
divorce est parfois tellement justifié que l'Église elle-même admet
de nombreux cas de nullité de mariage, ce qui équivaut, en fait, à
reconnaître le divorce dans quelques circonstances désespérées.

Le remaniement de l'Institut prit l'apparence d'une vengeance
politique par l'exclusion des académiciens régicides, et par la
suppression de l'Académie des sciences morales et politiques.

La dotation publique du clergé fut augmentée de cinq millions,
alors que tous les autres services de l'Etat se trouvaient réduits
au strict nécessaire.

Les prêtres mariés pendant la Révolution perdirent leurs
pensions, qui étaient parfois leur seul moyen d'existence, et qui
allèrent accroître les revenus des autres ecclésiastiques.

Le clergé reçut de nouveau le droit d'acquérir par donation, legs ou testament, ce qui était de droit commun et de justice ; mais il fallut que la Chambre des pairs refusât d'accepter les donations faites au confesseur *in articulo mortis*, pour que ces libéralités si suspectes fussent interdites.

La Chambre vota, en outre, la conversion en rentes perpétuelles, inscrites au grand-livre, des 41 millions de francs qui faisaient alors la dotation de l'Église, et lui restitua *à titre de propriété incommutable* les biens, autrefois sa propriété, qui se trouvaient actuellement aux mains du gouvernement.

Cette loi, très équitable en son principe, eût rendu à l'Église la propriété de ses biens non encore aliénés et l'eût à peu près mise à l'abri de toute surprise dans l'avenir ; mais, votée par la Chambre des députés, elle ne put être présentée à la Chambre des pairs avant la clôture de la session. Pour un retard de quelques jours, par l'effet de l'incurable légèreté du parti, cette loi capitale resta à l'état de projet, et l'occasion manquée ne se retrouva plus.

Les hommes d'État de la Restauration ne montrèrent pas beaucoup plus d'habileté dans une autre affaire aussi importante, qui leur tenait fort à cœur, et qu'ils ne surent pas mener à bonne fin : la revision du Concordat.

Nous savons comment avait été négocié le traité de 1801 entre Bonaparte et le Saint-Siège ; nous n'avons rien dissimulé des pressions, des violences, des fraudes, que l'on peut équitablement reprocher à cette nouvelle constitution civile de l'Église de France.

Le gouvernement de la Restauration, décidé à s'appuyer sur l'Église, devait désirer un remaniement du pacte de 1801 dans un sens plus orthodoxe et plus favorable aux intérêts ecclésiastiques : c'était là une œuvre éminemment politique, et une œuvre de justice à plus d'un égard.

Louis XVIII y pensa dès 1814 et envoya à Rome l'ancien évêque de Saint-Malo, Courtois de Pressigny, pour négocier un nouveau Concordat. Dans son ardent désir d'effacer les dernières traces du régime napoléonien, le roi ne demandait rien moins que l'abolition de l'acte de 1801 et la démission de tous les évêques.

La cour de Rome, à peine restaurée elle aussi, avait rapporté de l'exil la ferme résolution de gouverner à l'avenir dans un sens résolument catholique et venait d'en donner une preuve éclatante en rétablissant solennellement l'ordre des Jésuites (31 juillet 1814). Pie VII désirait, comme le roi de France, obtenir des avantages que le Concordat de 1801 lui refusait ; mais il lui semblait qu'il se serait diminué aux yeux du monde catholique en désavouant *ab irato* un acte qu'il avait souscrit douze ans auparavant, qu'il avait loué alors comme un acte glorieux, et qui avait rendu à l'Église de France son existence publique et légale au sortir des temps de persécution. Peut-être aussi Pie VII et ses cardinaux connaissaient-ils mieux la France que ne la connaissaient Louis XVIII et ses ministres, et se rendaient-ils compte qu'un retour pur et simple à l'ancien régime y était impossible.

Consalvi, redevenu secrétaire d'État, refusa de déchirer le Concordat, et opposa très habilement les droits de l'infaillibilité pontificale aux droits de la légitimité monarchique. Loin de demander leur démission aux évêques concordataires, il insista au contraire avec force pour que le roi obtînt la démission des évêques d'ancien régime, qui n'avaient point voulu céder aux instances du pape en 1801.

Les Cent jours interrompirent la conversation, qui fut reprise, l'année suivante, par M. de Blacas.

Le 25 août 1816, un projet de Concordat était signé par le plénipotentiaire français et par le cardinal Consalvi.

On revenait au Concordat de 1516 ; les articles organiques étaient abolis ; la nouvelle circonscription des diocèses était renvoyée à une convention ultérieure ; la question du déplacement des évêques était réservée.

Le projet ne contenta personne et suscita bientôt une formidable opposition. Les prélats protestataires de 1801 refusaient de se démettre. Les évêques concordataires ne voulaient pas davantage abandonner leurs sièges ; le pape se montrait inquiet des dispositions de la Charte qui garantissaient la liberté des cultes. Le gouvernement, de son côté, manifestait des tendances libérales depuis la dissolution de la Chambre introuvable (5 septembre 1816) et ne consentait plus à l'abolition pure et simple des articles organiques.

Il fallut reprendre la négociation : elle aboutit à un second projet, adopté le 11 juin 1817 par les représentants de la France et du Saint-Siège.

Les articles organiques étaient supprimés « en ce qu'ils ont de « contraire à la doctrine et aux lois de l'Église ».

Les diocèses supprimés en 1801 étaient rétablis en principe, sauf à examiner combien il serait bon d'en rétablir en fait par la suite.

Les évêques concordataires gardaient leurs sièges, sauf exceptions.

Les évêchés devaient être dotés en biens fonds.

La tolérance religieuse établie par la Charte n'était et ne devait être que purement civile.

Sans attendre les ratifications du traité par les Chambres françaises, le pape érigea en France quarante-deux nouveaux évêchés (6 août 1817).

C'était aller trop vite. Le gouvernement n'osa prendre sur lui d'exécuter le Concordat sans l'avoir soumis au Parlement, et l'on s'aperçut bientôt que les difficultés ne faisaient que commencer.

Portalis, Ravez, Beugnot, Royer-Collard et Camille Jordan furent chargés de préparer la loi qui devait déterminer les effets légaux du Concordat, et réglementer la forme des appels comme d'abus.

Les commissaires étaient loin d'être uniformément favorables au nouveau Concordat.

Portalis était le fils du rédacteur des articles organiques et ne pouvait manquer d'avoir hérité des idées si nettement gallicanes de son père.

Ravez, « l'aigle du barreau girondin, célèbre par la gravité de « sa prestance et la beauté de son organe, maître de ses passions « et de celles des autres, était un légitimiste constitutionnel « qui s'accommodait de la Charte comme d'une nécessité plus « forte que lui et que la royauté qui la subissait. » (Cormenin.) Il n'était pas vraisemblable qu'il sacrifiât la solidité de la Charte aux outrances hasardeuses d'un Concordat trop favorable aux intérêts ecclésiastiques.

Beugnot était le plus royaliste des libéraux ; mais on pouvait aussi l'appeler le plus libéral des royalistes : il avait été longtemps fonctionnaire impérial. Il est douteux qu'il ait été bien chaud partisan du Concordat de 1817.

Royer-Collard était aussi un libéral, et devait être, en 1830, un des 221.

Camille Jordan, « charmant homme d'esprit, un peu sentimental et provincial », religieux mais libéral, allait bientôt devenir un des chefs de l'opposition.

Tous ces hommes désiraient, sans doute, vivre en bonne intelligence avec l'Église et lui faire une situation forte et solide, mais aucun ne voulait la mettre au-dessus des lois.

Ils discutèrent longtemps ; quand ils eurent rédigé leur rapport, la situation politique avait changé. L'entrée au ministère du maréchal Gouvion Saint-Cyr et de Molé y donnait la majorité aux libéraux.

Au cours de la session de 1818, Lainé soumit à la Chambre le texte du Concordat, et plusieurs projets de loi relatifs à l'érection de quarante-deux nouveaux sièges épiscopaux et à la discipline du clergé. Les actes de la cour de Rome qui porteraient atteinte aux lois françaises devraient être vérifiés par les deux Chambres. Les cours royales auraient le jugement des appels comme d'abus et des délits commis par les ecclésiastiques.

Les projets de M. Lainé portent bien la trace des hésitations de ceux qui avaient été chargés d'étudier la question. Les textes relatifs à la discipline de l'Eglise étaient manifestement inspirés de l'esprit gallican. On peut même dire qu'ils constituaient une aggravation de l'état de choses ancien, dont s'étaient si souvent plaints les pontifes.

Les papes avaient réclamé contre le droit de *visa* que s'arrogeait l'autorité royale sur tous les actes de la chancellerie romaine, et ils voyaient ce droit transporté du roi au Parlement. Il ne s'agissait plus pour eux d'obtenir le consentement du seul souverain, presque toujours bien disposé à leur égard, il leur fallait gagner les suffrages des deux assemblées. Leur situation se trouvait certainement plus mauvaise. Ils voyaient, d'autre part, la procédure des appels comme d'abus conservée et fortifiée. L'attribution des délits des prêtres aux cours royales n'était pas non plus pour leur plaire. L'Eglise avait toujours revendiqué le droit de juger elle-même ses ministres, et on les déférait à une juridiction civile, auprès de laquelle le scandale devait être d'autant plus grand que cette juridiction était plus élevée.

Si les catholiques se montraient peu favorables au projet, leurs adversaires s'y montraient, à plus forte raison, bien plus opposés. La création de quarante-deux évêchés d'un seul coup leur paraissait un luxe et un gaspillage ; la dévolution des délits des ecclésiastiques aux cours royales leur semblait créer un privilège contraire à l'esprit des lois nationales.

Au premier rang des opposants figurèrent l'ancien chef de l'Eglise constitutionnelle Grégoire, l'abbé de Pradt, ancien archevêque de Malines, et l'ancien girondin Lanjuinais.

La commission parlementaire tint dix-sept séances, sans pouvoir aboutir à une solution.

Le député royaliste de Marcellus sollicita l'avis du pape et reçut un bref où la loi et ses divers amendements étaient critiqués avec sévérité.

Le 20 mars 1818, le gouvernement retira son projet. Après

trois ans de négociations, le succès du Concordat paraissait plus problématique que jamais. Les partis s'étaient rencontrés face à face devant cette question, et leur animosité réciproque semblait s'être encore accrue; les cléricaux devenaient de plus en plus ennemis de la Révolution et les partisans de la Révolution se défiaient de plus en plus de l'esprit clérical.

En 1820, le ministère Richelieu résolut de reprendre les négociations avec Rome et envoya Portalis auprès du pape. Pie VII marqua très peu d'empressement à rouvrir la question. Il répondit aux avances de Portalis que c'était la France qui avait demandé la modification du Concordat de 1801; qu'un traité semblable, conclu entre deux puissances souveraines, n'aurait pas dû être soumis aux Chambres, et que le pontife romain devait à cette maladresse la mortification d'avoir nommé un grand nombre de prélats, qui attendaient depuis trois ans que le gouvernement français voulût bien rétablir leurs sièges.

Après avoir ainsi fait connaître son mécontentement, Pie VII se radoucit et consentit à diminuer le nombre des évêchés rétablis, et à régler par une nouvelle convention les points douteux du Concordat de 1817.

Mais, quoique l'on fût alors en pleine réaction, ni le duc de Richelieu ni le ministre Lainé n'osèrent soutenir le Concordat, et le pape se déclara de son côté fermement résolu à s'y tenir.

De nouvelles négociations furent entreprises. On crut qu'une démarche de l'épiscopat français pourrait hâter la solution. Le 10 mai 1820 s'ouvrit à Paris une réunion d'évêques, qui vota une adresse au Souverain Pontife. Cette sorte de mémoire était malheureusement écrit dans le style chagrin dont l'Église s'est fait une si fâcheuse spécialité. L'état de la religion en France y était dépeint sous de si tristes couleurs que le roi s'en montra offensé, et n'envoya la lettre au pape qu'en l'accompagnant d'observations et de restrictions qui disaient tout son mécontentement.

Irrité à son tour, Pie VII déclara en consistoire secret, le 23 août 1820, qu'il maintenait purement et simplement le Concordat de 1801.

La question ne fut reprise qu'en 1821, à l'occasion de la discussion d'une loi sur les pensions ecclésiastiques.

Le ministère proposa la création de douze nouveaux sièges épiscopaux.

On était loin des quarante-deux évêchés de 1817.

Les catholiques jetèrent feu et flammes; de Bonald soutint que la création de douze évêchés était notoirement insuffisante. Il accusa le ministère d'avoir traduit la religion à la barre de l'Assemblée, de laisser discuter l'origine de sa créance sur l'État, et de la soumettre, chaque année, au vote du budget.

La gauche attaqua de son côté les ministres et leur reprocha de vouloir imposer au pays le Concordat de 1817.

Quarante députés demandèrent la parole.

On finit par voter l'érection de trente nouveaux sièges ; mais le Concordat de 1801 resta debout, et le clergé continua d'être salarié et assimilé à une administration d'État. L'œuvre d'émancipation de l'Église, à laquelle les catholiques avaient voulu travailler, restait interrompue par leur faute, par leur impéritie politique. C'était pour leur parti un échec lamentable, si grave qu'ils ne l'ont jamais réparé.

Les plus intelligents d'entre eux reconnaissaient que nul changement législatif ne serait possible aussi longtemps que la France garderait l'esprit de la Révolution. Ils voulurent essayer de reconquérir la France, de la ramener, par la persuasion et par l'exemple, à sa foi traditionnelle.

Disons, tout de suite, que cette prétention était absolument légitime et qu'aucun homme vraiment épris de liberté n'élèvera jamais la moindre objection contre l'exercice d'un droit aussi essentiel et aussi sacré que le droit d'exposer et de propager ce que l'on croit être la vérité.

Voyons, maintenant, si les moyens employés furent bien choisis ; s'ils marquent chez les catholiques d'alors une réelle entente de la situation sociale de la France ; s'ils ne révèlent pas chez eux un esprit d'imprudence et d'erreur, qui expliquerait à lui seul l'insuccès final.

Pour leur propagande, les catholiques de la Restauration ont eu vraiment les plus grands avantages. Ils ont disposé de l'administration, du clergé, de la tribune, de la presse et du livre. Ils n'ont manqué ni de volontés ni d'intelligences, et ils n'ont jamais su trouver ce point d'appui qui leur eût permis de soulever le monde.

La grande raison de leur échec vient de ce qu'ils se donnèrent pour tâche de ressusciter une société parfaitement morte. On ne ressuscite le passé qu'en esprit, dans les livres. Dans la vie, il n'y a pas de revenants.

Le langage qu'ils parlèrent à la France ne manquait parfois ni de grandeur ni de noblesse ; mais il était alors trop sévère pour être entendu et goûté de la foule ; quand il se faisait plus simple et plus compréhensible, il blessait encore par son amertume, ou se rendait suspect de vues intéressées. La grande masse de la nation estimait la morale catholique trop dure, trop tyrannique, bonne pour des moines et des prêtres, mais intolérable pour l'homme de moyenne vertu. La France détestait en majorité les excès de la Révolution, mais avait le sentiment profond que cette époque restait en somme une des plus glorieuses de son histoire. Elle n'aimait pas que l'on insultât ses grands souvenirs. L'épopée révolutionnaire et impériale avait gardé pour elle tous ses prestiges. Elle voulait bien y voir un rêve, trop grand pour avoir été raisonnable ; elle ne souffrait pas sans impatience qu'on lui dît que ce rêve avait été criminel. Enfin le clergé, allié à la royauté légitime et à l'aristocratie, dirigé par ses prélats nobles, ne lui semblait pas assez désintéressé pour mériter toute sa confiance. Elle trouvait le nouvel ordre de choses si favorable aux intérêts matériels de la noblesse et du clergé qu'elle craignait d'avoir tout à perdre en les suivant. « Vous n'aurez jamais une « armée à vous en ce pays, disait Paul-Louis Courier à un gentil-« homme. — Nous aurons, répondait celui-ci, les gendarmes « et le procureur du roi. » Triste réponse, qui montre combien peu tous ces gens savaient aller au cœur du peuple.

Le chef-d'œuvre du parti fut une institution curieuse, restée légendaire dans notre histoire, à laquelle on attribue généralement plus d'importance qu'elle n'en eut, et qui rappelle étrangement la fameuse *Compagnie du Très-Saint-Sacrement* du dix-septième siècle.

La *Congrégation* fut fondée à Paris, le 2 février 1801, par le P. Delpuits, ancien jésuite sécularisé. Il avait réuni dans son salon transformé en chapelle sept jeunes gens, qui vinrent, l'un après l'autre, s'agenouiller devant l'autel et réciter en latin la formule suivante :

« Sainte Marie, mère de Dieu, je vous choisis pour ma dame, ma
« patronne et mon avocate, et je me propose fermement et vous
« promets de ne jamais vous abandonner, de ne jamais rien faire
« ou dire contre votre honneur et celui de votre divin Fils, ni
« permettre que rien soit fait ou dit contre ce même honneur par
« ceux qui dépendent de moi. Je vous en supplie donc, recevez-
« moi comme votre serviteur à jamais ; soyez-moi présente en
« toutes mes actions, et surtout ne m'abandonnez pas à l'heure
« de la mort. Ainsi soit-il. »

La société se développa peu à peu. Les réunions se tenaient tous les quinze jours et avaient uniquement, au début, un but de piété et d'édification. La cotisation des membres était fixée à trois francs par an, et le père directeur ne souffrait pas qu'elle fût augmentée.

Renforcée par des élèves des grandes écoles de l'Etat, par des membres de l'aristocratie, par quelques industriels et commerçants, la Congrégation comptait 180 adhérents lorsque Pie VII vint à Paris à la fin de 1805. Le P. Delpuits lui demanda « de « pouvoir admettre les congrégations de province à s'unir à celle « de Paris, et de les faire participer aux faveurs spirituelles « concédées par les papes aux anciennes congrégations établies « depuis si longtemps dans les maisons de la Compagnie de Jésus. »

En 1808, la Congrégation admit dans son sein deux savants du plus haut mérite, le géomètre Cauchy et le physicien Biot ; en 1809, l'abbé Philibert de Bruillard, qui s'était conduit en héros pendant la Terreur, et qui devait devenir, en 1825, évêque de Grenoble.

Mais la Congrégation s'attira l'animadversion impériale en favorisant la publication de la bulle qui excommuniait les spoliateurs du Saint-Siège. Le 10 septembre 1809, le P. Delpuits engagea lui-même les congréganistes à se disperser.

Ils ne se réunirent de nouveau que le lundi de Pâques, 11 avril 1814, le jour même de la signature du traité de Paris, la veille de l'entrée de Monsieur dans la capitale.

Les adhésions vinrent en foule à la société reconstituée : les trois frères de Rigaudelle, employés à la trésorerie, le colonel de Gontaut, gouverneur des pages de Monsieur, Dubois de Montlignon, garde du corps, le prince Jules de Polignac, l'abbé Elissagaray, recteur de l'académie de Pau.

Au mois d'août 1814, la Congrégation passa sous la direction du P. Ronsin, qui devait la conduire pendant toute la période de la Restauration.

Né à Soissons, le 18 janvier 1771, le P. Ronsin appartenait à la Société des Pères de la Foi, « qui avait recueilli les traditions de « la Compagnie de Jésus et suivait sa règle ». On ne le trouva pas d'abord « assez homme du monde » ; mais on ne tarda pas à reconnaître et à apprécier son infatigable activité.

Tout en conservant le caractère d'une société d'édification mutuelle, la Congrégation se préoccupa de remédier au dénuement physique et moral dans lequel gémissait la population parisienne, et entreprit à la fois un grand nombre d'œuvres pieuses et charitables.

La *Société des bonnes œuvres*, présidée par Charles de Lavau, se consacra au soulagement des malades et des prisonniers et prit le patronage des petits Savoyards, qui venaient pendant l'hiver exercer à Paris de menus métiers.

L'*Œuvre de l'apprentissage des orphelins*, l'*Œuvre des prisonniers pour dettes*, l'*Œuvre des orphelins de la Révolution*, l'*Œuvre de la marmite des pauvres*, l'*Œuvre des maîtres d'école*, l'*Association de Saint-Joseph* pour le placement des ouvriers, la *Maison de Saint-Nicolas* pour les enfants abandonnés, vécurent et prospérèrent sous l'action personnelle des membres de la Congrégation.

On créa, plus tard, les sociétés des *Jeunes Économes*, de *Sainte-Anne*, des *Amis de l'Enfance*, de *Saint-François-Régis* pour la bénédiction des unions irrégulières, la Société de l'*Adoration du Sacré-Cœur de Jésus* pour les hommes, et la *Confrérie du Saint-Cœur de Marie* pour les femmes.

L'*Œuvre de la propagation de la foi*, fondée à Lyon, le 3 mai 1821, compta bientôt ses adhérents par milliers.

La *Société des bons livres*, créée, en 1824, par Mathieu de Montmorency, distribua en deux ans 800.000 volumes élémentaires ou de vulgarisation pour ramener le public aux bonnes doctrines.

La *Bibliothèque des bons livres* formait les bibliothèques pour les personnes instruites, en vue de fortifier et d'accroître leur foi.

La *Société des bonnes lettres*, fondée en 1821, sous le patronage de Chateaubriand, organisait des lectures et des cours que l'on vit fréquentés par des pairs de France, des députés, des généraux, des banquiers, des fonctionnaires de tout ordre.

La *Société des bonnes études*, définitivement constituée en 1823, s'adressait aux étudiants des écoles, et eut surtout du succès auprès des étudiants en droit. Sous la direction d'un membre de la Congrégation, Laurentie, de Rémusat, Hennequin, Berryer, y soutenaient de brillantes joutes oratoires aux applaudissements de 300 jeunes magistrats, avocats et étudiants, venus là pour entendre discuter dans un sens orthodoxe les questions de droit public et privé les plus controversées et les plus palpitantes.

En 1821, le capitaine Bertaud du Coin, membre de la Congrégation, fonda à Notre-Dame des Victoires une *Congrégation militaire et chrétienne* dont les membres se donnaient pour but « de

« se fortifier dans la foi et dans l'amour de leurs devoirs, de
« s'animer et s'encourager les uns les autres, de faire aimer et
« respecter la religion, et de montrer au monde qu'on peut être
« militaire et chrétien. »

Le caractère de prosélytisme que la Congrégation revêtait,
chaque jour, davantage, y attirait en grand nombre les ecclésiastiques. De 1815 à 1825, quarante-neuf prélats y entrèrent et
fondèrent, à leur tour, dans leurs diocèses des congrégations
provinciales.

« Nous avons appris, écrivait l'évêque de Montpellier, qu'il
« existe à Paris une société pieuse et littéraire, qui produit des
« effets merveilleux dans la classe des jeunes gens, et nous avons
« formé le projet d'en établir une semblable dans notre ville
« épiscopale, après avoir demandé des renseignements à M. Ronsin, prêtre, directeur de cette nombreuse et fervente société. »

L'abbé Jean de Lamennais fonda des congrégations dans
presque toutes les villes de Bretagne.

Dès 1820, la Société comptait en province quarante-sept congrégations affiliées et en eut jusqu'à soixante et onze en 1826.

Louis XVIII, le duc de Bourbon et le comte d'Artois s'étaient
fait inscrire, dès 1814, sur les listes de la Congrégation; mais,
tandis que le roi et le duc ne lui avaient donné que leur nom,
Monsieur lui donna vraiment son cœur, et, quand il fut roi, la
Congrégation vit s'ouvrir devant elle une ère de prospérité
indéfinie.

Ce fut, précisément, le moment où son influence commença à
déchoir et où se déclara contre elle une hostilité qu'elle ne put
parvenir à abattre.

Nous avons, jusqu'ici, résumé son histoire d'après les écrivains
qui lui sont le plus favorables (1). Nous répétons qu'il n'y eut
rien de plus légitime que le but moral que se proposa la Société.
Elle eut le droit de se former; elle eut le droit de se répandre;
elle eut le droit de manifester par tous les moyens légaux son
activité, son zèle, sa charité. Elle sut grouper autour d'elle un
grand nombre d'hommes de grand savoir et de haute vertu.

Elle a mérité, d'une manière générale, le superbe éloge qu'en
fit un de ses membres, M. Gossin, conseiller à la cour royale
de Paris :

---

(1) G. de Grandmaison, *La Congrégation*, Paris, 1890 ; J.-M. Villefranche,
Histoire et légende de la Congrégation, Paris, 1901.

« Je suis congréganiste ; je le dis hautement, et si ce titre, aux
« yeux de plusieurs de ceux qui m'écoutent, n'est pas un gage
« d'impartialité, au moins en est-il un de compétence. En vous
« parlant donc de ce que j'ai vu et entendu depuis huit ans, j'ai
« le droit d'être cru. Si vous ne me croyiez pas, je désespérerais
« d'une époque où un magistrat, affirmant à ses collègues des
« faits où il a été mêlé personnellement, provoquerait le sourire
« de l'incrédulité. On vous a dépeint la Congrégation comme une
« assemblée délibérante... en état d'insurrection, occulte mais
« perpétuelle, contre le trône et contre les libertés publiques.
« Mais que deviennent ces reproches si, depuis huit ans que j'en
« fais partie et que j'en suis assidûment les exercices, je n'ai
« pas entendu proférer dans son enceinte, je ne dis pas une
« phrase, mais un mot ayant trait à la politique et aux événe-
« ments du jour ? Les congréganistes ne se voient qu'au pied des
« autels, dans une chapelle autorisée par Mgr l'archevêque ; ils
« s'y voient sans se parler, et ils ne se voient nulle part ailleurs.
« Ils entendent la messe ; ils prient de tout leur cœur, mais c'est
« tout... Ils ont un autel, point de tribune ; des livres d'heures,
« point d'ordre du jour. Le prêtre qui les dirige leur adresse,
« d'après le texte des saints livres, des exhortations propres à les
« corriger de leurs défauts ; jamais il ne leur a suggéré même
« l'ombre d'une pensée relative à la direction de l'Etat ou à leur
« avancement personnel dans leur carrière. Ils n'ont pas de signe
« de reconnaissance ; pourquoi en auraient-ils ? Ils n'ont pas
« besoin de se reconnaître, ni même de se connaître. »

Nous croyons à la sincérité de M. Gossin ; nous croyons qu'il y a eu effectivement des congréganistes pour lesquels la Congrégation n'a été qu'une école de piété et de désintéressement.

Nous croyons aussi qu'il y en eut d'autres pour lesquels elle fut un instrument d'ambition. Le désintéressement est une vertu excessivement rare, si rare même que beaucoup d'hommes n'y croient pas. Ils ont tort ; mais ce n'est pas une erreur de croire que, parmi ceux qui semblent désintéressés, il en est beaucoup qui ne pensent qu'à leur avantage particulier. Il y eut des congréganistes d'âme évangélique. Il y en eut d'âme très mondaine. L'apologiste le plus convaincu de la Congrégation, M. de Grandmaison, avoue lui-même, « qu'un petit groupe de légitimistes s'efforça
« de mettre en commun ses relations pour recommander des
« hommes de mérite et d'une fidélité éprouvée ». Il prend soin d'ajouter, il est vrai, que la Congrégation ignora toujours ces

agissements; mais, comme il nomme parmi les légitimistes du petit groupe ambitieux Mathieu de Montmorency, Alexis de Noailles, le ministre de Lavau, Franchet d'Esperey, Ponton d'Amécourt, Hennequin, tous membres de la Congrégation, il est difficile de soutenir qu'elle n'en sût rien.

Recommander ses amis est chose très légitime; mais constituer un comité de recommandation, délivrant, pour ainsi dire, des certificats de mérite et de loyalisme, est déjà une chose très grave et très dangereuse; — comme l'avenir devait le prouver.

La Congrégation s'est de même défendue d'avoir été une société secrète, et, légalement parlant, elle a raison. Pratiquement, elle fut du moins une société tellement discrète que le public ne connut jamais bien ni son but, ni son mode de recrutement, ni sa vie. On voyait, à certains jours, la rue du Bac se remplir de monde, une foule d'hommes graves, de hauts fonctionnaires, de membres de l'aristocratie, la fine fleur du parti légitimiste, se rendre au couvent des Missions étrangères. On savait que les réunions étaient fermées très rigoureusement à quiconque n'était pas membre de la Société, et personne ne croyait que tant de gens de même opinion pussent se réunir si régulièrement pour entendre la messe et le sermon, qu'ils pouvaient ouïr devant tout le monde dans toutes les églises de Paris. Le public voyait dans ces réunions mystérieuses une conspiration, et contre quoi les légitimistes pouvaient-ils conspirer, si ce n'était contre les libertés si péniblement sauvées du grand naufrage de la Révolution?

La multiplication des sociétés catholiques à Paris et en province était, elle aussi, parfaitement légitime; elle ne laissait pas d'inquiéter l'opinion, qui voyait déjà tout le royaume pris dans un vaste filet, dont les mailles allaient se resserrant chaque jour.

Dans un pays habitué aux mœurs de la liberté, le remède eût été bien vite trouvé. Aux associations catholiques et monarchistes se seraient opposées, avec le même droit et la même légalité, des associations protestantes, libres penseuses, libérales. Il y eut des tentatives de ce genre; mais le gouvernement les voyait d'un mauvais œil et les tolérait impatiemment. Ne pouvant vivre au grand jour, les libéraux se répandirent dans les ventes du carbonarisme et dans les loges de la franc-maçonnerie, société alors presque identique à la Congrégation, prétendant n'avoir, comme elle, qu'un but philosophique et philanthropique, ralliant les libéraux comme la Congrégation ralliait les catholiques et les légitimistes, secrète dans le même sens que la Congrégation, puisque personne n'ignorait son existence, mais que les affiliés seuls participaient à sa vie intime, connaissaient ses statuts et ses forces.

Il y eut, en réalité, au-dessus de la grande France laborieuse, assez indifférente dès ce temps aux questions religieuses et politiques, deux petites Frances ennemies : l'une royaliste et cléricale, l'autre antiroyaliste et résolument libre penseuse. La première comprenait certainement la religion d'une manière étroite et formaliste ; la seconde comprenait aussi mal la liberté cependant ce mot magique devait lui assurer la victoire.

CHARLES X ET L'ÉGLISE

Les partis politiques sont un peu comme les voleurs : ils n'aiment pas qu'on leur demande leurs papiers, c'est-à-dire leurs programmes. Ils préfèrent se tenir dans le vague et dans le mystère ; ils promettent le bonheur universel ; ils laissent entendre à qui veut bien les croire qu'ils ont retrouvé le secret de l'Age d'or, mais ils se dérobent quand on les presse de questions indiscrètes à ce sujet.

Le parti aristocratique et le parti prêtre de la Restauration ne connurent pas ces habiletés. Ils voulurent combattre bannières déployées et indiquèrent d'avance, avec l'enthousiasme le plus chevaleresque et la précision la plus téméraire, les positions qu'ils se proposaient de conquérir.

Chateaubriand avait dressé le programme politique du parti légitimiste. Le voici, tel que le général Foy le lut à la tribune de la Chambre des députés, le 1er. juin 1820 :

« Une fois arrivés au gouvernement, les royalistes, au lieu de
« bâtir une démocratie, élèveraient une monarchie. Leur premier
« devoir, comme leur premier soin, serait de changer la loi des
« élections ; ils feraient en même temps retrancher de la loi sur
« le recrutement tout le titre VI (le titre de l'avancement) ; ils
« rétabliraient dans la loi sur la liberté de la presse le mot *religion*,
« qu'à leur honte éternelle de prétendus hommes d'Etat en ont
« banni ; ils aboliraient le système de centralisation, donneraient
« aux communes et à la Garde nationale la constitution la plus
« monarchique, rendraient aux Conseils généraux une puissance
« salutaire, et, créant partout des agrégations d'intérêts, ils les
« substitueraient à ces individualités trop favorables à l'établis-
« sement de la tyrannie ; en un mot, ils recomposeraient l'aristo-
« cratie, troisième pouvoir qui manque à nos institutions, et,
« dans cette vue, ils solliciteraient les substitutions en faveur de
« la pairie et chercheraient à arrêter par tous les moyens légaux
« cette division des propriétés qui, dans trente ans, en réalisant

« la loi agraire, nous fera tomber en démocratie forcée ; enfin, ils
« demanderaient aux Chambres, tant dans l'intérêt des acqué-
« reurs que dans celui des anciens propriétaires, une juste
« indemnité pour les familles qui ont perdu leurs biens dans
« la Révolution. »

Ce programme, très net et fort logique, fut accueilli du côté droit de la Chambre par les exclamations les plus louangeuses : « Il a raison ! Ce serait très bien ! Ce serait très juste ! C'est ce que nous voulons. » La gauche avait peine à contenir sa fureur : « C'est l'ancien régime que vous voulez ! » criaient les libéraux aux aristocrates.

Le programme du « parti prêtre » fut formulé, en 1823, par le cardinal de Clermont-Tonnerre, archevêque de Toulouse, avec la même intransigeance que celle dont avait fait preuve Chateaubriand. Il réclama, dans une lettre pastorale, une pleine indépendance pour les ministres de la religion, la restitution à l'Église des actes de l'état civil, la libre convocation des synodes diocésains et des conciles provinciaux, la suppression des Articles organiques, le rétablissement des juridictions ecclésiastiques et des ordres religieux.

Le député royaliste de Bertier ajouta à ce programme l'octroi d'une dotation territoriale à l'Église pour la rendre indépendante de l'État.

Lamennais demanda énergiquement pour le clergé le monopole de l'enseignement ; Duplessis-Grenédan déniait à l'État le droit, le pouvoir et la science d'enseigner, et répétait que l'enseignement n'appartenait qu'à l'Église. Il dénonçait à la Chambre des députés les principes détestables de l'Université, son immoralité, son incurie, le désordre qui régnait dans tous ses services, et concluait à sa suppression immédiate et radicale : « Il n'y a, « disait-il, rien de bon à faire de cette institution ; tout est à « détruire » (Juillet 1828.) Placé ainsi au-dessus des lois, propriétaire incommutable et maître de l'éducation de la jeunesse, le clergé serait redevenu rapidement le premier ordre de l'État et n'eût pas tardé, sans doute, à absorber l'État tout entier, si l'aristocratie restaurée l'eût laissé faire. C'est parce qu'il prévoyait une opposition possible de la part de l'aristocratie qu'il tenait tant à instruire les fils des grandes familles.

Les premiers actes de Charles X parurent lui présager un triomphe prochain et complet.

En janvier 1825, le ministre Peyronnet déposa un projet de

loi destiné à punir les vols commis dans les églises et la profanation des vases sacrés et des hosties consacrées. Les peines portées contre ces crimes sacrilèges étaient la reclusion, les travaux forcés à perpétuité, la mort. Si la profanation de l'hostie consacrée était accomplie *volontairement et par mépris de la religion*, le condamné était puni du supplice des parricides. Il était conduit à l'échafaud pieds nus, la tête couverte d'un voile noir, et le bourreau lui abattait le poing avant de le décapiter.

Cette loi était à la fois barbare et absurde; barbare, parce qu'elle étendait à un nouveau cas le seul vestige de l'antique torture qui fût demeuré dans nos codes ; absurde, parce que le crime qu'elle prétendait punir ne peut, par sa nature même, exister. Il n'y a crime que là où existe l'intention criminelle. Or le profanateur d'une hostie consacrée ne peut jamais, par définition, être autre chose qu'un incroyant, pour lequel l'hostie n'est qu'un fragment de pain azyme. Quel croyant aurait jamais l'idée de commettre un pareil crime de lèse-majesté divine ? On se trouvait donc en présence de ce dilemme : ou l'homme croit, et il ne profane pas ; ou il ne croit pas, et alors, s'il profane, il n'y a de sa part qu'un outrage au culte et non un sacrilège au sens vrai du mot.

Les débats furent longs et passionnés.

Les députés et les pairs cléricaux y firent preuve d'un fanatisme extraordinaire. De Bonald alla jusqu'à dire qu'après tout, en tuant le coupable, la société *ne faisait que l'envoyer devant son juge naturel* ; singulier raisonnement, qui, poussé à l'extrême, aboutirait logiquement à punir de mort tous les délits, par défiance de la justice humaine. Les pairs ecclésiastiques déclarèrent qu'ils ne croiraient pas avoir le droit d'*appliquer* la loi, mais qu'ils se croyaient en droit de la *voter*. A la Chambre, le député de Bertier déclara que la loi nouvelle contre le déicide lui semblait encore trop douce. Le député Duplessis-Grenédan protesta contre la tolérance, qui n'était à ses yeux qu'un athéisme déguisé, et déclara que le catholicisme, seule religion vraie, avait seul droit à la liberté.

On est heureux de rencontrer un orateur catholique qui se soit opposé à ces fureurs. Royer-Collard s'éleva « contre un principe « absurde, impie et sanguinaire, évoqué des ténèbres du Moyen « Age, des monuments barbares de la persécution, faisant des- « cendre la religion au rang des institutions humaines, armant « l'ignorance et les passions du glaive terrible de l'autorité

« divine. » Il rendit aux idées religieuses l'hommage le plus éclatant qu'elles aient jamais reçu à la tribune française : « Ce sont
« les croyances religieuses, grandeur de l'homme, charme de la
« faiblesse et du malheur, recours invisible contre la tyrannie
« d'ici-bas, qui forment la plus noble partie de nous-mêmes.
« Reléguée à jamais aux choses de la terre, la loi humaine ne
« participe point aux croyances religieuses ; elle ne les connaît ni
« ne les comprend ; au delà des intérêts de cette vie, elle est
« frappée d'ignorance et d'impuissance. Comme la religion n'est
« pas de ce monde, la loi humaine n'est pas du monde invisible...
« Les gouvernants sont-ils les successeurs des apôtres ?... Ils n'ont
« pas reçu d'en haut la mission de déclarer ce qui est vrai en
« matière de religion et ce qui ne l'est pas... Si l'on met la religion
« dans la loi humaine, on nie toute religion... Si l'on met dans la
« religion la peine capitale, on nie la vie future. La loi proposée,
« qui fait l'un et l'autre, est donc à la fois athée et matérialiste.
« Elle ne croit pas à la vie future, cette loi qui anticipe l'enfer et
« qui remplit sur la terre l'office des démons ! »

La loi fut votée à grand'peine par les pairs, mais réunit à la Chambre une majorité de 115 voix. J'ai lu dans un cours d'histoire suivi dans les écoles ecclésiastiques « que les temps n'étaient
« malheureusement plus assez chrétiens pour en avoir permis
« l'application ».

La loi du sacrilège ne touchait qu'aux intérêts spirituels du clergé. Une loi sur les congrégations religieuses de femmes permit au roi de légaliser par simple ordonnance 1800 communautés rétablies par tout le royaume. Ces communautés soignaient 14.000 malades, donnaient l'instruction secondaire à 10.000 élèves et l'instruction primaire à 120.000 enfants. Ces services très réels rendaient la mesure vraiment légitime ; mais les libéraux craignaient que les communautés d'hommes ne s'autorisassent bientôt de l'exemple des communautés de femmes pour demander aussi leur reconnaissance par simple décret. L'opposition fit remarquer que le droit d'autoriser une corporation religieuse avait été considéré, de tout temps, comme un attribut du pouvoir législatif, et le droit d'autoriser les communautés religieuses par simple ordonnance royale fut restreint à celles qui existaient déjà au 1er janvier 1825. Pour celles qui viendraient à se former par la suite, elles ne pourraient obtenir la reconnaissance légale qu'en vertu d'une loi.

Nous touchons, ici, un des points les plus faibles de la législation française, qui n'a jamais su se placer franchement sur le terrain de la liberté.

La liberté nous paraît devoir rester, ici comme partout, le principe dominant et tutélaire. Des hommes ou des femmes, inspirés de sentiments pieux ou charitables, ont incontestablement le droit de se grouper, chacun de leur côté, en associations pour prier en commun, pour enseigner, pour soigner les malades, assister les pauvres et les infirmes.

Si on leur dénie ce droit d'association, ne sera-t-on pas bien mal venu à le reconnaître aux partis sociaux ou politiques, aux négociants, aux industriels, aux capitalistes?

Peut-on soutenir qu'il sera loisible de se grouper et de s'associer en vue de la guerre des partis ou des classes, en vue de l'exploitation de telle ou telle source de richesse plus ou moins hypothétique, en vue de la défense d'intérêts matériels plus ou moins légitimes et recommandables, mais que l'association à fins de piété ou de bienfaisance constituera, au contraire, un délit?

Aucun esprit vraiment libéral n'admettra jamais une pareille conclusion.

L'expérience nous apprend, d'autre part, que la multiplication exagérée des couvents emporte avec elle les inconvénients les plus sérieux, et engendre les désordres les plus graves.

La liberté des associations religieuses est donc, comme toutes les libertés, susceptible de limitations et sujette au contrôle; et la loi, qui n'a point, à notre estime, le droit d'empêcher ces sortes d'associations de se fonder, de vivre et d'agir dans les limites de leur action légitime, est, au contraire, tout à fait dans son rôle, si elle se borne à prévenir et à combattre les abus auxquels cette action peut donner lieu.

La loi a, notamment, le droit de s'opposer à l'accaparement de la propriété foncière par les institutions monastiques. Elle pourrait peut-être aller jusqu'à la leur interdire absolument.

Elle a encore le droit et le devoir étroit de surveiller et contrôler leur vie morale et matérielle. Elle doit empêcher que les supérieurs retiennent au couvent le moine ou la religieuse qui désirent rentrer dans le siècle ; empêcher que la discipline dégénère en sévices et en tortures, soit contre les membres des congrégations, soit contre leurs élèves ; empêcher qu'on prêche à ceux-ci la haine de la société et de l'Etat ; empêcher que la routine paralyse dans les hôpitaux l'autorité du médecin. La liberté des congrégations ne peut s'étendre à l'emprisonnement arbitraire, au rétablissement de la torture, à la conspiration contre l'autorité publique, à la méconnaissance des lois de l'hygiène et de la médecine.

On n'a jamais su, en France, organiser sérieusement ce contrôle ni protéger efficacement la liberté d'association, et la thèse que nous soutenons ici est si peu populaire en ce pays que les libéraux de 1825 n'auraient pas admis la liberté d'association, s'ils avaient été les maîtres, et que les cléricaux n'auraient certainement pas reconnu à l'État le droit de surveillance, qu'il nous paraît indispensable de lui accorder.

Le 29 mai 1825 fut célébré, suivant l'antique rituel, en la splendide basilique de Reims, le sacre du dernier roi de France. Charles X était bien vieux et bien laid pour une cérémonie qui semblait requérir un beau jeune roi. Il y eut, comme dans toutes les pompes humaines, des à-coups fâcheux, des détails comiques, grotesques ; dans l'ensemble, ce fut une noble fête, où la France aurait pu se reconnaître si elle l'eût voulu. Au lieu de jurer d'exterminer les hérétiques, Charles X avait juré « de gouverner « conformément aux lois du royaume et à la charte constitu- « tionnelle ». Il avait amnistié presque tous les condamnés politiques du dernier règne, donné le cordon bleu à six maréchaux de l'Empire, visité avec intérêt une exposition de l'industrie champenoise, et fait aux pauvres les abondantes charités dont il était coutumier.

Mais, si le roi avait été personnellement raisonnable et gracieux, beaucoup de ses amis se montraient fous et agressifs. Il semblait que le sacre fût le triomphe du parti prêtre plutôt que celui de la royauté. Les jésuites ne se donnaient plus la peine de se dissimuler sous un nom d'emprunt, ouvraient des collèges à Aix, Billom, Bordeaux, Dôle, Forcalquier, Montmorillon, Saint-Acheul, et Sainte-Anne-d'Auray (Debidour, p. 404). Leurs huit établissements avaient bientôt plus d'élèves que tous les collèges royaux des provinces. L'archevêque de Rouen invitait ses curés à afficher à la porte de leur église les noms des non-communiants et des concubinaires, c'est-à-dire des personnes qui ne seraient mariées qu'à la mairie. A chaque instant éclataient des affaires scandaleuses à propos des baptêmes, des mariages, des enterrements. Beaucoup de prêtres refusaient de bénir les mariages mixtes entre catholiques et protestants, ou exigeaient que les enfants à naître fussent baptisés à l'église et élevés dans la religion catholique. Les refus de sépulture ecclésiastique étaient fréquents et montraient chez le clergé une persistance fâcheuse des vieux fanatismes qu'il eût été sage d'oublier.

L'année 1825 avait été marquée à Rome par les cérémonies du jubilé. Le successeur de Pie VII, le maladif et doux Léon XII, avait voulu restaurer l'antique pèlerinage qui amenait jadis à Rome, tous les vingt-cinq ans, les pèlerins du monde entier. Malgré les timides observations des cardinaux, il avait ouvert, le 24 décembre 1824, la porte sainte de Saint-Pierre, restée close depuis 1775, et, pendant plusieurs mois, des milliers d'étrangers s'étaient pressés dans les rues étroites et dans les grandes basiliques de la ville pontificale (1). Les ressources extraordinaires apportées au trésor du Saint-Siège avaient été suffisantes pour permettre au pape de remettre à ses sujets le tiers de l'impôt foncier.

A la demande de l'archevêque de Paris, la France obtint, comme l'Espagne, l'autorisation de célébrer un jubilé particulier. La bulle recommandait surtout au clergé « de combattre avec une « ardeur nouvelle pour faire disparaître du milieu des fidèles les « livres qui pervertissaient les mœurs et sapaient les fondements « de la foi ». Mgr de Quélen, archevêque de Paris, en prit occasion pour tonner dans un mandement « contre les doctrines pestilen- « tielles, contre le poison des écrits pernicieux qui circulait dans « toutes les veines du corps social, de manière à infecter plu- « sieurs générations ». L'évêque de Strasbourg, Mgr Tharin, dénonça au public « ces écrivains infâmes et pervers, ces jour- « naux pleins de fiel et d'imposture, philosophes du mensonge, « artisans de troubles et de révolutions, hypocrites effrontés, « sacrilèges, pleins d'emportement, de violence et de rage, qui « parlent quelquefois avec respect de la religion, qui même en « avouaient la nécessité, mais chez lesquels on doit, à moins « d'être stupide, reconnaître l'emploi des mêmes moyens que « la Terreur (sic) pour arriver au même but, c'est-à-dire à la « chute des trônes et à la mort des rois, à l'extinction de la « noblesse et à la mort des nobles, à l'abolition du sacerdoce et « à la mort des prêtres ». Ce langage furieux valut au prélat l'honneur d'être choisi par le roi comme précepteur du jeune duc de Bordeaux. (Sept. 1826.)

Lamennais publiait, à la même époque, son traité de la *Religion considérée dans ses rapports avec l'ordre politique et social*

---

(1) Geoffroy de Grandmaison, *Le Jubilé de 1825*, Paris 1902, in-12.

et y exposait en traits de flamme une politique si ultramontaine qu'elle devait effrayer les prélats de France, les cardinaux romains et le pape lui-même. Il ne voyait dans le gouvernement de Charles X « qu'une république démocratique fondée sur « l'athéisme », et, avec sa logique passionnée, il demandait que l'on choisît entre Satan et Dieu, qu'on abolît franchement le christianisme ou que l'État redevînt enfin chrétien.

Les missions prêchées dans tous les départements y portèrent au comble l'enthousiasme fanatique des uns et la colère des hommes restés attachés à la Révolution. Les missions eurent en beaucoup d'endroits un très vif succès officiel ; ailleurs, elles suscitèrent des polémiques très violentes. A Rouen, il y eut des troubles, et la cavalerie dut charger la foule. Le jubilé ressembla à une croisade contre l'esprit libéral, à une mobilisation générale du parti prêtre. La France eut le sentiment très net qu'on cherchait à lui imposer une croyance et à restreindre ses libertés. « L'armée, écrivait alors le général Sébastiani, est tourmentée « par la délation et l'espionnage. Les aumôniers y exercent une « influence turbulente et tracassière. Le soldat, asservi à toutes « les pratiques religieuses, à des cérémonies trop nombreuses « pour ne pas lui devenir importunes, murmure des nouveaux « devoirs qu'on lui prescrit, et ne voit pas sans mécontentement « prostituer les récompenses qui lui sont dues aux vains dehors « d'une fausse piété. »

A Paris, la dévotion du roi fit du jubilé une série de manifestations cléricales, comme on n'en avait peut-être pas vu depuis la Ligue. Il n'y eut pas moins de quatre processions solennelles, auxquelles assista le roi, en grand uniforme de lieutenant général. La quatrième fut la plus magnifique, et prit le caractère d'une cérémonie expiatoire ; on la fit coïncider avec la pose de la première pierre du monument de Louis XVI sur la place Louis XV.

La procession partit de Notre-Dame et se rendit à la place Louis XV, avec repos à Saint-Germain-l'Auxerrois et à l'Assomption. Six mille hommes de troupes faisaient la haie sur le parcours. Le parvis Notre-Dame était entièrement tendu de draperies bleues fleurdelisées, toutes les rues étaient tendues et sablées. Un détachement de gendarmerie ouvrait la marche. Derrière les gendarmes s'avançaient les élèves des séminaires en surplis, le clergé de toutes les églises de Paris en chape, le chapitre de Notre-Dame, la châsse des reliques de saint Pierre et saint Paul, l'archevêque de Paris, accompagné de ses grands vicaires, les princesses de la famille royale et leurs dames d'honneur, le duc d'Angoulême et les officiers de sa maison, le roi et ses grands-officiers, encadrés par la compagnie des Cent-Suisses et par les gardes du corps. Après le roi venaient les maréchaux, 150 officiers généraux, les pairs, les députés, la Cour de cassation et la Cour des comptes, le Conseil royal de l'Université, la Cour royale, les grandes administrations de l'État, de la ville de Paris et du département de la Seine. Sur la place Louis-XV avait été érigé un autel, abrité d'un dais de velours violet. « Une première « salve d'artillerie, dit le *Moniteur*, annonça l'arrivée de la pro-« cession ; son développement offrait alors le plus imposant « tableau que l'on pût contempler. Cette vieille nation française, « l'héritier de ses soixante rois en tête, marchait précédée des « présents que Charlemagne fit à l'église de Paris et des con-« quêtes religieuses que saint Louis rapporta des lieux saints. « Les pontifes et les prêtres montent à l'autel. Trois fois de suite, « ils élèvent vers le ciel le cri de pardon et de miséricorde. Tous « les spectateurs tombent à genoux. Un silence profond, absolu, « règne autour de l'autel et dans toute la place ; la même douleur « accable le peuple et les grands ; les yeux du roi sont pleins de « larmes. »

Le roi posa la première pierre du monument, et aux détonations de l'artillerie, au chant des hymnes, la procession reprit lentement le chemin de Notre-Dame.

Un curieux détail permet de voir combien le peuple de Paris était loin de vibrer à l'unisson des fonctionnaires et de la cour. Charles X avait revêtu pour la cérémonie un habit violet, couleur de deuil pour les rois. Le peuple, qui avait oublié ce détail d'étiquette, se laissa persuader que le roi s'était fait évêque, avait mérité ce nouveau grade par son dévouement à la Congrégation et disait, chaque matin, la messe dans son oratoire.

Loin d'édifier la France, ces manifestations répétées l'indisposèrent. En s'affirmant si absolue, si turbulente, si tracassière, si maussade, la domination du clergé choqua jusqu'aux royalistes raisonnables et réveilla chez eux le vieil esprit d'indépendance de l'Église gallicane.

Ce fut à partir de ce moment que l'opposition commença de grandir et que l'esprit révolutionnaire se réveilla.

Ce fut un noble, très féru d'absolutisme, le comte de Montlosier, qui prit l'initiative du mouvement.

Après avoir publié, en août 1825, deux lettres retentissantes contre les jésuites dans le journal *Le Drapeau blanc*, il fit paraître, au mois de février 1826, un ouvrage intitulé : *Mémoire à consulter sur un système religieux et politique tendant à renverser la religion, la société et le trône.* Il y attaquait ouvertement le parti-prêtre au nom de l'autorité royale, des libertés publiques, des mœurs et de la religion.

L'ouvrage de Montlosier est très loin d'être un chef-d'œuvre de méthode et de style. Il est très lourdement écrit et très pesamment charpenté. L'auteur n'a pas pris le temps de se documenter comme il aurait certainement pu le faire. Il lui échappe plus d'une erreur et d'une contradiction. Cependant le livre est véhément, intelligible et suggestif. Il se lit avec un intérêt soutenu ; il porte la marque d'un esprit vigoureux et honnête ; il fait penser.

L'introduction pose le problème avec franchise et esprit :
« En même temps que la conspiration que j'ai à dénoncer est
« effrayante par ses progrès, elle est toute nouvelle par son
« caractère...; elle est ourdie par des hommes saints, au milieu
« des choses saintes... C'est la vertu que je vais accuser de crime ;
« c'est la piété que je vais montrer nous menant à l'irréligion ; c'est
« la fidélité que j'accuserai de nous conduire à la révolte...
« Ceux qui nous ont donné les congrégations, les jésuites, l'ultra-
« montanisme et la domination des prêtres ont imaginé, comme
« une chose merveilleuse, de commander pour ces inventions le
« même respect que pour la religion. Cette ineptie, exploitée
« avec beaucoup de talent, a obtenu ses fins : il en est résulté que,
« pour une grande partie de la France religieuse, la religion et
« les congrégations, la religion et les jésuites, la religion et l'ultra-
« montanisme, la religion et les refus de sépulture ont été une
« seule et même chose ; dès lors, ce qui restait d'impiété en France
« a conçu des espérances... »

Dans une première partie, intitulée *Faits*, Montlosier étudie la Congrégation, dont il connaît assez mal l'organisation, mais dont il ne laisse pas de bien concevoir l'esprit général. Il cite un mot curieux de Louis XVIII, qui voyait surtout une arme dans la Congrégation : « Les corporations de cette espèce sont excel-
« lentes pour abattre, incapables de créer. »

A côté de la Congrégation, il place les jésuites, pour lesquels il a toute l'antipathie d'un monarchien du dix-huitième siècle.

L'ultramontanisme est la troisième plaie de l'Eglise. Son introduction en France date du Concordat de 1801. « Par l'article VI

« de cette transaction, le pape délie les évêques du serment de
« fidélité; par l'article VII, il en délie pareillement les ecclésias-
« tiques du second ordre; par l'article VIII, il en affranchit tous les
« Français. » Montlosier aperçoit parfaitement l'importance toute
nouvelle que le Concordat reconnaît au pape dans l'Eglise de
France. Il note également les débuts de la politique ultramontaine
après la chute de Bonaparte et ses rapides progrès grâce à la
complicité de l'épiscopat.

La superbe du pape a gagné les évêques, qui se mettent au-
dessus des lois, et par les évêques les simples prêtres, qui réclament aussi l'indépendance absolue du pouvoir civil. Mgr Frayssinous reconnaît l'existence du sacerdoce et de l'empire et y voit
deux pouvoirs parallèles, chargés l'un et l'autre de gouverner les
hommes, l'un par les peines et les récompenses temporelles,
l'autre par les peines et les récompenses spirituelles. On devine
aisément lequel des deux pouvoirs lui paraît mériter la suprématie.

Dans la seconde partie de son livre, Montlosier traite des *dangers résultant des faits qui viennent d'être exposés*. Il voit très
bien quels sont les points faibles de la monarchie : « Une Chambre
« des pairs nouvellement et assez singulièrement composée;
« des corps judiciaires tout nouveaux, incertains partout de leur
« sphère et de leurs attributions; une noblesse qui voudrait
« avoir un corps et qui n'est qu'une ombre; une classe moyenne
« qui voit le monde entier dans le développement industriel;
« des institutions départementales et municipales sans organisa-
« tion et, par conséquent, sans consistance. » Il montre quelle
peut être, dans une société si nouvelle et encore si fragile, la
puissance d'une association ambitieuse, religieuse dans son principe, et d'autant plus à redouter que son dessein paraît plus
louable et plus conforme aux intérêts de la société, de la monarchie et de la religion.

Il signale les dangers du rétablissement de la Société de Jésus.
Il rend hommage à la sagesse et aux vertus privées de ses
membres; mais il observe qu'ils sont dans toute l'ardeur de
leur résurrection, et qu'après tout, ils sont des jésuites, qui
reproduisent l'ancien ordre, dont on connaît l'ancienne histoire
et les anciennes traditions.

Il signale les dangers de l'ultramontanisme en termes extrêmement forts, qui sentent la rude franchise du montagnard :

« L'ultramontanisme révolte une grande partie de la France?
« Elle s'y fera. Un bon nombre de royalistes, bien dévoués, bien

« ardents, bien bêtes, soutenus par un autre bon nombre de
« royalistes pleins d'esprit, de vertus et d'absurdités, réunis sur
« beaucoup de points, se partagent sur un seul : savoir s'il con-
« vient d'ôter pleinement la couronne du roi de France pour la
« donner au pape, ou s'il ne faut pas les faire monter l'un et
« l'autre sur le trône et les faire régner ensemble. »

Il signale avec la même verve les dangers résultant de l'esprit
d'envahissement des prêtres : « Pour l'homme du monde emporté
« vers les choses terrestres, le grand écueil, ce sont les faiblesses
« de la chair ; pour le prêtre, qui a dompté la chair, la grande
« tentation, c'est l'orgueil. » D'après le comte de Maistre, « la rage
« de la domination est innée dans le cœur de l'homme. C'est là
« le principe des deux sentiments de haine et de respect qu'on
« porte diversement au prêtre, selon qu'on aperçoit en lui ce
« zèle débonnaire et divin, suggestion de l'esprit de Dieu et qui
« compose en lui un beau fanatisme d'amour, ou cet autre senti-
« ment, suggestion de Satan, qui constitue en lui l'horrible fana-
« tisme d'orgueil... Partout où le prêtre se présente avec l'esprit
« de charité qui compose son premier caractère, il trouve accueil
« et accès ; l'amour attire l'amour. Partout où il se présente avec
« l'épée de Constantin ou avec le glaive de Pierre, il est repoussé. »

Montlosier montre l'orgueil sacerdotal s'imposant par la force
ou s'insinuant par l'habileté, gagnant le mari par la femme, les
parents par les enfants, le citoyen par le magistrat, le monarque
par le courtisan.

Il précise le but caché de toutes ces saintes entreprises :
« Employer la religion comme moyen politique et la politique
« comme moyen religieux ; faire obéir au roi par l'ordre de Dieu ;
« faire obéir à Dieu par l'ordre du roi ; avec l'autorité du roi
« étendre l'autorité des prêtres ; avec l'autorité des prêtres
« étendre l'autorité du roi. Ce système... a paru sublime. Je ne
« crois pas qu'il y ait, pour tous les hommes, et surtout pour le
« peuple français, rien de plus révoltant. Une obéissance spiri-
« tuelle imposée par une autorité laïque ; une combinaison d'au-
« torité spirituelle et temporelle pour arriver à une fin spirituelle,
« cet amalgame est, pour tous les hommes, antipathique ; ce n'est
« que par la terreur qu'on peut faire exécuter ce système poli-
« tico-sacerdotal. »

Montlosier dénonce, en patriote avisé, les dangers très réels,
très sérieux, que peut faire courir l'ultramontanisme à l'indépendance nationale.

« On connaît l'existence frêle et viagère des princes et des
« ministres... Comment pense-t-on qu'ils pourront lutter avec une
« puissance qui ne naît ni ne meurt... qui s'accroît sans cesse,
« qui dans ses relations embrasse le monde tout entier, qui,
« comme peuple particulier, a sa milice particulière; et avec cette
« milice un général et un souverain éloigné, avec lequel elle
« décide quand et comment elle doit obéir au souverain qui est
« auprès d'elle ? C'est une folie. »

La troisième partie de l'ouvrage présente le *plan de défense du système et sa réfutation.*

L'auteur se demande si la société française peut s'accommoder des institutions religieuses, telles que le système les entend. Il reconnaît que la France est un État centralisé, et il voit dans cette centralisation un fléau et une nécessité. Centralisée, la France devient apoplectique et ingouvernable. Dieu le Père pourrait, sans doute, la gouverner encore ; « mais, s'il n'avait qu'un ange « à nous envoyer, cet ange pourrait se dispenser de quitter la « demeure céleste : il ne ferait rien de nous ». La France s'est aperçue, un jour, que les jésuites, dont elle avait oublié l'existence, étaient partout les maîtres chez elle, et se demande avec inquiétude si des moines sont bien qualifiés pour lui enseigner à faire la guerre, à cultiver les sciences et les arts, à fomenter son commerce et son industrie.

Le système congréganiste tend à altérer la religion au lieu de l'affermir ; Montlosier le prouve en critiquant vigoureusement le système des missions, auxquelles des arrière-pensées politiques donnent un air de tartuferie, et qui, par leur zèle indiscret, semblent menacer la liberté de conscience. Il proteste avec grande raison contre la morale sacerdotale, qui croit avoir tout fait quand elle a fait respecter les pratiques de la vie dévote, comme si l'assistance aux offices, les prières, les processions, l'abstinence et le jeûne pouvaient valoir la moindre vertu.

Le système congréganiste tend à altérer et à dégrader le sacerdoce, en lui inspirant le désir de se mêler aux choses du monde. Le prêtre est l'homme de Dieu ; il doit être doux et humble de cœur ; il ne doit penser qu'au royaume du ciel, et à prêcher la Bonne Nouvelle ; s'il veut se mêler aux choses de la terre, il s'avilit. « Vous voulez inspirer au peuple de France du respect pour « les prêtres. Au nom de Dieu, ne les mettez ni dans le monde ni « dans les affaires ! »

Le système congréganiste tend à altérer et à pervertir la

morale. Il semble croire que, « pour ordonner un pays, il n'y a « qu'à y parler d'enfer et d'échafauds, de gendarmes et de prê- « tres ». Les prêtres se croient faits pour réformer les mœurs, et ils ont peu d'aptitude pour cette délicate besogne, qui exige du monde et des hommes une connaissance qu'ils n'ont point. Le sacerdoce est un ministère et ne doit pas se présenter comme une puissance ; la religion est un secours, et ne doit pas parler sur le ton de la menace. Elle ne doit pas vouloir occuper tout l'espace de la vie civile par ses rites, ses cérémonies et ses pratiques ; si elle condamne les arts et les lettres, elle se fera prendre en dédain et en haine.

Enfin le système congréganiste tend à renverser le trône et l'autorité royale en les rendant suspects à la nation. La France a beau voir le roi seul sur le trône, elle suppose toujours la coulisse pleine de prêtres tout prêts à lui dicter ses volontés. Si le roi voulait rétablir le gouvernement féodal, il n'est pas sûr que les Parisiens ne s'amusent pas beaucoup aux tournois, et que les dames n'adoptent pas les modes antiques, — si elles leur allaient bien, — mais jamais la France ne se pliera au gouvernement sacerdotal.

Et le danger qui pourrait se révéler, si on essayait de l'établir, paraît à Montlosier si grave et si pressant, qu'il étudie dans une quatrième partie les *moyens qui existent dans nos lois anciennes et dans nos lois nouvelles pour combattre le système et le réprimer.*

Le *Mémoire* de Montlosier répondait si bien aux préoccupations de tous, qu'on peut dire, sans exagération, qu'il fut comme le cri de l'opinion publique.

Lamennais lui répondit, tout aussitôt, par la seconde partie de sa *Religion considérée dans ses rapports avec l'ordre politique et civil*, où il pressait la papauté de condamner définitivement les quatre articles de 1682, principe et fondement des libertés gallicanes.

Le pape n'osa pas condamner les articles. Lamennais fût condamné par les tribunaux à une légère amende, et le ministère supprima à M. de Montlosier la pension dont il jouissait en récompense de ses services.

Mais, sentant l'opinion avec lui, Montlosier redoubla d'audace. Il adressa à la Cour royale de Paris une dénonciation en forme contre les jésuites, et demanda, comme citoyen intéressé à l'exécution des lois, que la loi leur fût appliquée comme à tous les autres Français. Quarante avocats du barreau parisien souscrivirent à ses conclusions.

La Cour royale se déclara incompétente, mais reconnut, en audience solennelle, toutes chambres réunies, que « l'état actuel de « la législation française s'opposait formellement au rétablisse- « ment de la Société dite de Jésus, sous quelque dénomination « qu'elle se présentât; que les arrêts et édits (qui condamnaient « la Société) étaient principalement fondés sur l'incompatibilité « reconnue entre les principes professés par cette Société et l'in- « dépendance de tous les gouvernements, principes bien plus « incompatibles encore avec la charte constitutionnelle qui « faisait le droit public des Français. »

Repoussé par la Cour de Paris, Montlosier s'adressa à la Chambre des pairs, et obtint d'elle, à la majorité de 113 voix sur 186, que sa pétition serait transmise au roi.

Charles X n'en fit aucun état; mais la question des jésuites était posée devant la France et devenait la pierre de touche des partis.

C'est, désormais, la question dominante, le problème symbolique qui résume toutes les politiques.

Il s'agit de savoir si l'autorité nationale se reconnaîtra vassale de la puissance romaine, ou demeurera pleinement souveraine. Il s'agit de savoir si les dogmes catholiques s'imposeront à toute la législation française, ou si cette législation continuera à vivre de sa vie indépendante. Il s'agit de savoir si un Français aura le droit d'être protestant, israélite ou libre penseur, ou s'il devra forcément être catholique; — le droit de se marier devant le ministre, le rabbin ou le maire, ou s'il devra nécessairement se marier devant le curé; — le droit de faire instruire ses enfants dans des écoles libérales, ou s'il sera contraint de les faire élever dans des écoles ecclésiastiques; — le droit de lire le journal qui lui plaira le mieux, ou s'il sera obligé de lire les seuls journaux agréés par la Congrégation; — le droit de parler et d'écrire suivant ses idées et ses principes, ou seulement suivant les idées et les principes admis par les autorités catholiques; — le droit, enfin, de reposer après sa mort autre part que dans le terrain maudit réservé aux suicidés et aux suppliciés, s'il n'a point appelé à son chevet un prêtre catholique.

La question, comme on le voit, était capitale, et il n'est pas étonnant que la France se soit passionnée dans cette lutte. Le maintien ou l'expulsion des jésuites n'était qu'un petit côté du problème; mais le mot avait toute la valeur symbolique d'un cri de guerre. Quiconque était pour les jésuites était ultramontain, et partisan de la domination des prêtres. Quiconque était contre les jésuites était pour la liberté.

Le parti prêtre avait pour lui le roi, presque tout le clergé, une grande partie de l'aristocratie et du peuple des campagnes... peut-être la majorité de la nation, mais la moins agissante, la moins pratique, la moins résolue.

Les libéraux avaient pour eux les clercs et les nobles gallicans, la bourgeoisie et le peuple des villes ; tout ce qu'il y avait de plus actif, de plus vivant, de plus politique dans la France.

La lutte dura quatre ans, sans que le roi ait jamais compris qu'il jouait sa couronne, sans que le parti prêtre ait jamais senti qu'il réclamait une suprématie injuste et inacceptable.

Charles X présenta aux Chambres, en 1827, un projet de loi sur la presse, tellement réactionnaire et draconien, qu'il dut le retirer devant l'opposition de la Chambre des pairs.

Le roi, très froissé, différa quelques mois sa vengeance, puis, au mois de novembre 1827, nomma d'un seul coup soixante-seize nouveaux pairs et prononça la dissolution de la Chambre des députés.

Les électeurs envoyèrent au Palais-Bourbon une Chambre beaucoup plus libérale que la précédente ; et Charles X, la mort dans l'âme, dut se séparer de M. de Villèle.

Le ministère Martignac (4 janvier 1828-8 août 1829) put inspirer quelque espoir aux libéraux très naïfs ; mais le roi ne s'était séparé de M. de Villèle que malgré lui, et continua, pendant plusieurs mois, à correspondre avec son ancien ministre. Quelques mesures légales ayant été prises contre les jésuites, soixante-treize évêques signèrent une protestation contre les ordonnances royales et déclarèrent ne pouvoir leur obéir. Une *Association pour la défense de la religion catholique* fut fondée pour donner une nouvelle impulsion à la politique ultramontaine. Le nouveau pape, Pie VIII, lança une encyclique contre la tolérance, la liberté des cultes, le mariage civil et l'enseignement laïque.

Enfin, le roi appela aux affaires un des hommes les plus bornés de sa cour et les plus inféodés au parti dévot, le prince Jules de Polignac.

L'avènement du cabinet Polignac fut salué par les cléricaux avec des applaudissements enthousiastes, qui mirent tout de suite en défiance le parti opposé.

La Chambre, convoquée le 2 mars 1830, déclara, quinze jours plus tard, à Charles X, par la mémorable adresse des 221, que le concours nécessaire entre les vues du gouvernement et les vœux de la nation n'existait plus. Le roi se plaignit qu'on eût méconnu « ses respectables intentions », prorogea la Chambre et en prononça bientôt la dissolution.

La France officielle, le pays légal, si restreint qu'il fût, réélut les 221 députés libéraux, et Charles X eut l'imprudence de briser, sans l'avoir même convoquée, la Chambre réélue par la France. Il prétendit supprimer la liberté de la presse, changer de sa propre autorité le système électoral. On comprit que la charte était violée, que l'absolutisme ressuscitait. Derrière l'absolutisme, on vit se dresser la tyrannie ultramontaine, et Paris se souleva. Après trois jours de combat (27, 28, 29 juillet), Marmont, vaincu et désespéré, abandonnait Paris. Le 31 juillet, le duc Louis-Philippe d'Orléans arrivait à Paris et embrassait La Fayette sur le balcon de l'hôtel de ville.

Le 9 août, il était proclamé roi des Français.

Le 16, Charles X s'embarquait à Cherbourg avec sa famille, et, en arrivant en Angleterre, disait aux officiers anglais qui venaient le saluer : « Voici, Messieurs, la récompense de mes efforts pour « rendre la France heureuse. Poussé à bout par les factions, « j'avais tenté un dernier moyen de rétablir dans le royaume « l'ordre et la tranquillité ; les passions ont été plus fortes : il « m'a fallu renoncer à la couronne en attendant de meilleurs jours « pour mon petit-fils. » (*Mémoires* de Dumont d'Urville.)

Le roi tombait, en réalité, victime d'une surprise et dépopularisé par sa politique religieuse. C'était le drapeau blanc, c'était la théocratie, que la France combattait et évinçait en sa personne.

La révolution de 1830 a été saluée par les contemporains avec un enthousiasme qui nous paraît, aujourd'hui, très exagéré. La France a été rejetée par elle dans la voie des révolutions et des violences. Peu s'en est fallu que le changement de dynastie nous ait valu une guerre européenne, au moment où la nation, reconstituée par quinze ans de paix, remontait au rang de puissance de premier ordre.

Charles X et ses ministres ont eu tort de préparer cette révolution. Nous croyons fermement que la France a eu tort de la faire. C'est Chateaubriand qui avait raison en préférant Henri V à Louis-Philippe et en voyant, en lui, une « nécessité de meilleur aloi ».

L'ÉGLISE ET L'UNIVERSITÉ

Le roi Louis-Philippe, trop sage pour être longtemps populaire en France, a été le plus libéral de nos souverains, et, quoique l'Église ne lui ait jamais pardonné d'avoir accepté la couronne, elle ne laissa pas de profiter largement de la complaisance du roi pour accroître sa puissance et développer ses ressources.

Les sociétés catholiques prirent, sous la monarchie de Juillet, une extension extraordinaire. MM. de Damas, de Vaublanc, Récamier et de Caumont fondèrent le *Cercle catholique*; Ozanam, la *Société de Saint-Vincent-de-Paul*, qui fit bientôt sentir son action charitable dans toute la France et dans une partie de l'Europe. L'*Association pour la propagation de la foi*, fondée sous la Restauration, comptait 7 ou 800.000 adhérents en 1840. L'*Institut catholique* organisa des conférences dans les grandes églises de Paris. Les *Amis de l'Enfance*, la *Société de Saint-François-Xavier* s'adressèrent au public ouvrier. Les *Frères des Écoles chrétiennes* virent leurs élèves passer de 87.000 à 175.000 en seize ans (1830-1847). Les *Sœurs de Charité* comptèrent 6.000 religieuses. Les Lazaristes eurent, en France, jusqu'à 400 établissements, dirigèrent des distilleries, ouvrirent une agence de remplacement militaire.

A côté des congrégations autorisées, reparurent dans le royaume une foule d'associations religieuses : trappistes, capucins, chartreux, bénédictins, dominicains, qui s'installèrent où il leur plut de s'installer, comme en vertu d'un droit naturel et imprescriptible.

Chassés par Martignac, ministre de Charles X, les jésuites rentrèrent en France sous Louis-Philippe, rouvrirent leurs maisons, finirent par posséder une trentaine de collèges et de noviciats, et trouvèrent un véritable protecteur dans le protestant Guizot. L'un de leurs membres les plus illustres, le P. de Ravignan, occupa avec un incomparable éclat la chaire de Notre-Dame.

L'Église s'enrichit chaque jour par des dons, des legs, des fondations pieuses. Dans la seule année 1840, elle acquit plus de 80.000 fr. de rentes. Les congrégations autorisées représentèrent bientôt une fortune de 100 millions. Les *Lazaristes* seuls possédaient 20 millions.

Il y eut, dans ce renouveau de la vie catholique, d'excellentes choses ; il y en eut de médiocres, il y en eut de pitoyables. A côté des grandes doctrines, dont nous parlerons prochainement, poussèrent, pullulèrent de pauvres dévotions parasitaires, dont l'Église eût fait très sagement de ne pas favoriser le développement. Un homme très pieux et très estimable nous dit un jour, à ce sujet, que l'Église se doit à tous ; qu'il y a des intelligences si humbles, si indigentes, qu'elles ne peuvent comprendre la religion que sous sa forme la plus misérable, et qu'à l'aide de ces pratiques si puériles on arrive encore à faire filtrer dans les âmes simples un rayon de vie morale. Nous croyons sincèrement qu'il peut en être ainsi ; nous admettons l'excuse ; nous nous demandons cependant si une bonne vérité morale bien simple, bien impérative, ne ferait pas autant de bien que tous ces petits moyens, dont le moindre inconvénient est souvent de prêter à rire et qui, entre les mains de prêtres peu scrupuleux, peuvent donner lieu aux négoces les plus scandaleux. La religion a, selon nous, tout à perdre à voisiner avec la superstition.

La presse et les écrivains catholiques oublièrent trop souvent la charité fraternelle due au prochain et professèrent parfois de bien singulières théories. — Mgr Bouvier, évêque du Mans, enseigna qu'il était bon et sage de maintenir le peuple dans l'ignorance ; que l'esclavage était légitime ; qu'un prince légitime pouvait faire assassiner un usurpateur. — Le P. Humbert écrivait : « Quand même un prêtre ne serait pas saint, et qu'il serait aussi « indigne que Judas..... si vous touchez à son honneur, à ses « droits légitimes, à son ministère ou à sa personne, Dieu est « sensiblement offensé. » (*Instructions chrétiennes*.)

Nous avons pour la liberté un culte si passionné que nous ne pouvons refuser au clergé ni le droit d'étendre ses œuvres, ni le droit de recevoir les dons volontaires des fidèles, ni le droit d'exprimer ses opinions, si violentes ou si niaises qu'elles puissent paraître, ni même le droit de vendre des chapelets brigittés ; mais nous estimons que ce fut un grand bonheur pour la France de ne pas tomber sous sa domination exclusive et absolue, et nous sentons quelque fierté à penser que l'Université fut la seule puissance morale qui ait été capable de lutter contre lui.

L'Université française, entrevue par les humanistes de la Renaissance, par les magistrats philosophes du dix-huitième siècle et par la Convention, a été créée en 1806 par Napoléon, comme un « corps chargé exclusivement de l'enseignement et de l'éduca-« tion publique dans tout l'empire ». L'empereur a créé à son profit un monopole injuste, qui n'a point duré, qu'aucun universitaire libéral ne voudrait voir rétabli ; mais il lui a donné une constitution simple et forte, qui en a fait, depuis un siècle, un des organismes les plus actifs de la vie nationale.

Napoléon mit à la tête de l'Université un grand maître, assisté d'un conseil de l'Université. Il divisa l'empire en académies, régies par un recteur, assisté d'inspecteurs d'académie et d'un conseil académique. Il institua auprès de chaque académie des facultés des sciences et des lettres, chargées d'un haut enseignement public et investies du droit de conférer les grades. Il institua en outre 9 facultés de théologie catholique, 3 facultés de théologie protestante, 9 écoles de droit et 3 écoles de médecine. L'enseignement secondaire fut donné dans des pensions et institutions particulières agrégées à l'Université, dans des collèges communaux et dans des lycées impériaux. Un *Pensionnat normal*, embryon de l'École normale supérieure, eut pour mission de préparer à l'enseignement des maîtres instruits et distingués. L'enseignement primaire fut abandonné à l'initiative des municipalités et des particuliers. Son budget ne dépassait pas la modique somme de 4.250 francs.

Napoléon n'a fait que tracer le plan de l'édifice universitaire mais la maison s'est faite bien plus grande qu'il ne le prévoyait, et l'esprit qui l'a animée n'est pas celui qu'il lui voulait donner.

Dans sa pensée, l'Université devait travailler, avec le clergé, à donner à l'empereur des sujets fidèles et de bons soldats. Il négligea presque entièrement l'enseignement primaire ; il borna le programme des lycées au latin et aux mathématiques ; il ne créa pas de personnel spécial pour les facultés des lettres et des sciences ; il se méfia toujours de l'esprit critique et de la spéculation philosophique. Ses idées, en matière d'enseignement, n'allèrent jamais jusqu'à préparer l'autonomie des intelligences. Son idéal fut mesquin et routinier.

Recrutée, en grande partie, parmi le personnel survivant des anciens collèges municipaux et parmi les anciens religieux sécularisés par la Révolution, l'Université impériale servit loyalement Napoléon et fut une forte école de patriotisme ; mais, si elle répondit sur ce point à toute la pensée de l'empereur, elle la dépassa par ailleurs, et créa, à l'ombre de son pouvoir, un milieu philosophique et scientifique, qui se serait probablement attiré bientôt les sévérités du maître si l'empire avait duré, mais qui conserva, à travers toute la période de la Restauration, les traditions et le culte de la France révolutionnaire et de la liberté.

L'Université comptait six ans d'existence, lorsque les Bourbons remontèrent sur le trône. Elle leur fut suspecte, dès le premier jour, comme création de Bonaparte; elle devait avoir déjà quelque force morale, puisqu'ils n'osèrent pas la détruire et se contentèrent de la décapiter en supprimant l'office du grand maître (1815), pour le rétablir d'ailleurs sept ans plus tard (1822).

L'Université conserva son conseil royal, sa hiérarchie, et même son monopole. On essaya seulement de l'amoindrir, de l'humilier, de la domestiquer. L'année 1816 vit supprimer trois facultés des sciences et neuf facultés des lettres. L'enseignement de la philosophie et de l'histoire moderne disparut du programme des facultés. Les lycées perdirent leur panache pour reprendre, avec le nom de collèges royaux, de faux airs de couvents. Les élèves changèrent le tricorne militaire pour le tuyau de poêle civil; les mouvements se firent au son de la cloche et non plus au bruit du tambour. L'enseignement de la philosophie fut réduit à la logique. L'enseignement de l'histoire fut relégué dans les classes inférieures et ne s'adressa qu'à la mémoire. L'aumônier devint le premier personnage du collège (Jules Simon, *Mémoires des autres*). Beaucoup d'ecclésiastiques occupèrent des chaires universitaires, dirigèrent comme proviseurs ou principaux des collèges royaux ou de petits collèges. Paris eut, un instant, un recteur ecclésiastique, l'abbé Nicolle. Pendant six ans (1822-1828), l'abbé Frayssinous, évêque *in partibus* d'Hermopolis, fut grand maître de l'Université.

Cependant la Restauration elle-même réalisa quelques progrès. En 1821, s'ouvrirent les premiers concours d'agrégation. Trois agrégations furent alors fondées : celle de grammaire, celle des lettres, celle des sciences. On leur ajouta, en 1825, celle de philosophie.

L'*Ecole normale*, un instant supprimée en 1822, fut rétablie en 1826 sous le nom d'*Ecole préparatoire* et comme une sorte d'annexe du collège royal de Louis-le-Grand. En 1828, elle recouvra son autonomie et eut pour directeur le savant Guignaut.

L'*École des Chartes*, fondée en 1821, donna un puissant essor aux études d'histoire du Moyen-Age.

En dépit des tracasseries du pouvoir, l'Université garda, sous Louis XVIII et sous Charles X, sa réputation libérale. Le duc d'Orléans lui confia l'éducation de ses fils, et, quand il fut devenu roi, l'Université vit cesser l'injuste défiance dont elle était l'objet.

Cependant ni Louis-Philippe ni ses ministres ne comprirent réellement la grandeur du rôle que devait jouer l'Université. Ils la maintinrent dans une médiocrité bourgeoise, conforme à leur génie, mais indigne d'elle et de la France.

Le nombre des collèges royaux passa seulement de 40 à 54 ; rien ne fut changé à la discipline générale, et les programmes ne furent qu'imparfaitement développés. L'enseignement des sciences, de l'histoire et de la philosophie devint bientôt l'honneur de l'Université. L'agrégation des sciences se scinda en sciences mathématiques et sciences physiques. L'*École normale* fut installée dans un édifice construit pour elle et cessa d'être menacée par un pouvoir ombrageux.

M. de Salvandy rétablit la plupart des facultés des lettres et des sciences supprimées en 1816, leur assura un personnel indépendant ; et la France commença d'avoir quelque chose comme un enseignement supérieur.

Guizot rétablit l'*Académie des Sciences morales et politiques*.

En 1846 fut fondée l'*École française d'Athènes*.

L'Université n'était point sans défauts ; nous en dirons loyalement notre sentiment, comme de toutes les autres institutions dont nous parlons.

Installés dans les anciennes écoles ecclésiastiques des xviie et xviiie siècles, les collèges étaient mal situés, médiocrement grands, mal aérés, sombres, parfois sordides et presque croulants. Le vieux lycée de Clermont en est, encore aujourd'hui, un exemple.

Napoléon avait conservé l'internat, faute que l'Université n'a jamais eu le courage de corriger et dont elle souffrira aussi longtemps qu'elle persistera dans cette erreur initiale. L'État peut et doit être, à notre estime, instructeur et éducateur, il ne peut pas se faire maître de pension. L'enfant n'est pas fait pour vivre en cage, pour être surveillé dès l'instant qu'il s'éveille jusqu'au moment où il s'endort. Le milieu naturel où doit vivre l'enfant, c'est sa famille ; à défaut de sa famille, une famille amie ; à défaut de famille amie, une société où il retrouvera quelque chose de la douceur et de l'affection du milieu familial. Cette atmosphère intime, chaude, nécessaire au développement moral de l'enfant, la nature même des choses défend à l'Université de la lui donner ; car, dans des maisons qui renferment des centaines de pensionnaires, une discipline étroite et sévère est indispensable.

L'internat n'avait pas seulement pour inconvénient de faire jouer à l'Etat un rôle qu'il ne peut remplir : il rendait encore indispensable l'autorité despotique des principaux et des proviseurs, et maintenait ainsi le corps enseignant dans la servitude la plus fâcheuse.

Tandis que, dans l'enseignement supérieur, chaque faculté élit son doyen et vit réellement en pleine liberté intellectuelle, dans l'enseignement secondaire tous les professeurs d'un même établissement : le philosophe, l'historien, le littéraire, le grammairien, le scientifique, vivent sous la férule du proviseur ou du principal, qui ne peut évidemment contrôler toutes les parties de l'enseignement, qui ne possédait, le plus souvent, que des grades médiocres, et dont la lourde et tracassière autorité arrêtait chez les maîtres toute velléité d'initiative.

La manie de l'automatisme était poussée si loin que les inspecteurs d'académie tyrannisaient à leur tour les proviseurs, l'étaient eux-mêmes par les recteurs et par les bureaux du ministre, qui prétendaient régler jusqu'à l'emploi du temps et à la longueur des leçons. On dit qu'un jour M. de Fontanes tira sa montre et dit avec un sourire d'orgueil : « Il est 8 heures du matin ; on dicte « le thème latin dans tous les lycées et collèges de l'empire. » Ce mot typique résume à merveille l'absurde idéal de l'administration d'alors.

On a souvent reproché aux universitaires leur pédantisme. Que plus d'un professeur se soit exagéré et sa valeur personnelle et la valeur de sa science, c'est certain ; que le pédantisme soit particulier à l'Université, nous ne le croyons pas. Le pédantisme, c'est le métier fait homme. L'armée, la magistrature, le sacerdoce n'ont-ils pas leurs pédants, tout comme les collèges ou les facultés ?

Un reproche plus grave est celui de scepticisme et de paradoxe, qui a souvent été fait aux professeurs de lettres et de philosophie, et même d'histoire. Il a pu être parfois fondé ; mais il faut observer que, sur le terrain scientifique, le professeur est presque toujours jugé par des gens incompétents, très disposés à crier au scepticisme si le maître ne partage pas tous leurs préjugés, et au paradoxe s'il s'écarte de leurs propres idées. La culture intellectuelle a pour principal résultat d'affiner le sens critique ; rien d'étonnant qu'un esprit critique n'ait pas tout à fait les mêmes dieux que la masse, qu'il en veuille moins et qu'il les veuille autres. Le scepticisme universitaire, bien rarement agressif et sectaire, ne conduit pas à l'indifférence, mais à la tolérance, et devient ainsi une des qualités les plus attiques et les plus aimables de l'éducateur.

Sainte-Beuve prétend « que les professeurs de l'Université, « sans être hostiles à la religion, ne sont pas très religieux. Les « élèves le sentent, et, de toute cette atmosphère, ils sortent, non « pas nourris d'irréligion, mais indifférents. Quoi qu'on puisse « dire pour ou contre, en louant ou en blâmant, on ne sort guère « chrétien des écoles de l'Université. »

A ce jugement de Sainte-Beuve, qui fut lui-même un assez médiocre chrétien, nous pouvons opposer les graves ou enthousiastes paroles de plusieurs maîtres éminents.

Michelet écrivait à la même époque : « Les choses les plus « filiales qu'on ait dites sur notre vieille mère l'Eglise, c'est moi « peut-être qui les ai dites. »

Villemain écrivait, le 14 janvier 1844, à Mgr Mathieu : « Je « connais la douceur du nom de Jésus-Christ, et je le fais « aimer à mes petits-enfants. Les âpretés de la vie publique, loin « de détourner de Celui qui console, y ramènent le cœur. »

Quinet commente *La Vie de Jésus* du Dr Strauss en homme tout à fait opposé à la négation absolue. Il termine son étude par une véritable prière : « Nous nous demandons les uns aux autres, « saisis de crainte, qui soulèvera la pierre de ce tombeau ; mais « cette pierre, qui nous opprime tous, sera à la fin brisée, fût-« elle plus pesante mille fois que tous les mondes ensemble. Du « sein de nos ténèbres, le Dieu éternellement ancien, éternelle-« ment nouveau, renaîtra vêtu d'une lumière plus vive que celle « du Thabor ! »

Ozanam était un catholique déclaré, et voici comment un ancien professeur de notre Université, M. Nourrisson, caractérise son enseignement : « Je n'oublierai jamais avec quelle bonté il « s'abaissait jusqu'à des enfants ; quel prestige exerçaient sur « nous ses brûlantes improvisations ; de quel souffle nous péné-« traient ses discours. Le respect profond que nous inspirait sa

« présence suffisait seul à nous contenir. Il aurait fallu voir ces
« vingt ou trente écoliers, si insouciants d'ordinaire et si légers,
« avidement suspendus à la parole du maître, quand il expli-
« quait quelque page d'Homère, de Virgile ou de Bossuet, pour
« comprendre tout ce qu'il y avait de talent chez Ozanam et
« de vivacité dans son talent. »

Nourrisson était lui-même le digne disciple de cet excellent
maître. Sa délicieuse correspondance nous met en face de l'âme
la plus ardente et la plus délicate qui soit. A vingt-deux ans, il
écrit à M. de Barante sa vie laborieuse de candidat à l'agrégation
de philosophie : « Si ma pensée s'élance parfois au delà des murs
« que j'habite, je ne la surprends jamais se mêlant aux amuse-
« ments du monde, enivrée de ses joies... Quand je serai agrégé,
« ma vie sera moins triste ; je prendrai part, enfin, à la vie pratique
« que j'appelle de tous mes vœux, car je crains fort que la vie
« spéculative ne soit qu'un contresens. »

Tous ces hommes comptaient ou devaient compter, un jour,
parmi nos héros ; ils avaient dans les rangs profonds de l'Université beaucoup d'émules. J'ai encore connu des hommes de cette
génération ; j'en ai eu pour maîtres, et le souvenir ému et respectueux que j'en garde dit quelle douceur et quelle âme, quelle
honnêteté profonde et touchante ils savaient mettre dans leur
enseignement.

Le premier professeur d'histoire de cette Université, M. Olléris,
fut un modèle de conscience et de droiture. Travailleur acharné,
il conquit l'une des plus hautes récompenses que puisse ambi-
tionner un savant, le grand prix Gobert, et resta professeur à la
faculté des lettres de Clermont. Pendant des années, il écrivit
sur sa notice individuelle cette mention pleine de sagesse et
de modestie : « Est content de sa situation et ne demande
rien. »

Son collègue de littérature ancienne, M. Damien, avait pour les
lettres antiques le culte enthousiaste d'un érudit de la Renaissance. Atteint d'une grave maladie, jouissant du calme de la
retraite, il travaillait encore. Un jour, il ferma ses livres et ses
cahiers, rangea son bureau, et mourut peu de mois après, incon-
solable de ne plus pouvoir travailler.

Combien d'autres pourrais-je citer, aussi épris de leur science,
aussi attachés à leurs fonctions, aussi exempts de toute vaine
ambition : Charma et Denis, de la faculté de Caen ; Duméril, de
Toulouse ; Charaud, de Grenoble ; Nicolas, de Rennes, qui surent

tous si bien allier le sens critique à l'enthousiasme, la jeunesse de l'esprit à l'expérience des années.

Ecoutons Michelet parler de l'Université : « J'ai quelque droit
« d'en parler, dit-il ; je l'ai traversée tout entière à la sueur de
« mon front ; je n'ai pas fait de l'enseignement un marchepied,
« un passage d'un jour pour aller parader dans la presse ou
« dans le monde, monter aux places lucratives... L'Université
« est modeste et fait peu parler d'elle. Nos professeurs offrent à
« leurs élèves et aux parents mondains le type édifiant de la
« famille... J'ai connu parmi eux de véritables saints à mettre
« dans la légende d'or. Mais je parle plutôt de la masse de ce
« grand peuple, si modeste, obscur et voulant l'être, fort libéral,
« quoique discret et timide, de formes excellentes et sans le
« moindre pédantisme... Corps très loyal, qui vit en pleine
« lumière... Dans l'Université, tout est transparent et cristal.
« Chacun la voit de part en part... Les petites hypocrisies que
« l'Etat ordonne et enjoint ne sont que ridicules, inutiles et peu
« obéies... Sauf des nuances assez légères, ses livres officiels et
« ses chaires de philosophie enseignent la même chose : la sou-
« veraineté du devoir, la primatie du juste, l'indépendance de
« la loi morale... Avec tous ses défauts, sa faiblesse timide, l'Uni-
« versité reste pourtant le seul gardien du grand principe de 89,
« du dogme de la justice, hors duquel nulle éducation. » (Michelet,
Nos fils.)

L'Université constituait, après tout, le corps le plus instruit de la nation, et, si sa culture était restée parfois trop formaliste et trop spéciale, la faute en était bien plus à l'administration qu'au corps enseignant.

Il est de mode, chez ceux qui savent peu et ne lisent pas, de railler « le fétichisme des grades ». On ne sait pas assez quelle somme de travail représentent les concours d'entrée à l'Ecole normale ou d'agrégation, les examens de licence et de doctorat. Le diplôme n'est assurément pas un brevet de génie ; mais il est un brevet de travail, et le travail est la base indispensable de toute culture sérieuse et honnête. C'est l'amour du travail qui fait proprement l'honneur de l'Université.

Les hommes qui se vouaient alors à l'enseignement savaient que nulle autre carrière n'exigerait d'eux des efforts aussi consi-
dérables ni aussi soutenus ; ils savaient qu'ils ne pouvaient espérer qu'un salaire dérisoire et une infime retraite, à peine suffisante pour les mettre à l'abri du besoin ; ils savaient qu'ils

ne seraient même pas payés en honneurs et que leur chère Université, postérieure au décret de messidor, n'avait même pas de rang dans les cérémonies publiques. Ils savaient tout cela, et ils allaient résolus, souriants, enthousiastes, à la jeunesse, au devoir, au labeur, à la science, la Grande Mère, la Bonne Déesse, qui remplit la vie et console des hommes.

Ils vivaient en marge de l'action, en contact perpétuel avec la jeunesse, gardant comme elle quelque chose des candeurs de l'enfance. Presque toujours trop graves pour aimer beaucoup la vie mondaine, trop fiers pour se plier à ses exigences, ils aimaient la nature, les longues promenades, les causeries entre collègues, les discussions à la mode hellénique, où leur esprit fin et alerte se jouait à l'aise au milieu des subtilités de la dialectique.

A presque tous un mariage de sentiment ouvrait les joies de la famille ; et ces hommes, époux charmants, pères délicieux, en devenaient meilleurs éducateurs, plus tendres, plus patients, plus doux.

Nous laisserons de côté la gloire scientifique et littéraire de l'Université ; il y aurait tout un livre à faire sur la part qu'elle a prise au progrès de la culture française au siècle dernier. Nous avons surtout insisté sur son caractère moral, parce que c'est sur ce point qu'elle a été le plus souvent attaquée, et, à notre avis, très injustement.

Pourquoi les hommes dont je viens de parler, si probes, si désintéressés et si sympathiques, n'ont-ils jamais pu s'entendre avec le clergé, et ont-ils parfois trouvé en lui un véritable ennemi et un persécuteur ?

Il n'y a pas entre le prêtre et le philosophe hostilité profonde et nécessaire. Tous deux travaillent au même œuvre ; tous deux ont les mêmes qualités générales, et quelques-uns des mêmes travers. Pourquoi ces hommes, si bien faits pour se comprendre, se sont-ils méconnus et combattus avec acharnement ?

Je me suis bien souvent posé cette question, et je crois que la réponse doit être cherchée tout entière dans l'antinomie fondamentale qui existe entre l'esprit ecclésiastique et l'esprit laïque.

L'universitaire est presque toujours un rationaliste. Il peut être plein de respect pour la foi ; il peut avoir pour elle la sympathie la plus vraie : il la place bien rarement au-dessus de la raison ; il l'honore, il ne l'adore pas.

Le prêtre voit en elle, au contraire, le principe unique, vital et divin, de la vie intellectuelle et morale. Accordez-lui ce point et vous êtes son ami, mais il est votre maître. Refusez-lui cette concession, vous êtes libre de son joug, mais il ne voit plus en vous qu'un païen.

C'est à peine si quelques rarissimes esprits arrivent à concilier la plénitude de la foi avec le respect de l'opinion d'autrui. Le plus souvent, le croyant se montre exclusif et intolérant.

Tel est le point de départ de la lutte déjà presque séculaire de l'Église et de l'Université.

Le combat commença dès 1814, avec la rentrée des jésuites et l'ouverture des petits séminaires diocésains.

En 1815, la commission de l'instruction publique, rattachée au ministère de l'intérieur, élimina un tiers des recteurs, beaucoup de proviseurs et de professeurs, et fit tous ses efforts pour favoriser le recrutement ecclésiastique de l'Université.

En 1821, les évêques obtinrent le droit d'inspecter les collèges. Des médailles d'or furent offertes aux professeurs qui se distingueraient le plus par leur conduite morale et religieuse. Tissot se vit retirer la parole à la Sorbonne. Dans les petits collèges, le professeur ne touchait son traitement d'avril que s'il avait fait ses pâques.

L'année suivante, tout le corps enseignant passa sous la juridiction de l'abbé Frayssinous, évêque d'Hermopolis, orateur de talent et catholique fervent, qui se donna pour tâche de mettre l'Église dans l'Université. Dès son entrée en charge, il avertit les recteurs « que celui qui aurait le malheur de vivre sans religion « ou de ne pas être dévoué à la famille royale devrait bien sentir « qu'il lui manque quelque chose pour être un digne instituteur « de la jeunesse ». Trois mois plus tard (6 septembre 1822), il fermait l'École normale, et, pendant quatre ans, « tout contrôle « fut supprimé à l'entrée du professorat ; les places ne furent plus « données qu'au zèle politique ou religieux ». (Paul Dupuy, l'*Ecole normale de l'an III*.) Frayssinous autorisa les évêques à fonder de nouvelles écoles, suspendit le cours de Victor Cousin, supprima l'École de médecine de Paris, et élimina de l'Ecole restaurée onze professeurs, parmi lesquels Jussieu et Vauquelin.

En 1826, au fort de la tempête déchaînée par Montlosier contre les jésuites, Frayssinous parut se désintéresser de la question. Il déclara qu'il existait dans le royaume 38 collèges royaux, 60 collèges communaux, 800 pensionnats, 100 petits séminaires et 80 séminaires théologiques, et qu'aucun de ces établissements n'était dirigé par les Pères de la Société de Jésus. Ils étaient, il est vrai, rentrés en France dès 1800, grâce à la protection de l'abbé Fesch, oncle de Bonaparte. Ils avaient fondé sept collèges, qui tous reconnaissaient l'autorité épiscopale. Les jésuites étaient de bons chrétiens, d'excellents éducateurs, de fort honnêtes gens, qui ne pouvaient causer à personne la moindre inquiétude.

Les pairs de France en jugèrent peut-être autrement, lorsque M. Lainé leur eut dit, ce que s'était bien gardé de dire Frayssinous, que les sept collèges des jésuites avaient, à eux seuls, autant d'élèves que tous les collèges royaux de la province (15 juillet 1826).

L'année 1826 vit du moins rétablir l'École normale, mais avec un règlement tout ecclésiastique, qui lui donnait presque les allures d'un séminaire. Les élèves devaient, chaque dimanche, rédiger des compositions d'histoire religieuse sur les notes prises au cours de l'aumônier ; ils étaient invités à se confesser tous les mois, ou tous les deux mois au minimum. Les surveillants devaient s'appliquer à connaître le caractère des élèves et leur degré de ferveur religieuse.

Martignac rouvrit la Sorbonne à Guizot et à Cousin, et voulut soumettre les collèges des jésuites au contrôle de l'autorité universitaire. Les Pères préférèrent fermer leurs établissements. Il voulut placer les écoles primaires sous l'autorité de comités de surveillance, où trois membres sur neuf étaient nommés par l'évêque. Le clergé cria à l'athéisme et à la persécution.

La révolution de juillet 1830 fut la défaite du parti prêtre ; mais la charte promit la liberté d'enseignement et la conquête de ce droit fut, dès lors, le but avoué de tous les efforts du clergé. La cause était grande et juste ; il la compromit en laissant trop voir que, sous couleur de liberté, c'était en réalité un privilège qu'il réclamait. Il la compromit surtout par le ton injurieux qu'il crut devoir prendre à l'égard de ses adversaires. Les injures ne sont jamais des raisons, et, quand on voit un parti s'abaisser jusqu'à ce genre d'arguments, on peut hardiment conclure que ce parti n'est point mûr pour la liberté.

Au mois de mai 1840, parut un livre intitulé : *Le Monopole universitaire dévoilé à la France libérale, à la France catholique, par une société d'ecclésiastiques, sous la présidence de l'abbé Rohrbacher.* L'auteur, l'abbé Garot, de Nancy, déclarait l'enseignement universitaire « inconciliable avec les principes du catholicisme

« et avec la liberté des cultes », voyait dans l'Université une coalition « des ennemis de l'Église représentée par le sacerdoce » et opposait à ces nouveaux païens les ordres religieux, et particulièrement les jésuites, dont il faisait une apologie sans réserves.

Un peu plus tard (1842), l'évêque de Chartres, Clausel de Montals, accusa l'Université de faire « un horrible carnage d'âmes ». Il prétendait que les doctrines de l'éminent et vertueux Jouffroy « autorisaient implicitement le vol, le bouleversement de la société, le parricide et les voluptés les plus infâmes ». D'après lui, les professeurs de l'Université passaient leur temps à faire l'apologie des égorgeurs de 93, n'enseignaient que des systèmes sacrilèges et transformaient les enfants en animaux immondes et en bêtes féroces.

L'évêque de Belley appelait, dans un mandement, les établissements universitaires des *écoles de pestilence*.

L'archevêque de Toulouse dénonçait au ministre M. Gatien Arnoult, professeur de philosophie à la faculté des lettres, coupable de professer le déisme.

Le journal l'*Univers* dénonçait d'un seul coup comme ennemis de la religion dix-huit professeurs, élite de l'enseignement d'État : Cousin, Jouffroy, Charma, Nisard, Gatien Arnoult, Ferrari, Ch. Labitte, Francisque Bouillier, Lherminier, Jules Simon, Michelet, Joguet, Edgar Quinet, Philarète Chasles, Michel Chevalier, J.-J. Ampère, Patrice Larroque, Damiron.

En 1843, l'abbé Desgarets, chanoine de Lyon, publia un véritable réquisitoire contre l'Université. Le livre intitulé *Le Monopole universitaire* n'est qu'un haineux pamphlet. L'auteur déclare que les infâmes ouvrages du marquis de Sade n'étaient que des églogues auprès de ce qui se passait dans l'Université. L'enseignement officiel avait pour conséquences : « le suicide, le parri-
« cide, l'homicide, l'infanticide, le duel, le viol, le rapt, la séduc-
« tion, l'inceste, l'adultère, toutes les plus monstrueuses
« impudicités, les vols, les spoliations, les dilapidations, les
« concussions, les impôts et les lois injustes, les faux témoi-
« gnages, les faux serments, les calomnies. — Selon l'Université,
« il n'y avait pas plus de vice, d'injustice et de mal à faire toutes
« ces choses qu'il n'y en a pour le feu de brûler, pour l'eau de
« submerger, pour le lion de rugir, pour les boucs et les chèvres
« de Théocrite à servir de modèles à leurs frères du Collège de
« France et de l'École normale. »

Edgar Quinet n'était pour le chanoine qu'un impur blasphémateur. Patrice Larroque était assimilé à l'assassin Lacenaire.

Le curé limousin Védrine trouva le moyen d'être encore plus injurieux dans son *Simple coup d'œil sur les douleurs et les espérances de l'Église aux prises avec le tyran des consciences et les vices du XIXe siècle*. Il faisait de l'Université « l'Alger du monopole », un recueil de pirates et d'écumeurs. Il ne voyait dans les professeurs de l'État que des hommes « sans croyances, impure vermine, mirmidons de l'athéisme », enseignant à une jeunesse perdue de vices, la philosophie de Voltaire, la politique d'Hébert et l'histoire à la façon de Pigault-Lebrun. La liberté des cultes était pour l'abbé « une invention de Julien l'Apostat ». L'Église devait s'emparer de la presse et de l'enseignement. L'Université était incompatible avec le catholicisme ; il fallait qu'elle disparût, qu'elle rendît au clergé l'enseignement qu'elle avait usurpé, et que le clergé possédait par droit divin, le Seigneur ayant dit à ses disciples : « *Ite et docete omnes gentes* ».

Ces outrances de langage furent, il est vrai, désapprouvées par beaucoup de sages prêtres, à la tête desquels on est heureux de voir l'archevêque de Paris, Mgr Affre ; mais elles restèrent à la mode dans le camp clérical. Un prédicateur de talent, que nous nous rappelons avoir entendu dans notre jeunesse, l'abbé Combalot, adressa aux évêques de France et aux pères de famille un *Mémoire à consulter* sur le péril universitaire. Il y disait que « l'Université
« forme des intelligences prostituées, qui vont chercher au fond
« des enfers la glorification du bagne, de l'inceste, de l'adultère
« et de la révolte. Elle pousse les jeunes générations au brutisme
« de l'intelligence. Elle double toute la puissance de l'homme
« pour le mal ; elle livre les écoliers aux seuls instincts de la
« bête. »

En face de ces attaques furibondes, l'Université ne trouva ni chez ses chefs, ni chez les pouvoirs publics, aucune sympathie vraie, aucun appui sérieux.

Louis-Philippe se croyait grand politique en faisant le Philinte auprès de tous les partis. Il connaissait l'Université et l'estimait, mais son bon vouloir n'allait pas jusqu'à la confiance entière ; il se méfiait de l'indépendance d'esprit des professeurs. Il ne voulait pas se laisser dominer par le clergé ; mais il pensait que « c'était encore quelque chose de très fort qu'un prêtre ». Il disait à Cousin : « Ne me faites pas d'affaires avec la reine ». Il se posait devant Mgr Affre comme le rempart de l'Église : « Ah ! si

« je n'étais pas là, tout serait bouleversé ! Que deviendriez-vous ?
« Que deviendrait la religion ?... » Il causait publiquement avec
« son cher archevêque » ; il le cajolait, et lui faisait des scènes
quand le cher archevêque ne se montrait pas assez docile. Il se
vantait à la reine « de lui avoir fait une peur de chien », et l'archevêque, bien autrement sérieux, disait avec raison : « Ces
« gens-là ne voient dans la religion qu'une affaire gouvernemen-
« tale. Ils ne se doutent pas que nous avons une conscience. »
(Thureau-Dangin.) Il n'y avait aucun fond à faire sur le roi.

Thiers ne voulait voir dans la question de la liberté de l'enseignement « qu'une querelle de cuistres et de bedeaux ».

Guizot, tout à la politique, négociait avec le clergé, fermait les
yeux sur ses empiétements et semblait tout près de lui livrer la
place.

Cousin tergiversait. Son scepticisme l'éloignait du clergé, son
esprit autoritaire l'en rapprochait. Il s'effrayait parfois de ses
audaces de jeune homme ; il recommandait aux professeurs de
philosophie de réserver leur première visite à l'évêque de leur
résidence, et de se bien garder de lui faire des affaires avec
l'Église. Il devait dire, après juin 1848 : « Il ne nous reste plus
« qu'à nous jeter dans les bras des évêques. » C'était, au vrai, un
assez triste personnage. Sainte-Beuve avait raison de traiter sa
politique de « *charlatanisme* » ; Henri Heine l'accusait de jésuitisme, et Proudhon, moins académique et plus brutal, déclarait
sans ambages sa conduite « indigne et ignoble ».

Seul, Villemain montra quelque souci des intérêts de l'Université, intérêts que Sainte-Beuve appelait dédaigneusement « des
anxiétés de pot-au-feu » et qui étaient, au fond, les intérêts du
rationalisme, et, dans une large mesure, les intérêts de la science
elle-même.

Mal défendue par ses chefs, il n'est pas étonnant que l'Université ait songé à se défendre elle-même. Les violences de
l'attaque trouvèrent un contrepoids nécessaire dans la vigoureuse défensive de quelques hommes, parmi lesquels se signalèrent surtout deux professeurs au Collège de France, Quinet et
Michelet.

Ces deux grands penseurs combattirent, chacun à sa mode,
en présence d'une foule vibrante, qui fit de leurs belles leçons
autant de batailles et autant de triomphes.

Quinet revendiqua pour le professeur le droit absolu de libre
examen et de discussion, le droit de toucher aux questions reli-

gieuses comme à toutes les autres. Sa profession de foi fut digne de sa haute intelligence et de son grand caractère : « Un homme « qui enseigne publiquement au nom de l'État devant des hom- « mes de croyances différentes est-il obligé de s'attacher à la « lettre d'une communion particulière ?... Poser la question, c'est « la résoudre. N'est-ce pas ici, dans ces chaires, que se sont « montrés tous ceux qui ont servi l'indépendance de l'esprit « humain, quand elle était le plus contestée ? C'est là notre « tradition. L'esprit de ces hommes est avec nous ?... Je crois « qu'il y a de l'esprit vivant de Dieu dans toutes les communions « sincères de ce pays. Je ne crois pas que, hors de mon Église, il n'y ait pas de salut. »

Il s'attaqua non au christianisme, ni même au catholicisme, mais à cette forme particulière du catholicisme qui prétend, depuis trois siècles, le gouverner et l'absorber, au jésuitisme.

« Dans l'esprit de l'Évangile, dit-il, le maître se donne à tous, « pleinement, sans réserves, sans réticences. Chaque disciple « devient à son tour un foyer qui répand la vie, la développe « autour de lui, et jamais le mouvement ne s'arrête dans la tradi- « tion... Loyola, au contraire, ne communique à ses disciples que « la moindre partie de lui-même, l'extérieur ou l'écorce de sa « pensée. Il a connu, senti l'enthousiasme dans sa jeunesse ; « mais dès qu'il vise à organiser un pouvoir, il n'accorde plus à « personne ce principe de liberté et de vie. Il garde le foyer, il ne « prête que la cendre. »

Quinet conclut à l'antinomie irréductible de l'esprit français et de l'esprit jésuitique : « Voyez ! tout ici le contredit et le heurte. « Si nous valons quelque chose dans le monde, c'est par l'élan « spontané : il en est tout le contraire. C'est par la loyauté, même « indiscrète, au profit de nos ennemis : il en est tout le contraire. « C'est par la rectitude de l'esprit : il n'est que subtilité et détours « d'intentions. C'est par une certaine manière de nous enflammer « promptement pour la cause d'autrui : il ne s'occupe que de la « sienne. C'est enfin par la puissance de l'âme, et c'est de l'âme « qu'il se défie ! »

Michelet apporta dans la lutte toute la chaleur de sa grande âme, tout son amour de la vérité, toute sa sincère et bouillante éloquence. Un historien clérical, M. Thureau-Dangin, en fait une sorte d'énergumène, enivré de passion révolutionnaire et à demi fou de vanité. Nous avons relu de bout en bout les sommaires des fameuses leçons du Collège de France, et nous n'y avons rien trouvé qui ne fût digne du grand, du très grand maître que fut Michelet.

Voici en quels termes magnifiques il oppose les jésuites et l'Université :

« Ce que sont les jésuites aujourd'hui et ce qu'ils font, qui le
« sait? Nous aurions le droit de leur dire : la partie n'est pas égale
« entre vous et nous. Nous livrons toutes nos pensées au public ;
« nous vivons dans la lumière. Vous, qui vous empêche de dire
« *oui* le matin, *non* le soir ? On sait ce que nous faisons. Nous
« travaillons, bien ou mal. Chaque jour, nous venons tout appor-
« ter ici, notre vie, notre propre cœur... Nos ennemis peuvent y
« mordre. Et il y a longtemps (simples que nous sommes et labo-
« rieux) que nous les nourrissons de notre substance. Nous pou-
« vons leur dire, comme, dans le chant grec, le blessé dit au vau-
« tour : « Mange, oiseau, c'est la chair d'un brave ; ton bec croîtra
« d'une coudée. »

Michelet, qui devait en ses derniers jours faire cette belle prière : « Merci, mon Dieu, de tant d'œuvres et de tant d'ami-
« tiés »! Michelet avait l'âme profondément religieuse.

« Vous dites que tout est fini, disait-il à ses adversaires, vous
« ne voulez pas qu'on ajoute. Vous trouvez les tours assez hautes...
« Nous, nous disons qu'il faut toujours bâtir, mettre œuvre sur
« œuvre, et des œuvres vives ; que, Dieu créant toujours, nous
« devons suivre, comme nous pourrons, et créer aussi. Vous
« vouliez qu'on s'arrêtât... et nous avons poursuivi. Malgré vous,
« nous avons, au XVIIe siècle, découvert le ciel (comme la terre au
« XVe). Vous vous êtes indignés ; mais il vous a bien fallu
« reconnaître cet immense accroissement de la religion. Avant le
« droit des gens, qui a mis la paix dans la guerre même ? Avant
« l'égalité civile, le christianisme lui-même était-il réalisé ? Qui a
« ouvert ces grandes voies ? Le monde moderne que vous accusez.
« L'égalité politique dont vous commencez à savoir le nom, pour
« l'employer contre nous, ce sera encore une pièce que nous
« ajouterons à notre grande construction... Nous sommes des
« maçons, des ouvriers ; laissez-nous bâtir, laissez-nous pour-
« suivre de siècle en siècle l'édification de l'œuvre commune, et,
« sans nous lasser jamais, exhausser de plus en plus l'éternelle
« Église de Dieu ! »

Voilà comment l'Université répondait à ses détracteurs ; voilà le noble idéal qu'elle opposait, et qu'elle oppose encore, à leur haine et à leurs injures.

LA LIBERTÉ DE L'ENSEIGNEMENT

Nous avons dit que la cause de la liberté de l'enseignemen était une cause grande et juste. Nous croyons, en le disant, exprimer une pensée chère à l'Université. Elle a subi plutôt qu'aimé le régime du monopole, et, depuis qu'elle vit sous un régime différent, ses progrès ont été assez marqués et assez soutenus, son renom a assez grandi pour qu'elle se soit, plus que jamais, attachée à la liberté.

La liberté de l'enseignement n'est qu'une extension légitime du droit de parler et d'écrire; mais, comme l'exercice de ce droit comporte des responsabilités immédiates et peut entraîner des conséquences formidables, l'Etat méconnaîtrait, croyons-nous, son devoir social, s'il n'exigeait des maîtres de la jeunesse des garanties sérieuses de savoir et de moralité, et s'il n'exerçait sur eux un contrôle, à la fois très sévère pour les mœurs et très libéral pour les idées.

Telles sont les données du problème. Il n'a rien d'effrayant ni d'insoluble, quand on l'aborde sans parti pris et de bonne foi.

En fait, l'ancienne France avait vécu sous le régime du monopole ecclésiastique. La plupart des professeurs de l'ancien régime appartenaient au clergé. C'est à peine si, dans les dernières années du dix-huitième siècle, après l'expulsion des jésuites, on avait vu commencer timidement une forme nouvelle d'enseignement public, dans laquelle une part avait été faite à l'élément laïque.

Les Ecoles centrales de la Révolution constituèrent une tentative très intéressante d'enseignement d'Etat. Les programmes furent très variés et très souples ; le régime de l'internat disparut, mais les autorités locales ne surent pas comprendre la valeur de l'institution qui leur était confiée, et, en face des Écoles centrales, mal dotées et mal recrutées, s'ouvrirent des pensions à l'ancienne mode, à programmes étroits, à discipline automatique, qui eurent toute la clientèle. Le législateur avait fait effort pour sortir de l'ornière ; le citoyen y retournait passivement, par la seule puissance de la routine.

Napoléon voulut un enseignement d'Etat, comme il avait voulu un clergé d'Etat. En instituant l'Université, il ne pensa pas un moment au progrès de la science, à l'émancipation des intelligences ; il pensa aux intérêts immédiats de l'empire et de la dynastie. Ses lycées impériaux ne furent que des pépinières de fonctionnaires et d'officiers. Il se trouva seulement, comme nous l'avons dit, que les hommes cultivés auxquels fut remis le soin de la jeunesse portèrent leur idéal un peu plus haut que ne le demandait l'empereur, derrière l'empire virent la patrie, et dans la patrie voulurent une place pour la science et la liberté. L'Université de Napoléon fut avant tout impérialiste, par reconnaissance et par éblouissement ; elle garda aussi quelque chose de l'esprit critique du dix-huitième siècle ; elle tendit vers le progrès scientifique et la pensée libre.

Et c'est précisément par ces tendances critiques et libérales qu'elle inquiéta le gouvernement ombrageux de la Restauration, qui pensa tout d'abord à la supprimer, puis trouva plus opportun de refaire à son profit ce que Napoléon avait fait au sien. « Si « Louis XVIII est sage, avait dit l'Empereur, il se contentera « de changer les draps, et couchera dans mon lit, car il est « bon. » La Restauration changea les draps et n'alla guère plus loin.

Mais l'Université, qui avait failli mourir de mort violente, faillit se transformer si complètement que cette métamorphose eût été une véritable mort. On voulut littéralement la *mettre en religion*. On lui nomma des directeurs ecclésiastiques ; on remplit ses rangs de clercs et de dévots. Elle ne sentit point venir la vocation. Elle resta ce qu'elle était : la fille légitime du dix-huitième siècle et de la Révolution.

Le gouvernement des Bourbons dut désespérer de changer son cœur, puisqu'il organisa lui-même, en face de l'Université royale, une véritable université ecclésiastique, celle-là toute aux mains du clergé, avec les sept collèges des pères jésuites, les 126 petits séminaires autorisés, les 53 institutions libres *simplement tolérées*, et les pensionnats qui s'ouvraient un peu partout. C'étaient là les écoles fidèles, d'où la monarchie tirerait ses meilleurs serviteurs ; les écoles universitaires resteraient ouvertes à la bourgeoisie frondeuse et suspecte, que le régime aristocratique tendait, de toutes ses forces, à éliminer des hautes fonctions publiques.

On sait avec quel chagrin Charles X vit M. de Martignac s'attaquer aux collèges des jésuites et aux petits séminaires ; sa prédilection pour les écoles ecclésiastiques ne peut faire le moindre doute.

Cependant, si les efforts de Mgr Frayssinous n'avaient pas réussi à réconcilier pleinement l'Université avec le roi, ils avaient suffi à rendre l'Université suspecte aux libéraux, et la marque de cette défiance se retrouve dans l'article 69 de la charte de 1830, qui promettait la liberté d'enseignement. Dans un pays de mœurs vraiment libres, cette promesse eût été considérée par tous comme un simple retour au droit. Dans la France de 1830, nous croyons qu'il y faut voir un acte de défiance. Le parti libéral n'avait plus foi dans le libéralisme de l'Université. Il ne tarda pas d'ailleurs à reconnaître son erreur, et sitôt qu'il eut compris que l'Université était restée, malgré tout, fidèle au drapeau tricolore, — je ne trouve pas de meilleur symbole pour exprimer ma pensée, — il se montra infiniment moins pressé d'accorder au pays une liberté d'enseignement, dont l'Eglise, à peu près seule, était en mesure de profiter.

Mais la liberté est une de ces choses que l'on ne peut pas donner à moitié. On peut refuser aux hommes ce mets divin ; sitôt qu'ils y ont goûté, ils ne veulent plus d'autre nourriture. Bon gré mal gré, en dépit du mauvais vouloir des libéraux eux-mêmes, la liberté s'établit, et, le jour où la République la proclama, elle ne fit pour ainsi dire que reconnaître le fait accompli.

La première application du principe de la liberté d'enseignement eut lieu en 1833. Ce fut la loi Guizot sur l'enseignement primaire. Après une enquête mémorable, qui révéla des faits inouïs, Guizot résolut de donner aux écoles primaires une organisation d'ensemble, qui leur avait manqué jusque-là. Chaque commune dut avoir une école, ou s'unir pour en avoir une avec la commune la plus voisine. L'instituteur dut être âgé de 18 ans au moins, pourvu d'un certificat de moralité et du brevet élémentaire ou supérieur. Il était proposé par le comité communal et le conseil municipal, nommé par le comité d'arrondissement et institué par le ministre. Les communes pouvaient choisir entre l'enseignement laïque et l'enseignement congréganiste. Le frère directeur d'école communale devait avoir son brevet, comme l'instituteur laïque ; mais ses auxiliaires en étaient dispensés, ce qui était un premier privilège à l'enseignement ecclésiastique. Un second privilège autorisait les sœurs, munies d'une *lettre d'obédience* de l'évêque diocésain, à tenir école publique sans les astreindre au brevet, que devait posséder l'institutrice laïque.

La loi Guizot doit donc être considérée non comme une loi de vraie liberté, mais, dans une certaine mesure, comme une loi de privilège. Ce fut presque une victoire pour l'Eglise. Elle prit à l'enseignement primaire une part immense, qui eût été absolument légitime, s'il y avait eu égalité de traitement entre elle et ses concurrents laïques. Les résultats de la loi n'en furent pas moins excellents. En quinze ans, le nombre des écoles primaires passa de quarante-deux à soixante-trois mille, et les écoliers de deux millions à trois millions et demi.

L'Église tenait bien davantage à la liberté de l'enseignement secondaire, qui lui eût permis d'attirer à elle la jeunesse bourgeoise et de s'assurer l'avenir. Il y avait, sans doute, dans cette idée une forte dose d'illusion, car l'expérience a prouvé qu'il ne suffit pas de recevoir une éducation jacobine ou catholique pour demeurer toute sa vie un bon catholique ou un bon jacobin. Si la plupart des hommes conservent assez docilement l'empreinte qui leur fut donnée tout d'abord, beaucoup se modifient plus tard, ou changent même du tout au tout ; si bien que tel libéral se fera religieux et tel clérical jettera le froc aux orties. Tout ce qu'il est peut-être permis de dire, c'est que l'homme élevé dans le libre examen en garde généralement une certaine tendance à la tolérance et à l'indulgence, tandis que l'homme élevé dans le système autoritaire portera dans sa nouvelle foi politique, s'il vient à changer, quelque chose de la raideur et de l'intransigeance qu'il avait déjà dans son ancienne religion. Mais ces idées sont des idées de philosophe, et, pour la plupart des politiques, la maxime tenue pour vraie, aujourd'hui comme en 1830, est que qui tient la jeunesse tient l'avenir.

L'homme qui fit le plus, aux premières heures de la monarchie de Juillet, pour la cause de la liberté de l'enseignement, ce fut Lamennais. Déjà démocrate, Lamennais concevait l'Église comme une grande force mondiale, combattant le mal physique et le mal moral sous toutes ses formes, par tous les moyens légitimes, pour l'honneur et le progrès de l'humanité. Nous nous proposons de consacrer une leçon entière à ce grand homme; nous ne voulons, ici, que marquer son rôle dans la querelle qui nous occupe.

Dès le mois d'octobre 1830, Lamennais fonda un journal, *l'Avenir*, où écrivirent des prêtres comme Salinis, Rohrbacher, Gerbet et Lacordaire, des laïques comme de Coux et Montalembert, toute une pléiade de jeunes gens aussi profondément libéraux que franchement catholiques.

Au mois de décembre 1830, l'*Agence générale pour la défense de la liberté religieuse* se donna comme principale tâche la conquête de la liberté d'enseignement à tous les degrés.

Pour joindre l'exemple à la parole, l'Agence ouvrit, en avril 1831, une école secondaire libre à Paris ; et Montalembert, Lacordaire et de Coux y enseignèrent publiquement.

L'école, ouverte au mépris des privilèges de l'Université, fut fermée ; mais, Montalembert appartenant à la pairie, ce fut devant la Chambre des pairs que fut jugé le procès. Le procureur général Persil, qui avait conclu, au mois de février précédent, contre Polignac et ses complices, occupait le siège du ministère public. La défense de l'école fut prononcée par Lacordaire. Le début de son plaidoyer fut plein de fermeté et de hardiesse : « Je re-
« grette et je m'étonne. Je m'étonne de me voir au banc des
« prévenus, tandis que M. le procureur général est au banc du
« ministère public. De quoi m'accuse-t-il ? D'avoir usé, en
« ouvrant une école libre sans autorisation, d'un droit écrit
« dans la Charte, mais non encore réglé par la loi, et lui, sans
« autre droit, demandait naguère la tête de quatre ministres ! »

Lamennais, Lacordaire et Montalembert furent condamnés à cent francs d'amende ; mais la question de la liberté de l'enseignement était posée avec éclat devant l'opinion publique.

Les difficultés intérieures qui marquèrent les premières années de la monarchie de Juillet retardèrent jusqu'en 1836 le dépôt du premier projet de loi sur la liberté de l'enseignement.

M. Guizot déclara, enfin, que « l'Etat acceptait la nécessité, le
« devoir, de soutenir avec succès, avec éclat, une concurrence
« infatigable ».

Le 15 juin, un universitaire, Saint-Marc-Girardin, présenta à la Chambre des députés le rapport légal sur le projet de loi.

Il rappela que, dès l'ancien régime, la concurrence des congrégations enseignantes, notamment des jésuites, avait été, de l'aveu même de Voltaire, un bienfait : « Le monopole de l'enseignement
« accordé aux prêtres, disait-il, serait de notre temps un funeste
« anachronisme ; l'exclusion ne serait pas moins funeste. La loi
« n'est faite ni pour les prêtres ni contre eux. Elle est faite, en
« vertu de la Charte, pour toutes les personnes qui voudront rem-
« plir les conditions qu'elle établit. Personne n'est dispensé de
« remplir ces conditions, et personne ne peut, s'il a rempli ces

« conditions, être exclu de cette profession. Nous entendons
« parler des congrégations abolies par l'Etat, et qui, si nous n'y
« prenons garde, vont envahir les écoles. Nous n'avons point
« affaire dans notre loi à des congrégations, nous avons affaire à
« des individus. Nous ne savons pas, nous ne pouvons pas savoir
« si ces individus font partie de congrégations, car à quel signe
« les reconnaître, et comment s'en assurer ?... quel code tracas-
« sier et inquisitorial il faudrait faire !... et il suffirait d'un men-
« songe pour l'éviter ! »

Saint-Marc-Girardin mettait ainsi la question sur le solide terrain de la liberté. La Chambre refusa de l'y suivre. Un député, M. Vatout, proposa d'obliger tous les directeurs d'établissements libres à prêter le serment qu'ils n'appartenaient pas à une congrégation non autorisée : la Chambre vota l'amendement.

Restait la question des petits séminaires, établissements réellement privilégiés, soustraits au contrôle de l'Université, exemptés de la rétribution scolaire et de l'obligation de suivre les cours des collèges de l'Etat. Les évêques nommaient les directeurs et les professeurs, rédigeaient les programmes, inspectaient seuls les études. L'obligation du costume ecclésiastique, imposée par Martignac aux élèves âgés de plus de quatorze ans, était tombée en désuétude. Les petits séminaires étaient, en fait, des collèges diocésains d'enseignement secondaire.

Le ministre de l'Instruction publique, M. Sauzet, poussa la complaisance pour le clergé jusqu'à demander aux évêques s'ils voulaient pour leurs petits séminaires le régime du droit commun, ou s'ils préféraient s'en tenir au *statu quo* ?

Les évêques auraient voulu un régime mixte, qui leur eût conservé toute leur indépendance, et qui leur eût donné le droit, qu'ils n'avaient pas encore, de recevoir des dons et des legs.

M. Guizot déclara que « l'Etat devait à l'Eglise, non seulement
« la liberté, mais la protection et la bienveillance ; l'autorité
« publique devait vouloir sincèrement et loyalement la durée, la
« dignité, l'extension, du pouvoir moral et social de la religion et
« de ses dépositaires ».

La Chambre ne voulut pas aller si loin : elle avait voté l'amendement Vatout ; elle n'accorda aux petits séminaires que le régime du *statu quo*. La loi fut votée, à trente voix de majorité, le 29 mars 1837 ; mais, telle qu'elle sortait de la discussion, elle n'intéressait plus personne. Le clergé n'en voulait plus. M. Guizot la trouvait antilibérale ; il quitta le ministère quelques jours après le vote, et la loi ne fut jamais présentée à la Chambre des pairs.

Quatre ans plus tard (1841), à la suite de longues négociations entre Montalembert, Cousin et Villemain, ce dernier se décida à présenter un nouveau projet de loi.

Villemain offrit à l'Eglise le régime pur et simple du droit commun. Quiconque voudrait ouvrir une école le pourrait, à la seule condition d'avoir les grades nécessaires et de se soumettre aux mêmes contrôles que l'Université. Les petits séminaires, assimilés en tout et pour tout aux autres écoles, pouvaient continuer à se développer librement ; mais les professeurs auraient des grades et accepteraient le contrôle de l'Etat. Un délai de cinq ans leur était accordé pour se mettre en règle avec la loi.

Le clergé montra clairement, en cette occasion, que la liberté, telle qu'il l'entendait, n'était vraiment pas le *droit*, mais le *privilège*. Aux professeurs gradués de l'Université, il voulait opposer ses maîtres sans grades ; aux professeurs liés par les règlements, surveillés par une administration jalouse, contrariés à chaque instant dans leur initiative, il voulait opposer un enseignement absolument indépendant de l'autorité civile, maître souverain de ses allures, de sa discipline.

Il avait ainsi, à la fois, tort et raison.

Il avait tort de vouloir s'exempter des grades, garantie minima de compétence, que l'Etat aurait dû lui imposer avec la plus inflexible rigueur.

Il avait raison de vouloir être autonome, et l'Université aurait dû demander à l'Etat la même autonomie, au grand bénéfice de la libre culture nationale et des progrès de la science. Il y avait autour d'elle trop de prêtres, de magistrats, d'administrateurs, de politiques, mauvais médecins qui, sous prétexte de la soigner, l'empêchaient de vivre. Le corps enseignant eût mérité se gouverner lui-même... mais il eût fait bon dire cela à M. Cousin !

Le projet Villemain était à peine connu que cinquante-six évêques réclamèrent contre les prétentions du ministre, et le projet mort-né ne vit même pas le feu de la discussion.

Aussi irrités du retrait qu'ils l'avaient été du projet même, les évêques rentrèrent en campagne et trouvèrent en Montalembert un polémiste de premier ordre, capable de les mener à la victoire. Si le clergé de France pouvait devenir libéral, c'était avec un tel guide, avec un homme de cette valeur morale et de ce caractère.

« Les catholiques de France, disait-il, sont nombreux, riches,
« estimés ; il ne leur manque qu'une chose, c'est le courage.
« Jusqu'à présent, dans la vie sociale et politique, être catholique
« a voulu dire rester en dehors de tout, se donner le moins de
« peine possible et se confier à Dieu pour le reste... Je ne suis
« qu'un soldat, tout au plus un chef d'avant-garde... Il y a deux
« espèces d'hommes : les hommes de bataille et les hommes de
« transaction ; les soldats qui gagnent les victoires et les diplo-
« mates qui concluent les traités, qui reviennent, chargés de
« décorations et d'honneurs, pour voir passer les soldats aux
« Invalides. »

Ces paroles montrent bien quelle était son ardeur et combien il connaissait à fond son parti, pavé de bonnes intentions, rêvant de triomphes extraordinaires et incapable d'une action sérieuse et suivie au grand jour de la discussion publique.

Montalembert et Lacordaire galvanisèrent ces hommes, qui avaient comme perdu le sens de la vie. Ces muets se remirent à parler ; mais leurs premiers mots furent semblables à des colères d'enfants, et ce ne fut que peu à peu que leur esprit s'éclaircit et que leur langage s'épura.

En 1843, Mgr Parisis, évêque de Langres, entreprit un voyage en Belgique. Il en revint plein d'admiration pour l'activité de cette petite nation : « Tout bien pesé, disait-il, les institutions
« libérales sont les meilleures, et pour l'Eglise et pour l'Etat...
« les catholiques doivent *accepter, bénir et soutenir*, chacun pour
« sa part, les institutions libérales qui règnent aujourd'hui sur
« la France... On s'obstine à répéter que nous ne défendons que
« la cause du clergé ; il faut bien voir que nous défendrons
« la cause de ceux contre qui nous réclamons. »

Après les grandes journées du Collège de France, un membre de la Compagnie de Jésus, un émule de Lacordaire, le P. de Ravignan, présenta au public la défense des jésuites dans un discours d'une forme parfaite et d'une grande fermeté :

« J'éprouve le besoin de le déclarer : je suis jésuite, c'est-à-
« dire religieux de la Compagnie de Jésus. Il y a d'ailleurs, en ce
« moment, trop d'ignominies et d'outrages à recueillir sous ce
« nom pour que je ne réclame point publiquement ma part d'un
« pareil héritage. Ce nom est mon nom : je le dis avec simplicité ;
« les souvenirs de l'Evangile pourront faire comprendre à plu-
« sieurs que je le dise avec joie... Si je devais succomber dans la

« lutte... je dirais avec tristesse qu'il y eut un jour où la vérité
« fut dite à ma patrie, une voix la proclama, et justice ne fut pas
« faite... le cœur manqua pour la faire... mais il y aura un jour
« meilleur. »

Il est permis, sans doute, de ne pas être de l'avis du P. de
Ravignan ; mais on ne peut pas ne pas voir en lui un homme
de cœur. Quinet et Michelet avaient, cette fois, un adversaire
digne d'eux. L'atmosphère s'éclairait et devenait respirable à
tous. La liberté soufflait à tous les partis son air frais et vivifiant.

En 1844, les évêques de la province de Paris, bientôt appuyés
par 55 prélats, adressèrent au roi un mémoire sur la liberté de
l'enseignement.

Dupin se fit, à la Chambre, l'avocat du monopole.

Montalembert lui répondit, à la Chambre des pairs, par un
discours qui retentit comme un coup de canon.

Désavouant hautement toute arrière-pensée de monopole clérical, il demanda la liberté de l'enseignement pour ceux qui se
préoccupaient, avant tout, de conserver la foi de leurs enfants, et
à l'inflexibilité des juristes gallicans comme Dupin, il opposa
dramatiquement l'inflexibilité du croyant : « Savez-vous ce qu'il
« y a de plus inflexible au monde ? Ce n'est ni la rigueur des lois
« injustes, ni le courage des politiques, ni la vertu des légistes :
« c'est la conscience des chrétiens convaincus. Permettez-moi de
« vous le dire, Messieurs, il s'est levé parmi vous une génération
« d'hommes que vous ne connaissez pas. Nous ne sommes ni des
« conspirateurs ni des complaisants ; on ne nous trouve ni dans
« les émeutes ni dans les antichambres ; nous sommes étrangers
« à toutes vos coalitions, à toutes vos récriminations, à toutes
« vos luttes de cabinet et de partis. Nous n'avons été ni à Gand
« ni à Belgrave-Square ; nous n'avons été en pèlerinage qu'au
« tombeau des apôtres, des pontifes et des martyrs ; nous y avons
« appris, avec le respect chrétien et légitime des pouvoirs établis,
« comment on leur résiste quand ils manquent à leurs devoirs,
« et comment on leur survit... Nous ne voulons pas être des ilotes ;
« nous sommes les successeurs des martyrs, et nous ne tremble-
« rons pas devant les successeurs de Julien l'Apostat. Nous som-
« mes les fils des croisés ; nous ne reculerons pas devant les fils
« de Voltaire ! » (Séance du 16 avril 1844).

Quelques jours plus tard, Villemain apportait à la Chambre des
pairs un nouveau projet de loi sur la liberté de l'enseignement. Il renonçait au certificat d'études. Tout bachelier pourvu

d'un certificat de moralité pouvait ouvrir une école libre. Un Conseil supérieur de l'enseignement libre aurait la surveillance et le contrôle de cet enseignement, et partagerait avec le Conseil royal de l'Université le droit de présenter des candidats aux chaires des facultés.

Ce projet pouvait être un chef-d'œuvre bureaucratique ; il était réellement incohérent. L'Etat n'avait pas à organiser le contrôle de l'enseignement libre, mais à le contrôler lui-même, et par ses propres inspecteurs. Faire participer l'enseignement libre au choix des membres de l'enseignement supérieur était un véritable non-sens.

Au courant de la discussion, M. Cousin présenta, pour la première fois, un argument que l'on a beaucoup répété depuis. Il s'attacha à défendre le monopole de l'Université comme garantie de l'unité morale de la France : « Dès l'enfance, dit-il, nous « apprendrons à nous fuir les uns les autres, à nous renfermer « comme dans des camps différents. Merveilleux apprentissage « de cette charité civile qu'on appelle patriotisme ! »

L'argument est spécieux ; nous avouons ne pas en être touché. Toute institution humaine a sa face et son revers ; mal pour mal, mieux vaut la diversité dans la liberté que l'unité dans le monopole. J'entends toujours parler de façonner les esprits, de modeler les intelligences... Quelle tâche est celle-là ? Est-ce là ce que doit faire un éducateur ? Point ! Il doit éclairer les chemins de l'esprit signaler les impasses et les fondrières, mais laisser l'esprit marcher où il veut, comme il l'entend, à ses risques et périls. L'idéal n'est point de créer des hommes tous semblables les uns aux autres, mais des hommes libres et autonomes, capables de se faire à eux-mêmes une règle de vie, une conscience, une raison. Nous ne sommes pas des abeilles ; les *neutres* n'ont que faire parmi nous. Et voilà pourquoi il ne faut pas s'effrayer de la concurrence et dire : cela fera deux Frances ! Il n'y a pas deux Frances : il y en a dix, il y en a cent ! Et toutes ces Frances n'en font qu'une : notre grande France ondoyante et diverse, au large esprit, au grand cœur, à la parole acérée et subtile, au geste prompt et vengeur, reine par la pensée et par l'art.

La Chambre des pairs n'écouta pas M. Cousin, mais sortit mal à propos du droit commun par une injuste défiance de l'Université ; elle voulut restreindre l'enseignement de la philosophie, et donna aux tribunaux ordinaires la juridiction sur l'enseignement libre, au lieu de la laisser aux conseils académiques et au

Conseil royal de l'Instruction publique. Par une disposition très remarquable et vraiment libérale, elle supprima, en principe, tous les procès de tendance, en déclarant qu'il ne pourrait y avoir de poursuites pour enseignement séditieux, mais seulement pour enseignement immoral.

A la Chambre des députés, le libéralisme de la Chambre des pairs parut excessif et dangereux. Thiers fut nommé rapporteur de la loi.

Il se prononça pour la liberté dans le droit commun, mais en écarta résolument les congrégations non autorisées.

« L'esprit de notre Révolution, dit-il, veut que la jeunesse
« soit élevée par ses pareils, par des laïques, animés de nos senti-
« ments, animés de l'amour de nos lois. Les laïques sont-ils des
« agents d'impiété ? Non encore ; car, nous le répéterons sans
« cesse, ils ont fait les hommes du siècle présent plus pieux que
« ceux du siècle dernier.

« Si le clergé, comme tous les citoyens, sous les mêmes lois,
« veut concourir à l'éducation, rien de plus juste, mais comme
« individus, à égalité de conditions, et pas autrement. Le veut-il
« ainsi ? Alors plus de difficultés entre nous. Veut-il autre chose ?
« Il nous est impossible d'y consentir. »

La Chambre applaudit l'orateur, et, le 3 mai 1843, vota un ordre du jour dirigé contre les jésuites.

Les Pères furent à la veille de revoir les mauvais jours de 1828. Ils furent sauvés par Guizot, qui négocia sournoisement avec Rome et berna l'opposition avec une désinvolture digne des meilleurs politiques de la Compagnie.

Les jésuites possédaient alors, en France, une trentaine d'établissements. Ils fermèrent leurs trois maisons professes de Paris, Lyon et Avignon, et leurs deux noviciats de Laval et de Saint-Acheul. Les Pères appartenant aux établissements supprimés furent répartis dans les instituts conservés, et, le 16 juillet 1846, le *Moniteur* imprima effrontément que « le gouvernement du roi
« avait reçu des nouvelles de Rome, que la congrégation des jé-
« suites cesserait d'exister en France et allait se disperser d'elle-
« même ; ses maisons seraient fermées et ses noviciats dissous ».
L'incident était clos, et l'opposition, distraite par d'autres sujets, n'en demanda pas davantage. (Debidour, *L'Eglise et l'Etat*, p. 468.)

Cette courte campagne avait eu du moins pour résultat d'arrêter la loi. Les prélats n'en avaient plus voulu entendre parler, sitôt qu'ils avaient connu l'ostracisme dont étaient frappées les congrégations non autorisées : « Plutôt cent ans de guerre, « disait Mgr Parisis, que la paix à ce prix. »

Plus naïf peut-être, mais plus sincère, et partant plus fort, Montalembert releva le gant, et, au lendemain même de l'incident des jésuites, se jeta avec ardeur dans la polémique électorale. Il engagea les catholiques à voter pour des protestants, pour des républicains, pour des socialistes, s'ils se prononçaient pour la liberté religieuse. Sa parole tombait comme une pluie de feu sur ses adversaires : « Non! disait-il, vous ne dormirez pas tran-
« quilles! Les dents du dragon sont semées ; il en sortira des
« guerriers ! Nous sommes assez d'ultramontains, de jésuites, de
« néo-catholiques, pour troubler à jamais votre repos jusqu'au
« jour où vous nous aurez rendu notre droit. Nous avons mordu
« au fruit de la discussion, de la publicité, de l'action ; nous
« avons goûté son âpre et substantielle saveur ; nous n'en démor-
« drons pas ! »

Le comité Montalembert fit élire, le 1er août 1846, cent quarante-six candidats, presque le tiers de la Chambre ; et M. de Salvandy, le nouveau ministre de l'Instruction publique, présenta en 1847 un nouveau projet de loi sur la liberté de l'enseignement, dont la révolution de Février empêcha seule la discussion.

L'Eglise avait, en dix-sept ans, livré trois grandes batailles au monopole universitaire, et n'était point parvenue à le renverser ; mais de graves symptômes indiquaient que la place ne tarderait pas à succomber.

La garnison, mal encouragée par ses chefs, avait vu de nombreuses désertions éclaircir ses rangs. L'ennemi, en arborant l'étendard de la liberté, avait lui-même troublé la conscience d'un grand nombre de bons soldats de l'Université. Beaucoup souhaitaient sincèrement le démantèlement de la vieille bastille bâtie par Napoléon, et la libre concurrence au plein air de la grande vie nationale.

Au clergé de nous dire s'il y avait dans ses rangs beaucoup d'hommes assez libéraux et assez généreux pour ne réclamer, eux aussi, que les droits de la liberté.

Un homme qui ne peut être suspect de partialité envers l'Université, M. Guizot, a écrit « qu'il y avait, dans les attaques
« dirigées contre elle, beaucoup d'injustice et quelque ingra-
« titude. Le gouvernement de l'Université, grand maître ou
« Conseil royal, ministre ou président, avait toujours usé de
« son pouvoir avec une grande modération. A la fois rival

« et maître des établissements particuliers d'enseignement
« secondaire, il les avait surveillés sans jalousie et sans rigueur,
« les autorisant partout où ils offraient des chances de légi-
« time succès, et ne portant jamais, sans de puissants motifs,
« atteinte à leur stabilité ou à leur liberté. C'était, au milieu du
« despotisme général et d'une institution despotique en elle-
« même, une administration juste et libérale. »

On peut se demander, également, si le clergé était en mesure de profiter des libertés qu'il réclamait si impérieusement.

Le clergé compte, aujourd'hui, dans son sein un grand nombre d'hommes instruits et distingués ; c'est à l'un des plus savants et des plus renommés, à M. Alfred Baudrillart, agrégé de l'Université, docteur en Sorbonne et directeur de l'Institut catholique de Paris, que nous emprunterons les détails que nous allons donner à ce sujet (1).

« Le clergé, dit M. Baudrillart, n'étudiait alors (au commence-
« ment du xixe siècle) que dans les grands séminaires, et l'on s'y
« contentait des éléments indispensables à l'exercice du minis-
« tère journalier. Toute la philosophie était pour lui renfermée
« dans un manuel latin, la *Philosophie de Lyon*, mélange habile-
« ment dosé et, somme toute, assez convenable, de cartésianisme
« et de scolastique... Toute la théologie tenait dans les volumes
« de Bailly, encore un *compendium*. »

Montalembert disait, en 1837 : « Il n'y a peut-être pas cinq
« séminaires en France où l'on enseigne à la jeunesse ecclé-
« siastique l'histoire de l'Eglise... » L'Écriture sainte n'était considérée que comme un cours *accessoire*. L'apologétique était négligée : « En fait d'arguments, le clergé catholique bran-
« dissait avec trop de confiance de vieilles piques, de vieilles
« lances passablement rouillées et dont les coups ne faisaient
« pas grand mal. » (Baudrillart, p. 10.)

Et tout l'outillage scientifique était à refaire. Le clergé n'avait plus ni écoles ni bibliothèques.

Mgr Frayssinous, sincèrement épris de science, et plus au courant que la plupart des évêques de ce qui se faisait à l'étranger eût voulu créer en France un haut enseignement des sciences ecclésiastiques. En 1825, le roi proposa au clergé de lui donner pour siège de cette école les magnifiques bâtiments du Val-de-

---

(1) *Le Renouvellement intellectuel du clergé de France au* XIXe *siècle*, Paris, Bloud, 1906.

Grâce avec une dotation de 200.000 francs. Le clergé refusa, les évêques tenant peu au progrès scientifique et tenant beaucoup à l'autonomie de leurs séminaires et à leur autorité absolue dans leurs diocèses.

C'est encore à Lamennais que revient l'honneur d'avoir réorganisé le premier foyer de vie scientifique au sein de l'Église française.

En 1828, une petite communauté s'installait au domaine de la Chesnaie, en Bretagne, et constituait bientôt une académie chrétienne qui donnait les plus belles espérances ; mais Lamennais avait l'âme trop grande, trop farouche, trop ardente, pour s'astreindre à une discipline quelconque : il donna bientôt de tels coups d'aile que ses disciples effrayés quittèrent sa maison, Rome le désavoua, et de la généreuse tentative presque rien ne resta.

En 1828, un ancien professeur au Collège royal et à la Faculté des lettres de Strasbourg, Bautain, se fit prêtre et résolut de travailler à son tour à la réconciliation de la science et de la foi, au relèvement des études dans l'Église par l'enseignement oral ou écrit. L'évêque de Strasbourg confia son petit séminaire à la *Société des prêtres de Saint-Louis*, fondée par Bautain. Une *École des hautes études ecclésiastiques*, créée à Molsheim, sembla donner enfin au clergé le centre scientifique rêvé par ses plus nobles fils. En 1841, Bautain, à peu près brouillé avec son évêque et jalousé par beaucoup de ses collègues, émigrait à Juilly. Il essayait de réorganiser une école supérieure ecclésiastique, où de jeunes prêtres viendraient achever leurs études et préparer leurs grades universitaires. Il envoyait, en même temps, l'abbé de Bonnechose à Rome pour transformer *Saint-Louis-des-Français* en une maison de hautes études théologiques. Tous ces desseins échouèrent, à Juilly et à Rome, comme à Strasbourg et à Molsheim. « Bautain fut victime de ces esprits étroits et jaloux, dont « la plus grande joie est de découvrir partout l'hérésie et d'étein- « dre autour d'eux les flambeaux qui brillent. »(Baudrillart, p. 26.)

La première tentative d'enseignement supérieur ecclésiastique qui ait pu réussir date seulement de 1845. C'est l'école des Carmes, fondée à Paris par Mgr Affre « pour former des écrivains « capables de composer de solides écrits en faveur de la reli- « gion ». L'archevêque entendait les former par la préparation à la licence, au doctorat ès lettres et au doctorat ès sciences, « parce « que, depuis tantôt deux siècles, les luttes religieuses ont cessé « de se cantonner sur le terrain de la controverse théologique ; le

« champ de bataille, c'est la philosophie, c'est l'histoire, c'est la
« philologie, ce sont les sciences physiques et naturelles, et, par
« conséquent, ce qu'il s'agit de connaître, c'est l'histoire, la
« philosophie, les sciences, telles que les enseignent les maîtres,
« les directeurs de la pensée moderne, qu'ils soient ou non
« nos adversaires ; ce qu'il s'agit d'acquérir, ce sont leurs
« méthodes, afin de s'en bien servir, fût-ce contre eux; ce
« qu'il faut encore, c'est se mettre en état de se faire lire ; or nul
« en France ne se fait lire s'il ne sait écrire... Voilà pourquoi
« Mgr Affre exigea de ses futurs écrivains, prédicateurs et
« apologistes, la forte culture scientifique qu'il ne craignit pas
« d'emprunter à l'Université. » (Baudrillart, p. 34.)

En 1848, l'école des Carmes avait déjà fait recevoir douze licenciés. Le premier reçu s'appelait Foulon, et est mort cardinal-archevêque de Lyon. Le premier docteur, reçu en 1850, s'appelait Lavigerie, et est mort cardinal-archevêque d'Alger.

L'idée de Mgr Affre était donc bonne et grande ; mais pourquoi l'Eglise de France ne s'en est-elle avisée qu'en 1845, quand elle pouvait, dès 1815, s'engager résolument dans une voie si large et si féconde?

Plus instruite, n'eût-elle pas été en meilleure posture pour réclamer le droit à l'enseignement?

Avait-elle même, dans l'état intellectuel où elle se trouvait alors, le droit de le réclamer ?

Il est permis d'en douter, et nous invoquerons ici le témoignage indiscutable d'un prélat qui avait d'abord appartenu à l'Université.

Mgr Daniel, ancien proviseur du Collège royal de Caen et ancien recteur de l'Académie de Caen, disait, en 1854, à mon père : « L'empereur nous a offert l'enseignement secondaire,
« nous avons dû refuser, nous ne sommes pas prêts. »

L'aveu est précieux ; mais, si l'on n'était pas prêt, que venait-on donc réclamer?

LAMENNAIS ET GRÉGOIRE XVI

Dépouillée et persécutée par la Révolution, asservie par Bonaparte, l'Eglise est sortie de ces terribles épreuves aigrie contre les hommes, maussade et comme vieillie.

Elle n'a guère mis à profit les années de la Restauration que pour contrarier et taquiner ses adversaires jusqu'à les exaspérer.

Elle a trouvé, sous Louis-Philippe, des hommes d'action et de haute vertu, comme Montalembert et Lacordaire, pour la mener à la conquête de la liberté d'enseignement.

Elle a eu enfin un grand homme, qui eût été capable, s'il eût été compris et suivi par elle, de la mener à la conquête du monde; mais elle l'a méconnu, calomnié, injurié, banni, et a, ce jour-là, fait la joie de tous ses ennemis.

Nous connaissons déjà Lamennais ; nous savons qu'il fut à la fois catholique fervent, savant philosophe, homme d'action. Esprit cultivé et lucide, âme de feu, embrasée du zèle de la cause de Dieu, il voyait dans la religion le secret du bonheur universel, la seule puissance capable d'établir la paix parmi les hommes, en dépit de l'orgueil et de la dureté des princes.

Très peu disposé à s'incliner devant les puissances de la terre, il avait, pendant longtemps, réservé toutes ses admirations pour le Saint-Siège apostolique, pour le suprême pontificat, qui lui apparaissait comme l'autorité la plus auguste et la plus bienveillante, comme le dernier recours et la suprême espérance du genre humain.

En 1824, il fit un voyage à Rome, et en revint déçu. Très aimablement accueilli par le pape Léon XII, écouté avec curiosité par les cardinaux, il ne trouva pas dans la cour pontificale le foyer d'ardente charité qu'il avait rêvé et se prit dès lors à penser que l'espoir de l'humanité ne résidait qu'en elle-même, que le peuple seul était capable de sauver le peuple. Son idéal chrétien le mena logiquement à la démocratie.

Il ne fut pas de ces clercs à courte vue, qui pleurèrent comme un deuil pour la religion la chute du vieux roi Charles X et de ses vieux conseillers. Leur catholicisme suranné et aristocratique n'eut pas de lui une minute de regret. Il vit dans la révolution qui venait de s'accomplir un accroissement de liberté, et il en ressentit une joie héroïque, comme en éprouvent les grands capitaines au matin d'une bataille décisive.

Dès le mois de septembre 1830, il avait associé à ses desseins les abbés Gerbet, Rohrbacher et Lacordaire, et des laïques de grand cœur et de ferme volonté : Charles de Coux, Ad. Bartels, le comte Charles de Montalembert, Daguerre, d'Ault-Duménil.

Le 16 octobre parut le premier numéro d'un journal catholique, *L'Avenir*, adressé au peuple de France et, par delà nos frontières, à tous les peuples de l'Europe affamés de liberté et de justice.

Au mois de décembre était fondée une *Agence générale pour la défense de la liberté religieuse*, qui se donna pour tâche de protéger le ministère ecclésiastique contre les attaques des impies, de soutenir la cause de la liberté de l'enseignement, de réclamer le droit d'association pour les catholiques, et de servir de lien entre toutes les sociétés locales qui pourraient se créer dans le même but.

Le langage des nouveaux prophètes était merveilleusement sonore et hardi.

Rien ne rappelait en lui la gronderie morose, ni les colères vieillottes de la plupart des polémistes ecclésiastiques ; on y sentait passer comme une fière allégresse, une impatience d'action et de combat.

« Votre puissance se perd et la foi avec elle, disaient les nou-
« veaux apôtres à l'Eglise elle-même. Voulez-vous sauver l'une
« et l'autre ? Unissez-les toutes deux à l'humanité, telle que l'ont
« faite dix-huit siècles de christianisme. Rien n'est stationnaire en
« ce monde. Vous avez régné sur les rois, puis les rois vous ont
« asservie. Séparez-vous des rois ; tendez la main aux peuples ;
« ils vous soutiendront de leurs robustes bras, et, ce qui vaut
« mieux, de leur amour. Abandonnez les débris terrestres de votre
« ancienne grandeur ruinée ; repoussez-les du pied comme indi-
« gnes de vous : aussi bien l'on ne tardera guère à vous en dé-
« pouiller. Votre force n'est point dans l'éclat extérieur ; elle est
« en vous ; elle est dans le sentiment profond de vos devoirs pater-
« nels, de votre mission civilisatrice ; dans un dévouement qui
« ne connaisse ni lassitude, ni bornes. Reprenez, avec l'esprit qui
« les animait, la houlette des premiers pasteurs et, s'il le faut,

« les chaînes des martyrs. Le triomphe est certain, mais à ce prix
« seulement. »

C'était là prêcher la vérité ; mais, et c'est peut-être ce qu'il y a
de plus triste dans la condition humaine, prêcher la vérité, c'est,
aux yeux des sages de ce monde, rêver ; le bon prophète qui
aperçoit le but, et qui du doigt montre la route, voit autour de lui
les pharisiens sourire, et les princes des prêtres le condamnent
comme séducteur des foules et artisan de séditions.

L'Avenir eut d'enthousiastes lecteurs, de merveilleux succès
individuels ; il eut contre lui tous les timides, tous les routiniers,
tous les hommes de la tradition et de l'étroite observance. Bien
peu nombreux furent les prêtres qui comprirent et levèrent les yeux vers la lumière. « *Homo homini lupus, sacerdos sa-*
« *cerdoti lupissimus* », nous disait un jour un prêtre, et
tout ce que nous avons appris depuis lors nous a prouvé qu'il
avait raison.

Attaques directes ou sournoises, persiflage, moqueries, injures,
calomnies, dénonciations à l'autorité civile ou religieuse, toute
la lyre de la haine et de la fureur, les rédacteurs de *L'Avenir* connurent tout cela, et leur candeur s'en alarma (1).

« S'ils avaient méprisé tant d'indignes attaques et continué
« hardiment leurs travaux, aucun acte de l'autorité ne serait
« venu les forcer de les interrompre.

« S'ils avaient pu savoir d'une manière positive que Rome
« désapprouvait leurs efforts, ils seraient aussitôt rentrés dans le
« silence et dans l'inaction, avec regret sans doute, mais sans
« hésiter un instant. »

Comme le pape ne parlait pas, ils résolurent d'aller l'interroger.
Ils suspendirent la publication du journal, et trois d'entre eux,
Montalembert, Lacordaire et Lamennais, partirent pour Rome.

« Des notes diplomatiques de l'Autriche, de la Prusse et de la
« Russie les avaient devancés. On y priait le pape de se pronon-
« cer contre ces révolutionnaires audacieux, ces impies séduc-
« teurs des peuples, qu'ils poussaient à la révolte au nom de la
« religion. »

Ils avaient contre eux les jésuites, « dont le principe est la
« destruction de l'individualité en chaque membre du corps pour
« augmenter la force et l'autorité de celui-ci ». Les jésuites étaient

---

(1) Nous résumerons cette histoire d'après les *Affaires de Rome* de Lamennais.

les alliés naturels des princes ; car, « entre leur despotisme inté-
« rieur et le despotisme politique, il existe une connexité et
« comme une sorte d'attraction mutuelle qui devait naturel-
« lement les rapprocher. »

Jamais personne, arrivant à Rome pour une importante affaire,
n'y rencontra de dispositions moins favorables.

L'Italie, qui venait de se soulever contre l'Autriche, avait été
remise à la chaîne et présentait l'aspect le plus mélancolique :
« La misère publique, dit Lamennais, s'y révélant sous mille
« aspects hideux, y forme un contraste presque général avec la
« richesse du sol. Le peuple, qui naît, vit et meurt sous le bâton
« de l'étranger, ou à l'ombre de la potence paternelle des souve-
« rainetés nationales, s'est fait du ciel, de l'air et du sommeil
« comme une autre patrie, semblable à la dernière, celle du
« tombeau. » Dans les contrées soumises à l'Autriche, « l'oppres-
« sion des esprits, refoulés sur eux-mêmes par un pouvoir brutal,
« qu'intimide la pensée, à quelque degré qu'elle se manifeste,
« l'absence absolue de garanties pour les propriétés et pour les
« personnes, la violence et la corruption, l'arbitraire dans le gou-
« vernement, toujours en défiance et en crainte, ont donné au
« peuple, condamné à végéter sous la baïonnette du soldat et
« l'œil de l'espion, une prodigieuse misère, physique, morale,
« intellectuelle, et un abaissement si profond qu'il a presque cessé
« de le sentir. »

Il y a une université autrichienne à Padoue. « Il y existe un
« professeur d'histoire moderne ; mais, afin d'être bien sûr que
« sa parole sera ce qu'on veut qu'elle soit, on lui envoie ses
« cahiers de Vienne ; défense à lui d'y changer une phrase, d'y
« déplacer un mot. Et ces cahiers contiennent un long et pom-
« peux panégyrique de la maison de Lorraine. »

L'état des mœurs est généralement déplorable : « Lorsque les
« facultés supérieures sommeillent, les vils instincts dominent. »

Rome n'est pas en meilleur état que le reste de la péninsule :
« Tout le passé est là dans sa pompe funèbre. Du haut de ces
« débris, regardez l'horizon : pas un signe qui annonce le lever
« de l'avenir !... »

Rome est la ville des couvents et des églises.

Les couvents ne manquent ni de grandeur ni de charme :
« Nous concevons très bien, dit Lamennais, le genre d'attrait qu'a
« pour certaines âmes fatiguées du monde et désabusées de ses
« illusions cette existence solitaire... Cependant telle n'est pas la

« vraie destinée de l'homme. Il est né pour l'action ; il a sa tâche
« qu'il doit accomplir. Qu'importe qu'elle soit rude ? N'est-ce pas
« à l'amour qu'elle est proposée ? »

Les églises aux dômes lourds, décorés de fresques, parfois admirables, sont riches en monuments et en marbres précieux ; mais absolument rien n'y saisit l'âme, ne l'émeut puissamment et ne la ravit dans un monde supérieur.

Le peuple paie et obéit.

La prélature et le Sacré-Collège, exclusivement investis de l'autorité politique, administrative et judiciaire, constituent tout l'Etat.

Le pape est l'homme le moins fait du monde pour comprendre les ardents Français qui viennent à lui.

Grégoire XVI, né en 1765, et âgé par conséquent de soixante-sept ans, est un ancien camaldule, très versé en théologie, consulteur de plusieurs congrégations et vicaire général de son ordre. Elu pape le 2 février 1831, il a eu à lutter tout aussitôt contre une révolte de Bologne, des Marches et des Romagnes. Il l'a combattue avec les armes de l'Autriche, et son alliée a été si frappée elle-même des vices du gouvernement pontifical qu'elle lui a presque imposé des réformes. Il les a promises et ne tient pas ses promesses ; les provinces vaincues, mais frémissantes, restent occupées par l'Autriche, et la France a débarqué des troupes à Ancône.

Grégoire XVI a peur de la révolution, peur de l'Autriche, peur de la France, songe à s'appuyer contre elles sur la Russie, victorieuse de la Pologne. Il est conservateur dans l'âme ; et sa politique ne peut être qu'une politique de réaction à outrance contre toutes les idées libérales.

« Vous faites beaucoup valoir les avantages de la liberté, dirent
« à Lamennais les prélats italiens ; mais vous devriez savoir qu'à
« nos yeux ces avantages, pour vous si certains, sont plus que pro-
« blématiques. Nous avons moins de confiance dans la discussion
« que dans les prohibitions, dans la persuasion que dans la con-
« trainte. Vos raisonnements ne sauraient prévaloir contre l'au-
« torité de l'expérience. Or une expérience de plusieurs siècles
« nous a convaincus de la nécessité d'une répression matérielle
« pour maintenir les peuples dans l'obéissance due à l'Eglise.
« Nous repoussons donc et la liberté civile, et la tolérance civile,
« et la liberté des cultes, et la liberté de la presse, et toutes ces
« nouveautés licencieuses que vous vantez si imprudemment,

« pour nous en tenir aux moyens de conservation que Rome et
« les conciles mêmes ont consacrés par des lois solennelles et
« des instructions spéciales. »

Il est évident que Lamennais ne pouvait s'entendre avec ces
prélats sceptiques et diplomates. Il voulait savoir si le père
commun des fidèles condamnerait la liberté de conscience, la
liberté de la presse, la liberté des peuples ; et on cherchait à lui
faire comprendre qu'il serait beaucoup plus prudent de ne pas
parler de toutes ces choses, bien préférable de suivre les vieux
errements, de continuer à maudire les hérétiques, à anathématiser les mal pensants et à vivre en bon accord avec les princes.

Au bout de quelque temps de séjour à Rome, Lacordaire et
Montalembert comprirent que la Cour romaine ne se laisserait pas
convaincre. Ils partirent. Dans sa « candeur effrayante », Lamennais resta. Il espérait encore gagner le pape ; mais on ne voulut
pas qu'il lui parlât. En grande grâce, on lui permit de le voir, en
présence du cardinal de Rohan, et à condition qu'il ne serait pas
parlé des affaires des catholiques de France.

De guerre lasse, Lamennais quitta Rome à son tour et reprit la
route de France par le Milanais, le Tyrol et la Bavière.

Le 15 août 1832, Grégoire XVI parla. L'encyclique *Mirari vos*
condamna implicitement les doctrines libérales de Lamennais et
de ses amis.

Quand on vient de lire du Lamennais, et qu'on lit l'encyclique,
il semble que l'on passe du plein soleil en une prison.

Le pape parle, sur un ton dolent et sénile, « des maux, des cala-
« mités, des orages, qui l'ont assailli dès les premiers instants de
« son pontificat. Il a été lancé tout à coup au milieu des tem-
« pêtes... Si la droite du Seigneur n'avait manifesté sa puissance,
« il y aurait été englouti, victime de l'affreuse conspiration des
« impies... Il est accablé de tristesse... Il a dû, l'âme navrée
« de douleur, arrêter, la verge en main, la fureur sauvage des
« factieux... » Il dénonce avec indignation « ces sociétés conspira-
« trices dans lesquelles les hérésies et les sectes ont, pour ainsi
« dire, vomi comme dans une espèce de sentine tout ce qu'il y
« a dans leur sein de licence, de sacrilège et de blasphème ». Il
traite ses ennemis sans la moindre charité. Ce sont « des pervers,
« des impies, d'une effrayante immoralité, des hommes superbes,
« des insensés, dont les maximes absurdes sont la mort de
« l'âme. »

Il pose en principe que « toute nouveauté bat en brèche l'Eglise

« universelle... Le devoir des évêques est de rester inviolable-
« ment attachés à la chaire de Pierre. Les prêtres doivent être
« soumis aux évêques et les honorer comme les pères de leurs
« âmes... Chercher à troubler en quoi que ce soit l'ordre ainsi
« établi, c'est ébranler la constitution de l'Eglise. C'est un attentat
« de blâmer par une liberté insensée d'opinion la discipline que
« l'Eglise a consacrée. C'est le comble de l'absurdité et de
« l'outrage de prétendre qu'une restauration et qu'une régénéra-
« tion lui sont devenues nécessaires..... La liberté de conscience
« est une maxime fausse et absurde, ou plutôt un délire. Pour
« amener la destruction des Etats les plus riches, les plus puis-
« sants, les plus glorieux, les plus florissants, il n'a fallu que
« cette liberté sans frein des opinions, cette licence des discours
« publics, cette ardeur pour les innovations... La liberté de la
« presse est la liberté la plus funeste, une liberté exécrable pour
« laquelle on n'aura jamais assez d'horreur... » Les peuples doivent demeurer soumis aux princes « auxquels le pouvoir a été sur-
« tout donné pour l'appui et la défense de l'Eglise ». Il ne faut pas
recommander la séparation de l'Eglise et de l'Etat, « car c'est un
« fait avéré que tous les amateurs de la liberté la plus effrénée
« redoutent par-dessus tout cette concorde, qui a toujours été
« aussi salutaire et aussi heureuse pour l'Eglise que pour l'Etat ».
Enfin, le pape condamne les associations et réunions, qui, « sous
« les apparences, il est vrai, du dévouement à la religion, n'ont
« en réalité d'autre désir que de répandre partout les nouveautés
« et les séditions, proclamant toute espèce de liberté, excitant
« des troubles contre le pouvoir sacré et contre le pouvoir civil,
« et reniant toute autorité, même la plus sainte » (1).

Lamennais et ses amis n'étaient pas désignés; mais, pour leur
enlever toute tentation de ne pas se reconnaître, le cardinal Pacca
écrivit à Lamennais, le 16 août 1832, une lettre beaucoup plus
explicite que l'encyclique, où les idées du pape étaient précisées
de la manière la plus formelle.

Le 10 septembre, Lamennais et ses amis décidaient la suppression du journal *L'Avenir* et de l'*Agence générale pour la défense
de la liberté religieuse*, convaincus « qu'ils ne pourraient conti-
« nuer leurs travaux sans se mettre en opposition avec la volonté
« formelle de celui que Dieu a chargé de gouverner son Eglise ».

---

(1) *Lettres apostoliques de Pie IX, Grégoire XVI, Pie VIII*, Paris, Roger et Chernoviz, in-8°.

Le 27 octobre, le cardinal Pacca écrivit à Lamennais une lettre d'affectueuses félicitations pour son acte de soumission.

Mais on ne tarda pas à insinuer que Lamennais ne s'était pas véritablement soumis, et, dans un bref adressé à l'archevêque de Toulouse, Grégoire XVI condamna encore, à mots couverts, les doctrines de *L'Avenir*.

Lamennais écrivit au pape (4 août 1833) et déclara se soumettre « à toutes les décisions émanées ou à émaner du Saint-« Siège apostolique sur la doctrine, la foi et les mœurs, ainsi « qu'aux lois de discipline portées par son autorité souveraine ».

Grégoire XVI ne trouva pas cette formule suffisante et, dans un bref adressé à l'archevêque de Rennes, exigea une adhésion *inconditionnelle et illimitée* aux doctrines contenues dans l'encyclique *Mirari vos*.

Le 5 novembre, Lamennais répondit « que sa conscience lui « faisait un devoir de déclarer que, selon sa ferme persuasion, si « dans l'ordre religieux le chrétien ne sait qu'écouter et obéir, il « demeure à l'égard de la puissance spirituelle entièrement libre « de ses opinions, de ses paroles et de ses actes dans l'ordre « purement temporel ».

Le 28 novembre, le cardinal Pacca lui répondit en lui demandant encore une approbation « simple, absolue, illimitée ». Lamennais soumit à l'archevêque de Paris un mémoire destiné au pape et où il indiquait, avec plus de précision que jamais, la frontière qu'il prétendait marquer entre l'obéissance due par le catholique au Saint-Siège et le libre arbitre du citoyen.

Il se refusait à maudire la liberté civile et la liberté de la presse, à conseiller la soumission absolue aux princes, à croire que le Concordat fût le meilleur régime sous lequel pût vivre l'Eglise. Il demandait si, « pour être catholique, il faut abjurer tout ensem-« ble et sa raison et sa conscience, et si, pour avoir la paix, il « devait déclarer que le pape est Dieu ».

Il s'engageait, en même temps, à ne plus rien écrire sur la religion ni sur l'Eglise.

L'affaire allait peut-être s'assoupir. Mis en présence d'une conscience aussi haute et aussi fière, les prélats romains allaient peut-être trouver quelque biais courtois qui pût ménager à la fois Lamennais et l'encyclique, quand le terrible Breton publia, sans dire gare, son chef-d'œuvre : Les *Paroles d'un Croyant*.

Lamennais a certainement cru tenir parole au Saint-Siège ; il avait promis de n'écrire ni sur la religion ni sur l'Eglise ; il écrivit pour le peuple, dans un style d'une admirable simplicité et d'une force merveilleuse, un livre où sa grande âme apparut tout entière. Il n'était question, cette fois, ni de pape, ni d'évêques, ni d'encyclique, ni de brefs, ni de mémoires ; mais le grand homme démasquait toutes les tyrannies qui pèsent sur les peuples, et conviait toutes les nations à s'affranchir des vieilles servitudes, pour vivre la vie fraternelle et pacifique qui réaliserait sur terre le royaume de Dieu.

En imprimant ce petit livre, les ouvriers imprimeurs avaient peiné à contenir leur enthousiasme. Il fut populaire dès sa naissance. En quelques mois, 100.000 exemplaires en furent distribués. On le traduisit dans presque toutes les langues de l'Europe. Jamais livre n'eut succès plus rapide, plus éclatant ni plus pur.

Les *Paroles d'un Croyant* sont le chef-d'œuvre de Lamennais. Il a retrouvé parfois l'éloquence de la Bible, et parfois il a atteint à la souveraine douceur de l'Evangile. C'est un des plus beaux livres du XIXe siècle et un des plus nobles de toute notre littérature ; un de ces livres comme nous en avons si peu en France, absolument sincère, issu d'une conviction profonde et devenu poétique par la seule force de la pensée, par l'intensité même du sentiment.

Les rois sont les mauvais génies de l'humanité. Ils abolissent la religion, la science, la pensée, emmurent les peuples dans leurs frontières, divisent pour régner, terrorisent et avilissent la foule et corrompent les prêtres pour s'en faire des bourreaux.

Le czar Nicolas et l'empereur d'Autriche ont certainement inspiré à Lamennais ces versets vengeurs : « Deux hommes
« rêvent de supplices, — car, disaient-ils, où trouverons-nous quel-
« que sûreté ? Le sol est miné sous nos pieds ; les nations nous
« abhorrent ; les petits enfants mêmes dans leurs prières deman-
« dent à Dieu, soir et matin, que la terre soit délivrée de nous. —
« Et l'un condamnait à la prison dure, c'est-à-dire à toutes les
« tortures du corps et de l'âme et à la mort de la faim, des mal-
« heureux qu'il soupçonnait d'avoir prononcé le mot de patrie ;
« et l'autre, après avoir confisqué leurs biens, ordonnait de jeter
« au fond d'un cachot deux jeunes filles, coupables d'avoir soigné
« leurs frères blessés dans un hôpital.

« Qui s'assemble autour de ces puissants du monde, qui ap-
« proche d'eux ? Ce n'est pas le pauvre : on le chasse ; sa vue
« souillerait leurs regards. On l'éloigne avec soin de leur pré-
« sence. Qui donc se rassemble autour des puissants du monde ?

« Les riches et les flatteurs qui veulent le devenir, les femmes
« perdues, les baladins, les fous qui distraient leur conscience et
« les faux prophètes qui la trompent. Qui encore ? Les hommes
« de violence et de ruse, les agents d'oppression, les durs
« exacteurs, tous ceux qui disent : Livrez-nous le peuple et nous
« ferons couler son or dans vos coffres et sa graisse dans vos
« veines. »

Les despotes s'appuient sur leur armée, et, pour s'assurer de
leurs soldats, ils leur ont forgé de faux dieux, qu'ils adorent et
qui les rendent sourds à la loi du Christ.

« Et l'on voit des enfants du peuple lever le bras contre le
« peuple, égorger leurs frères, enchaîner leurs pères et oublier
« jusqu'aux entrailles qui les ont portés. Quand on leur dit : Au
« nom de tout ce qui est sacré, pensez à l'injustice, à l'atrocité de
« ce qu'on vous ordonne, ils répondent: Nous ne pensons point,
« nous obéissons ! Et quand on leur dit : N'y a-t-il plus en vous
« aucun amour pour vos pères, vos mères, vos frères, vos sœurs?
« ils répondent : Nous n'aimons point, nous obéissons ! Et quand
« on leur montre les autels du Dieu qui a créé l'homme et du
« Christ qui l'a sauvé, ils s'écrient : Ce sont là les dieux de la
« patrie ; nos dieux à nous sont les dieux de ses maîtres. La
« fidélité et l'honneur ! — Je vous le dis en vérité, depuis la sé-
« duction de la première femme par le serpent, il n'y a point eu
« de séduction plus effroyable que celle-là. »

Il n'a pas plus de confiance dans les lois humaines que dans la
clémence des tyrans : « Il n'y a guère que de mauvaises lois dans
« le monde. — Quand vous voyez un homme conduit en prison
« et au supplice, ne vous pressez pas de dire : Celui-là est un
« homme méchant, qui a commis un crime contre les hommes.
« Car, peut-être, est-ce un homme de bien qui a voulu servir les
« hommes et qui en a été puni par leurs oppresseurs. »

Il déteste l'intolérance religieuse, et a trouvé pour la condamner
des expressions d'une force singulière : « L'esprit de Jésus est
« un esprit de paix, de miséricorde et d'amour. Ceux qui persé-
« cutent en son nom, qui scrutent les consciences avec l'épée,
« qui torturent les corps pour convertir l'âme, qui font couler
« les pleurs au lieu de les essuyer, ceux-là n'ont pas l'esprit de
« Jésus. Malheur à qui profane l'Evangile en le rendant pour les
« hommes un objet de terreur ! Malheur à qui écrit la bonne
« nouvelle sur une feuille sanglante !... Fuyez l'impie ; mais ne le
« haïssez point, car qui sait si Dieu n'a pas déjà changé son

« cœur? L'homme qui, même de bonne foi, dit : Je ne crois
« point, se trompe souvent. Il y a, bien avant dans l'âme,
« jusqu'au fond, une racine de foi qui ne sèche point. »

Il ne croit pas à la science humaine, dont il a mesuré le peu de
valeur en face de l'immensité de l'univers : « Les savants se trou-
« bleront dans leur science, et elle leur apparaîtra comme un petit
« point noir quand se lèvera le soleil des intelligences ! »

Et l'humanité tout entière lui apparaît comme un seul homme :
« Et cet homme avait fait beaucoup de mal et peu de bien, avait
« senti beaucoup de douleurs, peu de joies. Et il était là, gisant
« dans sa misère sur une terre tantôt glacée, tantôt brûlante,
« maigre, affamé, souffrant, affaissé d'une langueur entremêlée
« de convulsions, accablé de chaînes forgées dans la demeure des
« démons. Sa main droite en avait chargé sa main gauche, et la
« gauche en avait chargé la droite, et, au milieu de ses rêves mau-
« vais, il s'était tellement roulé dans ses fers que tout son corps en
« était couvert et serré. »

« Prêtez l'oreille, et dites-moi d'où vient ce bruit confus, vague,
« étrange, que l'on entend de tous côtés? Posez la main sur la
« terre et dites-moi pourquoi elle a tressailli ? Quelque chose que
« nous ne savons pas se remue dans le monde ; il y a là un travail
« de Dieu. »

C'est en Dieu qu'est le salut des peuples ; c'est vers le Christ
qu'ils doivent revenir : « La miséricorde du Christ est sans exclu-
« sion. Il est venu dans ce monde pour le sauver, non pas quel-
« ques hommes, mais tous les hommes ; il a eu pour chacun d'eux
« une goutte de sang. Mais les petits, les faibles, les humbles, les
« pauvres, tous ceux qui souffraient, il les aimait d'un amour de
« prédilection. Son cœur battait sur le cœur du peuple et le cœur
« du peuple battait sur son cœur. Et c'est là, sur le cœur du Christ,
« que les peuples malades se raniment et que les peuples opprimés
« reçoivent la force de s'affranchir. »

Dieu veut que les hommes soient libres : « Il n'a point formé
« les membres de ses enfants pour qu'ils soient brisés par des
« fers, ni leur âme pour qu'elle soit meurtrie par la servitude. Il
« les a unis en familles et toutes les familles sont sœurs. Il les a
« unies en nations et toutes les nations sont sœurs, et quiconque
« sépare les familles des familles et les nations des nations divise
« ce que Dieu a uni et fait l'œuvre de Satan. »

« Vous n'avez qu'un père qui est Dieu et qu'un maître qui est
« le Christ. Quand donc on vous dira de ceux qui possèdent une

« grande puissance : Voilà vos maîtres ! ne le croyez point. S'ils
« sont justes, ce sont vos serviteurs. S'ils ne le sont pas, ce sont
« vos tyrans. J'ai vu dans un berceau un enfant criant et bavant,
« et autour de lui étaient des vieillards qui lui disaient : Seigneur !
« et qui s'agenouillaient et l'adoraient. Et j'ai compris toute la
« misère de l'homme... Si donc quelqu'un vous dit : Vous êtes à
« moi, répondez : Non, nous sommes à Dieu qui est notre père et
« au Christ qui est notre seul maître. »

Lamennais revient sans cesse sur l'idée de liberté. Il en avait
réellement soif et faim : « La liberté, disait-il, n'est pas un placard
« qu'on lit au coin de la rue. Elle est une puissance vivante qu'on
« sent en soi et autour de soi : le génie protecteur du foyer do-
« mestique, la garantie des droits sociaux et le premier de ces
« droits... La liberté est le pain que les peuples doivent gagner à
« la sueur de leur front. » La liberté exige des peuples de grands
sacrifices ; mais « croyez-vous que le chapon à qui l'on jette du
« grain dans la basse-cour soit plus heureux que le ramier qui,
« le matin, ne sait pas où il trouvera sa pâture de la journée ?...
« La liberté luira sur vous, quand vous aurez dit au fond de votre
« âme : Nous voulons être libres ; quand, pour le devenir, vous
« serez prêts à sacrifier tout et à tout souffrir. Pour être libre,
« il faut avant tout aimer Dieu ; car, si vous aimez Dieu, vous
« ferez sa volonté, et la volonté de Dieu est la justice et la charité,
« sans lesquelles point de liberté. La violence qui vous mettra en
« possession de la liberté n'est pas la violence féroce des voleurs
« et des brigands, mais une volonté forte, inflexible, un courage
« calme et généreux. D'esclave, l'homme de crime peut devenir
« tyran, mais jamais il ne devient libre. »

Libres, « les hommes sont égaux entre eux, car ils sont nés
« pour Dieu seul, et quiconque dit une chose contraire dit un
« blasphème. Que celui qui veut être le plus grand parmi vous
« soit votre serviteur, et que celui qui veut être le premier parmi
« vous soit le serviteur de tous. La loi de Dieu est une loi d'amour,
« et l'amour ne s'élève point au-dessus des autres, mais il se
« sacrifie aux autres. »

Egaux entre eux, les hommes doivent s'aimer les uns les autres
comme des frères. « Celui qui n'aime pas son frère est maudit
« sept fois, et celui qui se fait l'ennemi de son frère est maudit
« septante fois sept fois. C'est pourquoi les rois et les princes et
« tous ceux que le monde appelle grands ont été maudits : ils n'ont
« point aimé leurs frères et les ont traités en ennemis. Aimez-vous

« les uns les autres, et vous ne craindrez ni les grands, ni les
« princes, ni les rois. Ils ne sont forts contre vous que parce que
« vous n'êtes point unis... Ne soyez pas comme les moutons qui,
« lorsque le loup a enlevé l'un d'eux, s'effraient un moment et puis
« se remettent à paître. Car, pensent-ils, peut-être se contentera-
« t-il d'une première ou d'une seconde proie, et qu'ai-je affaire
« de m'inquiéter de ceux qu'il dévore ? Qu'est-ce que cela
« me fait à moi ? Il ne me restera que plus d'herbe... Et si l'on
« vous demande : Combien êtes-vous ? Répondez : Nous sommes
« *un*, car nos frères c'est nous, et nous c'est nos frères. »

Même parmi l'humanité régénérée, le travail restera une nécessité : « L'homme fit le mal, et comme il s'était révolté contre
« Dieu, la terre se révolta contre lui. Il lui arriva ce qui arrive à
« l'enfant qui se révolte contre son père ; le père lui retire son
« amour et il l'abandonne à lui-même ; et les serviteurs de la
« maison refusent de le servir, et il s'en va cherchant çà et là sa
« pauvre vie et mangeant le pain qu'il a gagné à la sueur de son
« visage. Depuis lors, donc, Dieu a condamné tous les hommes au
« travail, et tous ont leur labeur, soit du corps, soit de l'esprit, et
« ceux qui disent : Je ne travaillerai point, sont les plus miséra-
« bles... les vices les dévorent, et, si ce ne sont les vices, c'est
« l'ennui. Et quand Dieu voulut que l'homme travaillât, il cacha
« un trésor dans le travail, parce qu'il est père, et que l'amour
« d'un père ne meurt point. »

L'homme qui accepte franchement la loi du travail et qui vit suivant l'ordre de Dieu, n'a point, en général, à craindre la misère ; la pauvreté n'en reste pas moins un des grands fléaux de l'humanité, mais c'est lui faire maladroitement la guerre que de s'attaquer violemment à la propriété. « Ce n'est pas en prenant
« ce qui est à autrui qu'on peut détruire la pauvreté ; car comment,
« en faisant des pauvres, diminuerait-on le nombre des pauvres ?
« Chacun a droit de conserver ce qu'il a, sans quoi personne ne
« posséderait rien. Mais chacun a droit d'acquérir par son tra-
« vail ce qu'il n'a pas, sans quoi la pauvreté serait éternelle.
« Qu'est-ce qu'un pauvre ? C'est celui qui n'a pas encore de pro-
« priété. Que souhaite-t-il ? De cesser d'être pauvre, c'est-à-dire
« d'acquérir une propriété. Or celui qui dérobe, qui pille, que
« fait-il, sinon abolir, autant qu'il est en lui, le droit même de pro-
« priété ? Piller, voler, c'est donc attaquer le pauvre aussi bien
« que le riche, c'est renverser le fondement de toute société
« parmi les hommes. L'ordre est le bien, l'intérêt de tous...

« Affranchissez donc votre travail, affranchissez vos bras, et la
« pauvreté ne sera plus parmi les hommes qu'une exception per-
« mise de Dieu, pour leur rappeler l'infirmité de leur nature et le
« secours mutuel et l'amour qu'ils se doivent les uns aux autres. »

Sa vie matérielle une fois assurée, le premier besoin de l'homme
est la paix; mais, cette paix, il faudra la conquérir contre ceux qui
veulent perpétuer l'asservissement. Lamennais croit que la paix
ne s'établira qu'au prix de grandes luttes; et autant il déteste le
soldat du despotisme, autant il aime le soldat de la liberté : « Jeune
« soldat, où vas-tu ? Je vais combattre pour que tous aient au ciel
« un Dieu et une patrie sur la terre. — Que tes armes soient
« bénies, sept fois bénies, jeune soldat. »

Le secret de la paix entre les hommes est dans l'amour : « Vous
« n'avez qu'un jour à passer sur la terre ; faites en sorte de le
« passer en paix... Nul n'est parfait... Chaque homme pèse sur
« les autres et l'amour seul rend ce poids léger. Si vous ne pouvez
« supporter vos frères, comment vos frères vous supporteront-ils ?
« Celui qui aime, son cœur est un paradis sur la terre : il a
« Dieu en soi, car Dieu est amour.... Oh ! si vous saviez ce que
« c'est qu'aimer !... »

Il le savait, lui dont la grande âme brûlait de sympathie pour
tous les êtres, et il comprenait mieux que n'avait fait aucun des
siens la sublime beauté de l'amour terrestre, que le sacerdoce lui
interdisait à lui-même. Est-il en aucun poème rien de plus doux, de
plus chaste et de plus pénétrant que cette strophe : « Et les jeu-
« nes hommes diront aux jeunes filles : Vous êtes belles comme
« les fleurs des champs, comme la rosée qui les rafraîchit, comme
« la lumière qui les colore. Il nous est doux de voir nos pères, il
« nous est doux d'être auprès de nos mères ; mais, quand nous
« vous voyons et que nous sommes près de vous, il se passe en
« nos âmes quelque chose qui n'a de nom qu'au ciel. »

Et ayant ainsi exposé tous les principes qui doivent régir la vie
de l'homme, étant monté de l'indignation à la révolte pour la
justice, de la révolte à la liberté, de la liberté à l'union, à la fraternité, à la sympathie universelle ; du haut de la montagne sacrée
qu'il a su gravir d'un cœur si vaillant, le poète contemple au loin
la cité humaine devenue enfin la cité de Dieu. Il l'entend palpiter
harmonieusement dans le travail, dans l'allégresse et dans l'a-
mour. Il en fixe les grands traits ; il la voit vivante sous ses yeux :
« Dans la cité de Dieu, chacun aime ses frères comme soi-même,
« et c'est pourquoi nul n'est délaissé, nul n'y souffre, s'il est un

« remède à ses souffrances. Dans la cité de Dieu, tous sont égaux,
« aucun ne domine ; car la justice seule y règne avec l'amour.
« Dans la cité de Dieu, chacun possède sans crainte ce qui est
« à lui et ne désire rien de plus, parce que ce qui est à chacun est
« à tous, et que tous possèdent Dieu, qui renferme tous les biens.
« Dans la cité de Dieu, nul ne sacrifie les autres à soi ; mais chacun
« est prêt à se sacrifier pour les autres. Dans la cité de Dieu, s'il
« se glisse un méchant, tous s'unissent pour le contenir ou le
« chasser ; car le méchant est l'ennemi de chacun, et l'ennemi de
« chacun est l'ennemi de tous. »

Et, par delà son rêve terrestre, le poète voit encore la patrie céleste : « Dégagé des entraves de la terre, je m'en allais de
« monde en monde, comme ici-bas l'esprit va d'une pensée à une
« pensée, et, après m'être plongé, perdu, dans ces merveilles de la
« puissance, de la sagesse et de l'amour, je me plongeais, je me
« perdais dans la source même de l'amour, de la sagesse et de la
« puissance. »

On ne saura jamais tout le bien que fit ce livre, sur combien d'âmes il a passé comme un souffle purifiant et vivifiant.

Le 7 juillet 1834, le pape Grégoire XVI le condamna.

LE MOUVEMENT DE 1848

Le pape Grégoire XVI mourut le 1ᵉʳ juin 1846, et les cardinaux lui donnèrent pour successeur, le 15 juin, le cardinal Mastaï Ferretti, évêque d'Imola.

Né le 13 mai 1792, à Sinigaglia, dans une famille si libérale qu'on disait : « Chez les Mastaï, tout le monde est libéral, jusqu'au chat « de la maison », le nouveau pape avait été inscrit parmi les gardes d'honneur de Napoléon, et avait failli faire sa carrière dans les gardes-nobles. La faiblesse de sa constitution l'avait détourné de la vie militaire ; il était entré dans les ordres en 1819, et avait séjourné deux ans au Chili, de 1823 à 1825, comme missionnaire. Nommé archevêque de Spolète en 1828, évêque d'Imola en 1832, cardinal en 1840, il avait conquis tous les cœurs dans son diocèse par son extraordinaire affabilité et par ses tendances libérales. Il était fort lié avec un libéral ardent, le comte Pasolini, qui, par l'Evangile et la miséricorde, le menait à la liberté. Le cardinal « aimait à répéter qu'il serait bien facile au Saint-Père de se faire « aimer ; que la théologie ne s'opposait pas au progrès ». Puis, comme effrayé lui-même de ce qu'il avait dit, il ajoutait : « Mais « je n'entends rien à la politique ; peut-être me trompé-je. Ils « veulent faire de moi un Napoléon, quand je ne suis qu'un pau- « vre curé de campagne. »

En se rendant au conclave, il emportait avec lui le *Primato* de Gioberti, les *Speranze* de Balbo et les *Casi di Romagna* d'Azeglio, pour faire hommage au futur pape de ces beaux livres dus à la plume des patriotes italiens.

Le conclave avait, comme toutes les assemblées humaines, une droite et une gauche. La droite tenait pour le réactionnaire Lambruschini ; la gauche, pour le libéral Gizzi ; mais le funeste *veto* de l'Autriche arrêta net la candidature de ce dernier, et les libéraux résolurent de se compter sur le nom du cardinal Mastaï. Avisés que le cardinal Gaisrück, archevêque de Milan, allait arriver avec un nouveau *veto* autrichien, ils élurent, dès le troisième jour, leur candidat, qui s'évanouit à la nouvelle de son élection en s'écriant : « Ah ! Messeigneurs ! qu'avez-vous fait ! »

Quand il eut repris ses sens et qu'on lui demanda s'il acceptait sa nouvelle dignité, il répondit en pleurant : « Puisqu'il a plu à la « Providence d'appeler le plus humble de ses enfants à la plus « haute dignité de la terre, accoutumé comme je le suis dès long- « temps à faire le sacrifice de ma volonté, j'obéis à la volonté de « Dieu, avec la confiance qu'il me donnera la force de soutenir « un si grand poids. » Il prit le nom de Pie IX, et, moins d'un mois après son avènement, il rappela à Rome, sans demander conseil à personne, quinze cents libéraux exilés par Grégoire XVI. Il trouva à l'égard « de cette jeunesse inexpérimentée » des mots d'une grâce vraiment évangélique ; il offrit « la paix de son « cœur à ces enfants égarés », et Rome fut conquise d'un seul coup. La ville entière se porta d'un mouvement spontané au Quirinal, et acclama le pontife qui, le cœur débordant d'une sainte joie, la bénit avec amour.

On crut, ce jour-là, qu'une ère nouvelle allait s'ouvrir pour Rome, pour l'Eglise, et pour l'humanité. Après tant d'années d'égarement, tant de faux pas dans les ténèbres, la papauté se retournait enfin vers le peuple et vers la liberté ; elle retrouvait le sens de sa mission ; la voie large, la grande voie de la vérité et de la vie s'ouvrait de nouveau devant elle, et, au bout, étaient le salut et la gloire.

Les Romains attendaient de Pie IX la réforme intégrale du vieux gouvernement pontifical ; les Italiens comptaient sur le pape patriote pour affranchir l'Italie du joug autrichien ; les libéraux du monde entier avaient les yeux fixés sur Rome, partagés entre la stupéfaction et l'espérance. Une immense acclamation, un *pianto* universel montait vers le pontife ; des nations entières attendaient de lui le mot magique qui devait briser toutes les vieilles chaînes.

Les Romains ne se lassaient pas d'acclamer leur doux et gracieux seigneur ; les prêtres amis de la liberté lui criaient avec le peuple : « Courage ! Saint-Père, Courage ! ». — Le P. Ventura écrivait : « Si l'Eglise ne marche pas avec les peuples, les peu- « ples ne s'arrêteront pas ; mais ils marcheront sans l'Eglise, « hors l'Eglise, contre l'Eglise ! »

Gioberti déclarait que « la Confédération italienne avait ses « racines à Turin et à Rome, car Turin et Rome représentaient la « sainteté et la force de l'Italie ». Le roi Charles-Albert, si défiant,

si timoré, prenait confiance : « Le pape est décidé à marcher dans
« les voies du progrès et des réformes ; qu'il en soit béni ! C'est
« une campagne qu'il entreprend contre l'Autriche. *Evviva!*... »

Mieux encore que les louanges des libéraux, les blâmes des réactionnaires disaient la gloire du pape.

Le froid Guizot s'inquiétait de la nouvelle physionomie du Saint-Siège, et dictait à notre ambassadeur à Rome les conseils de sa sagesse étroite et morose : « Il importait que le Saint-Père
« dirigeât l'opinion et ne se laissât point diriger par elle ; qu'il
« circonscrivît le champ des réformes ; qu'il les accomplît promp-
« tement et qu'il rentrât ensuite dans le rôle d'un gouvernement
« régulier. » Tout l'autoritarisme mesquin de Guizot, tout ce qu'avaient de rance et d'aigre les idées de cet homme d'Etat si impolitique, apparaît dans cette remontrance indirecte. La réorganisation des services publics, l'introduction de l'élément laïque dans l'administration romaine, la réunion d'une *consulta* nationale, la réforme des écoles : tout cela était, pour Guizot, sortir du rôle d'un gouvernement régulier. Pour un peu, il eût vu dans le pape un dangereux révolutionnaire. Le 27 janvier 1848, il lui faisait offrir par M. Rossi un secours de 5.000 hommes, prêts à s'embarquer à Toulon et à Port-Vendres, sous le commandement du général Aupick, pour le protéger éventuellement contre l'Autriche et immédiatement, sans doute, contre ses sujets.

Metternich ne dissimulait ni son irritation ni ses inquiétudes :
« Pie IX, disait-il, est dénué d'esprit pratique, sans esprit de gou-
« vernement, chaud de cœur, faible de conception. Si les choses
« suivent leur cours naturel, il se fera chasser de Rome... Il ne
« peut plus ni avancer ni reculer. »

Les peuples n'en continuaient pas moins à applaudir le pape libéral, le pontife inespéré. Au mois d'octobre 1847, un grand meeting célébré à New-York vota une adresse à S. S. Pie IX :
« Nous vous offrons, disaient les signataires, le témoignage d'une
« sympathie sans bornes, non point comme catholiques, mais
« comme fils d'une république et amis de la liberté. »

Au milieu de ces belles espérances, éclata tout à coup, comme un orage d'hiver, la révolution de février. Après dix-sept ans et demi d'un règne paisible et fécond, Louis-Philippe tombait, victime de l'impopularité de Guizot et de sa propre faiblesse.

Jamais pouvoir ne s'écroula plus piteusement et ne donna, dans sa chute, une mesure plus complète de sa fragilité. La révolution de Février ne fut qu'une simple émeute parisienne, que les tergiversations du roi rendirent seules dangereuse. Le maréchal Bugeaud pouvait sauver la dynastie et ne fut pas écouté. Thiers voulait abandonner Paris et réduire la révolte par la famine. Le roi préféra se sauver en fiacre. Le duc de Nemours, qui pouvait défendre la Chambre, ne l'essaya même pas. Seules, deux femmes, la reine et la duchesse d'Orléans, montrèrent une âme royale en ces jours de tempête.

Le peuple de Paris, stupéfait tout le premier de sa victoire, la célébra par les plus bruyantes démonstrations, brûla le trône de Louis-Philippe comme il eût fait de Mardi gras, et dansa autour du brasier comme en temps de carnaval. La France bourgeoise et somnolente apprit coup sur coup l'émeute, la révolution, la chute du roi et l'avènement de la République. Quelques jours plus tard, l'enthousiaste optimisme du gouvernement provisoire lui donnait le suffrage universel.

Les bourgeois haussaient les épaules, les gens d'affaires criaient à la ruine du commerce et de l'industrie, les gens de finance assistaient consternés à la dégringolade de la rente. Tout était trouble, chaos, confusion et folie.

Mais le cri de Paris retentissait à travers toute l'Europe, lançant tous les peuples à l'assaut des vieilles bastilles.

Réunis dans un même désir héroïque d'indépendance et de liberté, Siciliens, Napolitains, Romains, Toscans, Piémontais, Autrichiens, Hongrois, Tchèques, Prussiens, Allemands proclamaient leur droit à la vie, applaudissaient les souverains libéraux qui leur donnaient une constitution, menaçaient les autres et chassaient, d'un mouvement exaspéré, les légions étrangères qui occupaient leur territoire.

Effrayé par une insurrection de la Sicile, le roi de Naples avait octroyé une constitution à ses peuples, dès le 10 février 1848. Le grand-duc de Toscane donna la sienne le 17 mars ; le roi de Sardaigne promulgua, le 4 mars, le *Statut royal* ; le 14 mars, le pape publia son *Statut fondamental pour le gouvernement temporel des États du Saint-Siège*. Le 18 mars, Milan se souleva, érigea 1.700 barricades, et, le 22, chassa de ses murs le vieux feld-maréchal autrichien Radetzki. Le même jour, Manin occupait l'arsenal de Venise. Le 26 mars, Charles-Albert, roi de Sardaigne et champion de l'indépendance italienne, quittait Turin pour prendre le commandement de l'armée.

La vieille Autriche se disloquait comme la vieille Italie. Dès le 13 mars, Vienne s'insurgeait contre l'auguste bureaucratie impériale. Le 2 avril, un immense étendard noir, rouge et or, symbole de l'Allemagne nouvelle, se déployait au sommet de la flèche de Saint-Etienne. Le 25 avril, l'empereur Ferdinand accordait à l'Autriche sa première constitution.

Dès le 3 mars, Kossuth avait proclamé à Pesth l'autonomie de la Hongrie et l'abolition du régime féodal.

Berlin s'était insurgé le 13 mars et avait obtenu, le 19, que le roi de Prusse donnerait une constitution à ses Etats et se mettrait à la tête du mouvement national allemand.

Le 31 mars, se réunit à Francfort le premier parlement allemand, au milieu de l'enthousiasme délirant de la jeunesse allemande, qui acclamait les couleurs de l'empire et chantait la résurrection de la patrie.

Tous ces glorieux mouvements étaient encouragés par les plus nobles penseurs, par les plus beaux génies de tous les peuples. L'Italie écoutait, frémissante, la voix de ses poètes et de ses tribuns. La Hongrie chantait les strophes ardentes de Petœfi Sandor. L'Allemagne parlait, écrivait, discutait et commentait avec une attention passionnée les débats du Parlement de Francfort. Michelet suivait les manifestations germanophiles le long des boulevards de Paris, acclamant la bannière noire, rouge et or, et avouait ne plus savoir au juste s'il était Français ou Allemand.

Si grandiose et si imposant était le spectacle de tous ces peuples en tempête, que le pape lui-même en était frappé et y voyait un dessein de la Providence : « Malheur, disait-il, à qui n'entend
« pas la voix de Dieu dans ce vent qui agite et brise les cèdres et
« les roseaux ! Malheur à l'orgueil humain, s'il attribue aux fautes
« ou au mérite de quelque homme que ce soit ces *merveilleuses*
« *révolutions*, au lieu d'y adorer les secrets desseins de la Provi-
« dence !... Et Nous, à qui la parole a été donnée pour interpréter
« la muette éloquence des œuvres de Dieu, Nous ne pouvons
« Nous taire au milieu des regrets, des craintes, des espérances,
« qui agitent le cœur de nos enfants. »

Le clergé de France semblait, comme le pape, gagné à la cause démocratique.

L'archevêque de Paris ordonna, dès le 24 février, un service solennel pour les victimes de la Révolution. Le 3 mars, il adressa aux Parisiens une lettre pastorale des plus correctes : « Jésus-
« Christ, disait-il, en déclarant que son royaume n'est pas de ce
« monde, a déclaré, par là même, qu'il ne commandait ni ne pros-

« crivait aucune forme de gouvernement... L'Eglise vit encore
« sous la Confédération suisse et sous les gouvernements démo-
« cratiques de l'Amérique du Nord ou du Midi... Jamais le
« clergé de ces contrées n'a manifesté la moindre opposition à
« la forme (républicaine) du pouvoir. Il redit partout, avec saint
« Paul, aux rois absolus comme aux présidents de république :
« Vous êtes les ministres de Dieu pour le bien des hommes. »

Le 6 mars, l'archevêque se rendit à l'hôtel de ville et vint assurer le gouvernement de son loyal concours. Dupont de l'Eure lui
répondit courtoisement, et affirma — ce qui était la pensée de tous
— « que la Religion et la Liberté étaient deux sœurs également
« intéressées à bien vivre ensemble ».

Les évêques des provinces ne se montraient pas moins libéraux : « Les institutions qu'on nous donne aujourd'hui, disait
« l'évêque de Gap, ne sont pas des institutions nouvelles ; elles
« ont été publiées sur le Golgotha. Les apôtres et les martyrs les
« ont cimentées de leur sang. »

« Notre drapeau, disait l'évêque de Châlons, porte maintenant
« pour devise : Liberté, égalité, fraternité. C'est tout l'Evangile
« dans sa plus simple expression. »

« Il s'agit, disait l'évêque d'Ajaccio, d'assurer le triomphe des
« grands principes promulgués par l'Evangile, il y a dix-huit
« siècles. »

Les prélats les plus autoritaires, emportés comme malgré eux
dans le mouvement général, rendaient témoignage à la foi nouvelle : Mgr de Bonald, archevêque de Lyon, publiait une lettre
pastorale, où il parlait des espérances du pays dans les termes les
plus enthousiastes : « Vous formiez souvent le vœu de jouir de
« cette liberté qui rend nos frères des Etats-Unis si heureux.
« Cette liberté, vous l'aurez ! Le drapeau de la République sera
« toujours, pour la religion, un drapeau protecteur. »

Veuillot lui-même voyait dans la révolution de février « une
« notification de la Providence... Dieu parle, disait-il dans l'*Uni-
« vers*, par la voix des événements. Il n'y aura pas de meilleurs
« et de plus sincères républicains que les catholiques français. »

Le peuple était encore plein de respect pour les choses de la
religion. Le 24 février, la foule, qui avait envahi les Tuileries, avait
transporté pieusement à Saint-Roch le Christ de la chapelle du
château. Des bataillons de la garde nationale s'étaient rendus à
l'archevêché pour faire bénir leurs drapeaux par Mgr Affre. Le
nonce du pape se félicitait « du respect que le peuple de Paris, au

« milieu de si grands événements, avait témoigné à la reli-
« gion ».

En province, les prêtres n'hésitaient pas à assister à la plantation des arbres de la liberté, et les bénissaient au nom de la religion de fraternité et d'amour.

Si quelques téméraires parlaient déjà de séparer l'Eglise de l'Etat, les théoriciens les plus avancés du parti républicain repoussaient nettement cette solution brusque d'un problème qui semblait se résoudre par l'alliance de l'Eglise et de la démocratie.

« Tant que la religion aura vie dans le peuple, disait Proud'hon
« dans sa profession de foi, je veux qu'elle soit respectée entiè-
« rement et publiquement. Je voterai donc contre l'abolition du
« salaire des ministres des cultes. Et pourquoi, avec ce bel
« argument que ceux-là seuls qui veulent de la religion n'ont
« qu'à la payer, ne retrancherait-on pas du budget social toutes
« les allocations pour les travaux publics ? Pourquoi le pays
« bourguignon paierait-il les routes de la Bretagne et l'armateur
« marseillais les subventions de l'Opéra ? »

Il y eut beaucoup de catholiques parmi les représentants du peuple. Lacordaire fut élu député.

On put croire, un moment, à l'union de toutes les classes de la nation sous le drapeau de la République. Il y eut quelques jours de confiance et de mutuel bon vouloir.

Quelques mois plus tard, il ne restait de tout ce beau rêve que l'amer souvenir de batailles perdues, d'exécutions militaires, de proscriptions en masse ; des ruines, des deuils, des exils et des haines exaspérées jusqu'à la rage.

L'Italie, vaincue à Custozza, en 1848, et à Novare, en 1849, retombait sous le joug autrichien. Le vieux Radetzki rentrait à Milan ; Manin succombait à Venise ; le féroce Haynau méritait par ses cruautés le surnom d' « hyène de Brescia ».

Après plusieurs mois d'une lutte terrible, la Hongrie, écrasée par la coalition de l'Autriche et de la Russie, était remise à la chaîne ; Paskiéwitch écrivait à François-Joseph : « La Hongrie
« est aux pieds de Votre Majesté. »

L'Autriche, qui avait, un instant, espéré la liberté, la reperdait à peine entrevue.

L'Allemagne voyait s'évanouir toutes ses espérances nationales. Les princes, restés maîtres de leurs troupes, comprimaient aisément tous les mouvements révolutionnaires. Le roi de Prusse, élu

« empereur des Allemands » par le parlement de Francfort, refusait dédaigneusement cette « couronne de bois et de boue », offerte par les représentants de la nation et à laquelle son frère Guillaume Ier devait, un jour, préférer une couronne de fer et de sang, conférée par les princes, ses pareils et ses égaux.

Le pape, qui avait le premier rendu hommage à la liberté, revenait au despotisme et, rétabli dans sa capitale par les troupes étrangères, donnait sa confiance à un intrigant sans âme et sans honneur, le cardinal Antonelli.

La France enfin, en laquelle les peuples européens avaient placé toutes leurs espérances, voyait le mouvement de Février aboutir aux journées de Juin, à l'expédition de Rome, à la loi Falloux, au 2 Décembre.

C'est que, si l'esprit a des ailes et vole d'un bond jusqu'au but, pour lointain et inaccessible qu'il soit, le progrès ne marche qu'à pas lents, sur une route semée de pièges et d'obstacles. Vouloir est aisé ; rêver est doux ; réaliser son rêve est le plus souvent impossible, plus impossible encore pour les peuples que pour les individus.

Dieu n'a certes pas fait les hommes pour servir de chiens de chasse aux rois ; il n'y a pas antinomie entre la démocratie et l'Evangile ; l'idéal chrétien et l'idéal républicain ne sont pas contradictoires, mais identiques. Les hommes sont libres, les hommes sont frères, les hommes sont égaux en dignité morale, et le plus grand parmi eux est le plus humble et le plus doux ; mais ces grandes idées si consolatrices, si réconfortantes, si chères à l'âme, comment les traduire en faits et en actes, sans voir aussitôt se dresser contre soi tous ceux qui profitent des anciens abus, qui ont fini, à force de les voir et d'en vivre, par les croire légitimes, et qui n'entendent point se laisser dépouiller sans combat de leurs privilèges, de leurs honneurs, de leurs richesses, de leurs emplois, de leurs plus insignifiantes prérogatives ?

Les hommes de rêve vont au peuple, l'évangélisent, évoquent devant lui l'image radieuse de la cité idéale ; puis, se retournant vers les heureux et les puissants du monde, ils leur demandent s'ils ne veulent rien faire pour leurs frères, — et, tant que ceux-ci ont confiance en leur force, ils répondent *non*, et disent, comme jadis l'affreux Blücher : « Contre les Français et les démocrates, « pas d'autre raison que le canon ! »

J'exagère... ? Ecoutez. — La révolution de Février avait mis sur le pavé de Paris 15.000 ouvriers sans travail, danger permanent pour l'ordre public ; car la faim chasse les loups du bois. Louis Blanc eût voulu que l'Etat organisât de grands ateliers de production nationale, où chaque ouvrier eût été employé dans sa spécialité. Le ministre du commerce, Marie, ouvrit des ateliers de terrassement, où les ouvriers trouvèrent à s'employer à deux francs par jour : il « espérait démontrer ainsi aux ouvriers le vide « et la fausseté des théories inapplicables de Louis Blanc ». Mais les ateliers nationaux devinrent des clubs, dont Louis Reybaud nous a laissé l'amusante peinture. On n'y faisait rien ; on y parlait politique et sociologie, et la vie que l'on y menait parut bientôt si attrayante, que les sans-travail du dehors s'ajoutèrent à ceux de Paris et que l'effectif des terrassiers à 40 sous par jour, puis à 8 francs par semaine, monta, au début de juin, à 110.000 personnes. C'était la plèbe romaine, oisive et séditieuse, qui se reformait d'elle-même, sitôt que se reproduisaient les conditions favorables à son développement. Les bourgeois de l'Assemblée s'effrayèrent et, avec l'inconsciente témérité des gens sans expérience, ils voulurent faire disparaître, du jour au lendemain, ce prolétariat salarié. Ordre à tous les hommes âgés de 18 à 25 ans de s'enrôler dans l'armée ; ordre aux autres de partir pour la province et d'aller défricher la Sologne. Ce fut tout ce que les *vingt-cinq francs* trouvèrent à proposer aux *quarante sous*. Les ouvriers répondirent en se soulevant et en hérissant de barricades tout l'Est de Paris. Il fallut au général Cavaignac quatre jours de bataille acharnée pour les réduire, et, quand cette lutte déplorable cessa, sept généraux et des milliers de citoyens avaient perdu la vie et 10.000 prisonniers restaient aux mains des vainqueurs, qui allaient se constituer leurs juges.

L'Église avait, pendant l'émeute, trouvé dans l'archevêque de Paris un héros et un martyr. Au fort de la querelle, le paisible et modeste prélat était allé trouver le général Cavaignac et lui avait annoncé son intention de se rendre au milieu des insurgés et de leur prêcher la sagesse. A toutes les objections du général, il répondit par le mot de l'Evangile : « Le bon pasteur donne sa « vie pour ses brebis. » Le 25 juin, à sept heures du soir, il se rendit à la place de la Bastille, accompagné de ses grands vicaires, MM. Jacquemet et Ravinet, et de son domestique, Pierre Cellier. Un garde national, M. Théodore Albert, portant une branche d'arbre au bout d'un bâton, lui servait de parlementaire. On fit faire un roulement de tambour. Les troupes qui l'entendirent cessèrent le feu ; les insurgés arrêtèrent aussi la fusillade ; mais on continua de tirer sur la gauche, boulevard Beaumarchais, où le tambour n'avait point été entendu. L'archevêque traversa la place et se dirigea vers la rue du Faubourg-Saint-Antoine, barrée par une immense barricade. Au moment où il l'atteignit, la fusillade, un moment suspendue, reprenait, parce que la branche d'arbre d'Albert avait passé presque inaperçue et que personne ne comprenait ce qui se passait. Mgr Affre, séparé de ses grands vicaires et guidé par Albert, contourna la barricade en passant par la boutique d'un marchand de vin ; il n'avait pas fait quinze pas dans la rue Saint-Antoine qu'il tombait devant la seconde boutique du n° 4, frappé aux reins par une balle partie d'une fenêtre. Son domestique fut bientôt blessé à son tour ; trois insurgés tombèrent, blessés aussi, autour du prélat. Un homme voulut le relever ; il lui dit d'un ton si tranquille : « Mon ami, je suis blessé », qu'on crût d'abord la blessure légère ; quelques insurgés sortirent des maisons et, au péril de leur vie, portèrent le prélat dans une maison, puis dans une autre, plus éloignée de la barricade, puis à la cure des Quinze-Vingts où il passa la nuit. On le ramena encore en vie à l'archevêché, le 26 juin ; il expira le 27, vers quatre heures de l'après-midi, sans s'être départi un instant de son calme admirable, heureux d'avoir fait héroïquement son devoir et souhaitant que son sang fût le dernier versé (1).

Il venait d'ajouter une très belle page à l'histoire de l'Eglise de France ; mais sa mort rompit l'alliance qui s'ébauchait entre le catholicisme et la démocratie.

La bourgeoisie était furieuse. L'armée et la garde nationale avaient eu 16.000 hommes hors de combat. Les insurgés, qui combattaient à couvert, avaient perdu 14.000 hommes. Les vainqueurs avaient fait 10.000 prisonniers. L'Assemblée vota la transportation sans jugement de tous ces hommes. La gauche demanda qu'on leur donnât au moins des juges, et le ministre de l'intérieur Baroche fit cette stupéfiante réponse : « Ce serait impossible ; *contre beaucoup d'entre eux, il n'existe pas de preuves matérielles !* » Mot horrible, qui dépeint bien l'exaspération des partis et montre quelle guerre sans quartier ils allaient se faire désormais.

Mais, dira-t-on, fallait-il laisser impunie une sédition de ca-

---

(1) D'après le récit d'Albert, témoin oculaire.

ractère anarchique bien marqué, une révolte qui s'était montrée souvent féroce et avait pris pour mot d'ordre, sur certains points : « Vingt-quatre heures de pillage et de robes de soie ! »

Eh bien ! cette révolte il fallait la combattre, cette insurrection il fallait la vaincre ; mais, une fois vaincue, le seul droit du vainqueur était de retirer les droits politiques à ces mauvais citoyens, qui s'en étaient si mal servis ; tout ce qui dépassait cette rigueur était de l'arbitraire, de la vengeance, et les représailles en attirent d'autres, et de vengeance en vengeance les haines s'éternisent.

Le clergé se fût honoré en se faisant, en cette circonstance, l'avocat de la justice, en demandant le droit commun pour les insurgés vaincus, en réclamant enfin la création d'un « droit des « gens de la guerre civile », qui fît perdre à ces luttes déplorables le caractère d'atrocité et de sauvagerie qu'elles conservent encore aujourd'hui.

L'effet que les journées de Juin produisirent sur le clergé français, le meurtre de Rossi le produisit sur l'esprit du pape. Pie IX avait entrepris sérieusement de réformer les abus et les vices du gouvernement des États romains ; mais il voulait rester souverain temporel, et, quoiqu'il désirât la victoire de l'Italie, il ne voulait pas déclarer la guerre à la catholique Autriche.

Le 29 avril, sur les instances des cardinaux réactionnaires, il refusa de mettre les forces de ses États à la disposition de la cause nationale.

Pour calmer le mécontentement des Romains, il prit pour ministre un ancien proscrit, le comte Mamiani, avec lequel il ne tarda pas à se brouiller, et qu'il renvoya le 18 juillet. Pendant deux mois, Rome fut abandonnée à l'anarchie et sembla une véritable Babel. Dès le mois d'août, Pie IX, très inquiet de la tournure des événements et complètement débordé, faisait demander sous main des secours à la France, et s'en voyait froidement accueilli.

Le 16 septembre, il appela au pouvoir le comte Rossi, ancien ambassadeur de France à Rome, grand admirateur de Guizot et qui essaya de plier les Romains au légalisme parlementaire. Le nouveau ministre déploya une activité extraordinaire, obtint du clergé une avance de 4 millions d'écus, réorganisa l'armée pontificale avec le concours du général suisse Zucchi, et parut surtout désireux de fomenter les progrès économiques et intellectuels. Patriote italien et respectueux serviteur du pape, il voulait organiser l'Italie en confédération sous la présidence d'honneur du

Saint-Père. « Je reste Italien, disait-il, mais à Rome, et avec
« l'espérance que mon concours ne sera pas inutile à l'Italie et à
« ses institutions nouvelles. Je ferai ce que je pourrai pour satis-
« faire ma conscience d'homme, de citoyen, d'Italien, laissant,
« comme j'ai toujours fait, les misérables et les fous s'agiter et
« clabauder à leur aise. »

Si Pie IX eût appelé Rossi aux affaires, au lendemain de son avènement, s'il n'y avait pas eu de révolution européenne, si la question du maintien du pouvoir temporel ne s'était point posée, si le problème de l'unité italienne n'avait pas enflammé tous les esprits, Rossi eût peut-être réussi à former à Rome un parti constitutionel ; réduit à tout improviser à la fois, isolé entre le vieux parti clérical et les masses républicaines, il échoua et paya de sa vie son dévouement à Pie IX.

« Rossi, lisait-on dans la *Contemporanea*, s'est chargé de faire
« à Rome l'expérience de la politique des Metternich et des
« Guizot... ; il tombera au milieu des risées et du mépris du
« peuple. Après l'avoir appelé traître à la cause italienne, nous
« devons l'appeler traître au prince qui l'a élevé au pouvoir. »

Le 15 novembre, comme il se rendait à la Chambre des députés, Rossi fut poignardé sous les yeux indifférents de la garde civile. Le président de l'assemblée, Sturbinetti, ne trouva pas un mot pour flétrir les assassins, et comme un murmure d'étonnement s'échappait des tribunes : « Quoi donc, s'écria un député, cet « homme était-il donc le roi de Rome ! »

« Cet aventurier abhorré, disait l'*Epoca*, cause de tant de
« maux, a trouvé la mort au milieu des premiers citoyens qu'il a
« rencontrés en montant l'escalier du palais des députés ; il est
« tombé en offrant un spectacle de sang aux gouvernements de
« l'Italie.... Hommes du pouvoir, contemplez-vous dans la mort
« du ministre Rossi. »

Bientôt le pape, assiégé au Quirinal par une multitude furieuse, cédait aux volontés populaires ; mais, dix jours plus tard, il quittait Rome, et, le 30 novembre, l'Assemblée constituante française approuvait l'envoi en Italie d'un corps de troupes destiné à assurer la liberté du Saint-Père. Les pires prédictions de Metternich s'étaient réalisées. Pie IX était chassé de Rome; et tel avait été sur son âme de prêtre l'impression de cette horrible journée, que le mot de liberté ne devait plus désormais lui inspirer que dégoût et aversion. S'il avait eu le cœur plus ferme, il n'en eût pas été ainsi.

Du meurtre de Rossi est sortie l'expédition de Rome, que chaque parti juge encore à sa façon.

Pour les catholiques, partisans du pouvoir temporel, c'est une des plus belles pages de notre histoire du XIXe siècle.

Pour les républicains, c'est une ineptie.

Pour les Italiens, c'est une trahison. Les souvenirs de 1849 ne sont pas encore abolis à Rome, où les Allemands savent les exploiter habilement contre nous.

Ce fut surtout une affaire très mal menée, et dont la France finit par ne plus savoir comment se dégager. Elle devait offrir un asile honorable au pontife fugitif; mais son devoir n'allait pas jusqu'à le rétablir à Rome, malgré les Romains. Il était, au contraire, de son intérêt de défendre la République romaine contre l'agression de l'Autriche et de protéger contre toute entreprise réactionnaire le foyer démocratique qui s'était allumé à Rome, à la voix de Mazzini.

On prit le contre-pied de ce programme.

Pie IX ne vint pas en France; la France alla à Rome, et y rétablit l'autorité temporelle du pape.

C'est au parti catholique français que remonte incontestablement la responsabilité de l'expédition de Rome. Le prince-président, d'abord très hésitant, finit par comprendre quel appui il trouverait chez les catholiques, s'il consentait à restaurer la puissance pontificale, et, dans un but d'ambition personnelle, favorisa les projets de la droite. Mais il faut lui rendre cette justice, que ce ne fut point sa faute si Pie IX restauré n'accorda aucune garantie à ses sujets et gouverna aussi despotiquement que l'avait fait Grégoire XVI. Dans une lettre célèbre, adressée au lieutenant-colonel Edgar Ney, Louis-Napoléon déclarait hardiment que la République française n'avait pas envoyé une armée à Rome pour y étouffer la liberté italienne; il demandait une amnistie générale, la sécularisation de l'administration, l'adoption du Code Napoléon et des institutions représentatives. L'Assemblée législative cria à l'illégalité; le pape refusa toutes garanties et finit par accorder, le 19 septembre, un semblant de constitution, que Palmerston résumait en ces termes: « Il nomme un Conseil « d'État dont il suivra les avis, s'ils lui plaisent; il promet des « réformes et pardonne à tous les innocents. » Antonelli triomphait sur toute la ligne.

Les catholiques français ne rêvaient pas absolument un pareil gouvernement pour la France; mais ils voulaient que la puissance spirituelle de l'Eglise s'exerçât en pleine liberté, ce qui était juste, et fût protégée par les lois d'une manière spéciale et privilégiée, ce qu'on n'eût jamais dû leur accorder.

L'affolement des classes bourgeoises, après les journées de juin, est bien marqué par ce mot de Cousin : « Il ne nous reste plus « qu'à nous jeter dans les bras des évêques! » Tous ceux qui voient dans la religion une gendarmerie morale et le meilleur appui de l'autorité et de la propriété se montrèrent, à ce moment, disposés à céder à l'Eglise tout ce qu'elle demanderait.

L'Eglise demanda la liberté d'enseignement et ne rencontra pour l'obtenir aucune difficulté. Thiers appelait les inoffensifs instituteurs de ce temps des « anticurés » ; il voyait dans les écoles normales des clubs silencieux ; il soutenait que l'instruction est un commencement d'aisance et que « ceux qui n'ont rien ne doi- « vent pas être instruits ». Etait-il donc lui-même né dans la pourpre ?... « Je suis changé, disait-il. Quand l'Université repré- « sentait la bonne et sage bourgeoisie, enseignait nos enfants « selon la méthode de Rollin, je voulais lui sacrifier la liberté de « l'enseignement ; mais l'Université est tombée aux mains des « phalanstériens ; je porte ma haine là où est l'ennemi. Cet en- « nemi, c'est la démagogie ; je ne lui livrerai pas le dernier « débris de l'ordre public, c'est-à-dire l'Eglise catholique. » Thiers et ses amis voyaient dans la religion un « frein salutaire » et admettaient que l'Etat avait l'obligation de « frapper la jeunesse « à son effigie ».

Cependant ils n'allaient pas jusqu'à abandonner complètement l'enseignement de l'Etat, comme l'eussent voulu les catholiques intransigeants ; et ce fut l'abbé Dupanloup qui trouva les bases de la transaction acceptable par les deux partis. Il reconnut à l'Etat le droit d'entretenir des établissements officiels ; il s'inclina — quoique à regret — devant son droit de surveillance et d'inspection ; il lui abandonna la collation des grades ; mais il demanda la suppression du certificat d'études, le droit d'enseigner pour toutes les congrégations, la direction des petits séminaires par les évêques et des privilèges pour les ecclésiastiques en matière de grades.

Les catholiques intransigeants crièrent à la trahison. On parla du projet de M. de Falloux *contre la liberté de l'enseignement*. Le P. de Ravignan fut dénoncé à son général. Thiers fut, un moment, ébranlé ; les prétentions abusives des catholiques le firent, un instant, vaciller. L'abbé Dupanloup prêcha la sagesse, raffermit les courages, et le comte Beugnot présenta la loi à l'Assemblée nationale, le 6 octobre 1849.

Tout le monde comprit ce dont il s'agissait : on voulait, sous couleur de liberté d'enseignement, empêcher les universitaires de penser librement. Et, dans cette assemblée conservatrice, il se trouva une énorme majorité pour approuver ce monstrueux programme.

Sans même attendre le vote de la loi, le 16 novembre 1849, un simple décret du gouvernement supprima le certificat d'études.

Le 11 janvier 1850, une loi donna aux préfets la nomination des instituteurs. — « Vous avez le vertige ! » cria aux députés réactionnaires le député républicain Noël Parfait... et la loi dure encore !

La discussion donna la mesure du libéralisme de l'Assemblée. M. le comte Beugnot déclara que « le brevet de capacité, inutile « pour constater l'aptitude des membres des congrégations reli- « gieuses, n'était pas, à leur égard, sans inconvénient... et leur « faisait contracter des habitudes d'indépendance contraires à « leurs vœux ».

Montalembert dit que « la liberté pouvait sortir d'une révolu- « tion, mais à condition de tuer sa mère ». Il fit une charge à fond de train contre l'Université : « Elle a fait des libéraux sous la « Restauration ; sous le régime de Juillet, des républicains ; sous « la République, des socialistes. L'éducation publique, telle qu'on « la donne en France, développe des besoins factices qu'il est im- « possible de satisfaire ; elle fomente une foule innombrable de « vanités et de cupidités, dont la pression écrase la société. » Il convia tous les amis de l'ordre « à faire la paix, au lendemain d'un « naufrage ».

L'Université ne trouva qu'un défenseur ; mais ce fut Victor Hugo : « La loi sur l'enseignement est l'œuvre du parti clérical. « Or je dis à ce parti : je me méfie de vous ; instruire, c'est cons- « truire ; je me méfie de ce que vous construisez. Je ne veux ni « de votre main ni de votre souffle sur les générations nouvelles. « Votre loi a une marque. Elle dit une chose, elle en fait une « autre ; c'est une pensée d'asservissement, qui prend les allures « de la liberté. Vous ne voulez pas du progrès ; vous aurez la « révolution ! »

La loi fut votée par 399 voix contre 227 et soumit l'Université à un régime de fer, dont le souvenir est resté vivant dans l'âme de tous ceux qui eurent à en souffrir.

L'Université vit ses cadres brisés, et se trouva gouvernée par 86 petits recteurs, sans autorité en face des préfets de Louis-Napoléon. Ses conseils furent envahis par des prélats, des magistrats et des représentants de l'enseignement libre. Il n'y eut plus au Conseil supérieur de l'Instruction publique que 6 voix universitaires contre 13, que 2 voix contre 10 dans les Conseils académiques.

La surveillance des agrégés et docteurs du corps enseignant fut donnée à des inspecteurs généraux ou d'académie, simples licenciés, et empruntés parfois à l'enseignement libre.

Les jurys d'examen pour le brevet de capacité ne comprirent que 3 universitaires sur 9 membres. Les ministres des cultes reconnus par l'Etat furent dispensés de grades. Les religieuses n'eurent besoin pour enseigner que d'une lettre d'obédience. Les écoles normales furent supprimées.

L'Université passait, en somme, sous le joug de l'Eglise, et l'Eglise prétendait vis-à-vis de l'Etat à une indépendance presque absolue.

Et Mgr Parisis trouvait encore qu'on n'était point allé assez loin ; il regrettait que l'on n'eût pas détruit l'Université, « ce foyer « d'immoralité, d'athéisme, d'incrédulité, d'esprit anarchique et « révolutionnaire. »

Vacherot quittait l'École normale et Michelet était banni du Collège de France.

Jamais, depuis la Révolution, le clergé n'avait remporté pareille victoire ; mais combien elle eût été plus assurée si elle eût eu pour garantie les solides institutions d'une monarchie ! Ce qu'avait fait une assemblée, une autre pouvait le défaire. Les catholiques songeaient avec inquiétude aux retours possibles de l'opinion et se sentaient résignés d'avance à toute révolution qui ramènerait la monarchie.

On sait d'où elle vint, on sait comment, le 2 décembre 1851, le prince Louis-Napoléon, président de la République, déchira la constitution à laquelle il avait juré fidélité « en présence de Dieu « et du peuple français ».

L'Eglise, qui avait jeté tant de fleurs sur le berceau de la République, chanta un *Te Deum* pour sa mort.

« Depuis le 2 décembre, écrivait Veuillot, il y a en France un « gouvernement et une armée, une tête et un bras. A l'abri « de cette double force, toute poitrine honnête respire, tout « bon désir espère. L'iniquité tremble, à son tour, devant la

« justice. On peut espérer que la loi régnera et non pas le
« crime ! »

Infidèle à la cause de la liberté, Montalembert amnistiait le coup d'Etat : « Voter pour Louis-Napoléon, ce n'est pas approu-
« ver tout ce qu'il a fait, c'est choisir entre lui et la ruine
« totale de la France. Je me souviens des grands faits religieux
« qui ont signalé son gouvernement : la liberté de l'enseignement
« garantie, le pape rétabli par les armes françaises, l'Eglise
« remise en possession de ses conciles, de ses synodes, de la
« plénitude de sa dignité, et voyant graduellement s'accroître
« le nombre de ses collèges et de ses communautés, de ses
« œuvres de salut et de charité. »

Comme on est heureux de pouvoir, à ces tristes paroles, opposer la parole d'un prêtre à l'âme vraiment grande et chrétienne.

Lacordaire se brouilla avec Montalembert, infidèle à la liberté :
« Si la France s'habitue au joug, écrivait-il, c'en est fait : nous
« courons au Bas-Empire. La violation par la force de la consti-
« tution d'un pays est toujours une grande calamité publique,
« qui prépare pour l'avenir de nouveaux coups de fortune et
« l'avilissement progressif de l'ordre civil. Le succès même fait
« partie du fléau ; il enfante des imitateurs. Je blâme le passé ; je
« crains l'avenir, et je n'attends le salut que de Dieu. »

Il ne se contenta pas d'écrire à un ami ce qu'il pensait du coup d'Etat ; il le dit tout haut, dans la chaire de Saint-Roch, le 10 février 1853, alors que Louis-Napoléon était déjà empereur :
« On peut avoir un grand esprit et une âme vulgaire. On peut
« être un grand homme par l'esprit et un misérable par le cœur.
« Celui qui emploie des moyens misérables, même pour faire le
« bien, même pour sauver son pays, celui-là demeure toujours
« un misérable. »

Il est heureux pour l'Eglise qu'il se soit trouvé dans ses rangs un homme assez grand et assez indépendant pour tenir ce langage. Grâce à Lacordaire, on peut dire qu'elle n'a pas désespéré tout entière de la liberté.

L'UNITÉ ITALIENNE ET LA PAPAUTÉ

Si complet qu'ait été l'échec du mouvement national et libéral de 1848, il en resta cependant en Europe des traces ineffaçables. A regarder la carte du continent, on pouvait croire que rien n'était changé. L'Italie était toujours coupée en sept morceaux. L'Allemagne n'avait pas conquis son unité ; la vieille diète de Francfort siégeait toujours sous la présidence du délégué de l'Autriche, et nulle part la liberté n'était en faveur. Les gouvernements n'avaient d'autre souci que de maintenir ce qu'ils appelaient l'ordre public et de comprimer toute velléité de mouvement libéral. Ils professaient tous, comme le maréchal Saint-Arnaud, le « plus franc mépris pour les finesses de la politique et les combi- « naisons du parlementarisme ». (Mayer, *Hist. du 2 décembre*, p. 38.)

Cependant la France avait gardé le suffrage universel ; et cette seule institution, qu'on le voulût ou qu'on ne le voulût pas, faisait d'elle une démocratie. Victor-Emmanuel avait refusé à l'Autriche d'abandonner le *statut royal* accordé par son père aux Etats Sardes. Le régime féodal n'avait pu être rétabli en Autriche. L'Allemagne n'abandonnait pas son rêve d'unité ; mais, comme l'enthousiasme populaire n'avait pas suffi à la libérer, elle n'attendait plus sa délivrance que de la force, et de la force faisait son dieu.

L'Italie non plus ne désespérait pas ; mais, comme le pape n'avait pas voulu se mettre à la tête du *risorgimento*, c'était désormais vers Victor-Emmanuel qu'elle regardait, c'était le ministre sarde Cavour qui allait la conduire en dix ans à l'indépendance.(1).

L'histoire de l'indépendance italienne est très mal connue et très mal comprise chez nous. Unifiés depuis des siècles, nous ne pouvons que malaisément nous figurer les misères d'une nation morcelée par la diplomatie, qui voit l'étranger sur son sol, et qui ne trouve nulle part la réconfortante sécurité de la patrie. Au point de vue étroit de notre commodité personnelle, il pouvait nous

(1) Cf. de Crozals, *l'Unité italienne*, Paris, Bibliothèque d'histoire illustrée.

être plus avantageux d'avoir à nos portes une Italie en morceaux et impuissante qu'une Italie unifiée et grandissante ; mais nous devons nous élever au-dessus de ces idées mesquines et admettre franchement le droit de l'Italie à former une patrie italienne, comme la France offre à ses fils une patrie française. Nous ne devons pas considérer la guerre de 1859 comme une faute politique, mais comme un acte de justice et de magnanimité, comme un des plus nobles épisodes de notre histoire. Nous ne devons pas voir dans les Italiens d'ingrats parvenus, tout prêts à devenir nos ennemis, mais d'ardents patriotes, doublés de fins politiques, qui ont eu depuis un demi-siècle beaucoup à combattre, beaucoup à peiner, pour protéger la patrie retrouvée contre ses anciens ennemis, contre les périls qui la menaçaient au dedans et au dehors, de tous côtés, de notre côté même. Soyons justes envers la nation sœur, et nous travaillerons ainsi à faire disparaître les malentendus qui peuvent encore séparer deux pays faits pour se comprendre et s'entr'aider dans la vie européenne.

Entré au ministère le 4 novembre 1852, Cavour fit de l'unité italienne le but suprême de sa politique. Diplomate de premier ordre, il avait su créer dans le parlement sarde une majorité laborieuse, intelligente et solide, qui le comprenait à demi-mot et le suivait où il voulait la mener, comme de bons soldats suivent un chef aimé et estimé.

Quelques courtoisies du roi Victor-Emmanuel valurent à la Sardaigne la bienveillance du nouvel empereur des Français, ancien carbonaro lui-même, et qui disait, dès la fin de 1852, à l'ambassadeur sarde : « Il viendra un temps où les deux pays se « trouveront compagnons d'armes pour la noble cause de l'Italie. »

Pendant la guerre de Crimée, l'alliance franco-sarde s'affirma par l'envoi d'un corps de 15.000 Piémontais devant Sébastopol. Les soldats de Victor-Emmanuel, commandés par La Marmora, firent bonne figure à côté des troupes de Pellissier et de Simpson. On leur doit en grande partie la victoire de la Tchernaïa, et leur sang ne fut pas versé en pure perte ; la question italienne fut posée par Cavour au Congrès de Paris. Elle n'y fut pas résolue, il est vrai ; mais Napoléon III dit à Cavour en le congédiant : « Tranquil-« lisez-vous, j'ai le pressentiment que la paix actuelle ne durera « pas. »

Quand Napoléon III regardait l'Europe, il était presque aussi italien que Cavour ; quand il regardait la France, il devenait hésitant, parce que les évêques étaient alors ses meilleurs partisans

et que l'unité italienne ne pouvait se réaliser qu'aux dépens du pape. Il fût probablement resté très longtemps dans une indécision tout à fait conforme à son caractère, si la bombe d'Orsini (14 janvier 1858) ne l'eût averti de la nécessité d'une action immédiate. Orsini, avant de mourir, écrivit une lettre qui fit sur l'esprit de l'empereur une profonde impression : « Que V. M. se
« rappelle que les Italiens, au milieu desquels était mon père,
« ont versé avec joie leur sang pour Napoléon le Grand, partout
« où il lui plut de les conduire ; qu'elle se rappelle que, tant que
« l'Italie ne sera pas indépendante, la tranquillité de l'Europe et
« celle de V. M. ne seront qu'une chimère ; que V. M. ne
« repousse pas le vœu suprême d'un patriote sur les marches de
« l'échafaud ; qu'elle délivre ma patrie, et les bénédictions de
« 25 millions de citoyens la suivront dans la postérité. »
Napoléon III réfléchit encore quelques mois, puis manda Cavour à Plombières, où il le reçut le 20 juillet 1858. Il croyait avoir trouvé un moyen de réaliser les vœux de l'Italie, sans se brouiller avec le pape : l'Italie formerait une confédération, sous la présidence d'honneur du Saint-Père, et se composerait de quatre Etats: Victor-Emmanuel aurait la vallée du Pô ; un autre prince (peut-être le prince Napoléon) la Toscane et une partie des Etats pontificaux ; le pape aurait Rome et son territoire ; le roi des Deux-Siciles garderait le sud de l'Italie.

Le 30 janvier 1859, le prince Napoléon, cousin de l'empereur des Français, épousait la princesse Clotilde, fille de Victor-Emmanuel.

Le 29 avril, les troupes autrichiennes franchissaient le Tessin, au moment où les premières colonnes françaises débouchaient des Alpes. Le 4 juin, la victoire de Magenta ouvrait à Napoléon III et à Victor-Emmanuel la route de Milan. Le 24 juin s'engageait la bataille de Solférino, qui mettait aux prises 350.000 hommes et se terminait par la défaite des Autrichiens. L'Italie tout entière était soulevée. Venise s'attendait à voir paraître l'escadre française dans les eaux de l'Adriatique ; encore une bataille, et l'Italie était libre, des Alpes à l'Adriatique et à la mer de Sicile; mais Napoléon III, se sentant débordé par la révolution italienne et menacé d'une intervention de l'Allemagne, s'arrêta net, pour maintenir son programme de Plombières ; encore ce programme était-il réduit, puisque la Vénétie restait autrichienne, puisque Modène, Parme et Florence devaient garder leurs souverains particuliers.

On ne peut se figurer l'effet que produisit en Italie cette stupéfiante reculade : ce fut un bloc de glace tombant dans un brasier.

Victor-Emmanuel fut assez maître de lui pour se contenir ; mais Cavour éclata en reproches : « J'ai donné ma démission, « disait-il à Piétri... il y a un point sur lequel l'homme de cœur « ne transige jamais : c'est l'honneur. Votre empereur m'a « déshonoré ; oui, Monsieur, déshonoré : *il m'a déshonoré !* Mon « Dieu, il a donné sa parole, il m'a promis qu'il ne s'arrêterait « pas avant d'avoir chassé les Autrichiens de toute l'Italie. En « récompense, il se réserve la Savoie et Nice. J'ai persuadé à mon « roi de faire ce sacrifice pour l'Italie. Mon roi, bon, honnête, a « consenti, se fiant à ma parole. Et maintenant, votre empereur « emporte la récompense, mais il nous laisse en plan. Il faut que « la Lombardie nous suffise. En outre, il veut enchaîner mon roi « dans une confédération avec l'Autriche, et les autres princes « italiens, sous la présidence du pape ! Il ne manquerait plus « que cela !... Mais cette paix ne se fera pas ! Ce traité ne s'exé- « cutera pas ! Je prendrai par une main Solaro della Marghe- « rita, par l'autre Mazzini, s'il le faut, je me ferai conspirateur, « je me ferai révolutionnaire ! Mais ce traité ne s'exécutera pas. « Non ! mille fois non ! jamais ! jamais ! » (*Souvenirs* de Kossuth, témoin de l'entrevue.)

Tandis que Napoléon, attristé, mécontent et inquiet, regagnait la France, le gouvernement sarde rappelait les commissaires qu'il avait envoyés en Toscane, à Bologne et à Modène ; mais tous refusèrent d'obéir. Les peuples ne voulaient plus être qu'Italiens.

Le 21 août, une constituante, réunie à Modène, proclame la déchéance de la maison d'Este. Le 7 septembre, Bologne se détache définitivement des Etats pontificaux. Le 10 septembre, Parme et Plaisance font cause commune avec Modène et Bologne. Les quatre pays se fondent en un nouvel Etat, l'Emilie, qui, à peine fondé, demande à Victor-Emmanuel un prince de sa maison pour régent. Florence se donne à un noble florentin, Ricasoli, qui la garde en paix et qui l'arme, jusqu'au jour où il peut la donner à l'Italie.

Et tandis que les vieux diplomates cherchent à organiser des congrès, publient des notes et des brochures, les peuples italiens s'unissent, s'organisent et envoient partout d'habiles émissaires plaider auprès de l'Europe la cause sacrée de l'Italie.

Peu à peu, la brume qui couvre la péninsule s'éclaircit, et la figure de la nation ressuscitée se précise. Les plus sceptiques commencent à y croire, quand ils voient Cavour rentrer aux affaires, le 20 janvier 1860.

Cavour se rapproche de Napoléon III, il lui remet la Savoie et Nice ; puis, se penchant à l'oreille du baron de Talleyrand, plénipotentiaire français, il lui dit avec force : « Et maintenant, « baron, nous sommes complices ? »

Le 11 mars 1860, la Toscane vote son annexion à l'Italie par 366.571 voix contre 14.925. Le 12 mars, l'Emilie se fait italienne par 426.000 *oui* contre 1.500 *non*. Le 2 avril, les députés des nouvelles provinces se réunissent à Turin, à l'ancien Parlement sarde.

Deux Etats seuls restent encore en dehors du mouvement national : Naples et Rome.

Garibaldi, le chef italien le plus populaire, brave soldat, révolutionnaire incorrigible, italien avant tout, *italianissime*, comme il le dit lui-même, débarque en Sicile, au mois de mai 1860, avec 1.200 partisans. Au mois d'août, la Sicile est conquise ; il passe le détroit le 19 août, bat les Napolitains le 21 et entre à Naples le 7 septembre, tandis que l'amiral napolitain Persano arbore sur ses vaisseaux la bannière italienne.

L'Italie est faite au Nord et au Sud. Au centre, l'Etat pontifical empêche Victor-Emmanuel de communiquer avec Garibaldi, de contenir sa fougue, de lui faire respecter ce que l'Europe n'admettrait pas qui ne fût point respecté. Victor-Emmanuel demande au pape le passage à travers ses Etats.

Italien au fond du cœur, Pie IX eût peut-être cédé ; mais Antonelli est intraitable. Il a fait appel à tous les volontaires catholiques, il a organisé une *Légion de Croisés* commandée par Lamoricière. Le général français prêche la guerre sainte : « L'Europe est « aujourd'hui menacée, dit-il, par la Révolution, comme autre« fois par l'islamisme ; la cause de la papauté est, comme jadis, « celle de la civilisation et de la liberté. »

Au commencement de septembre, Victor-Emmanuel donne l'ordre au général Cialdini de passer la frontière des Etats pontificaux. Le 18 septembre, l'armée papale est battue à Castelfidardo. Le 29, Lamoricière capitule dans Ancône, et la route de Rome est ouverte aux Italiens. Cialdini contourne le Latium, se rabat sur Gaëte et oblige Garibaldi à laisser le champ libre à Victor-Emmanuel. Le 13 février 1861, Gaëte capitule. Le 18, le premier Parlement italien proclame Victor-Emmanuel roi d'Italie. Il ne manque plus que Rome et Venise pour que la patrie italienne soit entièrement reconstituée.

Tous ces changements prodigieux se sont accomplis en face de l'Europe surprise, mais plutôt bienveillante. Napoléon III comprend qu'il ne peut détruire, en septembre 1860, ce qu'il a commencé d'édifier en juin 1859 : « *Fate presto*, faites vite, » dit-il à l'envoyé de Cavour, Farini. L'Autriche voudrait bien recommencer la guerre, la Russie l'en dissuade. La Prusse voit dans l'unité italienne le prélude de l'unité allemande. L'Angleterre proclame avec ostentation le droit des peuples à changer de gouvernement ; c'est une leçon indirecte à l'empereur des Français, l'imprudent apôtre du principe des nationalités.

Et Cavour triomphe, aussi grand dans le succès que dans l'épreuve. « Nous sommes, disait-il, en dehors de la légalité. Oui,
« oui et oui ; mais placez-vous sur le terrain, non pas piémontais,
« non pas toscan, non pas napolitain, mais *italien*, et vous serez
« forcé de reconnaître que nous sommes dans le droit général
« d'une nation, qui, pour rentrer en possession d'elle-même, est
« précisément obligée de briser tout ce qui était depuis si long-
« temps l'ordre régulier, convenu, sanctionné, déclaré sacro-
« saint par les bourreaux. Il y a une force des choses, conséquence
« d'injustices séculaires, plus forte que tous les fils lilliputiens
« qu'on appelle les conventions diplomatiques ! »

Il ne tenait pas absolument à Rome ; il l'eût voulue ville libre et placée comme en dehors de l'Italie, s'administrant par des institutions municipales. Les Romains seraient dédommagés de leur isolement politique par le droit de cité italienne, qui leur serait garanti où il leur plairait. Rien n'empêcherait non plus de leur donner droit de cité en France, en Espagne, en Allemagne. Rome serait partout chez elle, comme tous les hommes seraient chez eux à Rome ; elle serait municipale et cosmopolite.

A d'autres jours, cette solution bâtarde de la question romaine lui apparaissait comme impossible, et il en revenait à l'idée de l'occupation : « Rome seule doit être la capitale de l'Italie ; il
« faut que nous allions à Rome, mais à deux conditions : que ce
« soit de concert avec la France et que la grande masse des
« catholiques, en Italie et ailleurs, ne voie pas dans la réunion de
« Rome au reste de l'Italie le signal de l'asservissement de
« l'Eglise. Il faut que nous allions à Rome, mais sans que l'indé-
« pendance du souverain pontife en soit diminuée, sans que
« l'autorité civile étende son pouvoir sur les choses spirituelles. »

Cavour entreprit de faire partager au pape ses idées de patriote italien. Dès le début de 1860, par l'intermédiaire de l'abbé Stellardi, puis plus tard par le Dr Pantaleoni, puis par le P. Passaglia.

Il offrait au pape les prérogatives, les droits, l'inviolabilité et les honneurs de la souveraineté, un large patrimoine immobilier dans le royaume, la propriété absolue du Vatican et de quelques autres palais et résidences, la liberté absolue pour l'Eglise dans son ministère spirituel. L'Etat renonçant à toute intervention dans les affaires ecclésiastiques.

Pie IX écoutait les envoyés de Cavour, paraissait touché de leurs raisons ; son émotion était telle que sa santé en parut un moment ébranlée; mais, subjugué par Mérode et par Antonelli, il refusa encore une fois tout accommodement ; « Le monde, dit-il, « me dispute le grain de sable sur lequel je suis assis, mais ses « efforts seront vains. *La terre est à moi.* Le Christ me l'a donnée, « à lui seul je la rendrai. »

Cavour s'adressa alors à Napoléon III, très mécontent du pape et des cléricaux français, qui le traînaient aux gémonies pour avoir laissé morceler les Etats de l'Eglise, et ne lui savaient aucun gré de refuser Rome aux vœux des Italiens.

M. de Gramont, notre ambassadeur à Rome, nous a donné de fort curieux mémoires sur l'Etat romain à cette époque : « A « Rome, dit-il, il n'y a pas de peuple ; c'est-à-dire que la popu- « lation de la ville est une agglomération de clients, qui se tient « hiérarchiquement, par une espèce de communisme dans les « abus, les vols administratifs, les subventions cléricales, les pen- « sions, les aumônes, la charité, l'usure et la simonie. Tout cela « plus ou moins a besoin d'un voile pour cacher ses turpitudes et « d'un gouvernement *sui generis* pour les autoriser. »

Les chefs du parti ecclésiastique déclament contre la France et parlent des Français et de l'empereur dans les termes les plus méprisants : « On en est à se demander, écrit le ministre Thou- « venel à M. de Gramont, si nous continuerons à protéger de « notre drapeau et de nos armes un foyer de haine contre l'em- « pereur (6 novembre 1860)... Il est revenu à l'empereur que le « ministre des armes (Mgr de Mérode) aurait dit au général de « Goyon : « Vous êtes le dernier oripeau qu'emploie votre maître « pour couvrir son infamie. » Ce serait bien vif ! Le propos, vrai « ou exagéré, a profondément blessé S. M. »

Le pape n'était ni plus clairvoyant ni plus raisonnable que ses cardinaux : « C'est dans le pape, disait M. de Gramont, que « résident l'opiniâtreté et l'aveuglement... la mobilité de son

« esprit est extrême, sa loquacité devient fâcheuse et son indis-
« crétion n'a plus de bornes... il discrédite lui-même toutes les
« nouvelles qu'il annonce. »

Pie IX avait parfois des accès de franchise terribles : l'ancien
libéral se réveillait en lui ; il voyait tous les vices de son gouvernement et disait, comme se parlant à lui-même : « Des bouffons !
« des bouffons ! tous des bouffons ! .. bouffons par-ci, bouffons
« par-là ; nous sommes tous des bouffons ! » (*Buffoni, buffoni,
tutti buffoni! buffoni di qua, buffoni di là ; noi siamo tutti buffoni.*)
Mais Antonelli le reprenait ; « ce ministre greffé sur un sauvage »,
comme l'appelait About, défendait les abus dont il profitait et
persuadait au pape que la résistance absolue était pour lui une
question de conscience et d'honneur.

Cependant les gens de sang-froid, bien placés pour voir, ne se
faisaient pas la moindre illusion sur la popularité du gouvernement pontifical. L'auditeur de rote, Lavigerie, écrivait à M. Thou-
venel, ministre des affaires étrangères : « Il n'est pas douteux pour
« moi que si l'armée française quittait Rome, lors même qu'on
« imposerait au Piémont de s'abstenir complètement et de ne pas
« franchir les frontières, il n'est pas douteux que le parti de
« l'action ne renverserait en vingt-quatre heures le pouvoir tem-
« porel du Saint-Siège. En présence de cette éventualité, le calme
« profond, l'indifférence apparente du pape et de tous ceux qui
« ont part à son gouvernement est absolument inexplicable. »
(4 décembre 1861.)

Napoléon III savait parfaitement que le gouvernement romain
était indigne de sa bienveillance et ne lui en était même pas
reconnaissant. Il s'en plaignait amèrement au pape : « On m'a
« signalé, lui disait-il, comme l'adversaire du Saint-Siège ; on a
« ameuté contre moi les esprits les plus exaltés du clergé de
« France ; enfin Rome s'est fait un foyer de conspirations contre
« mon gouvernement. » Et cependant l'empereur n'osait pas
rappeler ses troupes, et le duc de Gramont nous donne bien le
fin mot de cette insoluble énigme : « Nous ne sauvons pas le gou-
« vernement pontifical pour lui-même, nous le sauvons malgré
« ses fautes, malgré son ingratitude, parce que nous avons besoin
« de la souveraineté temporelle du pape, et que si cette souverai-
« neté temporelle doit s'éteindre, il est nécessaire qu'elle ne
« s'éteigne pas dans nos bras et qu'on ne puisse pas nous accuser
« d'avoir devancé les décrets de la Providence. » La France
s'était faite, en 1849, la protectrice du Saint-Siège et n'avait su lui

imposer aucune réforme ; elle subissait les conséquences logiques de sa détermination et n'aspirait plus qu'à se retirer de cette fâcheuse aventure sans paraître abandonner le pape à ses ennemis.

Les années 1861 et 1862 se passèrent en négociations. L'Italie voulait de plus en plus fermement faire de Rome sa capitale. En plein Parlement italien, le député Cernuschi s'écriait : « Moi aussi, « j'ai senti, et senti avec fureur, ce que sentent aujourd'hui les « Italiens ; je l'ai senti au sommet même du Capitole. Je voulais « Rome à tout prix ! Depuis ce jour, les années et la réflexion « m'ont dévoilé les cruelles nécessités qui m'étaient inconnues. « J'ai appris que, tant que les deux grands empires dont les Alpes « nous séparent se proclameront catholiques, ils refuseront ou « reprendront Rome à l'Italie... Avoir Rome, quand on a Naples, « Palerme, Florence, Milan, Turin, ce serait une perle de plus « dans la fédération ! Ce n'est pas un talisman. Heureuse encore « ma patrie ! Quelle nation sur la face du monde pourrait faire « comme elle : prêter Rome et rester l'Italie ! » Ainsi parlait un modéré, un politique, capable de comprendre que l'Autriche et la France ne permettaient pas à l'Italie d'occuper Rome. Ricasoli, plus résolu, disait énergiquement : « Pensons à Rome ! Nous « voulons aller à Rome ; Rome séparée politiquement du reste de « l'Italie restera un centre de conspirations, une menace per- « manente pour l'ordre public. Aller à Rome est, pour les Italiens, « non seulement un droit, mais une inexorable nécessité. »

La révolte du royaume de Naples, en 1862, donna raison au ministre. Les insurgés furent soutenus ostensiblement par l'archevêque de Naples et encouragés par Rome ; il fallut pour les réduire envoyer une véritable armée, commandée par Cialdini.

Ricasoli adressa une note aux puissances et proposa au gouvernement français un projet d'entente avec le pape.

L'Eglise aurait la liberté la plus grande de prêcher et d'enseigner. Les évêques seraient absolument libres dans l'exercice de leur ministère ; ils seraient nommés en dehors de toute intervention du gouvernement. Le patrimoine ecclésiastique, mis sous la protection des lois, serait déclaré intangible. On garantirait au Saint-Père une liberté illimitée dans l'exercice de son autorité spirituelle. Les fidèles de la catholicité pourraient librement communiquer avec le Saint-Siège. Les ministres et les nonces pontificaux jouiraient de l'inamovibilité personnelle. Le Saint-Siège serait pourvu d'un riche patrimoine de biens-fonds en Italie et à l'étranger. En revanche, l'Eglise renoncerait au pouvoir temporel.

Napoléon III n'osa aller jusque-là et proposa un arrangement : le pape renoncerait aux provinces perdues et l'Italie lui garantirait celles qu'il possédait encore. L'empereur pensait qu'un pape *content* n'est pas nécessaire à la France et qu'un pape *libre* lui suffit.

Quelques ecclésiastiques patriotes essayèrent d'amener le pape à une capitulation honorable. Le P. Passaglia, ancien professeur de dogmatique au Collège romain, avait publié en 1861 un opuscule patriotique (*Pro causa italica, ad episcopos catholicos*) où il déclarait que « l'union d'une souveraineté politique au souverain « pontificat n'est point un dogme engageant la conscience du « Pontife, de l'Eglise et des fidèles ». Il présenta au pape une adresse, signée par 10.000 prêtres et le suppliant de renoncer au pouvoir temporel. Le pape n'en tint aucun compte et demeura « pareil à une pierre, qui demeure par son propre poids là où elle « tombe ». Le 10 juin 1862, deux cent quatre-vingts évêques, réunis à Rome, déclarèrent, en réponse à une allocution du pape, qu'ils reconnaissaient la souveraineté temporelle du Saint-Siège comme une institution nécessaire et d'origine divine.

Le 18 juin, le Parlement italien vota une adresse au roi et affirma les droits de la nation et sa volonté d'aller à Rome.

Garibaldi reparut en Sicile, se proclama dictateur au nom du peuple et prépara une expédition contre Rome. Le gouvernement italien voulut prouver qu'il suffisait à protéger le Saint-Siège. Garibaldi fut battu par le colonel Pallavicino à Aspromonte, fait prisonnier et envoyé à la Spezzia (août 1862).

Les négociations reprirent encore entre la Cour de Rome et Napoléon III. L'empereur déclarait bien haut qu'il maintiendrait ses troupes à Rome, tant que l'Italie ne se serait pas réconciliée avec le pape; mais il eût bien voulu que cette réconciliation eût lieu. Ce fut encore Antonelli qui refusa toute concession : « Le « Souverain Pontife avant son exaltation, comme les cardinaux « lors de leur nomination, s'engage par serment à ne rien céder « du territoire de l'Eglise. Le Saint-Père ne ferait donc aucune « concession de cette nature ; un conclave n'aurait pas le droit « d'en faire, un nouveau pontife n'en pourrait pas faire ; ses suc- « cesseurs, de siècle en siècle, ne seraient point libres d'en « faire. »

Au *Non possumus* absolu d'Antonelli, le général Durando, ministre des affaires étrangères d'Italie, répondit par une déclaration presque révolutionnaire : « La nation tout entière réclame

« sa capitale; elle n'a résisté à l'élan inconsidéré de Garibaldi
« que parce qu'elle est convaincue que le gouvernement du roi
« saura remplir le mandat qu'il a reçu du Parlement à l'égard de
« Rome... Un tel état de choses n'est plus tenable ; il finirait par
« avoir pour le gouvernement du roi des conséquences extrêmes,
« dont la responsabilité ne saurait peser sur nous seuls et qui
« compromettraient les intérêts de la catholicité et la tranquillité
« de l'Europe. »

Cette note donna au parti clérical français l'occasion d'attaquer à fond la politique impériale. L'impératrice se rangea ouvertement du côté ultramontain, et l'Italie, comprenant la gravité de la situation, fit offrir à Napoléon III de reprendre les pourparlers relatifs à l'évacuation de Rome par les troupes françaises, l'Italie s'engageant à respecter l'intégrité de l'Etat pontifical et même à le défendre contre toute attaque extérieure. L'empereur fit la sourde oreille, changea ses ministres, parut donner gain de cause aux ultramontains. Au bout de deux ans, la question romaine était moins avancée que jamais ; Antonelli restait toujours aussi entêté. Napoléon III rouvrit les négociations avec Victor-Emmanuel.

Par la convention du 15 septembre 1864, l'Italie s'engageait « à
« ne pas attaquer le territoire actuel du Saint-Père, et à empêcher,
« même par la force, toute attaque venant de l'extérieur contre
« ledit territoire. La France retirerait ses troupes des Etats pon-
« tificaux, à mesure que l'armée du Saint-Père serait organisée.
« L'évacuation devrait néanmoins être accomplie dans le délai de
« deux ans. Le gouvernement italien s'interdisait toute récla-
« mation contre l'organisation d'une armée papale, pourvu que
« cette force ne pût dégénérer en moyen d'attaque contre lui ».

Cette convention était probablement très sincère de la part des souverains. Victor-Emmanuel ne tenait pas personnellement à Rome et avait des scrupules de conscience ; il s'engagea de bonne foi à ne pas attaquer le pape, pour voir les Français s'éloigner. Napoléon III vit dans l'évacuation un heureux dénouement de la question romaine. Il sentait bien que sa politique était un peu celle de Pilate ; mais il avait confiance dans la loyauté de Victor-Emmanuel et se disait sans doute : « Cela durera autant que
« nous !... L'avenir sera ce qu'il plaira à Dieu ! »

Pour montrer à tous que l'Italie renonçait définitivement à Rome, Napoléon III demanda et obtint de Victor-Emmanuel que la capitale du royaume fût transférée à Florence, ville de grand renom historique, position centrale, pays fertile et industrieux, tout ce qu'il fallait pour donner à la belle Italie une charmante capitale.

Et tout se trouva ainsi arrangé : le pape à Rome, Victor-Emmanuel à Florence, en bon voisin, toujours prêt à accourir pour défendre Rome... ou pour l'occuper, suivant les circonstances.

Napoléon III et Victor-Emmanuel étaient peut-être contents ; mais ils étaient assurément les seuls en Italie.

Le pape, outré de voir qu'on avait négocié sans lui, disait amèrement : « On m'a traité comme un mineur ou comme un « interdit. » Le chevalier Nigra, ambassadeur d'Italie à Paris, déclarait que le traité ne signifiait point une renonciation de l'Italie aux aspirations nationales. « Pour nous, disait-il, la question « romaine est une question morale, que nous entendons résoudre « par les forces morales. Nous prenons donc, sérieusement et « avec loyauté, l'engagement de ne pas user des moyens violents, « qui ne résoudraient pas une question de cet ordre ; mais nous ne « pouvons renoncer à compter sur les forces de la civilisation et « du progrès pour arriver à la conciliation de l'Italie et de la « papauté, conciliation que l'intervention française ne fait que « rendre plus difficile et plus éloignée. » Les catholiques français jetaient feu et flammes. M. de Falloux écrivait au *Correspondant* : « Parlons des engagements respectueux du Piémont ! La conven-« tion ne nous dit pas si les premiers pourparlers sont nés en Sa-« voie, et si on a juré : « Foi de Chambéry ! » Mais qui peut parler « aujourd'hui de l'autorité des traités sans rire ou sans rougir ? »

Cependant, le 4 décembre 1866, les troupes françaises quittèrent Rome, et, le 15 décembre, Victor-Emmanuel annonçait ce grand événement au Parlement italien : « Le gouvernement français, « fidèle aux stipulations de la convention de septembre 1864, a « déjà retiré ses troupes de Rome. De son côté, le gouvernement « italien, plein de respect pour ses engagements, respecte et « respectera le territoire pontifical. La bonne intelligence avec « l'empereur des Français, auquel nous lient d'étroits rapports « d'amitié et de reconnaissance, la modération des Romains, la « sagesse du Souverain Pontife, le sentiment religieux et le juge-« ment droit du peuple italien rendront plus facile la tâche de « distinguer et de concilier les intérêts catholiques et les aspira-« tions nationales, qui se confondent et s'agitent à Rome. Plein « de déférence pour la religion de nos ancêtres, qui est celle de « la grande majorité des Italiens, je rends hommage en même

« temps au principe de liberté, qui, appliqué avec sincérité et
« largeur, contribuera à écarter les occasions des anciens con-
« flits entre l'Etat et l'Eglise. »

Malheureusement, tout le monde n'était pas aussi diplomate que Victor-Emmanuel. Antonelli provoqua l'enrôlement des catholiques exaltés de tous les pays. Le général Randon, ministre de la guerre de l'empire français, remit une épée d'honneur au colonel d'Argy, commandant des volontaires français. Pie IX passa en revue, au camp prétorien, les zouaves pontificaux, magnifique régiment composé de Belges, de Suisses, de Bretons et de Vendéens, qui le saluèrent des cris de « Vive le pape-roi ! » L'excellent vieillard en fut tout remué et se crut devenu très puissant.

Il refusa sa bénédiction au roi d'Italie ; mais, dans la même lettre, il l'accorda à Victor-Emmanuel, roi de Sardaigne, et le roi lui répondit finement : « J'ai lu dans un livre approuvé par l'E-
« glise que Dieu, dans ses impénétrables desseins, s'est servi
« tantôt d'un pape pour châtier un roi, et tantôt d'un roi pour
« châtier un pape. Si Votre Sainteté ne peut reconnaître et bénir
« un roi d'Italie, qu'Elle reconnaisse au moins et bénisse en
« lui l'instrument dont se sert la divine Providence, dans une fin
« qui dépasse notre pénétration. »

Les bravades des catholiques étrangers exaspérèrent les patriotes italiens. Garibaldi proclama à Pérouse la nécessité de marcher sur Rome « pour écraser ce nid de vipères, faire la « lessive et effacer la tache noire ».

Au moment de faire une première tentative contre Rome, il fut arrêté et reconduit à Caprera. Il s'en échappa bientôt, vint directement à Florence et partit en plein jour, en train spécial, pour rejoindre ses bandes, qui avaient déjà pénétré sur le territoire romain. Toute la question était de savoir si la France interviendrait. Les Italiens ne surent pas *fare presto*. Une escadre française sortit de Toulon, le 26 octobre, et les troupes impériales rentrèrent à Rome quatre jours plus tard. Les garibaldiens n'avaient plus qu'à se retirer : « Les imbéciles ! disait « le pape, la France leur avait pourtant donné huit jours. »

Le 8 novembre, le général de Failly les atteignit à Mentana et leur infligea un échec décisif. Il eut le tort d'écrire que « les « chassepots avaient fait merveille ». Le mot fut entendu en Italie et fut trouvé par tous injuste et cruel.

« Ah ! ces chassepots, disait Victor-Emmanuel au marquis

« Pepoli, ils ont percé mon cœur de père et de roi. Il me semble « que les balles me déchirent la poitrine. C'est une des plus « grandes douleurs que j'aie éprouvées de ma vie ! » — Et Pepoli écrivait à Napoléon III : « Les derniers événements ont éteint « tout sentiment de reconnaissance dans le cœur de l'Italie. « L'alliance avec la France n'est plus dans les mains du gouverne- « ment. Le fusil chassepot à Mentana l'a blessée mortellement. »

Le 5 décembre, Rouher lui donna le coup de grâce, en disant au Corps législatif : « Nous le déclarons, l'Italie ne s'emparera ja- « mais de Rome. Jamais, jamais la France ne supportera cette « violence faite à son honneur et à la catholicité. » — « Nous le « lui ferons voir son *jamais* ! » répliqua Victor-Emmanuel en haus- sant les épaules, quand on lui répéta le propos du ministre français.

La question romaine resta, jusqu'à la fin, la plaie au flanc du gouvernement impérial. Dans les dernières années de son règne, Napoléon III se rendit compte des fautes qu'il avait commises et s'effraya de son isolement en face de l'Allemagne bismarkienne. Il chercha à rapprocher l'Autriche de l'Italie ; il y parvint : il obtint de ces deux puissances la promesse d'un concours éven- tuel contre la Prusse. Il entrevit le moyen de tenir la Prusse en échec par une triple alliance de la France, de l'Autriche et de l'Italie ; mais, au moment de conclure, le cœur lui manqua tou- jours, parce que l'Italie demandait Rome pour prix de son al- liance et que Napoléon III ne croyait pas pouvoir se brouiller avec le clergé de France.

On a dit que l'Italie s'était, dans ces négociations, montrée peu sincère et que l'Autriche seule avait réellement l'intention de partir en guerre avec nous. Cela paraît démenti par les paroles de Victor-Emmanuel lui-même. Quand il apprit, en août 1870, le résultat des premières batailles, il eut un moment d'effarement, puis s'écria : « Pauvre empereur !... Mais nous l'avons échappé belle !... » A son premier voyage en Allemagne, il salua gracieu- sement l'empereur Guillaume Ier, mais lui dit avec sa franchise de galant homme : « Vous savez, Sire, que, sans mes ministres, « en 1870, je vous faisais la guerre. » Ces mots ne semblent lais- ser aucun doute sur la résolution du gouvernement italien de s'allier à la France contre la Prusse.

On a dit encore que l'Autriche et l'Italie avaient été décou- ragées par les hésitations de Napoléon III, et par la connaissance qu'elles avaient de l'infériorité de nos forces. Il est incontestable que l'alliance se serait faite beaucoup plus vite si l'empereur eût été moins irrésolu — et moins entêté — et si la France eût été plus prête ; mais les dépêches publiées par MM. Bourgeois et Clermont (*Rome et Napoléon III*) prouvent que les négociations entre Paris, Florence et Vienne continuèrent jusqu'à la fin de l'empire, que les projets d'alliance furent extrêmement sérieux et furent toujours arrêtés par la question romaine.

Et s'il en fut ainsi, ce fut en grande partie l'impératrice qui doit en être tenue pour responsable. D'intelligence médiocre et restée très espagnole, elle crut, en protégeant le Saint-Siège, assurer à son fils la faveur du ciel et exerça un réel ascendant sur l'empereur affaibli : « On peut encore, disait un des intimes de « Napoléon III, arriver au cœur de l'empereur ; on ne peut plus « arriver jusqu'à sa volonté. »

Napoléon III capitula à Sedan, le 2 septembre 1870 ; Paris proclama, le 4, la déchéance de l'empereur. Le 7 septembre, le gouvernement italien notifia aux puissances son intention d'occuper Rome et leur fit connaître les conditions qu'il accordait à la papauté.

Le 8 septembre, le comte Ponza di San Martino partit pour Rome avec une lettre de Victor-Emmanuel pour Pie IX. « Très « Saint Père, disait le roi, c'est avec la tendresse d'un fils, la foi « d'un catholique, la loyauté d'un roi et un cœur d'Italien que « je m'adresse, une fois encore, au cœur de Votre Sainteté. » Le pape montra une grande émotion, mais Antonelli exigea qu'il restât intraitable. Pie IX répondit à Victor-Emmanuel : « Votre « lettre, Sire, n'est pas digne d'un fils affectueux, qui se fait « gloire de professer la foi catholique et s'honore d'une loyauté « royale. Je remets entre les mains de Dieu une cause qui est en « même temps et complètement la sienne. »

Le 11 septembre, le roi d'Italie donna l'ordre au général Cadorna de marcher sur Rome. Le 12, les troupes italiennes s'emparèrent de Civita Castellana et s'avancèrent lentement vers la ville à travers les provinces soulevées. Le 15, Cadorna adressa un ultimatum au général Kanzler, commandant les troupes pontificales. Les soldats du pape déclaraient qu'ils ne se défendraient pas.

Le 20, deux attaques simulées furent dirigées sur les portes Saint-Jean et Saint-Pancrace ; l'attaque principale eut lieu contre la Porta Pia et la Porta Salara. Quand l'artillerie eut fait brèche, un bataillon de bersaglieri s'élança et ne trouva plus d'adversaires en face de lui. Les premiers bataillons italiens qui défilèrent dans la ville furent reçus par une pluie de fleurs. Le pape fit hisser le drapeau blanc sur le château Saint-Ange.

Quand le général Cadorna fut entré dans la ville, le corps diplomatique alla le féliciter ; l'ordre se rétablit presque instantanément : Rome se jeta tout entière dans les bras de l'Italie, et le spectacle que donna la ville en ces jours inoubliables dut être bien touchant ; car un vieux cardinal dit finement : « En vérité, « le diable n'est pas aussi laid qu'on le croyait. »

Le général Cadorna n'avait pas occupé le Transtevere, et l'intention de Victor-Emmanuel était de laisser au pape le château Saint-Ange et la cité léonine avec une route libre vers la mer. Mais les habitants de la cité ayant tiré sur les gendarmes pontificaux, Pie IX fit prier Cadorna d'occuper les quartiers de la rive droite et les autorisa même à entrer au Vatican. Le 25 septembre, Antonelli livra de lui-même aux Italiens le château Saint-Ange et la cité léonine, « pour que Pie IX pût se dire prisonnier ». (E. Gebhardt, *Journal des Débats*, 18 nov. 1896, *Diplomatie italo-pontificale*.)

Le 2 octobre, Rome vota son annexion à l'Italie : 40.785 citoyens acclamèrent la réunion de Rome à la patrie italienne ; les opposants réunirent *46 voix*.

Le 3 octobre, le duc de Sermonetta porta à Florence le résultat du plébiscite ; et Victor-Emmanuel, au comble de ses vœux, adressa à son peuple la noble proclamation que voici : « Enfin, elle est « achevée, elle est complète, cette difficile entreprise ; la patrie « est reconstituée. Le nom de Rome, le plus grand qui résonne « sur les lèvres des hommes, est aujourd'hui réuni à celui de « l'Italie, le nom le plus cher à mon cœur... Aujourd'hui, les peu- « ples italiens sont vraiment les maîtres de leurs destinées. « Réunis, après une dispersion séculaire, dans la cité qui fut la « métropole du monde, ils sauront certainement tirer des ves- « tiges des grandeurs antiques les éléments d'une nouvelle gran- « deur, qui sera leur œuvre. Ils entoureront de leur respect le siège « de cette domination spirituelle qui a porté ses pacifiques dra- « peaux jusque dans des régions où n'étaient point parvenues les « aigles païennes. Comme roi et comme catholique, en proclamant « l'unité de l'Italie, je reste ferme dans ma résolution d'assurer la « liberté de l'Eglise et l'indépendance du Souverain Pontife. »

Pie IX déclara de son côté et protesta, « devant Dieu et devant « l'univers catholique, qu'il se trouvait en une telle captivité qu'il

« ne lui était nullement possible d'exercer sûrement, avec succès
« et librement, son autorité de suprême pasteur ».

Au mois de mai 1871, le Parlement italien vota la loi des garanties accordées par l'Italie à la papauté : « La personne du Souverain Pontife est déclarée sainte et inviolable ; l'attentat contre le pape est puni comme l'attentat contre le roi. Les offenses et injures publiques à sa personne sacrée sont punies conformément à la loi sur la presse. La discussion sur les questions religieuses est libre. Le Souverain Pontife a les honneurs souverains. Il a le droit de garder auprès de sa personne, et pour le service de ses palais, le nombre ordinaire de ses gardes. Il sera fait au Saint-Siège une dotation annuelle de 3.225.000 livres, inscrites au grand-livre de la dette publique. Cette dotation sera payée même pendant la vacance du trône pontifical. Le Saint-Siège conservera la jouissance des palais apostoliques (Vatican, Latran, Chancellerie) et de la villa de Castelgandolfo, exempts de toute taxe et impôts. L'expropriation pour cause d'utilité publique ne leur sera pas applicable. Pendant la vacance du siège pontifical, une liberté personnelle absolue sera laissée aux cardinaux. Les réunions de conclaves ou de conciles seront protégées par le gouvernement contre toute violence extérieure. Le Souverain Pontife est entièrement libre dans toutes les fonctions de son ministère spirituel. Les envoyés des gouvernements étrangers auprès du Saint-Siège jouiront des mêmes privilèges que les agents diplomatiques accrédités auprès du roi. Liberté de correspondance du pape par voie de la poste et du télégraphe avec tout l'épiscopat du monde entier, sans immixtion du gouvernement. Droit de réunion absolu pour les membres du clergé. Libre administration par le pape, à Rome, des académies, séminaires, universités et collèges d'instruction ecclésiastique. L'État renonce à tout droit à la disposition des fonctions ecclésiastiques, à la formalité de l'*exequatur* et du *placet regium* vis-à-vis des publications de l'autorité ecclésiastique, à l'exigence du serment des évêques nommés par le pape. L'État refuse de prêter son bras aux jugements ecclésiastiques, nuls dans leurs effets quand ils seront en contradiction avec les lois de l'État. »

Le pape refusa de reconnaître cette loi : « Rome ne pouvait être à la fois le siège du Vicaire du Christ et celui de Bélial. »

Le 16 juin 1871, quand le général Bertole Viale et le capitaine Michel vinrent porter à Pie IX les compliments de Victor-Emmanuel, à l'occasion de ses vingt-cinq ans de pontificat, le pape les fit attendre pendant deux heures dans une salle du Vatican et ils durent partir sans avoir été reçus.

Pourtant, au fond de son cœur de chrétien et d'Italien, Pie IX aimait et admirait Victor-Emmanuel ; et, quand le roi mourut, le vieux pontife, prêt de paraître aussi devant Dieu, dit avec émotion : « Il est mort en chrétien, en roi et en galant homme. »

Il comprenait donc que Victor-Emmanuel n'avait réellement pas pu faire autrement qu'il n'avait fait. Mais au *non possumus* du roi d'Italie il croyait devoir opposer, avec un droit égal, son *non possumus* de Pontife romain ; et ces deux hommes, qui s'estimaient et qui s'aimaient, vécurent ainsi l'un en face de l'autre, séparés par la fatalité de leurs devoirs contradictoires, et unis par une foi commune à la religion du devoir.

Nous ne pensons pas qu'il soit juste de reprocher à Pie IX son invincible obstination. Sans doute, il eût été plus habile de céder un droit qui ne pouvait plus être défendu, de se réconcilier avec l'Italie et de vivre paisiblement, sous sa tutelle, en acceptant son aumône. Mais l'habileté n'est pas tout dans le monde : la dignité a son prix aussi, et la dignité du Saint-Siège interdisait à Pie IX toute concession.

On nous a souvent demandé, à nous Français, d'oublier nos désastres et nos malheurs, de nous réconcilier avec ceux qui ont mutilé notre patrie, et qui l'ont calomniée sans vergogne après l'avoir vaincue ; et combien que cette réconciliation puisse nous être avantageuse, nous nous y sommes refusés jusqu'ici ; et les hommes de cœur trouvent que nous avons bien fait. Ne jetons donc pas la pierre au vieux pontife, qui a voulu mourir fidèle à son serment.

LE SYLLABUS

Le 8 décembre 1854, Pie IX proclama article de foi l'antique croyance à l'Immaculée Conception de la Vierge. Ce dogme regarde les théologiens et les mystiques ; il n'est pas du domaine propre de l'historien, ou plutôt il n'intéresse l'histoire qu'en raison de la manière dont il a été proclamé et des intentions qui poussèrent le Saint-Siège à le proclamer.

L'idée de l'Immaculée Conception de la Vierge était très ancienne dans le christianisme. On en trouve des traces dans saint Ambroise, dans saint Sabas, dans saint Ephrem. L'Eglise grecque fait chanter par les fidèles debout une hymne en l'honneur de Marie Immaculée, dont on attribue la rédaction au patriarche Sergius, qui l'aurait composée pendant un siège de la ville par les Awares (626).

Les rois d'Espagne avaient fait de la définition dogmatique de l'Immaculée Conception leur affaire personnelle, et en poursuivaient activement la proclamation en cour de Rome. En 1761, Charles III avait donné pour patronne à l'Espagne la Vierge considérée dans le mystère de sa Conception Immaculée.

Cependant, ce n'était là qu'une opinion pieuse et toujours sujette à controverse. Mgr Dupanloup écrivait encore en 1853 : « L'Eglise n'a pas fait de l'Immaculée Conception un dogme de la « foi, c'est-à-dire qu'elle ne retranche pas de la société des « fidèles et ne rejette pas de son sein comme hérétiques décla- « rés ceux qui osent bien contester à Marie cet éclatant privilège. « L'Eglise défend même de leur en faire des reproches amers et « de leur dire anathème. » (*Manuel des Catéchismes*, Paris, 1853.)

La bulle *Ineffabilis Deus* vint, tout à coup, renverser ces propositions. De son autorité propre, le pape déclara article de foi la croyance à l'Immaculée Conception ; et si l'épiscopat, en général, n'eut pour la bulle qu'applaudissements enthousiastes, quelques catholiques sincères ne dissimulèrent ni leur mécontentement ni leurs inquiétudes.

Un savant belge de haute valeur, Huet, écrivait, le 21 janvier

1856, cette lettre attristée à un ami : « Il a pris à nos chefs ecclé-
« siastiques une fantaisie dont on ne trouve pas un autre exem-
« ple dans l'histoire... Le pape écrit aux évêques pour leur de-
« mander, non la tradition constante, perpétuelle, de leurs églises,
« mais leur sentiment actuel, leur goût en fait de dévotion... Que
« font les évêques ? Ont-ils assemblé les prêtres et les fidèles au
« moins les plus instruits ? Rien de tout cela, ni à Rome, ni hors
« de Rome. Les évêques n'envoient que leurs avis personnels,
« ayant refusé dans quelques diocèses la délibération, ne l'ayant
« ouverte dans aucun. Ces avis ne sont point des éclaircissements
« sur la doctrine, mais des dithyrambes en l'honneur de la Vierge.
« Le pape prononce sur ces documents... Les évêques promul-
« guent le décret avec autant d'obséquiosité que d'ignorance. »

La bulle du 8 décembre 1854 est donc un acte spontané de
Pie IX ; elle nous représente son sentiment propre, son goût particulier en fait de dévotion. Il disait lui-même qu'il avait fait vœu
de proclamer le nouveau dogme au moment où il s'enfuit de
Rome au mois de novembre 1848, dans la voiture de la comtesse
de Spaur, femme du ministre de Bavière. Jamais aussi grave
décision n'avait porté d'une manière si visible la marque de la
personnalité du Souverain Pontife. Beaucoup de bons esprits
virent dans cet acte un coup d'État spirituel.

Pie IX obéit certainement, dans cette circonstance, à son
enthousiasme mystique ; mais, victime des révolutions et rempli
de craintes pour l'avenir, il lui parut aussi que l'attestation
de l'Immaculée Conception de la Vierge affirmerait à nouveau
le dogme du péché originel, de la déchéance et de la perver-
sion natives de l'homme.

La philosophie révolutionnaire déclarait que « tous les hommes
naissent libres et égaux en droits ».

Le pape faisait de la pureté et de la liberté le privilège
divin d'une seule créature, et rejetait par là même tous les
humains dans la fange du péché et de la malédiction. A la
théorie humaine du libre progrès, il opposait la théorie théologique de la perdition originelle et du rachat par la foi, par
la grâce, par la puissance de l'Eglise. La bulle *Ineffabilis Deus*
était une véritable déclaration de guerre à la philosophie moderne, comme elle était une audacieuse dérogation à toutes les
traditions de l'Eglise.

Heureux de voir approuvé par l'immense majorité des évêques
son premier acte de souverain absolu, Pie IX sentit grandir ses

ambitions et prépara silencieusement un grand acte d'accusation contre les erreurs du siècle.

La première idée de cette procédure extraordinaire paraît appartenir au futur Léon XIII, alors cardinal Pecci, archevêque de Pérouse, qui, au concile de Spolète, en 1849, proposa « de « demander au saint Père de donner une constitution énumé- « rant les diverses erreurs sur l'Eglise, l'autorité et la pro- « priété, chacune sous son nom propre, et sous une forme « telle qu'on pût les embrasser d'un seul coup d'œil, leur « appliquer la censure théologique voulue et les condamner « dans les formes ordinaires (1). »

Le 20 mai 1852, le cardinal Fornari adressa, au nom du pape, une lettre confidentielle à des évêques et à des catholiques éminents, dont Louis Veuillot, pour leur demander toute leur pensée sur les erreurs modernes. La lettre comprenait un questionnaire de vingt-huit propositions et demandait une réponse dans le délai d'un mois.

A peine le dogme de l'Immaculée Conception eut-il été proclamé, que le pape chargea la commission nommée par lui pour préparer la bulle *Ineffabilis* de commencer l'étude des erreurs de notre temps.

La commission instruisait sans se presser le procès de la société moderne, lorsqu'un évêque français vint lui prêter un concours assez inattendu.

Mgr Gerbet, évêque de Perpignan, prélat lettré qu'un auteur ecclésiastique appelle un « Platon chrétien », publia, le 23 juillet 1860, une instruction pastorale, où il dénonçait en 85 propositions les principales erreurs contemporaines relatives à la religion et à la société, à la définition des deux puissances spirituelle et temporelle, à leurs sphères d'action et à leurs limites, à la famille, à la propriété, au socialisme, à l'état religieux et à l'ordre matériel. Il parlait en doctrinaire ultramontain. Quelques-unes de ses propositions suffiront à donner une idée de son ouvrage.

C'était, d'après lui, une erreur de soutenir que le gouvernement de l'Eglise institué par Jésus-Christ n'était pas vraiment un gouvernement monarchique ; — que la souveraineté temporelle du pape n'était pas d'une haute importance pour les intérêts spirituels de la catholicité ; — que la soumission de la femme à son

---

(1) Nous résumerons cette histoire d'après *Le Syllabus*, par Pierre Hourat, Paris, Bloud, 3 vol. in-18.

mari était contraire à la légitime émancipation de la femme; — que le perfectionnement social demandait l'introduction dans la famille d'un régime de liberté qui fît le père aussi peu gouvernant et les enfants aussi peu gouvernés que possible.

Pie IX fut très frappé de cette instruction, fit imprimer la liste des erreurs signalées par l'évêque français et la fit distribuer à tous les membres de la commission présidée par le cardinal Santucci.

En 1861, il nomma une commission spéciale chargée d'activer les travaux de la commission générale. Elle eut pour président le cardinal Caterini, pour secrétaire Mgr Jacobini, et pour membres Mgr Pio Delicati, le R. P. Hyacinthe Ferrari, des Frères prêcheurs, et le R. P. Perrone, de l'ordre des Jésuites, tous les cinq Italiens.

Cette commission revisa et remania le texte de l'évêque de Perpignan et en tira soixante-dix propositions qu'elle traduisit en latin.

Quand le projet définitif eut été rédigé, il fut porté à la connaissance de la commission générale, renforcée de douze théologiens consultants (1). Au mois de février 1862, le cardinal Caterini transmit au pape soixante-sept propositions censurables, et au mois de mai, le pape les fit connaître aux 300 évêques accourus à Rome pour la canonisation des martyrs japonais.

Le 9 juin, dans une allocution soigneusement méditée (allocution *Maxima quidem*), il leur dénonçait « la guerre implacable
« déclarée au catholicisme tout entier par les ennemis de la croix
« de Jésus... ces perfides artisans de fraude, ces fabricateurs de
« mensonge, qui ne cessaient de faire sortir des ténèbres les
« monstrueuses erreurs des anciens temps, et de les propager
« partout et de toutes manières. L'esprit se refusait et reculait
« d'horreur à toucher, même légèrement, les principales de ces
« erreurs pestilentielles par lesquelles ces hommes, dans nos
« temps malheureux, troublaient toutes les choses divines et
« humaines... »

Les évêques répondirent immédiatement par une déclaration

---

(1) Mgr Spaccapietra, archevêque d'Ancyre ; Mgr Joseph Cardoni, évêque titulaire de Cariste ; Mgr Pio Delicati ; R. P. Bonfils Mura, prieur général des Servites de Marie ; R. P. Guillaume de Cesare, abbé de Montevergine ; R. P. Jean Strozzi, abbé général de la Congrégation des chanoines réguliers de Saint-Sauveur de Latran ; R. P. Salvatore d'Ozieri, ex-ministre général des Capucins ; chanoine D. Philippe Cossa ; RR. PP. Gatti et de Ferrari, de l'ordre des Frères prêcheurs ; R. P. Bernard Smith, bénédictin du mont Cassin ; R. P. Jean Perrone, de la Compagnie de Jésus.

que le cardinal Mattei, doyen du Sacré Collège, fut chargé de lire en leur nom. Ils déploraient, comme le pape, en leur nom et au nom de leurs frères absents, « ces tentatives impies d'une vaine « science et d'une fausse érudition contre les doctrines des « Saintes Ecritures et leur inspiration divine...; ils condam- « naient les erreurs que le pape avait condamnées; ils rejetaient « et détestaient les doctrines nouvelles et étrangères, qui se « propageaient partout au détriment de l'Eglise. »

Ainsi approuvé par les évêques, le texte du *Syllabus*, ou résumé des erreurs du siècle, pouvait passer pour définitivement établi; mais le pape, désireux d'en faire une œuvre qui lui appartînt plus en propre, chargea le P. Bilio, barnabite, de remanier encore une fois le texte et d'appuyer chaque proposition sur une allocution, une encyclique ou une lettre apostolique émanée de sa chancellerie. Le *Syllabus* changea ainsi beaucoup de caractère. Il devint plus politique, plus intransigeant, plus réactionnaire, et aussi plus vague et plus abstrait.

Le 8 décembre 1864, dix ans jour pour jour après la proclamation de l'Immaculée Conception, Pie IX adressa aux évêques du monde catholique l'encyclique *Quanta cura*, à laquelle il annexa le texte des quatre-vingts propositions condamnées par lui au cours de son pontificat.

L'encyclique est rédigée dans le style morose et dolent, qu'un prêtre de grande intelligence appelait dernièrement devant nous « un style de saule pleureur ». Le pape parle des *coupables machinations des méchants, esclaves de la corruption;* des *opinions fausses et perverses,* des *opinions dépravées ou monstrueuses,* et des *pernicieux écrits* qui ont cours à *notre si triste époque;* il condamne les hommes *poussés et excités par l'esprit de Satan,* dont les *livres empoisonnés* ne renferment que le *verbiage de la sagesse humaine.*

Les quatre-vingts propositions condamnées sont rangées sous dix rubriques: Panthéisme, naturalisme et rationalisme absolu. — Rationalisme modéré. — Indifférentisme, latitudinarisme. — Socialisme, communisme, sociétés secrètes, sociétés bibliques, sociétés clérico-libérales. — Erreurs relatives à l'Eglise et à ses droits. — Erreurs relatives à la société civile, considérée soit en elle-même, soit dans ses rapports avec l'Eglise. — Erreurs concernant la morale naturelle et chrétienne. — Erreurs sur le mariage chrétien. — Erreurs sur le principat civil du pontife romain. — Erreurs qui se rapportent au libéralisme contemporain.

Les propositions, présentées sous la forme négative ou affirmative, sont en général fort claires. Le *Syllabus* a tout au moins ce mérite d'être parfaitement intelligible.

Nous l'avons lu et relu avec une grande attention, et il nous a semblé qu'à lui appliquer loyalement les règles ordinaires de la critique, il perdait quelque peu du caractère violent et haineux qu'on lui attribue communément. Le voisinage de l'encyclique *Quanta cura* lui a vraiment fait tort. Il est moins noir qu'on ne l'a dit ; mais il n'est ni plus politique ni plus libéral. Il en est de lui comme de toutes les œuvres des hommes : il y a en lui de détestables choses ; il y en a de mauvaises, de passables, et même quelques-unes d'excellentes.

C'est avec grande raison, suivant nous, que le pape anathématise des propositions barbares comme celles-ci : « Il ne faut recon-
« naître d'autres forces que celles qui résident dans la matière,
« et toute la morale, toute l'honnêteté doit consister à accumuler
« et augmenter de toute manière ses richesses et à se procurer
« des jouissances. » (§ 58.) — « Le droit consiste dans le fait
« matériel ; tous les devoirs des hommes sont un mot vide de
« sens et tous les faits humains ont force de droit. » (§ 59.) —
« L'autorité n'est autre chose que la somme du nombre et des
« forces matérielles. » (§ 60.)

Représentant de la foi et de la morale chrétiennes, le pape ne pouvait admettre ces théories matérialistes de l'origine du droit ; et tous ceux qui croient à la distinction absolue du droit et du fait, tous ceux qui croient à la justice, doivent lui donner raison.

On doit encore le louer d'avoir condamné l'opinion que « l'Etat,
« étant l'origine et la source de tous les droits, jouit lui-même
« d'un droit qui n'est circonscrit par aucune limite. » (§ 39.)

On peut seulement remarquer que ce pouvoir sans bornes, qu'il refuse avec raison aux Etats laïques, Pie IX a tout fait pour se le faire attribuer à lui-même par les évêques et par le concile.

On ne peut s'étonner qu'il ait refusé d'admettre « que la doc-
« trine de l'Eglise catholique est opposée au bien et aux intérêts
« de la société humaine. » (§ 40.) C'est là un sophisme, dont la condamnation n'a dans la bouche du pape rien que de très naturel.

A côté de ces propositions, dont presque tous les hommes de bonne foi reconnaîtront la juste condamnation, il en est d'autres qui seraient choquantes sous la plume d'un philosophe, mais qui sont très admissibles sous celle d'un pontife romain.

Qu'un philosophe nous dise : « On doit nier toute action de Dieu « sur les hommes et sur le monde. » (§ 2.) Il nous semblera peu philosophique de trancher ainsi par une affirmation aussi absolue une question si sujette à controverse; mais nous songerons que Lucrèce a exposé cette opinion en vers excellents; que cette doctrine, qui paraît désolante à certains esprits, semble à certains autres souverainement réconfortante, parce qu'elle est favorable à la liberté de l'homme, et nous ne nous croirons pas plus en droit de la condamner que nous ne nous sentirons obligé de l'admettre comme vraie. Nous ne nous étonnerons point non plus que le pontife romain la condamne, parce qu'il est impossible de rester catholique sans la regarder comme fausse, et condamner les erreurs dogmatiques contraires à la foi est proprement pour le pape le devoir de sa charge.

On ne sera pas surpris davantage de le voir proscrire le panthéisme, le rationalisme absolu, qui fait de « la raison, tout à fait « indépendante de Dieu, l'unique arbitre du vrai et du faux, du « bien et du mal » (§ 3). On ne lui en voudra point, s'il s'insurge contre ceux qui prétendent que « la révélation divine est impar- « faite » (§ 5). On comprendra qu'il proteste contre ceux qui représentent Jésus-Christ comme un mythe (§ 7), ou qui refusent à l'Eglise le droit naturel et légitime d'acquérir et de posséder (§ 26), ou de diriger l'enseignement des choses théologiques (§ 33).

Ceux qui pensent que les définitions d'un concile national ne sont pas susceptibles d'appel (§ 36) méconnaissent certainement la suprématie du Saint-Siège. Ceux qui soumettent à l'autorité civile la méthode à suivre dans les études des séminaires (§ 46) méconnaissent les limites des pouvoirs spirituel et temporel. Ceux qui prétendent que « la puissance séculière a le droit d'interdire « aux évêques l'exercice du ministère pastoral, et qu'elle n'est pas « tenue d'obéir au pontife romain en ce qui concerne l'institu- « tion des évêchés et des évêques » (§ 51) transgressent évidemment les prescriptions canoniques et attribuent au pouvoir séculier des droits qu'il n'a point.

Quand on dit « qu'une injustice de fait, couronnée de succès, ne « porte aucune atteinte à la sainteté du droit » (§ 61), on dit une chose obscure, et qui peut être vue sous deux jours bien différents. Le succès de l'injustice n'empêchera certainement pas le droit théorique et absolu d'exister, et, en ce sens, la proposition ne saurait être condamnée ; mais, d'autre part, le triomphe de l'injustice sur un point donné est sur ce point une défaite du droit, une atteinte portée à la sainteté du droit, et la proposition, qui semble nier cette atteinte, au moins partielle, est en elle-même imprudente et téméraire et mérite d'être censurée.

« La violation d'un serment, quelque saint qu'il soit, et toute « action criminelle et honteuse opposée à la loi éternelle, non « seulement ne doit pas être blâmée ; mais elle est tout à fait « licite et digne des plus grands éloges, quand elle est inspirée « par l'amour de la patrie. » (§ 64.) C'est, là encore, une doctrine que le pontife romain a raison de condamner ; car il n'est jamais permis de faire le mal, même en vue du bien. Tout au plus pourrait-on reprocher au pape de ne pas avoir prévu l'hypothèse où la violation de serment, l'action criminelle et honteuse seraient inspirées par l'amour de la religion ou de l'Eglise. On eût aimé entendre le pape condamner ce faux zèle religieux, comme il condamne le faux zèle patriotique.

Un exégète pourra soutenir « qu'on ne peut établir par aucune « raison que le Christ a élevé le mariage à la dignité de sacre- « ment » (§ 65), le pontife romain n'en sera pas moins dans son rôle et dans son droit en repoussant toute atteinte à la loi de sanctification, qui a ennobli l'union légitime de l'homme et de la femme. Il sera dans son rôle et dans son droit en faisant du sacrement le principal et du contrat civil l'accessoire (§ 66); parce que, là encore, le devoir de sa charge l'oblige à voir les choses ainsi.

Rien, dans toutes ces condamnations, ne dépasse les limites de l'autorité légitime. Le pape, en rejetant ces opinions, déclare qu'on ne peut être catholique si on les tient pour vraies, et cela est évident par soi-même.

Il est une autre classe de propositions où le magistère du pontife paraît avoir été poussé aux extrêmes limites, et où il semble même que ces limites aient été dépassées.

La proposition 12 est ainsi conçue : « Les décrets du Siège « apostolique et des congrégations romaines empêchent le « libre progrès de la science. » Le pape condamne cette sentence comme injurieuse à l'Eglise et comme fausse ; il est sans doute encore dans son rôle, en parlant ainsi ; mais on peut se demander s'il est aussi dans la vérité. Comment nier que les prohibitions de la congrégation de l'Index n'aient nui au libre progrès de la science ? Un partisan avéré de l'Inquisition espagnole, M. Menendez y Pelayo, nous dit que, grâce au Saint-

Office, aucun ouvrage protestant ne put pénétrer en Espagne jusqu'à la fin du xviiie siècle ; il n'est pas un libre esprit qui veuille admettre que ç'ait été un bien, et que la culture espagnole n'ait été contrariée et retardée par cette absurde prohibition. Un ecclésiastique passait, un jour, son doctorat en Sorbonne. M. Victor Leclerc, doyen de la Faculté des lettres, lui reprocha de n'avoir pas consulté un ouvrage capital. « Je le connaissais, dit
« le candidat ; mais je n'ai pu m'en servir : il est à l'Index —
« A l'Index ! repartit le doyen ; mais voulez-vous la liste exacte
« et complète de tout ce qui s'est publié d'intéressant en Europe
« depuis trois siècles ? Prenez l'Index ; elle est là tout entière. »

Le pape condamne ceux qui prétendent que « la méthode et
« les principes d'après lesquels les anciens docteurs scolastiques
« ont cultivé la théologie ne conviennent plus aux nécessités de
« notre temps et au progrès des sciences. » (§ 13.) Cette proposition est-elle cependant si fausse ? Beaucoup d'ecclésiastiques très sages et très prudents sont les premiers à reconnaître et à déplorer l'extraordinaire faiblesse des études théologiques dans les grands séminaires, et le peu de curiosité scientifique qu'elles éveillent dans l'esprit des prêtres. Nous connaissons un prêtre allemand qui déclarait franchement « que cet enseignement de-
« vait être repris par la base ».

Le pape ne se contente pas de vanter le célibat ecclésiastique : il condamne encore, et dans l'allocution *Multiplices inter* du 10 juin 1851 et dans le *Syllabus* (§ 74, note), ceux qui préfèrent l'état de mariage à l'état de virginité. N'eût-il pas mieux valu laisser de côté cette vieille querelle, qui divisera toujours les hommes et ne peut semer entre eux que des germes de discorde ? Pourquoi celui qui accepte les conditions normales de la vie, avec toutes ses charges, tous ses devoirs, toutes ses douleurs, serait-il considéré comme moins digne que celui qui se met en marge de la vie et échappe à presque toutes ses responsabilités?... Que le célibat ecclésiastique ait eu jadis, au Moyen Age, sa nécessité, qu'on puisse encore invoquer en sa faveur des raisons sérieuses, qu'il ait sa dignité et sa noblesse propres, qu'il puisse même être regardé comme aussi digne que l'état de mariage, nous l'accorderons volontiers ; mais pourquoi le faire plus digne et plus relevé ? — Nous écoutions, il y a quelques semaines, la parole éloquente de M. l'abbé Gayraud, député du Finistère. Le prêtre député parlait des droits des catholiques, qui sont les mêmes que ceux de tous les autres citoyens français ; il combattait les théories qui voudraient faire des catholiques des « citoyens de deuxième classe ». Eh! bien, nous aussi, gens mariés, nous réclamons nos droits, qui sont les mêmes que ceux de tous les citoyens de la République chrétienne : nous ne voulons pas être des « chrétiens de deuxième classe » !

Le pape veut « que la puissance ecclésiastique puisse exercer « son autorité, sans la permission et l'assentiment du gouverne- « ment civil (§ 20) ». Il demande donc pour l'Eglise la liberté absolue, sans limites et sans contrôle ; mais ne sait-il pas qu'aucun pouvoir civil ne pourrait la lui accorder sans périr, qu'aucun pouvoir civil, à aucune époque, n'a pu tolérer un pareil vasselage? Et pourquoi demande-t-il pour lui la liberté absolue, tandis qu'il traite d'impies et de scandaleux ceux qui se bornent à demander la liberté civile ?

Les prétentions pontificales ne vont à rien moins qu'à annihiler complètement la puissance laïque. Le pape ne veut reconnaître aux chefs d'Etat aucun pouvoir de contrôle sur les actes de la cour de Rome (§ 28 et 29) ; il leur refuse le droit d'appel comme d'abus (§ 41). Il veut le maintien de toutes les immunités ecclésiastiques (§ 30), du for ecclésiastique tout entier (§ 31). Il veut que les clercs soient exempts de tout service de milice (§ 32). Il dénie au pouvoir civil toute suprématie sur le pouvoir ecclésiastique (§ 42). Il refuse aux évêques présentés par le pouvoir civil le droit de prendre en mains l'administration du diocèse, avant l'expédition des lettres apostoliques (§ 50). Il refuse à l'Etat laïque tout droit de contrôle sur les écoles de l'Eglise (§ 45), ou sur les établissements monastiques (§ 52). Il condamne les écoles neutres (§ 47-48). Il revendique pour l'Eglise le droit de formuler des empêchements dirimants au mariage (§ 68, 69, 70). Il lui donne juridiction sur toutes les causes relatives aux fiançailles et au mariage (§ 74). Il se refuse à reconnaître le caractère de mariage chrétien à tout mariage contracté en dehors du sacrement (1) (§ 73). Il condamne le divorce (§ 67). Il considère son autorité

---

(1) Nous lisons à l'article *Mariage* dans le *Dictionnaire apologétique de la Foi catholique* de l'abbé Jaugey, Paris, 1889, in-4º :

« Le contrat matrimonial étant devenu lui-même sacrement, il s'ensuit
« que les contractants sont les vrais ministres de ce sacrement ; qu'ils le
« reçoivent quand ils contractent validement, et que la matière et la forme
« sacramentelle du mariage doivent être cherchées, non dans la cérémonie
« religieuse qui accompagne ordinairement le mariage des catholiques, mais
« dans le contrat uniquement. »

comme la seule autorité religieuse légitime. Il se prononce contre toute idée de suprématie des conciles (§ 35), contre toute autonomie des Églises nationales (§ 37) ; et, comme il enseigne, d'autre part, que l'autorité religieuse doit toujours l'emporter sur l'autorité civile, il s'attribue, en fin de compte, l'autorité universelle et absolue. Il ne se contente pas de réclamer le maintien de son principat temporel (§ 75, 76, 76 *bis*) : il réclame le droit d'employer la contrainte et d'en appeler dans tous les États au bras séculier (§ 24) pour assurer l'exécution de ses décisions.

Il n'admet pas que l'État laïque puisse jamais se soustraire à la tutelle d'une Église aussi exigeante. Il déclare que les États seuls n'ont pas le droit de dénoncer les concordats (§ 43), et il les rend ainsi éternels, puisqu'il condamne tous ceux qui veulent séparer l'État de l'Église et l'Église de l'État (§ 55).

Enfin, au moment même où il vient de formuler une théorie aussi ambitieuse et aussi despotique, il défend que l'on accuse le Saint-Siège d'ambition ou d'erreur : le Saint-Siège n'a jamais émis de prétentions exagérées (§ 38) ; le Saint-Siège n'a jamais erré (§ 23).

Toutes ces affirmations, si souvent contraires au droit général des peuples ou aux enseignements de l'histoire, on pourrait encore, à l'extrême rigueur, les mettre sur le compte de l'exaltation mystique, provoquée dans l'esprit du pape par le sentiment de sa responsabilité, par ses scrupules de conscience, par les difficultés extraordinaires au milieu desquelles il se débattait.

« Le pape, écrivait Bungener en 1870 (1), n'est guère au courant
« des questions modernes. Ses allocutions improvisées roulent
« invariablement sur le même thème : les maux de l'Église, les
« périls de la papauté, surtout de la papauté temporelle... Il a
« parfois une certaine éloquence, mais sans jamais s'élever plus
« haut que l'indignation contre les méfaits dont il souffre
« et le ferme dessein de tout souffrir plutôt que de céder.
« Le *non possumus* n'est pas seulement sa devise, mais son hori-
« zon, mais le niveau qu'imperturbablement il passe sur toutes
« les questions religieuses, philosophiques, politiques ; dès qu'il
« en sait assez pour placer ce mot, il ne s'inquiète pas d'en savoir
« davantage. Donc ces systèmes qu'il flétrit, il ne les a pas étudiés ;
« ces livres qu'il condamne, il ne les a, la plupart, jamais ouverts...
« Vous savez à quel point il est peu lui-même, je veux dire à quel

---

(1) F. Bungener, *Pape et concile*, Paris, 1870.

« point il est loin d'avoir en lui-même l'élément premier de sa
« pensée, de ses inspirations, de ses actes... Vous savez bien
« qu'en somme il ne dit, ne fait et ne veut que ce que certains
« hommes lui font vouloir, dire et faire. »

Or ces hommes lui ont fait dire des choses contre lesquelles la conscience moderne ne peut pas ne pas protester énergiquement. Elle aussi, elle a son *non possumus*.

Le pape refuse d'admettre la liberté des cultes. Il ne veut pas que « plein pouvoir soit donné à tous de manifester ouvertement « et publiquement toute leur pensée »; il trouve que « cette liberté « jette les peuples dans la corruption de l'esprit et des mœurs et « propage la peste de l'indifférentisme » (§ 79). Il considère qu'il est utile de maintenir au catholicisme « le caractère de religion « d'État, à l'exclusion de toutes les autres » (§ 77). Il ne veut pas que les pays catholiques permettent aux étrangers non catholiques, qui viennent s'y établir, de jouir de l'exercice public de leurs cultes particuliers (§ 78). Il condamne le droit reconnu à chaque homme « d'embrasser et de professer la religion qu'il aura regar-« dée comme vraie d'après les lumières de sa raison » (§ 15). Il nie que les hommes « puissent trouver le chemin du salut éternel « et obtenir le salut éternel dans n'importe quelle religion » (§ 16). Il se refuse à croire qu'un protestant puisse, dans la religion de ses pères, se rendre aussi agréable à Dieu qu'un catholique dans la sienne (§ 18).

Et, pour couronner cette œuvre extraordinaire, il proclame que « le pontife romain ne doit pas se réconcilier et se mettre « d'accord avec le progrès, avec le libéralisme et avec la civilisa-« tion moderne » (§ 80). Qu'est-ce donc à dire ? L'Eglise repousse-t-elle le progrès, la liberté et la civilisation ? veut-elle revenir à la barbarie, au despotisme et à la servitude ? Ne serait-on pas vraiment en droit de se le demander, quand on lit de pareilles déclarations ?

Le *Syllabus* ne passa pas, comme on peut croire, inaperçu.

Tous les hommes attachés aux anciennes idées, tous ceux dont l'idéal gisait dans le passé, dans un passé mort sans espérance de résurrection, acclamèrent l'encyclique et le *Syllabus* et y virent la justification de leur attitude vis-à-vis du monde moderne. — N'avaient-ils pas raison? Le maître des âmes ne pensait pas autrement qu'eux, condamnait tout ce qu'ils avaient abhorré et combattu.

L'épiscopat français, presque tout entier, applaudit. Soixante-quinze archevêques ou évêques publièrent le *Syllabus*, dans leurs diocèses, malgré la défense du gouvernement impérial, vraiment effrayé du développement de l'autocratie romaine. Mgr de Dreux-Brézé, évêque de Moulins, fut même à ce propos l'objet d'une déclaration d'abus, et témoigna d'une manière particulièrement vive son mépris de l'autorité séculière. « Il était, dit le R. « P. At, dans le salon de son palais épiscopal, en très nombreuse « et brillante compagnie, quand on lui remit le pli ministériel « qui lui signifiait la déclaration d'abus. Il se fit un moment de « silence, car l'événement était inattendu. Monseigneur prit con- « naissance de la pièce ; ensuite, s'approchant d'une lampe, il la « présenta à la flamme, souffla dessus et en dispersa les cendres « qui volèrent sur la tête des assistants, sans un seul mot de com- « mentaire. L'impression fut profonde. Cette réponse à la sentence « d'un tribunal *incompétent* trahissait le gentilhomme de vieille « roche ; elle était digne d'un évêque (1). » — N'en déplaise au religieux qui nous raconte cette scène, ce gentilhomme de vieille roche eût été moins hardi, s'il eût trouvé en face de lui, comme son grand-père, un homme de la taille de Mirabeau ; et son geste séditieux était indigne d'un évêque, qui, le premier, doit donner l'exemple du respect dû aux puissances établies : il pouvait contester au Conseil d'Etat de l'Empire français le droit de censurer les décisions de la Cour de Rome ; mais il le devait faire avec sérieux et sans insolence, car le Conseil d'Etat de France était le tribunal suprême de son pays.

Pour décider les rares évêques français qui n'avaient pas donné leur approbation au *Syllabus*, Mgr Pie, évêque de Poitiers, écrivit un commentaire laudatif de l'œuvre pontificale, et reçut du nonce du pape, Mgr Chigi, une lettre de félicitations : « Votre « mandement, Monseigneur, est admirable de fermeté et « de courage épiscopal. Cela ne m'étonne nullement, et je m'y « attendais. Plût au bon Dieu que tous les évêques de France « eussent imité le bel exemple que vous leur avez donné ! Il faut « cependant espérer que ceux des prélats qui ne se sont pas encore « prononcés suivront vos traces, que le nombre en sera grand, et « que la véritable gloire de l'Eglise de France resplendira sans « ombre en cette mémorable occasion. « (12 janvier 1865.)

Ce n'est pas aux écrits de l'époque que nous emprunterons ce que l'on a pu dire de plus modéré sur le *Syllabus*. Nous le tire-

---

(1) R. P. At, *les Apologistes français au* XIXe *siècle*.

rons de l'ouvrage de MM. Goyau, Pératé et Fabre sur le Vatican et la papauté (1). « L'Etat, disent ces auteurs, avait proclamé « que le libre conflit des opinions, vraies ou fausses, est un bien « en soi ; il considéra le chaos des opinions comme un effet et un « terme du progrès ;... il ravala le corps social à n'être qu'une jux- « taposition d'individus ;... il reconnut à chacun de ces individus « le droit théorique de penser, de dire, d'écrire ce qu'il voulait, et « tandis que le bon sens.... atteste que l'harmonie et la commu- « nion des esprits sont un bienfait, l'Etat moderne se fait gloire... « d'avoir légalisé leur discorde et scellé leur désunion... L'Eglise « estime que cette diversité d'opinions n'est qu'une crise et une « anomalie ; elle espère que la société religieuse et la société hu- « maine se recouvriront, un jour, l'une l'autre ; elles ne seront « qu'une même société. Contredire à cette espérance, c'est admettre « infailliblement, dès maintenant, l'irréparable faillite des pro- « messes du Christ. Les papes n'avaient pas ce droit. Par l'encycli- « que *Mirari vos* et le *Syllabus*, ils refusèrent ce droit aux fidèles. »

Voilà, sans doute, la plus acceptable défense qui ait été présentée du *Syllabus*. Elle n'est cependant pas complète, car elle n'explique pas le ton amer et violent de l'encyclique *Quanta cura* ; elle n'est pas non plus sans réplique, car nous ne pensons pas que jamais personne ait vu dans l'anarchie morale le terme du progrès. Il est parfaitement permis de croire que toute anarchie n'est qu'une crise, et qu'un jour viendra où le genre humain connaîtra une harmonie et une communion des esprits infiniment plus grandes qu'aujourd'hui ; mais il ne semble pas que les procédés recommandés par le *Syllabus* conduisent jamais à cet apaisement. La concorde ne se rétablira dans les esprits que par la libre adhésion de chacun à une vérité sans cesse plus claire et mieux démontrée ; tout ce que l'on fera pour hâter le mouvement ne pourra que le retarder, et si l'humanité doit jamais se rallier tout entière au même idéal, c'est par la liberté et par l'amour qu'elle y viendra, non par l'autorité et par la crainte.

Dans les partis libéraux, le *Syllabus* produisit l'effet le plus déplorable. Les uns y virent un acte de folie ; les autres, une grande victoire pour l'anticléricalisme et la libre-pensée. Et il est bien probable que cet étrange document a enlevé au catho-

---

(1) *Le Vatican, les Papes et la civilisation, le gouvernement central de l'Eglise*, Paris, 1895, in-4°.

licisme incomparablement plus de fidèles qu'il ne lui en a amené. Le ministre italien d'Azeglio y voyait un suicide de la papauté : « Il y a des gens, disait-il, qui ont la manie du suicide ; on a beau « les surveiller, ils trouvent toujours le moyen de se jeter par la « fenêtre. »

Loin de s'atténuer avec le temps, la question du *Syllabus* semble prendre, à chaque instant, plus de gravité.

Pie IX a toujours considéré le *Syllabus* comme un de ses plus beaux titres de gloire. Il a protesté, en 1866, contre les franchises politiques et les libertés religieuses accordées par l'empereur François-Joseph à ses sujets autrichiens et hongrois. Il a fait ratifier le *Syllabus*, en 1867, par 500 évêques accourus à Rome à sa voix. Il songea, en 1870, à faire confirmer à nouveau le *Syllabus* par le concile du Vatican.

Incomparablement plus diplomate et mieux informé de l'état du monde européen, le pape Léon XIII a rappelé et confirmé, à plusieurs reprises, les condamnations prononcées par son prédécesseur contre les idées modernes (bref du 28 août 1879 sur la traduction française des œuvres de saint Alphonse de Liguori ; bref du 27 juin 1884 à l'évêque de Périgueux : encyclique *Immortale Dei* du 1er novembre 1885).

Le pape Pie X, continuateur de l'œuvre et de la politique de Pie IX, a édicté lui-même un nouveau *Syllabus*, suite logique du premier, et semble vouloir étendre, chaque jour, l'action de son magistère infaillible.

Le Saint-Siège reste donc convaincu de l'excellence des doctrines exposées en 1864 ; il n'a voulu faire, depuis lors, aucune concession « au progrès, au libéralisme et à la civilisation mo- « dernes ». Il est encore leur ennemi, leur ennemi déclaré, comme il l'était il y a 43 ans.

Cependant, ce n'est un mystère pour personne qu'un grand nombre de catholiques, et même d'ecclésiastiques, regrettent amèrement cette imprudente et injuste déclaration de guerre. Ils n'en parlent jamais et n'aiment point qu'on leur en parle ; c'est comme une mauvaise affaire, qu'il faut tâcher d'oublier.

Un prêtre distingué voulut bien, un jour, nous exprimer son sentiment : « On discute encore beaucoup, nous dit-il, sur la « valeur dogmatique du *Syllabus*. Cet acte n'est qu'une table des « matières, et chaque proposition n'a que juste la valeur du do- « cument dont elle est extraite. Il y a des propositions tirées des « encycliques pontificales, et, pour celles-là, elles paraissent bien

« avoir le caractère dogmatique. D'autres sont empruntées à des
« allocutions, à de simples lettres, et semblent moins obliga-
« toires. Sous un pape autoritaire, on représentera volontiers le
« *Syllabus* comme une règle de foi. Sous un pape libéral, on
« aimera à penser que le *Syllabus* n'est pas d'obligation. Pie IX
« lui-même, *qui ne l'a pas signé*, n'a jamais voulu le commenter.
« Mgr Pie, défendant le *Syllabus*, prenait la quatre-vingtième
« proposition dans les termes mêmes où elle est formulée et
« déclarait que le pape ne pouvait se réconcilier avec le progrès,
« le libéralisme et la civilisation modernes, parce qu'on ne se
« réconcilie pas *avec le mal*. — Mgr Pie était félicité par le nonce
« pour avoir si bien interprété la pensée du Saint-Père. —
« Mgr Dupanloup, commentant à son tour la même proposition,
« concluait que le pape ne peut pas se réconcilier avec le pro-
« grès, le libéralisme et la civilisation modernes, parce qu'on ne se
« réconcilie qu'avec les gens avec lesquels on s'est brouillé, et
« que jamais le pontife romain n'avait été brouillé avec le progrès
« et la civilisation. Mgr Dupanloup était félicité par le pape
« comme l'avait été Mgr Pie, et chacun d'eux pouvait croire qu'il
« avait fidèlement interprété la pensée du pontife. »

Il semble donc bien qu'il y ait doute, aux yeux mêmes des
catholiques, sur la valeur de l'instrument. Un auteur émet, dans
le même article et à la même page (1), deux opinions entièrement
différentes sur la valeur doctrinale du *Syllabus* : « C'est une
« erreur de croire, dit-il, que les défenseurs du *Syllabus* pré-
« tendent expressément que ses quatre-vingts propositions
« sont toutes infailliblement condamnées : ils se contentent de
« dire, avec Léon XIII, que l'acte de Pie IX est une règle sûre
« pour les intelligences et pour les œuvres des catholiques.
« Un minutieux examen de toutes les conséquences de cette
« déclaration ne leur a pas encore paru nécessaire. — Le *Syl-
« labus*, ajoute aussitôt le même auteur, a sa propre valeur
« *doctrinale* ; il constitue une condamnation spéciale des pro-
« positions qu'il renferme, et dans la forme précise qu'il leur
« donne ; il aurait cette importance, alors même que les quatre-
« vingts propositions n'auraient pas été précédemment con-
« damnées ; son autorité s'ajoute à celle des documents anté-
« rieurs auxquels il renvoie. Il n'est donc pas seulement un acte
« du pouvoir *directif*, mais du pouvoir *doctrinal* du pape, et

(1) *Dictionnaire apologétique de la foi chrétienne* : Syllabus.

« il mérite de notre part une autre obéissance, un autre respect,
« que ceux que nous devons aux sentences pontificales en matière
« civile, bénéficiaire ou criminelle. Il a droit à notre obéissance
« *intellectuelle*. »

On nous dit encore que, dans tout document théologique, il faut distinguer la thèse et l'hypothèse, le principe absolu et les tempéraments admis, qui conduisent souvent en pratique à des compromis très éloignés de la rigueur des principes. — C'est possible ; mais, outre qu'il est fort dangereux de formuler des principes absolus dont on ne tient, en pratique, presque aucun compte, l'Eglise perd ainsi tout le bénéfice des concessions qu'elle peut faire ; car, si elle vante son indulgence pour les erreurs des hommes, les hommes lui répondront : Votre indulgence ne vient que de votre faiblesse ; nous savons ce que vous feriez si vous aviez pour vous la force, et c'est précisément parce que nous le savons que nous ne voulons pas vous donner le pouvoir.

Toutes ces réticences, toutes ces obscurités, semblent bien indiquer que l'Eglise n'a pas une foi absolue dans la fortune à venir du *Syllabus* ; mais, actuellement, le malencontreux document subsiste dans toute son intégrité : c'est comme un boulet que le catholicisme traîne après lui et qui le désigne partout aux peuples comme l'ennemi de leurs libertés et de leurs droits.

Après l'abandon de la cause libérale, le *Syllabus* est la seconde faute lourde de Pie IX, si bien intentionné et si prodigieusement mal conseillé.

LE CONCILE DU VATICAN

Le premier milieu où ait vécu l'Eglise fut l'empire romain, le plus vaste Etat qui ait jamais été gouverné par un seul homme. Le spectacle magnifique de l'autocratie romaine a ébloui pendant quatre siècles les yeux des évêques de Rome, et dans leur âme s'est enracinée peu à peu la passion de l'unité et s'est ancré le sens de l'autorité.

Dès la fin du premier siècle de notre ère, l'Eglise romaine se distingue des églises orientales par son esprit de discipline et d'obéissance, par sa tendance au sacerdotalisme, par son antipathie pour la discussion dogmatique ; elle accueille volontiers les conceptions les plus différentes, pour les fondre en un tout assez peu cohérent, mais accessible à tous et capable de contenter la grande masse des croyants (1).

Etablie au siège de l'empire, l'Eglise de Rome ne tarde pas à acquérir sur les autres sièges du monde chrétien une suprématie d'honneur, qu'elle mettra tous ses soins à maintenir et à amplifier.

En Occident, elle ne trouve guère de rivaux. En Orient, elle a affaire aux grandes Eglises d'Alexandrie, de Jérusalem, d'Antioche et Constantinople, qui se croient toutes aussi illustres, et entendent partager avec l'Eglise de Rome l'honneur de diriger la chrétienté. Rome se montre très déférente pour Alexandrie et pour Antioche, et, de concert avec elles, combat les prétentions de Constantinople à la suprématie.

Les épouvantables guerres du sixième siècle, qui réduisent à 50.000 habitants la population de Rome, les invasions des Lombards et des Franks appauvrissent la papauté, mais grandissent encore son rôle politique. Le pape est pour les Romains le représentant de l'empereur, le défenseur de la cité et de la foi ; et quand, au temps de l'hérésie iconoclaste, l'empereur devient

---

(1) Cf. Guignebert, *Manuel d'Histoire ancienne du christianisme*, Paris, 1906, p. 477.

hérétique, le pape se sépare de lui et devient, du même coup, indépendant.

Au milieu du viii⁰ siècle, son autorité est assez grande pour que Pépin le Bref lui demande la confirmation de ses droits à la royauté franque.

Pépin et Charlemagne constituent le domaine temporel du Saint-Siège.

Léon III pose la couronne impériale sur la tête de Charlemagne, le 25 décembre de l'an 800.

Mais la puissance du pontife est plus apparente que réelle. Charlemagne, couronné par surprise, déclare qu'il ne serait pas entré dans l'église s'il eût connu les intentions du pape. A la fin du ix⁰ siècle, Hincmar, archevêque de Reims, enseigné encore que les évêques, successeurs des apôtres, sont tous égaux entre eux et que le pape n'a qu'une suprématie d'honneur. Les premiers empereurs allemands réduisent la papauté en esclavage, et, au moment même où, sous la vigoureuse impulsion d'Hildebrand, elle va ressaisir la suprématie en Occident, Michel Cérulaire, patriarche de Constantinople, brise définitivement les derniers liens qui attachaient encore l'Eglise grecque à l'Eglise latine.

L'époque des croisades marque l'apogée du pouvoir pontifical. A la voix des papes, le monde occidental s'ébranle. Les papes dirigent le mouvement des armées, excommunient les princes retardataires, prennent la défense des soldats de la croisade contre tous ceux qui voudraient les dépouiller, arrachent l'Italie au joug des Allemands et rétablissent un instant la suprématie pontificale sur l'Orient lui-même. Un patriarche latin, vassal du Saint-Siège, officie à Sainte-Sophie.

Mais, cette fois encore, l'heure de la victoire touche à l'heure de la défaite. L'an 1300, Boniface VIII célèbre à Rome un jubilé triomphal. Il y ceint, le premier, la tiare aux trois couronnes. Il fait porter devant lui les deux glaives symboliques de la puissance temporelle et spirituelle. Il fait crier par ses hérauts : « Pierre, tu vois ici ton successeur, et toi, Christ, contemple « ton vicaire ! » Trois ans plus tard, Nogaret et Colonna l'insultent impunément au château d'Anagni, et son successeur, Clément V, se fait sacrer à Lyon. La papauté est vassale du roi de France.

Cette situation ne pouvait finir que par la ruine complète du pouvoir pontifical. Il était bien certain qu'un jour viendrait où les papes, las du joug français, voudraient retourner à Rome pour y retrouver leur antique indépendance ; il n'était pas moins indubitable que les rois de France voudraient retenir le Saint-Siège à Avignon, que chaque parti élirait, un jour ou l'autre, son candidat et que le schisme sortirait de la captivité.

La seule autorité capable de s'imposer à deux papes de parti contraire semblait être celle d'un Concile. On recourut, en effet, à ce remède désespéré. L'Eglise tint à Constance et à Bâle des assises solennelles qui faillirent l'ériger définitivement en République ; mais les désordres inséparables d'une révolution effrayèrent les âmes timides, et quand l'ordre fut rétabli, les papes étaient plus que jamais décidés à gouverner seuls, et le clergé avait perdu toute confiance dans la liberté. La glorieuse occasion était manquée, l'Eglise retombait dans l'autocratie.

La Réforme faillit la sauver ; les papes furent contraints de convoquer encore un Concile, mais les réformés n'y parurent point, les partisans de l'absolutisme pontifical eurent le dessus, et, sans le veto de la France, l'infaillibilité du pontife romain y eût été proclamée.

En fait, le pape gouverna l'Eglise italienne, autrichienne et espagnole, comme s'il eût été déjà reconnu infaillible. Paul IV et ses successeurs soumirent la littérature et la doctrine ecclésiastiques au régime le plus dur et le plus déprimant. Aucun ouvrage ne put paraître sans avoir été soumis à l'examen de trois, quatre ou cinq censeurs, appartenant aux grands ordres monastiques. Chaque censeur pouvait effacer du livre tout ce qui lui déplaisait, et pouvait être puni de prison pour les propositions téméraires qu'il aurait laissé passer. L'Inquisition et l'Index arrêtaient les livres publiés en terre protestante. La France seule resta ouverte aux études théologiques un peu libres et garda les vieilles théories du IXe siècle. Bossuet croyait et enseignait que les évêques sont, comme le pape, les successeurs des apôtres ; il reconnaissait au Saint-Siège une puissance très haute, très éminente, chère et vénérable à tous les fidèles, mais il mettait encore au-dessus de cette puissance l'Eglise universelle, seule infaillible. L'Eglise de France resta gallicane jusqu'à la Révolution.

Les violences jacobines et napoléoniennes firent beaucoup pour ramener vers le Saint-Siège la confiance et la sympathie du clergé de France. La négociation du concordat donna au pape une importance et une autorité que des ministres gallicans se seraient bien gardés de lui reconnaître. Pie VII, restauré en 1814, jouit d'un prestige que n'avaient pas eu depuis bien longtemps ses prédécesseurs, et de Maistre l'engagea sans ambages à dogmatiser. On verrait qui oserait élever la voix, quand le pape se serait prononcé.

Pie VII ne dogmatisa pas ; mais Grégoire XVI condamna le catholicisme libéral par l'encyclique *Mirari vos*, et, en 1854, Pie IX, de sa propre autorité, définit le dogme de l'Immaculée Conception. La question de l'infaillibilité pontificale se trouva ainsi posée comme elle ne l'avait encore jamais été, et il parut à tout un grand parti ecclésiastique que les temps étaient venus où cette prérogative suprême du pontife romain devait être érigée en article de foi.

Plus la situation politique du Saint-Siège semblait dangereuse, ou même désespérée, plus s'accentuait le conflit entre l'esprit sacerdotal et le monde moderne, plus les tenants de l'infaillibilité désiraient fortifier l'autorité spirituelle du pape, élever dans une sphère plus inaccessible le pontife gardien de la foi et des mœurs.

Un très grand nombre d'évêques favorisaient ce mouvement, dans l'intérêt de leur propre prestige et de leur propre autorité. Les concordats modernes ont été surtout avantageux aux évêques, dont ils ont fait de hauts fonctionnaires d'Etat et les maîtres absolus dans leurs diocèses. L'évêque contemporain ne trouve plus devant lui aucun contrepoids à son autorité ; il parle et tous se taisent, il commande et tous obéissent. S'il est dur, tout le monde pâlit ; s'il est injuste, il n'est presque pas d'excès qu'il ne puisse commettre impunément. Nous avons connu un évêque qui, de sa propre autorité, avait enfermé un de ses prêtres dans un couvent de trappistes — d'où l'autorité judiciaire réussit à le tirer. Un des confrères de ce prélat atrabilaire lui demandait s'il avait bien le droit d'agir ainsi : « Bah ! bah ! répondit l'évêque, « si je n'ai pas le droit, je le prends. »

« L'épiscopat, écrivait Huet en 1855, est miné par l'esprit de
« domination, par l'orgueil pharisaïque. La fraternité, loi suprême
« du christianisme, en souffre depuis longtemps. La tendance à
« concentrer l'infaillibilité dans le corps épiscopal et à tout
« anéantir devant son autorité, sauf à l'anéantir lui-même
« devant le pape, a séparé en quelque sorte l'épiscopat du reste
« de l'Eglise. »

Rien de moins chrétien, au vrai sens du mot, que le personnage officiel de l'évêque ; c'est, bien souvent, l'absolutisme fait homme ; pour quelques-uns, que l'on pourrait compter, qui trouvèrent le cœur du peuple et furent vraiment les pères de leurs clercs, combien de pasteurs médiocres, sans douceur et sans charité, infatués de leur grandeur et de leur faste, et poussant jusqu'à l'insolence leurs propres prétentions à l'infaillibilité ! Nous en avons entendu un, prêchant dans un lycée de l'Etat, un jour de première communion, dire devant nous à nos élèves : « Quand vos « maîtres vous disent quelque chose, vous pouvez ne pas les « croire ; car leur science peut être en défaut, ou ils peuvent se « tromper. Quand je vous dis quelque chose, ou que mon délégué, « M. l'aumônier, vous l'a dit en mon nom, il n'y a plus place à la « discussion ni au doute, car ce que nous vous disons est la vérité « même. » Ce prélat, qui prêchait si bien l'indiscipline aux élèves de l'Université, était pour ses prêtres un véritable despote. Et des évêques semblables, il y en a beaucoup de par le monde. Que leur importe l'infaillibilité papale ? Ils sont résolus d'avance à ne jamais essayer de penser par eux-mêmes ; mais, au nom du pape infaillible, ils dogmatiseront à loisir dans leur diocèse, ils courberont les têtes altières, ils mettront au joug les intelligences hardies, ils condamneront au *carcere duro* les clercs rebelles à leur autorité.

Dès 1853, vingt-huit évêques français, réunis à Amiens pour la translation des reliques de sainte Théodosie, proclamaient leur foi « à l'infaillible et irréformable autorité du pontife romain ».

En 1854, l'épiscopat du monde entier applaudissait avec transport à la définition du dogme de l'Immaculée Conception.

En 1862, trois cents évêques et neuf mille prêtres accoururent à Rome pour la canonisation des martyrs japonais. Les évêques votèrent au pape une adresse enthousiaste : « Nous t'écoutons, « toi, l'arbitre. Quand tu décides, nous obéissons au Christ, « nous condamnons les erreurs que tu condamnes. »

En 1864, l'épiscopat applaudit au *Syllabus* comme il avait applaudi à l'Immaculée Conception.

En 1867, eut lieu à Rome une nouvelle réunion d'évêques, et le parti infaillibiliste voulut en profiter pour faire acclamer le nouveau dogme par les prélats réunis autour de Pie IX.

D. Guéranger, abbé de Solesmes, écrivait : « Tout doit sortir du « Saint-Siège : dogme, morale et culte... Le papisme est la grâce « de notre temps. Il faut que le dogme triomphe de l'histoire ! » La *Civiltà cattolica*, organe officieux du Vatican, publiait, le 15 juin 1867, un article intitulé : *Un nouveau tribut à saint Pierre*. On y exhortait les évêques « à promettre solennellement de s'en

« tenir fermement, en toutes circonstances, même si l'on devait
« répandre son sang, à la doctrine, déjà universellement propagée
« parmi les catholiques, qui considère le pape comme infaillible,
« lorsqu'au nom de son autorité, il expose en qualité de docteur
« général, ou, comme l'on dit d'habitude, *ex cathedra*, ce qu'il
« faut croire en matière de foi et de morale, et que, par suite,
« ses décrets dogmatiques sont irrévocables et obligent en con-
« science, même avant l'acquiescement de l'Eglise ».

Chose étrange, il y eut assez de résistances parmi les évêques présents à Rome pour que le nouveau dogme ne pût être proclamé d'enthousiasme. Un certain nombre d'évêques pensèrent, avec Mgr de Ketteler, archevêque de Mayence, que, si le Saint-Père croyait « qu'il convenait de prendre de semblables résolutions,
« il devait les faire préparer et décider auparavant, dans le fond
« et dans la forme, à la manière sublime de l'antiquité, qui
« garantit avant tout à l'Eglise la présence vivante du Saint-Esprit
« parmi elle ». Grâce aux résistances, le projet d'adresse resta trop pâle pour dispenser du Concile, et malgré ses répugnances, Pie IX se décida à le convoquer.

Pie IX a poursuivi avec obstination la définition dogmatique de l'infaillibilité pontificale ; mais, comme on l'a très justement dit :
« ce qui serait chez un autre un orgueil insensé a été chez lui une
« exaltation de piété. Etranger à la théologie, il n'a été arrêté dans
« son dessein par aucune considération empruntée à l'histoire, à la
« tradition de l'ancienne Eglise. La prudence, qui calcule les
« périls d'une décision immédiate, lui eût semblé l'abandon même
« de sa foi en Dieu, c'est-à-dire en lui-même, car il n'a cessé de
« se regarder comme l'organe de la vérité absolue. Ses vertus,
« sa bonté, la bonne grâce de sa parole, montée parfois au ton
« inspiré, sa figure si noble sous ses cheveux blancs, tout a
« contribué à accroître son ascendant. L'idolâtrie croissante dont
« il était l'objet lui faisait croire qu'il pouvait tout oser. Un car-
« dinal français l'appelait « l'incarnation de l'autorité du Christ ».
« La *Civiltà* allait jusqu'à déclarer que le Verbe pensait en lui. A
« force de s'entendre proclamer divin, il le croyait et ne craignait
« pas de s'identifier avec le Christ. — La tradition, c'est moi, —
« disait-il à ceux qui commettaient devant lui l'inconvenance
« d'invoquer l'histoire (1). »

On ne peut imaginer à quel point les infaillibilistes poussèrent

---

(1) E. de Pressensé, *Etudes contemporaines*, 1880, p. 98.

— de très bonne foi d'ailleurs — l'admiration pour sa personne. Mgr Baunard, recteur de l'Université catholique de Lille, nous dit dans un livre tout récent : « Pie IX était le saint de Dieu ! Je me
« souviens qu'un jour de la semaine sainte, ayant été admis à
« voir Pie IX monter les degrés de la *Scala santa*, au pied de
« laquelle il a fait représenter en marbre, d'un côté le Christ
« baisé traîtreusement par Judas, de l'autre le Christ vendu
« honteusement par Pilate, je me figurai vraiment voir Jésus-
« Christ lui-même recommençant sa passion entre les mêmes
« sortes d'hommes (1). »

« On sut si bien le griser par des fêtes continuelles, par des
« pèlerinages à Rome, des flagorneries de toute nature, en parti-
« culier par d'innombrables adresses et des articles dans la bonne
« presse, qu'il lui fut impossible d'apprécier sainement les choses,
« et qu'il se figura que son pontificat était le plus brillant et le
« plus bienfaisant pour l'Église et pour la société. » (Döllinger.)

Ajoutons qu'il détestait les libéraux, allant jusqu'à appeler Montalembert « un monstre d'orgueil » et les catholiques libéraux des « semi-catholiques... complètement imbus de principes
« corrompus... ressassant des doctrines maintes fois réprou-
« vées, des chicanes historiques, des calomnies, des sophismes
« de tout genre... qui le réduisaient à déplorer dans leur
« conduite une déraison égale à leur témérité. »

Il disait bien : « Moi, Jean-Marie Mastaï, je crois à l'infailli-
« bilité ; Pape, je n'ai rien à demander au Concile, le Saint-Esprit
« l'éclairera. » Mais il était bien certain qu'un homme de foi aussi intransigeante ferait tous ses efforts pour seconder l'action du Saint-Esprit, fût-ce au détriment de la liberté des Pères ; et l'histoire du Concile semble bien prouver qu'il en fut ainsi.

La bulle d'indiction du Concile parut le 29 juin 1868. Le pape y annonçait que « le Concile devrait examiner avec le plus grand
« soin et déterminer ce qui convient, en ces temps calamiteux,
« pour la plus grande gloire de Dieu, pour l'intégrité de la foi,
« pour la splendeur du culte, pour le salut éternel des hommes,
« pour la discipline et la solide instruction du clergé régulier et
« séculier, pour l'observation des lois ecclésiastiques, pour la
« réforme des mœurs, pour l'éducation chrétienne de la jeunesse,
« pour la paix générale et la concorde universelle. »

La *Civiltà* commenta ce programme à sa manière et lui donna

---

(1) *Un siècle de l'Eglise de France*, 1906, p. 102.

le ton d'un défi au monde moderne : « Les Etats chrétiens, disait-
« elle, ont cessé d'exister. La société des hommes est redevenue
« païenne et ressemble à un corps d'argile, qui attend le souffle
« divin. Mais, avec l'aide de Dieu, rien n'est impossible. Par la
« vision d'Ezéchiel, nous savons qu'il anime les ossements blan-
« chis. Les ossements blanchis, ce sont les pouvoirs politiques,
« les parlements, le suffrage universel, les mariages civils, les
« conseils municipaux. Quant aux Universités, ce ne sont pas des
« os arides, ce sont des os putrides, et grande est l'infection qui
« s'exhale de leurs enseignements corrupteurs et pestilentiels.
« Mais ces os peuvent être rappelés à la vie, s'ils entendent la
« parole de Dieu, c'est-à-dire s'ils acceptent la loi divine qui
« leur sera annoncée par le suprême et infaillible docteur le
« pape. »

Ainsi donc, avant même que le Concile se fût assemblé, la *Civiltà* proclamait le pape infaillible et limitait les pouvoirs de l'assemblée à un enregistrement pur et simple des doctrines pontificales.

Dans un nouvel article, publié le 6 février 1869, elle dressait
« le véritable programme des délibérations conciliaires. Les
« catholiques libéraux, disait-elle, redoutent de voir proclamer
« la doctrine du *Syllabus* et l'infaillibilité dogmatique du pape par
« le Concile... Les véritables catholiques (c'est-à-dire, la grande
« majorité des croyants) ont l'espoir tout contraire. Ils désirent
« que le Concile promulgue les doctrines du *Syllabus* en proposi-
« tions affirmatives... Ils accueilleront avec joie la proclamation
« de l'infaillibilité dogmatique du pape... Le pape lui-même n'est
« pas disposé à prendre l'initiative d'une proposition qui semble
« se rapporter directement à lui ; mais on espère que l'unanime
« manifestation du Saint-Esprit par la bouche des Pères du Con-
« cile définira par acclamation l'infaillibilité du pape... Enfin
« un grand nombre de catholiques souhaitent que le Concile
« couronne la série d'actions de grâces que l'Eglise a adressées à
« la bienheureuse Vierge Marie par la promulgation du dogme
« de sa glorieuse réception dans le ciel... Les catholiques ont la
« conviction que le Concile sera de courte durée. On pense que
« les évêques seront unanimes sur les questions principales, de
« sorte que la minorité ne pourra faire une longue opposition,
« quelque préparée qu'elle y puisse être. »

Le programme réel était ainsi tracé, et le parti infaillibiliste faisait savoir d'avance aux Pères qu'il ne s'agirait pas d'une assemblée réellement délibérante, mais d'une représentation générale, où la pompe du décor dissimulerait l'absence étrange de vie et de liberté.

Tous les détails étaient réglés d'avance. Un prélat anglais, le cardinal Manning, s'était chargé de supplier le Saint-Père d'élever l'infaillibilité à la dignité de dogme ; les acclamations de la majorité docile auraient retenti, le dogme eût été proclamé séance tenante, et « à la clarté de ce nouveau soleil levant de la vérité « divine, toujours brillant, tous les spectres nocturnes d'une « fausse science et les images trompeuses de la culture moderne « s'enfuiraient pour toujours épouvantés. » (Döllinger.)

Les schismatiques et les hérétiques furent, suivant l'usage, invités à participer au Concile. Convoqués à Rome, dans la basilique même de Saint-Pierre, pour rendre hommage à la papauté, les patriarches de Jérusalem, d'Antioche et de Constantinople, et les prélats russes refusèrent de comparaître. Les protestants parurent peu touchés des arguments du pape, qui leur rappelait « les révoltes déplorables, les désordres et les troubles qui « avaient visité les peuples schismatiques ».

Le droit de siéger au Concile fut limité aux évêques et aux représentants des ordres religieux ; mais, tandis que les évêques titulaires, c'est-à-dire indépendants, n'obtenaient pas le droit de se faire représenter par des délégués, les évêques *in partibus infidelium*, et les vicaires apostoliques, placés sous l'autorité directe de la curie, étaient tous autorisés à siéger dans l'assemblée. On compta ainsi au Concile 50 cardinaux, 100 vicaires apostoliques, 50 généraux d'ordres et abbés mitrés, 100 évêques de la propagande et 270 prélats italiens, dont 143 appartenaient aux Etats pontificaux. C'était un bloc de 570 infaillibilistes, qui marchaient en phalange serrée et devaient assurer la victoire à toutes les propositions émanées du Saint-Siège.

Les lettres d'invitation furent adressées directement aux évêques, sans passer par les divers gouvernements européens. Le Saint-Siège crut ainsi affirmer sa complète indépendance. Les Etats, après avoir un instant songé à protester, s'abstinrent tous, d'un commun accord ; et le Concile, au lieu d'être un immense Congrès mondial, se trouva réduit aux proportions d'une simple assemblée de prêtres, discutant entre eux des questions que le siècle se résignait de fort bonne grâce à ignorer. « Le gouverne- « ment italien, disait aux députés le ministre de Victor-Emma- « nuel, n'a pas cru devoir mettre le moindre obstacle à la réunion

« à Rome des évêques du royaume au sujet du Concile.
« Sa Majesté forme des vœux pour que de cette assemblée sorte
« une parole destinée à concilier la foi et la science, la religion
« et la civilisation. Mais, quoi qu'il arrive, la nation peut être
« certaine que le roi maintiendra intacts les droits de l'Etat et sa
« propre dignité. »

Le règlement général de l'assemblée ne fut même pas abandonné aux délibérations des Pères. Chaque évêque reçut en arrivant au Concile une bulle réglementaire, rédigée à l'avance, et un évêque hongrois, qui eut le courage de protester contre cette procédure insolite, fut, par trois fois, rappelé à l'ordre. Le pape avait nommé une *Commission des Propositions*, et nul projet ne pouvait venir devant le Concile sans avoir été approuvé par cette Commission, remplie d'ultramontains, et sans avoir été confirmé par le pape. Les *Commissions de la Foi*, des *Missions* et de la *Discipline* furent laissées à l'élection du Concile ; mais le pape dressa lui-même des listes de candidats officiels, et n'y mit, bien entendu, aucun membre de l'opposition. Ces Commissions étaient d'ailleurs purement consultatives, la préparation du travail du Concile étant confiée aux congrégations romaines. Les cardinaux présidents étaient armés d'un pouvoir discrétionnaire. L'excommunication majeure était prononcée contre quiconque contesterait le *Syllabus*, ou tout autre acte pontifical. Défense était faite aux évêques de se réunir par nation, ou de se concerter. A peine le Concile fut-il ouvert, que l'Index défendit la lecture des Lettres de Döllinger. Deschamps et Manning avaient toute liberté pour attaquer les anti-infaillibilistes ; la réponse que leur adressa Mgr Dupanloup ne put trouver d'imprimeur.

Cent évêques protestèrent contre ce règlement draconien. On ne tint aucun compte de leur protestation.

En dépit de toutes ces précautions, l'opposition s'annonçait comme très sérieuse. De pays comme l'Espagne et l'Italie, depuis longtemps façonnés au joug pontifical, on n'avait rien à craindre ; mais la France comptait des prélats opposants de haute science, comme le cardinal Mathieu, archevêque de Besançon ; de grande éloquence, comme Mgr Dupanloup ; ou de situation prépondérante, comme l'archevêque de Paris, Mgr Darboy. L'Allemagne et la Hongrie montraient encore plus de répugnances à suivre Pie IX dans la voie où il voulait engager l'Eglise.

Un catholique allemand accusa la Curie romaine, « d'avoir
« déshonoré le catholicisme, en présentant l'Eglise comme une

« institution de police dans l'ordre social et une puissance de
« ténèbres dans l'ordre intellectuel ».

La *Gazette d'Augsbourg* publia, sous le nom de Janus, une
série d'articles inspirés par le chanoine Döllinger et qui constituaient un véritable réquisitoire contre l'autocratie pontificale :
« Nous reconnaissons, disait l'auteur, appartenir à cette opinion
« que nos adversaires nomment libérale. Nous partageons les
« vues de ceux qui tiennent une réforme générale et décisive de
« l'Eglise pour aussi nécessaire qu'inévitable. Pour nous, l'Eglise
« catholique ne s'identifie nullement avec le papisme ; nous
« sommes profondément séparés de ceux dont l'idéal ecclésias-
« tique est un empire universel, régi par un monarque spirituel,
« et, s'il est possible, temporel, un empire de crainte et d'oppres-
« sion, dans lequel le pouvoir séculier prête son bras aux dépo-
« sitaires de la puissance ecclésiastique pour réprimer ou
« étouffer tout mouvement désapprouvé par elle. »

La *Gazette de Cologne* publia un manifeste des catholiques allemands, qui demandaient « qu'on en finît à jamais avec tout ce qui
« rappelait la théocratie du Moyen-Age... et que l'Eglise prît une
« position normale vis-à-vis de la culture intellectuelle et de la
« science ».

« Prenez garde, disait le cardinal Diepenbrock. Ne prenez pas
« de résolution que l'esprit allemand ne pourrait pas supporter.
« Rappelez-vous que toute la classe moyenne dirigeante instruite,
« que tout le monde laïque pensant en Allemagne a reçu sa culture
« dans les Universités allemandes. Vous possédez bien encore
« des millions de catholiques allemands, mais ces millions sont
« partout pénétrés d'éléments protestants, vivent de littérature
« protestante et non de littérature ultramontaine ; ils subissent
« l'influence journalière d'une presse quotidienne absolument
« libre, et la honte seule les empêcherait de recevoir l'infaillibilité
« pontificale, doctrine qui est une insulte à l'Ecriture sainte,
« à l'ancienne Eglise, à l'histoire, à la raison humaine... Cette
« infaillibilité est une folie, une chimère de cerveau malade. »
(Cité par Döllinger, *Kleine Schriften*, p. 417.)

Enfin, vingt évêques allemands, réunis à Fulda, supplièrent le
pape de ne soumettre au Concile aucune définition qui ne serait
pas contenue dans la sainte Ecriture et dans la tradition apostolique.

Ces énergiques déclarations ne firent qu'irriter les infaillibilistes, sûrs de leur majorité. Peu s'en fallut cependant que l'oppo-

sition ne l'emportât. En dépit des habiles mesures prises par la Curie, en dépit de la timidité des opposants, qui, suivant une très heureuse expression, ne faisaient la guerre qu'à genoux et se prosternaient après chaque tentative de résistance (1), la défense dura huit mois; et, si elle avait duré un mois de plus, le Concile se dissolvait de lui-même sans avoir rien décidé.

Le 8 décembre 1869, une grandiose procession se déroula dans la nef de Saint-Pierre. En tête venaient les représentants des ordres religieux, puis les Pères du Concile, sept cents évêques, la mitre blanche en tête, la chape blanche sur les épaules, puis les cardinaux, puis le pape, sur la *Sedia*. Pie IX était radieux. Il mit pied à terre dans le vestibule de la basilique et alla s'agenouiller devant la Confession. Après la messe d'inauguration et l'obédience des évêques, le pape récita la prière d'ouverture du Concile, le cardinal Antonelli récita la prière des évêques, et toute l'assemblée dit ensuite les litanies des saints. Ce fut une splendide et émouvante cérémonie.

Pendant les huit mois qu'il a siégé, le Concile du Vatican a promulgué deux constitutions. Par la première, *Dei Filius*, qui est, paraît-il, un chef-d'œuvre de littérature théologique (2), le Concile a renouvelé les condamnations déjà prononcées contre l'athéisme, le panthéisme, le matérialisme. Il a également proclamé à nouveau la canonicité indiscutable de tous les livres de la Vulgate, y compris les apocryphes de l'Ancien Testament. Il a anathématisé ceux qui disent « que les sciences humaines doivent être traitées « avec une telle liberté, que l'on puisse tenir pour vraies leurs « assertions, quand même elles seraient contraires à la vérité « révélée, ou que l'Eglise ne peut les proscrire. »

Par la seconde constitution : *Pastor æternus*, le Concile a défini le dogme de l'infaillibilité pontificale : « Le pontife romain, quand « il parle *ex cathedra*, c'est-à-dire quand, accomplissant l'office de « pasteur et docteur de tous les chrétiens, il définit, en vertu de « sa suprême autorité apostolique, une doctrine sur la foi et les « mœurs, qui doit être observée par l'Eglise tout entière, jouit, « moyennant l'assistance divine, qui lui est promise en la per- « sonne du bienheureux Pierre, de cette infaillibilité dont le « divin Rédempteur a doté son Eglise, définissant la doctrine sur

---

(1) J.-V. Bainvel, S. J., Le dogme et la pensée catholique, dans *Un Siècle ; mouvement du monde de 1800 à 1900*, Paris, 1900, in-4°.
(2) Leroy-Beaulieu, *Les catholiques libéraux, l'Eglise et le libéralisme*, Paris, 1885, in-12.

« la foi ou les mœurs; et par conséquent, les définitions du pontife
« romain sont irréformables. »

Ce ne fut pas sans peine que le vote du projet de déclaration fut
obtenu. Si les infaillibilistes avaient pour eux une incontestable et
docile majorité, les opposants avaient pour eux le prestige de la
science, de l'éloquence et l'autorité qui s'attache aux grands
sièges. Pendant de longs mois, ils combattirent courageusement,
sans se laisser émouvoir par l'hostilité de leurs adversaires. Leur
situation morale fut extrêmement pénible. Les luttes religieuses
passionnent tellement les hommes que les meilleurs deviennent
sans entrailles en face de celui qui ne voit pas comme eux la
vérité. Pour un opposant, un infaillibiliste était un téméraire
novateur, un flatteur, un ennemi de la liberté chrétienne. Pour un
infaillibiliste, un opposant était un homme sans foi, sans enthousiasme, sans cœur, un ennemi du pape et de l'Eglise, un mauvais
évêque, un mauvais catholique, un orgueilleux tout prêt à tomber
dans les pièges du malin. L'évêque de Laval déclarait, dans une
lettre rendue publique, « qu'il aimerait mieux tomber mort que
« d'avoir écrit les lettres de Mgr Dupanloup ». On appelait « Voie
scélérate » la route qui conduisait du pavillon occupé par l'évêque
d'Orléans au Vatican. Mgr Strossmayer fut conspué en plein Concile pour s'être opposé à la flétrissure du protestantisme.

Le pape, bien loin de rester neutre, se jeta avec passion dans
la lutte. Il blâmait publiquement les évêques indépendants ; il
alla jusqu'à interner dans des couvents certains évêques des pays
d'Orient ; il n'eut jamais un mot de pitié pour les prélats malades,
que la chaleur atroce de l'été de 1870 torturait : « Qu'ils meurent ! »
répondit-il, un jour, à quelqu'un qui lui demandait l'ajournement
du Concile. Quoique le règlement du Concile fût déjà draconien, la
Curie l'aggrava encore, le 20 février 1870. Tout amendement aux
projets dut être communiqué par écrit aux commissions spéciales,
les évêques rapporteurs des commissions reçurent le droit de
prendre la parole après chaque opposant. Toute demande signée
de dix Pères suffit pour que la clôture de la discussion fût
mise aux voix. Les évêques opposants finirent par être forcés de
renoncer à la parole, pour ne pas être accusés de faire de
l'obstruction.

Cependant, le 13 juillet 1870, en congrégation générale, soixante-
dix évêques s'abstenaient de voter, soixante-deux ne donnaient
au projet qu'une adhésion conditionnelle et quatre-vingt-huit le
rejetaient entièrement. Le 17 juillet, cinquante-six prélats sup-

pliaient encore le pape de retirer le projet, et Pie IX refusait de leur donner satisfaction. Ils avaient tort, suivant lui, « de croire « qu'un article de foi doit être prouvé par l'Ecriture et la tradi- « tion et qu'il ne peut exister d'article de foi catholique que ce qui « a été cru toujours, partout et par tous. Ils n'avaient pour but « que d'empêcher notre siècle de se réjouir de ses vérités propres, « que n'avaient pas connues les précédents, et ils n'avaient pas « compris qu'avec le progrès des temps de nouveaux mystères « étaient révélés. »

Ainsi éconduits, les chefs de l'opposition quittèrent Rome et, le 18 juillet, en séance plénière présidée par le pape, cinq-cent trente-trois Pères votèrent la définition dogmatique de l'infaillibilité. Deux prélats seulement eurent encore le courage de refuser leur adhésion. L'évêque de Cajazzo lança sous les voûtes de Saint-Pierre un formidable *Non placet*. Mgr Fitzgerald, évêque de Little-Rock aux Etats-Unis, vota non. Au dehors, un orage couvrait Rome de tonnerres et d'éclairs. Le lendemain, la guerre était déclarée entre la France et l'Allemagne. Soixante-quatre jours plus tard, les troupes italiennes entraient à Rome. Un mois après la prise de la ville, Pie IX ajournait le Concile, qui n'avait encore accompli qu'une faible partie de sa tâche, et en avait déjà trop fait.

Si l'on en croit les infaillibilistes, le nouveau dogme a assuré à jamais la fortune de l'Eglise. L'idée d'avoir un maître infaillible exalte certains esprits jusqu'à l'extase : « Les conséquences sont « sous nos yeux, dit le P. Bainvel, et elles démentent toutes « les prévisions pessimistes des opposants : le Pape usant de son « autorité pour grandir les évêques et grouper autour d'eux « les fidèles, écouté des rois, se rapprochant des peuples pour « les instruire, et les soulager, plus que jamais un des centres « autour desquels gravite le monde... A notre époque de « trouble et d'inquiétude intellectuelle, il fallait un pape infail- « lible, une autorité indiscutée pour marquer la route aux « esprits désorientés, pour rallier et raffermir les âmes en « désarroi. Nous avons l'étoile directrice ! »

Voilà l'acte de foi orthodoxe. Avons-nous besoin de dire que le nouveau dogme est bien loin de trouver partout un accueil aussi enthousiaste ?

Le P. Lacordaire y voyait « une suprême insolence envers « Jésus-Christ ».

Mgr Sibour, archevêque de Paris, mort à un moment où l'on ne

« faisait encore que prévoir l'infaillibilité, y voyait la disparition de
« toute hiérarchie, de toute discussion raisonnable, de toute ré-
« sistance légitime, de toute individualité, de toute spontanéité. »

Le P. Hyacinthe Loison sortit de l'Eglise, juste au moment où toutes ces grandes choses allaient disparaître, et il rendit témoignage aux droits de la conscience avec la plus courageuse éloquence : « Vous exigez, écrivait-il à son supérieur, que je parle
« un langage, ou que je garde un silence qui ne serait plus l'en-
« tière et loyale expression de ma conscience. Je n'hésite pas un
« instant... Je ne saurais remonter dans la chaire de Notre-
« Dame... Je m'éloigne en même temps du couvent que j'habite
« et qui, dans les circonstances nouvelles qui me sont faites, se
« change pour moi en une prison de l'âme... J'ai promis l'obéis-
« sance monastique, mais dans les limites de l'honnêteté de ma
« conscience, de la dignité de ma personne et de mon ministère,
« je l'ai promise sous le bénéfice de cette loi supérieure de justice
« et de royale liberté, qui est, selon l'apôtre saint Jacques, la loi
« propre du chrétien. »

« La théologie rationnelle, dit à son tour un philosophe,
« M. Réville, ne peut admettre l'infaillibilité qu'en Dieu. C'est un
« des attributs de l'absolu. Lors même que la vérité serait com-
« muniquée à un être fini surnaturellement, il ne pourrait en
« recevoir communication que par l'intermédiaire de son intelli-
« gence, il ne pourrait la transmettre à d'autres qu'en la tradui-
« sant en paroles humaines, et ces autres, à leur tour, ne la
« connaîtraient que moyennant l'exercice de leurs moyens de
« connaître. Or tout cela est toujours faillible. »

Les politiques s'effraient de l'autorité absolue et surhumaine que prétend s'attribuer le pontife romain. On a beau leur dire qu'il ne s'agit que d'une infaillibilité *ex cathedra*, limitée aux matières de foi et de morale ; ils répondent avec raison que les théologiens eux-mêmes ne s'entendent pas sur le sens des mots *ex cathedra*, et que, si l'on admet l'infaillibilité, on ne voit pas pourquoi le pape serait faillible dans un bref, presque infaillible dans une allocution et tout à fait infaillible dans une encyclique. Ils citent les opinions des infaillibilistes qui font du pape un autocrate absolu, un oracle suprême. La *Civiltà* n'a-t-elle pas dit : « Quand le pape médite, c'est Dieu qui pense en lui ? » Léon XIII n'a-t-il pas écrit que, pour un évêque, « interroger sa
« conscience, c'est se demander si sa conduite est conforme aux
« prescriptions du pape ? » Ils montrent les prétentions de l'in-

faillibilité s'étendant peu à peu du domaine de la foi et des mœurs aux rapports de la religion avec la société, de l'Eglise avec l'Etat, voire même aux institutions nationales, aux questions de science et d'enseignement. Ils affirment que le régime de l'Eglise a été changé, qu'elle se trouve désormais soumise à la cléricature italienne, que les Conciles deviennent inutiles et que toute la science théologique consistera désormais à savoir si telle ou telle décision du pape est ou n'est pas dogmatique. Ils déclarent que le nouveau dogme a élargi l'abîme qui séparait déjà l'Eglise du monde moderne.

Et on ne peut pas dire qu'ils se trompent ou qu'ils mentent, quand on entend des ecclésiastiques affirmer, comme M. Lecanuet, que « la domination de Jésus-Christ sur les peuples qu'il a ra-
« chetés est absolue, universelle, permanente, et qu'en vertu
« du décret royal de l'Homme-Dieu, l'Église doit s'emparer de la
« terre et y régner ».

Que deviendraient, dans un pareil Etat, les droits de la conscience ?

Ils disparaîtraient devant l'autorité du roi-pontife, et les infaillibilistes nous disent en souriant : « Pouvez-vous opposer
« votre petite raison à l'intelligence divine, préférer votre petite
« lanterne à ce soleil éblouissant ? » — Et là se trouve, en effet, tout le nœud de la question, le point vital, qu'on ne saurait abandonner sans mourir.

La pensée est le tourment de l'homme ; mais c'est aussi sa dignité, c'est sa vraie, sa seule raison d'être ; et la pensée de l'homme doit être libre, souverainement libre.

Faible et misérable en ce monde immense et hostile, qu'il ne pénétrera jamais, qui le menace, qui le blesse, qui le pille, qui l'opprime de toutes parts, qu'il ait au moins à lui, bien à lui, à lui seul, son âme et sa conscience ; qu'il ait son âme libre, pour y puiser chaque jour quelque force, pour y goûter parfois quelque réconfort ; qu'il ait sa conscience à lui seul pour y installer en paix ses pauvres joies, ses humbles amours, ses lambeaux d'idées, acquises au prix de tant de luttes, de tant de labeurs, au prix de sa force et de sa vie ; qu'il soit là chez lui, maître et seigneur ; que personne ne puisse pénétrer par effraction dans ce sanctuaire, personne, ni chef, ni juge, ni roi, ni empereur, ni pontife !... Sa conscience, c'est sa Rome, à lui ! Si vous la lui enlevez, que lui restera-t-il sur la terre ?... Vous prétendez que, sans Rome, vous ne pouvez exercer sûrement avec succès et librement votre autorité de suprême pasteur ; et l'homme ne peut pas davantage, sans la pleine possession de sa conscience, assumer sa tâche morale, accomplir son œuvre de salut et de rédemption.

Prenez garde, d'ailleurs : dans le conflit actuel entre les hommes de foi et les hommes de raison pure, la seule défense possible du christianisme est la conscience individuelle. C'est dans la conscience que réside la seule force capable de faire équilibre à l'effroyable effort de la puissance laïque ; c'est devant cette seule force que cette puissance consent à s'incliner ; la conscience est le réduit central de la défense religieuse ; n'allez donc pas la violenter, la forcer vous-mêmes, à la grande joie de l'ennemi. La conscience est votre dernier asile : tenez-la pour inviolable ; c'est votre dernier temple : n'y mettez pas le feu.

L'ÉGLISE ET LA RÉPUBLIQUE DE 1870 A 1900

Nous avons, pendant un instant, quitté la France pour étudier les grands événements qui ont changé la face de l'Italie et la physionomie intime de l'Eglise. Nous revenons aujourd'hui à notre pays, pour rechercher en quels termes ont vécu l'Eglise et l'Etat français dans les cinquante dernières années du xixe siècle. Nous résumerons d'un mot toute cette histoire en disant que c'est le régime de la mésintelligence et de la guerre à coups d'épingle.

L'Eglise de France, nous le savons déjà, ne regretta point la République de 48, qui lui avait cependant accordé l'expédition de Rome et la liberté de l'enseignement secondaire.

Elle applaudit cruellement au 2 décembre, et il n'est pas étonnant que les républicains lui en aient gardé rancune.

Elle profita, sous le second empire, de la faveur marquée que lui témoigna Napoléon III, toujours en coquetterie réglée avec l'épiscopat. Elle se servit du bras séculier pour combattre ses adversaires; elle multiplia ses séminaires, ses institutions et ses écoles; elle prit une part prépondérante à l'enseignement du peuple; elle attira à elle la noblesse et la bourgeoisie réactionnaire; elle surveilla jalousement la presse et l'Université; mais, comme Napoléon III ne voulut pas servir toutes ses rancunes et ne déclara pas la guerre à Victor-Emmanuel après Castelfidardo, l'Eglise ne se donna jamais franchement à lui et accueillit sa chute avec une suprême indifférence.

Dans un livre tout récent (1), Mgr Baunard semble attribuer la chute de l'empire à l'abandon du pape et à la publication de la *Vie de Jésus* par Renan. Il nous dit que « la France gouvernementale, impériale, officielle, trahissait le pape... et que le crime « du second empire, perpétré en complicité avec l'Italie révolutionnaire, ne laissera dans l'histoire qu'un sombre souvenir de « honte ou de faiblesse » (p. 102-103). Il nous dit que le livre de Renan « fut le plus grand blasphème du siècle, le plus grand crime

(1) *Un siècle de l'Eglise de France*, Paris, 1906.

« du second empire, et finalement son plus grand malheur aussi,
« en déchaînant sur lui, sur nous, les vengeances d'en haut et
« préparant les désastres sanglants de la patrie » (p. 181).

Le 4 septembre 1870, l'Eglise de France se retrouva en face de la République, qu'elle croyait morte depuis dix-neuf ans, et qui se relevait, bien différente de ce qu'elle avait été après la révolution de Février.

Le gouvernement de la Défense nationale était, il est vrai, présidé par un catholique, le général Trochu. Le ministre des affaires étrangères, Jules Favre, refusait aux Italiens la dénonciation de la convention de septembre 1864, offrait en Corse un asile à Pie IX, et maintenait un stationnaire français à Civita Vecchia. Un décret de Gambetta, du 16 octobre 1870, plaçait les congrégations, même non autorisées, même les Jésuites, sous la protection de la loi. La délégation de Tours s'installait au palais archiépiscopal, dont Mgr Guibert lui faisait courtoisement les honneurs.

Mais, tandis que le gouvernement se montrait sage et bienveillant, la foule impatiente grondait déjà autour du clergé. La propagande anticléricale et matérialiste faite dans les grandes villes avait porté ses fruits. Le 8 novembre 1870, au club de la rue d'Arras, un orateur se plaignait « qu'on n'eût pas décrété la
« levée en masse, sans excepter les membres des congrégations
« religieuses, les curés, les chanoines et autres fainéants qui se
« gorgent de nourriture et de volupté, pendant que le peuple est
« sur les remparts ; c'est une honte de laisser ces sacs à charbon
« se promener dans Paris. »

Le 16 décembre, à la salle des Mille et un Jeux, un orateur vocifère : « Pas de prêtres à la suite de nos ambulances ! S'il en paraît,
« le devoir de tout patriote est de les fusiller. Les prêtres, en
« relevant nos blessés, leur verseraient du poison ! »

Dès cette époque, sous les yeux effarés de Trochu, des églises, des couvents, des écoles sont envahis et pillés. Le chef du gouvernement s'avoue impuissant à maintenir l'ordre.

Au mois de mars 1871, Paris abandonné par le gouvernement, Paris en grève forcée, affamé, ruiné, vaincu, travaillé par les internationaux, les blanquistes, les anarchistes, les révoltés de toute espèce, se soulève et se constitue en Commune autonome au milieu de la France envahie.

Le 2 avril, la Commune décrète la séparation de l'Eglise et de l'Etat, la suppression du budget des cultes, la confiscation des biens appartenant aux congrégations.

Le journal *La Montagne* écrit, le 20 avril 1871 : « Nous ne croyons « pas à Dieu. La révolution de 1871 est athée ; notre République a « un bouquet d'immortelles au corsage ; nous menons sans « prières nos morts à la fosse et nos femmes à l'hymen. Nos « femmes et nos filles n'iront plus s'agenouiller balbutiantes « dans l'ombre de vos confessionnaux... Notre grande cité du « travail exclut les parasites et les paresseux... Partez, partez « vite ! Prenez garde aux colères du peuple ! »

Les églises sont changées en clubs. A Saint-Pierre de Montrouge, Decamps, membre de la Commune, expulse le curé et lui dit en riant : « L'église ne vous appartient plus ; si vous voulez y faire « vos farces, il faut la louer ; nous allons vous l'affermer au mètre « cube ». A Saint-Sulpice, un clubiste provoque Dieu en combat singulier. Le général Eudes déclare plaisamment que, « si Dieu « existait, il le ferait fusiller ».

Bientôt la Commune arrête des religieux et des prêtres, qu'elle garde comme otages. — « Quelle est votre profession ? demande « Raoul Rigault à un P. Jésuite. — Je suis serviteur de Dieu. — Où « habite votre maître ? — Il est partout. — Greffier, écrivez : se « disant serviteur d'un nommé Dieu, en état de vagabondage. »

L'histoire de la Commune est encore mal connue : nous sommes de ceux qui pensent que ce feu de paille n'eût pas duré et qu'avec de l'or adroitement semé, des promesses, des marques de bienveillance, une politique ferme et prudente à la fois, on n'eût pas eu besoin d'assiéger une seconde fois la ville, de la prendre d'assaut, de l'exposer à l'incendie et à la subversion totale, sous les yeux des Prussiens triomphants.

Thiers se prononça pour la politique belliqueuse ; le massacre de l'archevêque de Paris et de quatre prêtres à Mazas, de dix prêtres à la rue Haxo, de douze religieux dominicains au boulevard d'Italie, fut l'atroce réponse de la Commune à l'entrée des troupes de Versailles dans Paris.

Le bilan de la Commune est terrible. Voici les chiffres donnés par M. Hanotaux : 17.000 hommes et femmes périrent dans la lutte ; 35.800 prisonniers restèrent aux mains des vainqueurs ; 22 conseils de guerre commencèrent 46.835 procès. Il y eut 23.727 ordonnances de non-lieu, 9.241 refus d'informer, 2.451 acquittements, 10.137 condamnations contradictoires, 1.895 condamnés graciés, 26 fusillés, 1.169 déportés dans une enceinte fortifiée, 3.417 condamnés à la détention, 332 au bannissement, 251 aux travaux forcés, 4.873 à des peines diverses.

Nous redirons, ici, ce que nous avons déjà dit au sujet des journées de Juin. Les guerres civiles n'ont pas de droit des gens, et c'est une grave lacune de notre droit public; le vainqueur se constitue juge du vaincu, et le proscrit après l'avoir terrassé. Le clergé avait montré, dans ces jours néfastes, une véritable grandeur d'âme. Mgr Darboy avait atteint à l'héroïsme de Mgr Affre. Prisonnier de la Commune, il n'avait pas craint de blâmer les excès des troupes de Versailles, et ce fut pour cette raison que Thiers refusa de l'échanger contre Blanqui. L'archevêque paya de sa vie sa protestation; mais son exemple ne trouva pas assez d'imitateurs. Le clergé célébra des messes d'actions de grâces pour le rétablissement de l'ordre; il en avait le droit, mais n'eût-il pas été incomparablement plus grand s'il eût crié : *grâce aux vaincus !* si, au lendemain des massacres, il avait demandé la liberté de ses persécuteurs ?

Il ne le fit point, et sans comprendre que la France du suffrage universel marchait forcément vers la démocratie, il se rejeta, en haine de la Commune, vers la forme la plus réactionnaire et la plus surannée de la monarchie, vers la monarchie de droit divin, représentée par le comte de Chambord.

Henri-Charles-Ferdinand-Marie-Dieudonné d'Artois avait cinquante-trois ans, quand il faillit devenir roi; il y avait quarante-trois ans qu'il avait quitté la France; il était marié depuis vingt-sept ans à une princesse de Modène, sa cousine, et n'avait point d'enfants. Un accident de chasse, survenu en 1841, l'avait rendu légèrement boiteux, mais lui avait laissé un extérieur agréable et sympathique. De taille assez haute et de corpulence un peu forte, il avait l'œil vif, le regard calme et droit, le nez fin, la barbe et les cheveux blonds. Ses serviteurs et ses fidèles vantaient sa droiture et sa bonté; il avait toute la courtoisie des grandes races et jouissait dans les environs de Frohsdorf, sa résidence, d'une très grande popularité. C'était un prince d'un réel mérite, parfait honnête homme, auquel on pourrait appliquer le vers de Musset :

Si l'on peut être roi de France, il l'eût été.

Mais il avait été élevé par les Pères jésuites Deplace et Druilhet, par l'abbé Frayssinous, par l'abbé Trébuquet, dans une dévotion étroite et exaltée ; son instruction, dirigée par le duc de Levis, avait été fort mal comprise ; il était à la fois hésitant et obstiné et n'avait aucune idée du pays qu'on voulait lui donner comme royaume, ni de la nation qu'il aurait à gouverner.

L'Assemblée nationale élue en février 1871 comprenait une trentaine de bonapartistes, 200 républicains et 400 royalistes ; mais ces royalistes étaient divisés : les uns ayant pour candidat le comte de Chambord, les autres lui opposant l'héritier de Louis-Philippe, le comte de Paris. Puis il ne pouvait être question de changer le régime de la France aussi longtemps que la paix ne serait point signée, que l'ennemi ne serait point payé et n'aurait point évacué le territoire.

Ce temps de dures épreuves, l'Assemblée en fit patriotiquement un temps de recueillement, et le clergé en fit une retraite. Habitué à voir la main de Dieu dans tous les événements humains, la France vaincue lui apparut naturellement comme une France châtiée, et il exhorta les peuples à la pénitence. Dès le mois d'octobre 1872, il organisa des pèlerinages à Sainte-Anne d'Auray, à la Salette, à Lourdes, à Rome.

Après la mort de Napoléon III, les chances de son candidat au trône lui parurent devenir plus sérieuses.

Le 24 mai 1873, à 14 voix de majorité, les monarchistes de l'Assemblée nationale renversèrent Thiers et mirent à sa place le maréchal de Mac-Mahon, qui promit bien à la France « que rien « ne serait changé aux institutions existantes », mais qui était prêt à accepter le retour du roi, si l'Assemblée lui rouvrait les portes de la France.

Alors commencèrent les manifestations destinées à préparer la nation à la restauration de la monarchie et à affirmer l'intime alliance de l'Eglise et de la royauté.

Une loi déclara d'utilité publique la construction sur la butte Montmartre d'une basilique dédiée au Sacré-Cœur de Jésus.

A Chartres, 140 députés à l'Assemblée nationale figuraient au nombre des pèlerins. Mgr Pie prêcha et prophétisa le retour de la monarchie : « O noble pays de France, du jour où tu as mis la « main sur l'arche sainte des droits de Dieu, en lui opposant ta « déclaration idolâtrique des Droits de l'Homme, ta propre cons- « titution a été brisée !... O Dieu puissant, écoutez la voix de ceux « qui n'ont d'espérance qu'en vous seul !... Tel est le cri de la « France en détresse ; elle attend un chef, elle attend un maî- « tre ! »

A Paray-le-Monial, 20.000 pèlerins venaient chanter l'hymne du Sacré-Cœur. M. de Charette déposait sur le tombeau de la bienheureuse Marguerite-Marie le drapeau de son régiment à la bataille de Loigny. L'évêque d'Autun consacrait la France au Sacré-Cœur.

On réconciliait le comte de Paris et le comte de Chambord. Le duc d'Aumale, dont on voulait faire le démocrate de la famille d'Orléans, acquiesçait à la fusion : « Je n'ai plus d'enfants, disait-« il ; c'est le comte de Paris, héritier légitime du trône, qui est « mon fils adoptif ; je serais bien fou, dans ces conditions, de ne « pas vouloir la monarchie. »

Tout semblait aplanir les voies au prince tant désiré par l'Eglise. On pointait les noms des députés acquis et des députés douteux ; on déclarait qu'on ferait la monarchie à une voix de majorité. Dans l'enthousiasme du rêve, on parlait, et même on parlait trop. Les imprudents déclaraient la guerre à la Révolution et menaçaient la France de la soumetre au régime théocratique. Le prétendant promettait « de reconstituer sur ses bases natu-« relles une société profondément troublée, d'assurer avec énergie « le règne de la loi, de faire renaître la prospérité au dedans, de « contracter au dehors des alliances durables, et surtout de ne pas « craindre d'employer la force au service de l'ordre et de la justice ».

Le pays, inquiet et perplexe, se demandait où l'on voulait le mener, quand il apprit que son roi futur voulait lui ôter son drapeau, et, à cette nouvelle, tout le château de cartes si habilement échafaudé depuis un an croula d'une seule pièce. La majorité disparut à l'Assemblée nationale ; les voitures royales restèrent en panne à la frontière, et le maréchal-président, qui fut ce jour-là un grand citoyen, refusa de rien faire avant que l'Assemblée eût parlé.

Le comte de Chambord garda son drapeau... la France garda le sien aussi, et le mot le plus plaisant sur toute cette comédie fut dit par le pape : « Comment ! Henri IV disait que Paris valait bien une « messe, et Henri V trouve que la France ne vaut pas *une serviette* ! »

Si l'Assemblée nationale avait été conséquente avec ses principes, elle eût préféré la monarchie au monarque et proclamé Philippe VII à défaut d'Henri V.

Si le comte de Paris, qui venait de reconnaître le comte de Chambord comme chef de la maison de France, avait refusé la couronne, il eût encore été logique et politique de reconnaître la République et de l'organiser. Mgr Pie avouait lui-même que la République avait droit à certains égards : « Ce que nous « avons été, au lendemain de 1830 et de 1848, nous le serons

« encore. Sans abdiquer nos convictions personnelles sur ce qui
« serait le mieux adapté aux besoins, à l'esprit, aux mœurs, au
« tempérament de la France, et surtout sur ce qui serait le plus
« propre au recouvrement de son prestige à l'étranger, nous re-
« connaissons que, les faits étant ce qu'ils sont, l'état de Républi-
« que s'impose à nous et nous impose des devoirs envers lui ; nous
« les remplirons loyalement. »

Gambetta reconnaissait, de son côté, que les hommes des
anciens partis « auraient pu rendre de réels services, s'ils
« avaient compris le rôle qui leur était offert de tuteurs, d'édu-
« cateurs et de guides du peuple ». (*Discours à l'Assemblée*, 12 juillet 1873.)

Thiers disait : « La République sera conservatrice ou elle ne sera pas. »

Si le clergé avait eu la sagesse de comprendre où allait la nation, s'il avait oublié ses propres idées pour suivre avec la France la voie républicaine et libérale, il fût encore resté, pendant de longues années, le maître de l'âme française ; mais celui qui eût alors engagé le clergé à se tourner vers la République eût été honni. (Lecanuet, p. 481.)

Au lieu de faire la monarchie ou d'accepter la République, l'Assemblée nationale remit à sept ans la solution de la question, pour laisser au comte de Chambord le temps de mourir et préparer les voies à Philippe VII. Mais on ne peut laisser, pendant sept ans, dans l'incertitude et le provisoire un grand pays désireux de vivre et de progresser. Si conservateur qu'il fût, le maréchal de Mac-Mahon fut le premier à demander à l'Assemblée d'organiser le gouvernement, et l'Assemblée monarchique vota la constitution républicaine de 1875, qui nous régit encore aujourd'hui.

Le clergé ne peut être rendu seul responsable de tous ces événements ; mais il a commis toute une série d'imprudences, qu'un historien impartial ne peut passer sous silence.

Le clergé n'a pas su comprendre que la chute du pouvoir temporel du pape est un fait sur lequel il est impossible de revenir. Il a protesté bruyamment contre l'occupation de Rome par l'Italie, au risque d'entraîner la France dans les pires aventures.

Pie IX avait été véritablement accablé par l'occupation de Rome et par le plébiscite, qu'il considérait comme un acte de monstrueuse ingratitude. « Il s'était réfugié au Vatican dans une « espèce de cellule, située aux étages élevés. Pour tout mobilier

« un petit lit de fer, étroit et bas, sans garnitures ni rideaux. Les
« murs étaient blancs et nus ; une plinthe le long de laquelle
« étaient alignées dix ou douze paires de mules blanches, un
« bureau d'acajou, une chaise pour le visiteur ; aucun autre
« meuble ni objet quelconque dans la pièce, sauf un flambeau de
« cuivre à trois bougies et une petite gravure coloriée de la Vierge
« dans un cadre à photographies. Le pape était d'ordinaire assis
« à contre-jour, tout vêtu de blanc. Parfois il se soulevait pénible-
« ment, appuyé sur une forte canne, et, parcourant lentement la
« longueur de la chambre, il s'arrêtait devant la fenêtre, d'où il
« contemplait mélancoliquement l'enceinte du Vatican, et au delà
« Rome et le Tibre, les collines boisées de la villa Pamphili. »
(Hanotaux, I, p. 542.)

Les évêques français, tous ultramontains, frémissaient d'indignation à la pensée que le souverain pontife, vicaire de Jésus-
Christ, se trouvait réduit à une pareille situation. Ils faisaient
dire des prières pour la délivrance du pape ; ils vouaient « ses
bourreaux et ses geôliers » à l'exécration des fidèles. On vendait
des images de piété où Pie IX était représenté en prières, derrière une grille fermée par un cadenas aux armes de la maison
de Savoie !

Ils firent plus encore : ils organisèrent un vaste pétitionnement
pour obtenir une intervention du gouvernement français en
faveur du pape prisonnier.

En janvier 1873, le gouvernement français ordonna à l'état-major du stationnaire français l'*Orénoque*, ancré en rade de Civita-
Vecchia, de rendre visite à la fois au Vatican et au Quirinal.
M. de Bourgoing, ambassadeur de France auprès du Saint-Siège,
donna sa démission. Le pape laissa entendre qu'il n'accepterait
pas qu'il fût donné un successeur à M. de Bourgoing. La droite de
l'Assemblée voulut profiter de l'incident pour renverser Thiers,
qui se sauva en envoyant à Rome le baron des Michels. Dans une
entrevue avec le pape, le baron finit par ramener l'excellent
homme, *il buon vecchio*, comme disaient familièrement les Italiens.
Il accepta la nomination de M. de Corcelles, et M. Dufaure expli-
qua à l'Assemblée « que la France était obligée d'avoir à Rome un
« représentant auprès du souverain *territorial* de l'Italie, reconnu
« par l'Europe entière, avec lequel elle avait un vif désir de con-
« server toujours de bonnes relations, et un autre représentant
« auprès du Saint-Siège, chargé de protester auprès du véné-
« rable chef de la religion que professait la grande majorité des

« Français de tous ses sentiments de respect et de dévoue-
« ment ».

Les évêques n'en continuèrent pas moins à réclamer des mesures efficaces en faveur du Saint-Siège, tout en protestant qu'ils ne
voulaient pas entraîner le pays dans une guerre avec l'Italie.
« Mais, comme dit le vicomte de Meaux, ils étaient à la fois sin-
« cères et inconséquents ; ils se satisfaisaient eux-mêmes et leur
« entourage, sans se demander s'ils n'allaient pas acculer le pays
« à l'abîme ou à une reculade. »

Ils finirent par jeter Victor-Emmanuel dans les bras de l'empereur Guillaume Ier.

Ce n'est pas seulement à l'Italie, c'est aussi à l'Allemagne que
s'en prenaient nos bouillants prélats. Au mois de mai 1873, le
Reichstag avait voté quatre lois fort simples, qui n'ont certainement pas été sans influence sur le développement intellectuel du
clergé catholique allemand. Les aspirants aux fonctions ecclésiastiques étaient obligés de passer par les Universités ; une Haute
Cour ecclésiastique d'Etat recevait, en certains cas déterminés,
l'appel des sentences prononcées par les supérieurs ecclésiastiques ; l'excommunication n'étant pas reconnue par la loi
allemande, défense était faite aux autorités ecclésiastiques de
publier les noms des personnes frappées d'excommunication ; la
loi allemande ne reconnaissant pas les vœux perpétuels, la protection de l'Etat était assurée à quiconque voudrait quitter une
communauté religieuse.

Le pape répondit aux lois de mai par l'encyclique *Etsi multa
luctuosa* (21 nov. 1873), qui dépeignait sous les traits les plus
sombres la situation des catholiques en Italie, en Suisse et en
Allemagne. Les évêques dénoncèrent les excès de Bismarck à l'indignation des catholiques, et, dans cette campagne, Mgr Plantier,
évêque de Nîmes, obtint la palme de la violence : « Quoi de plus
« abject, disait-il, que cette haine des Césars pontifes pour tous
« les prélats et ecclésiastiques honnêtes de tous les pays ?...
« L'Allemagne de Bismarck a voulu continuer cette tradition de
« bassesse et d'immoralité. » Bismarck, inquiet du rapide relèvement de la France et désireux de nous chercher querelle, saisit
l'occasion que l'imprudence des évêques français lui offrait. « On
« fomente la révolte chez nous, dans l'empire. Eh ! bien, nous
« serons obligés de vous déclarer la guerre, avant que le parti
« clérical, s'emparant du pouvoir, la déclare à l'Allemagne au
« nom de l'Eglise catholique persécutée. » Et la *Gazette de l'Alle-*

magne du Nord écrivait : « Les menées des évêques français con-
« tribuent à amener, entre la France et nous, des difficultés que
« nous ne cherchons point. Du moment où la France s'identifie
« avec Rome, elle devient notre ennemie jurée. Une France sou-
« mise à la théocratie papale est inconciliable avec la paix du
« monde. »

M. de Fourtou dut rappeler les évêques aux égards mutuels que se doivent les Etats ; l'évêque de Périgueux publia un mandement incendiaire que l'*Univers* reproduisit par bravade, et M. Decazes suspendit l'*Univers*. Il y eut une interpellation à l'Assemblée ; mais le ministre n'eut pas de peine à obtenir une majorité, quand il dit : « Nous voulons la paix, et nous la défendrons contre les « vaines déclamations, d'où qu'elles viennent ! »

A l'intérieur, la politique ecclésiastique n'était pas moins tapageuse ni moins brouillonne. On commençait à voir, à cette époque, quelques enterrements civils. Il est permis de penser à ce sujet tout ce que l'on voudra ; il n'est pas permis de contester le droit d'un citoyen de se faire enterrer comme il le juge convenable, et il est déraisonnable et même antichrétien de considérer un enterrement civil comme inférieur en dignité à un enterrement religieux. « Ne jugez pas, a dit le Christ, si vous ne voulez pas être « jugé ». Affligez-vous, si vous le voulez, de voir un de vos frères mourir, sans les espérances qui font votre force et votre consolation ; n'allez pas lui crier : *Raca !* parce qu'il pense autrement que vous ; savez-vous si Dieu ne l'a point pris en grâce et si votre dureté de cœur ne l'offense point ?

Pour avoir oublié ces principes, le clergé s'exposa à jouer de très fâcheux personnages. Il fit refuser les honneurs militaires aux citoyens qui se faisaient enterrer civilement, et le général du Barail déclara à la tribune : « Nous ne permettrons jamais que « nos troupes soient mêlées à ces manifestations, à ces scènes « d'impiété. »

On vit l'intolérance religieuse s'attaquer même à des chrétiens. Le cardinal de Bonnechose, archevêque de Rouen, avait pour frère un historien distingué, qui appartenait à l'Eglise protestante. Lorsque l'historien mourut, le cardinal n'assista pas à ses obsèques, et un journal mal informé l'ayant nommé parmi les assistants, il crut devoir rectifier cette erreur, et déclarer qu'il était allé rendre visite à son frère, mais ne l'avait pas accompagné à sa dernière demeure.

Dans les villages, certains curés faisaient difficulté d'admettre les protestants dans le cimetière paroissial et les faisaient enterrer dans le coin maudit réservé aux suicidés et aux suppliciés.

Une seule mesure vraiment grande et libérale fut due, alors, à l'initiative ecclésiastique : ce fut la déclaration de la liberté de l'enseignement supérieur et la création de cinq Universités catholiques à Paris, Lille, Angers, Toulouse et Lyon. Mais le clergé alla certainement trop loin en réclamant pour les grades conférés par ses établissements l'équivalence absolue avec ceux de l'Etat, et les évêques eurent le tort beaucoup plus grave de se méfier presque autant des Universités catholiques que des Universités de l'Etat pour faire l'éducation de leur clergé.

Les facultés catholiques ont, parmi leurs membres, des hommes savants et distingués ; leurs élèves trouvent auprès des jurys d'Etat l'impartialité la plus bienveillante ; mais le clergé français profite moins que les laïques de tout ce haut enseignement et attend encore cette Ecole des hautes études ecclésiastiques, que Pie X parle d'organiser à Rome, et que nous aimerions mieux voir à Paris.

Cependant les années passaient ; la France pansait ses blessures, recouvrait sa liberté d'action, se reprenait, travaillait, refaisait son armée, reconstruisait ses places fortes, sortait de la crise, étonnant ses ennemis par sa vitalité et sa puissance de réparation. Les membres de l'Assemblée nationale avaient le droit d'être fiers des résultats acquis par eux, car cette résurrection était bien leur œuvre ; mais leur incurable défiance de la démocratie les sépara du peuple, et la France refaite par eux se donna à d'autres.

Les élections de 1876 donnèrent à la France sa première Chambre républicaine (363 républicains contre 170 monarchistes), et cette Chambre prépara une loi sur l'instruction primaire gratuite, obligatoire et laïque, une loi pour retirer la collation des grades aux Universités catholiques.

Les monarchistes voyaient avec stupeur la France s'habituer à la République et la République se prendre elle-même au sérieux. Ils obtinrent du maréchal président Mac-Mahon la dissolution de la Chambre (16 mai 1877) et le pays renvoya au Parlement une majorité républicaine. L'imprudent langage des chefs de l'opposition, les taquineries et les vexations de l'administration et de la magistrature réactionnaires, l'éloquence de Gambetta, l'entrain de tous les républicains, tout contribua à rendre plus éclatante la défaite du parti réactionnaire. La République, sanctionnée pour la seconde fois par le suffrage universel, devint le gouvernement légitime de la France, et le maréchal, sommé par les monarchistes de faire un coup d'État, s'y refusa noblement et patriotiquement. Bientôt le Sénat lui-même devint républicain, et, en janvier 1879, le maréchal céda, de lui-même, la présidence à un vieux républicain, alors fort estimé, Jules Grévy.

L'histoire religieuse des vingt dernières années du dix-neuvième siècle n'est point, à notre avis, réellement intéressante. Elle peut avoir de l'attrait pour les hommes de parti ; elle n'en a pas pour l'idéaliste épris, avant tout, de justice et de liberté.

L'Eglise et l'Etat ont continué, durant cette période, à vivre en très mauvaise intelligence, et auraient dû avoir la sagesse de se séparer dès 1880.

L'Eglise a gardé longtemps, vis-à-vis de l'Etat, une attitude hostile et hargneuse, qu'un pouvoir monarchique n'eût certainement pas tolérée. Pendant longtemps, les mots catholique et antirépublicain ont été synonymes, et la force des choses a conduit la République à chercher appui chez les non-catholiques : juifs, protestants et libres penseurs, dont les luttes politiques ont fait, peu à peu, ce qu'ils n'étaient point au début, des anticatholiques. Ces trois minorités n'auraient très probablement jamais pu prévaloir contre la majorité catholique, si une puissante association, la franc-maçonnerie, n'eût mis à leur disposition sa hiérarchie savante, ses cadres tout prêts, et ses habitudes de discipline. N'appartenant pas à la franc-maçonnerie, nous ne connaissons pas assez son organisation ni son but pour en parler ; nous pensons seulement que son action a été prépondérante sur les chefs politiques du parti républicain, et que d'elle surtout procède leur anticléricalisme.

Combattue par l'Eglise pendant neuf ans, avec une opiniâtreté vraiment farouche, la République victorieuse ne pouvait pas ne pas combattre l'Eglise à son tour ; elle avait pour lutter contre elle une arme aussi simple que sûre, aussi puissante que légitime : l'instruction. La République comprit bien cette vérité élémentaire ; mais, au lieu de chercher avant tout à conquérir l'Eglise, par la science, elle chercha à arracher la nation à l'Eglise, au risque de compromettre et de perdre dans la bataille quelques-uns des intérêts vitaux de ce pays.

Nous disons que la République aurait dû conquérir l'Eglise ; nous avons de très bonnes raisons de croire que la chose eût été relativement facile et rapide. Il eût suffi de pousser les jeunes clercs vers les Universités, d'exiger des grades des professeurs ecclésiastiques, de favoriser par tous les moyens légitimes l'émancipation intellectuelle du clergé, de réserver aux prêtres les plus instruits les postes les plus importants, les doyennés, les canonicats, les chaires des séminaires, de choisir les évêques parmi les hommes de savoir, de caractère et de larges idées. Il eût été facile d'envoyer des élèves ecclésiastiques bien préparés étudier en Allemagne ou aux Etats-Unis. Vingt ans de cette grande et belle politique eussent donné à l'Eglise de France une âme toute nouvelle, une âme éprise de liberté, c'est-à-dire une âme républicaine. Nous connaissons des hommes d'Eglise, formés dans nos écoles, et qui pourraient dire si nous nous trompons.

Nos politiciens ont préféré rendre à l'Eglise guerre pour guerre et lui ont appliqué la peine du talion : œil pour œil, dent pour dent. Le grand esprit qu'était Jules Ferry a voulu interdire l'enseignement aux congrégations religieuses, et a donné le signal des expulsions. On a retiré aux diocèses la personnalité civile ; on a supprimé les processions ; on a rendu à l'Eglise toutes ses maussaderies d'antan.

« Dès que les républicains ont été les maîtres, dit M. Baudril-
« lart, jamais un acte favorable, jamais une parole de sympathie ;
« toujours la défiance, le sarcasme ou l'injure, l'Eglise considérée
« comme une pestiférée dont il fallait à tout prix se détourner :
« même les plus modérés, les plus honnêtes, les meilleurs, crai-
« gnant par-dessus tout de passer pour les amis du clergé. Et on
« s'étonne que les prêtres se soient sentis blessés, atteints jusque
« dans leur honneur et dans leurs sentiments de citoyens français,
« aussi fiers que d'autres, après tout ! » (*Quatre cents ans de concordat*, p. 334.)

Si l'Etat ne s'est pas montré gracieux après la victoire, l'Eglise a, de son côté, plus d'un reproche à se faire. Elle a dénoncé comme des attentats à ses libertés toutes les libertés que la société laïque s'est réservées. Elle a fait aux lois scolaires une opposition acharnée et vraiment impolitique, qui n'a pas peu contribué à ruiner sa popularité ; elle a anathématisé ou ridiculisé, suivant les régions, l'enseignement secondaire des jeunes filles ; elle a crié au scandale, lorsque le divorce est rentré dans nos lois civiles, lorsque le service militaire a été exigé de tous les citoyens, des futurs prêtres comme de tous ; elle a crié à la spoliation, quand on a soumis les établissements religieux au droit d'accroissement.

Elle s'est compromise dans l'intrigue boulangiste. Elle a applaudi beaucoup trop bruyamment aux fureurs antisémitiques de la *France juive*. Elle a donné à sa polémique un ton haineux vraiment insupportable. Elle est tombée, à peu près, dans tous les excès qu'elle reproche à ses adversaires.

Et, dans cette bataille furieuse des partis, se sont perdus, de part et d'autre, des trésors d'énergie, qui auraient certainement pu trouver un emploi meilleur.

A voir ainsi cléricaux et anticléricaux s'injurier, se vilipender, se menacer sans cesse, la France a perdu le peu de respect qu'elle gardait encore pour l'idéal religieux ou philosophique.; les partis ont pris des habitudes d'intransigeance, de brutalité, profondément regrettables ; le nombre des indifférents, des amoraux, a augmenté ; comme on s'est moqué de Dieu, on s'est moqué de la patrie, de la justice et du droit, du simple devoir et de la vulgaire probité. L'argent et le plaisir sont les grands dieux de la foule ; l'arrivisme est la philosophie du jour.

Un instant, les deux lutteurs ont semblé s'apercevoir qu'ils se battent, en somme, sur le dos de la patrie ; les armes ont failli tomber de leurs mains ; un pape, qui aura sans doute un grand nom dans l'histoire, faillit presque les réconcilier.

Léon XIII n'était pas un sentimental comme Pie IX ; c'était une intelligence merveilleusement lucide et ordonnée. Grand seigneur par l'éducation, les manières et l'esprit, théologien consommé, brillant latiniste, ami des lettres, des sciences et des arts, ayant en lui toutes les qualités d'un grand pontife de la Renaissance, il fut l'un des premiers diplomates de son temps, et arriva par l'étude et la réflexion à la pleine intelligence des aspirations sociales du monde moderne.

Bien avant les clercs de France, il comprit que l'Eglise française s'enlizait dans une conception surannée de son rôle politique, et, dès le 8 février 1884, il lui conseilla de se rallier à la République par l'encyclique *Nobilissima Gallorum gens*. Le 19 décembre 1885, l'encyclique *Immortale Dei* vint rendre le *Syllabus* à peu près respirable, en commentant avec un art infini les violentes propositions de 1864 et en marquant tous les tempéraments, toutes les atténuations que l'Eglise elle-même apporte à la rigueur de la doctrine absolue. Le 20 juin 1888, l'encyclique *Libertas* venait définir la liberté chrétienne, et lui donnait une amplitude tout à fait encourageante.

Le 12 novembre 1890, Mgr Lavigerie, archevêque d'Alger, pro-

nonça un toast retentissant, où il exprima avec hardiesse et grandeur les idées mêmes du pontife : « Quand la volonté d'un peuple
« s'est nettement affirmée sur la forme du gouvernement, et
« lorsque, pour arracher un peuple aux abîmes qui le menacent,
« il faut l'adhésion sans arrière-pensée à cette forme politique, le
« moment est venu de déclarer l'épreuve faite, et il ne reste plus
« qu'à sacrifier tout ce que la conscience et l'honneur permet-
« tent, ordonnent à chacun de nous de sacrifier pour le salut de
« la patrie. »

Le toast d'Alger fut accueilli par les rires ironiques des républicains et par les cris de fureur des royalistes, et, quand le pape l'eut confirmé par l'encyclique *Inter innumeras sollicitudines* du 16 février 1892, on pria dans certains couvents pour la conversion de Léon XIII.

Il n'en est pas moins vrai que l'intervention de Léon XIII amena une sérieuse détente dans les rapports entre l'Eglise et l'Etat, et eût pu finir par ramener la paix religieuse, si les ralliés avaient été plus prudents, et surtout plus sincères.

L'Eglise profita largement de « l'esprit nouveau » qui animait alors les conseils de la République, et cette accalmie durerait peut-être encore sans la terrible « Affaire » qui agita toute la France dans les deux dernières années du xixe siècle.

Il n'entre nullement dans notre dessein de parler ici, en détail, de l'affaire Dreyfus. Une dame dreyfusiste, fort aimable d'ailleurs, nous disait un jour : « Tous ceux qui ne pensent pas comme « nous sont des canailles ou des imbéciles. » Nous croyons, pour notre part, qu'il y en eut dans les deux camps, et qu'il y eut aussi dans l'un et dans l'autre des hommes de haute raison, d'esprit droit et de cœur chaud, qui s'enflammèrent, ici pour la justice absolue, là pour la patrie, qu'ils croyaient menacée dans sa sûreté et dans son existence.

Cet extraordinaire procès divisa la nation, comme jamais question politique ne l'avait encore divisée : d'un côté, se rangèrent, à la suite de très nobles idéalistes, tous ceux qui détestaient l'esprit militaire, l'autorité, la hiérarchie ; de l'autre, passèrent instinctivement, à la suite des plus hautes autorités du pays, tous ceux qui ne pensent pas assez de bien de l'homme pour croire à l'absolue justice, et qui estiment l'esprit militaire indispensable à la sauvegarde de la patrie et la patrie nécessaire à la sauvegarde de la liberté ; le clergé adhéra presque tout entier à ce second parti

Les deux Frances, ainsi mises en présence par l'affaire, se livrèrent deux grandes batailles électorales, et l'Eglise y fut encore vaincue ; mais, cette fois, le vainqueur sortait de la lutte exaspéré et décidé à faire à son irréconciliable adversaire une guerre sans merci.

LA FRANCE CATHOLIQUE ; LES ÉCRIVAINS ET LES PENSEURS

Les deux Frances dont nous parlions l'autre jour, il nous a paru intéressant de les étudier, l'une et l'autre, chez leurs hommes de tête, chez les poètes, les penseurs, les théoriciens, qui les ont instruites et qui les honorent toutes les deux, — chez les polémistes qui se sont battus pour elles, — et jusque chez les médiocres, dont l'esprit borné et le cœur dur ont déformé et perverti la doctrine des hommes d'élite. Nous pourrions descendre encore jusqu'aux bas-fonds où croupissent la haine aveugle, le mensonge, la calomnie ; nous ne le ferons pas, par respect pour notre public ; nous irons jusqu'à la sottise, inclusivement, mais nous ne la dépasserons pas.

Cette étude que nous commençons aujourd'hui, nous apporterons tout notre soin à la faire d'une impartialité absolue, laissant toujours la parole aux hommes de chaque parti, vous initiant par leurs propres discours à leurs pensées et à leurs systèmes, sans mettre de nous, en tout cela, autre chose qu'un peu d'ordre et quelque réflexion générale en matière de conclusion.

Nous ne voulons point cependant que vous voyiez en nous un dilettante, amusé par le spectacle de ces grandes luttes et incapable de se passionner pour la vérité. Nous considérons tous les hommes de bon vouloir avec une égale charité ; nous pensons que le vrai absolu n'est ici-bas l'apanage d'aucune école, ni même d'aucune Eglise ; il est parmi les écrits que nous citerons, parmi les mots que nous prononcerons, des écrits et des mots qui nous ont ému profondément ; nous nous efforcerons de n'en rien laisser paraître, pour que l'idée sur laquelle nous désirons clore cette impartiale étude s'impose plus fortement à votre esprit.

M. Hanotaux nous présente en ces termes la France catholique : « Des croyances antiques, une solution traditionnelle du
« problème de la destinée, la soumission de la plupart des familles
« aux rites et aux coutumes de la religion catholique et romaine,

« des gloires accumulées durant les siècles où la France était le
« soldat du Christ : saint Louis, Jeanne d'Arc, saint Vincent de
« Paul ; la leçon laissée par les grands maîtres de la pensée et de la
« langue : Pascal, Bossuet, Chateaubriand ; enfin une sorte d'élan
« mystique qui, aux heures douloureuses, croise les mains des
« femmes et des enfants devant l'image de la Vierge mère, où se
« retrouvent peut-être quelques traits de la Vierge druidique. »

Sauf ce dernier trait, passablement contestable, le dessin est ferme et précis, coloré et suggestif : la France catholique aurait mauvaise grâce à ne pas se reconnaître dans cette belle page.

Qui croirait, cependant, que tant de poésie latente n'ait que bien rarement trouvé un interprète de réelle valeur et qu'en notre dix-neuvième siècle, si lyrique, les poètes catholiques n'apparaissent qu'à titre d'extraordinaire exception ?

Si nous laissons de côté Lamartine, qui appartient surtout à la première moitié du siècle et fut parfois un assez étrange catholique, nous ne trouverons plus guère l'inspiration religieuse que chez les poètes philosophes. Il semble que la foi ait tué la poésie dans les âmes réellement et profondément catholiques. L'une des plus belles pièces de Laprade : *Soyez des hommes*, est certainement d'inspiration chrétienne ; mais on y sent aussi passer une haine politique :

> Notre poste est dans les cités,
> Dans ces combats à toute outrance,
> Où l'on blesse des deux côtés,
> O Jésus, ton soldat !... La France !
>
> Elevez vos cœurs et vos yeux
> Vers les sommets de notre histoire :
> Saluez l'œuvre des aïeux
> Et leurs noms rayonnants de gloire.
>
> Pour exciter votre vigueur,
> Nourrissez-vous de leurs exemples,
> Humbles comme eux près du Seigneur,
> Soyez fiers au sortir des temples.
>
> Fuyez, oubliez pour toujours,
> Tout prêts à de sanglants baptêmes,
> Les fleurs, les chansons, les amours,
> Mes chères Alpes elles-mêmes.
>
> Le bleu des lacs, si doux à voir,
> Les bois, ma vieille idolâtrie,
> Tout ce qui n'est pas le devoir,
> Tout ce qui n'est pas la patrie !

Ce sont là de nobles vers; mais on y sent plutôt passer les appels du clairon que les caresses de la harpe. Il en est de même du beau sonnet de Jules Lacroix intitulé le *Vendredi saint* :

> Malheureux ! en ce jour de larmes et d'effroi,
> Où la mort sur un Dieu remporta la victoire.
> Dans nos temples voilés d'un crêpe expiatoire,
> Quand les gémissements roulent comme un beffroi,
>
> Au milieu de l'orgie où tu sièges en roi,
> On te gorge de vins, et l'on te ferait boire.
> Le sang même du Christ dans l'or pur du ciboire,
> Comme si l'Homme-Dieu n'était pas mort pour toi !
>
> Et, tout fier de railler les choses qu'on révère,
> Quand la foule à genoux garde un jeûne sévère,
> Tu manges et tu bois, tandis qu'on pleure au ciel.
>
> Et tu fais ruisseler l'ivresse dans ton verre,
> Le jour où, s'abreuvant à l'éponge de fiel,
> Jésus crucifié mourut sur le Calvaire !

L'acte d'adoration alterne dans ces strophes avec l'anathème, et ce genre est bien celui que préfèrent les poètes catholiques. Il y a de la menace jusque chez le doux Brizeux :

> Oui, nous sommes encor les hommes d'Armorique,
> La race courageuse et pourtant pacifique,
> Comme aux jours primitifs la race aux longs cheveux,
> Que rien ne peut dompter quand elle a dit : « Je veux ! »
> Nous avons un cœur franc pour détester les traîtres ;
> Nous adorons Jésus, le Dieu de nos ancêtres !
> Les chansons d'autrefois, toujours nous les chantons !
> Oh ! nous ne sommes pas les derniers des Bretons !
> Le vieux sang de tes fils coule encor dans nos veines,
> O terre de granit recouverte de chênes !

Et, quelquefois, la sainte indignation du croyant tourne au verset prophétique, à la fureur sacrée, comme dans cette strophe de Reboul :

> Sinistre précurseur d'immenses funérailles,
> Vous voulez que je crie autour de nos murailles :
> Jérusalem, malheur à toi !
> Malheur à toi ! malheur, ô cité de scandale !
> Je redirai malheur ! jusqu'à l'heure fatale
> Où je dirai : Malheur à moi !

Chez d'autres, comme Antony Deschamps, l'inspiration chrétienne se perd dans une sorte de mysticisme sensuel, parfois charmant, mais d'autant plus dangereux :

> Comme, depuis deux ans, dans mes moments de crises;
> J'entre, pour y prier, dans toutes les églises,
> En marchant au hasard, un dimanche, il me plut
> D'entrer à Saint-Sulpice à l'heure du salut ;
> Et je vis dans un coin, près du seuil, une dame
> Qui lisait l'Evangile avec toute son âme ;
> Et jamais, je le jure, aux offices romains,
> Je ne vis ce beau livre en de plus belles mains ;
> Et je disais tout bas : « Sous ta robe de laine,
> Femme, tu viens peut-être, ainsi que Madeleine,
> Maudire tes péchés, et le cœur alarmé
> T'accuser d'être faible et d'avoir trop aimé ?

Ce n'est peut-être pas la peine d'entrer à Saint-Sulpice pour y faire de si étranges oraisons... Nous préférons la vieille église de campagne dont nous parle Veuillot, dans ses *Couleuvres* :

> C'était une humble église au cintre surbaissé.
>   Avec quel respect nous entrâmes !
> Elle était vide, hélas ! mais pleine du passé,
>   Pleine du long séjour des âmes.
>
> De ses vieux murs tombait, mystérieuses fleurs,
>   Sur nos angoisses endormies,
> Un baume fait d'encens, de prière et de pleurs,
>   Doux présent des âmes amies.
>
> L'oiseau chantait dehors ; sur l'autel, par instants,
>   Rayonnait un bouquet sauvage.
> Et l'Eglise disait : « Veuve à vos yeux, j'attends ;
>   Je verrai finir ce veuvage.
>
> Mon époux est vivant ; j'aurai des fils encor.
>   Ce sont maintenant de durs maîtres ;
> Mais des enfants meilleurs surgiront de la mort
>   Par la prière des ancêtres. »
>
> Et l'autel indigent, et les vieux murs poudreux,
>   Et le pavé semé de tombes,
> Tout nous faisait entendre un murmure joyeux,
>   Pareil au doux vol des colombes.

Il fallait que le rude satirique fût bien ému pour avoir trouvé toutes ces tendresses ; c'est à peine si l'on sent par places l'épine sous les roses. Dans un sujet bien plus scabreux, un poète peu connu, Charles-Florentin Loriot, nous semble avoir atteint la pureté idéale du poème religieux. Il a voulu rendre hommage à une simple jeune fille, Henriette Bonnevie, tuée d'un coup de feu, à Châteauvillain, à l'occasion de la fermeture d'une chapelle :

> Quand Bonnevie entra, rien ne troublait encore
> La chapelle commise à sa garde, et l'aurore
> Souriait à l'essor de sa tendre oraison.
> Elle disait : « L'oiseau frémit dans le bocage,
> Et mon âme, Seigneur, tressaille en ta maison,
> Comme si tout à coup j'allais voir ton visage. »
> . . . .
> Quand elle eut étendu la nappe blanche et fine
> Qui retombe en longs plis de claire mousseline
> Et porte sur l'autel, de gloire environné,
> Le poids du Verbe écrit et le Verbe incarné;
> . . . .
> Quand le temple, les cœurs, tout fut prêt pour la messe,
> Quand la cloche tinta, quand le peuple attendit,
> Dieu dit : « C'est toi l'hostie, et c'est toi la prêtresse ! »
> Alors, près de l'autel à son sexe interdit,
> Vierge sacerdotale et pareille au Dieu-prêtre,
> Vestale qui n'avait pour son souverain maître
> Que des fleurs au calice arrosé par ses pleurs,
> Elle donna son sang comme elle offrait ses fleurs.

Cette pièce n'est pas d'un art très sûr : l'expression est parfois faible et gauche ; mais la pensée est douce et charmante, et l'homme qui a écrit ces vers avait certainement l'âme plus religieuse que la plupart de ceux que nous venons de nommer.

Très belle et très religieuse encore est la chanson de Botrel, intitulée *Fières réponses*, où il met en présence les Bretons d'autrefois et les incroyants d'aujourd'hui :

> Pour vous faire oublier vos prières naïves,
> Bretons, vos chapelets, nous vous les brûlerons !
> — Nous avons sainte Anne et saint Yves,
> C'est devant eux que nous prierons !
>
> Avec nos durs leviers, parmi les folles herbes,
> Tous vos bons Dieux sculptés, nous vous les abattrons.
> — Nous avons nos clochers superbes,
> En les regardant nous prierons !
>
> De votre obscur passé quand nous fendrons les voiles,
> Tous vos clochers à jour baiseront les pavés !
> — Nous prierons devant les étoiles,
> Eteignez-les !... si vous pouvez !

C'est le fier vent de la lande et de la falaise qui passe dans ces vers un peu durs, mais nerveux, si bien faits pour être goûtés de l'âme populaire. Les chansonniers catholiques n'en ont pas beaucoup d'un si bon métal.

La prose a été la vraie langue de l'Eglise et nous offrira un plus grand choix et des modèles infiniment plus parfaits. Les catholiques ont beaucoup écrit au siècle dernier, et certains d'entre eux ont laissé des œuvres colossales, qui supposent, à tout le moins, un labeur acharné et infatigable.

Il y a eu, parmi les évêques de France, des hommes de grande foi et de grand talent.

Mgr Pie, évêque de Poitiers, a laissé dans son diocèse une belle réputation d'orateur : « Un organe d'une fraîcheur mélodieuse et « de la distinction la plus rare, dit un de ses auditeurs, une « langue formée aux meilleures traditions et merveilleusement « adaptée à tous les sujets et à tous les auditoires, une haute « taille, un maintien singulièrement noble, un regard ferme et « doux, un débit sonore soutenu, maître de lui-même, une « majesté extérieure qui ne faisait que traduire la majesté inté-« rieure de la pensée et celle de l'autorité, en vertu de laquelle « l'évêque est père, apôtre et docteur. »

Mgr Dupanloup, évêque d'Orléans, est peut-être la figure la plus illustre de l'épiscopat français de la seconde moitié du dix-neuvième siècle. Savant théologien, prélat lettré, ami de la culture classique, qu'il défendit contre Veuillot, ardent patriote, homme d'action avant tout, il faisait l'admiration de ses diocésains et de ses adversaires eux-mêmes par sa prodigieuse puissance de travail, par la rapidité extraordinaire avec laquelle il savait s'assimiler les idées et pénétrer les hommes, soit pour les combattre à fond, soit pour les gagner à ses projets. C'est lui qui dit, un jour, à ses auditeurs orléanais : « Je crois avoir déjà vos « cœurs ; quand me donnerez-vous vos âmes ?... Je donnerais ma « vie pour vous comme une goutte d'eau ! » — Très autoritaire, même despotique dans ses façons, il commandait le respect par l'ardeur de sa foi et de sa charité. On pouvait ne pas être de son avis, on pouvait trouver son autorité tyrannique, on ne pouvait nier que ce ne fût un évêque, un grand évêque, comme le siècle en a vu très peu. Ce fut, aussi, un grand éducateur et l'un des fondateurs de l'enseignement ecclésiastique en France. Nous savons déjà quelle part il prit aux négociations de la loi de 1850 sur la liberté de l'enseignement secondaire ; nous savons qu'il fut l'un des promoteurs de la loi de 1873 sur la liberté de l'enseignement supérieur. Et quand il eut fondé des séminaires, des écoles, des universités, il demeura mécontent de son œuvre, et inquiet de l'avenir, et ce qu'il dit alors est vraiment grand et vraiment beau : « Je crains, disait-il, que nos collèges ne deviennent des lieux de « refuge pour les enfants gâtés des grands bourgeois ; que la « manie de la truelle ne mène le clergé à des dépenses inutiles ; « que la routine des pratiques religieuses ne dégoûte l'enfant de « l'Eglise, au lieu de l'y habituer. Je crains l'inexpérience des « maîtres et les mauvais choix qui suivront la disette de profes- « seurs en certains collèges. Il serait déplorable qu'un prêtre « chef d'institution fût fier de sa maison comme un marchand « est fier de son commerce, et qu'il mesurât son succès à l'état « de ses bilans. Nos collèges doivent nous ruiner, si nous voulons « y fonder une France nouvelle... Il n'y a pas d'illusions à se « faire ici : notre responsabilité devant le pays est immense !... » Et quand il eut vu de ses yeux quelle maigre moisson suivait de si grands efforts, il fut plus désolé que surpris, et il vit d'où venait le mal : « Parce que, disait-il, un élève observait machina- « lement la règle du collège, tout en la détestant au fond de son « âme, travaillait avec régularité, s'astreignait aux pratiques « religieuses ordinaires, on a cru son éducation faite... elle était « à peine commencée ! » Il y a, dans ces lignes, bien des idées qui sont nôtres, bien des choses que nous pensons aussi ; car, sous un habit différent, nous servons la même grande cause, celle du progrès intellectuel et moral de la jeunesse et de la patrie, et les tristesses du prélat trouvent un écho dans notre âme de professeur.

Mgr Freppel, évêque d'Angers, fut, comme son confrère d'Orléans, un homme d'action et un rude jouteur ; il ne fut point orateur comme lui ; il vaut mieux le lire que l'entendre ; il fut sans doute trop attiré par la politique ; mais ses écrits les plus mordants renferment des pages qui semblent dictées par la raison la plus saine et la plus vaillante. Nous le retrouverons, quand nous parlerons des polémistes.

Mgr Berteaud, évêque de Tulle, parla comme un poète, ravi en extase par la beauté sublime de la religion et de la nature. « Nous « chanterons Jésus, disait-il, aux villes et aux campagnes, dans « les vallées et sur les collines. » Il le chantait partout ; il le chantait à tous, à l'Eglise et dans les champs, mais de préférence aux petits. C'était toujours la même abondance, parce que c'était toujours la même source d'amour. Il s'abandonnait à l'inspiration de l'Esprit, qui souffle où il veut ; il ne s'inquiétait ni de méthode, ni de suite, ni d'enchaînement, ni de mesure ; tout était chez lui sincère et spontané : « Tout ce que tu peux dire, disait-« il, ose le dire, car le Seigneur est plus grand que toute « louange. » Sa dernière parole fut d'une évangélique douceur : « Il me semble, dit-il, que j'ai aimé Notre-Seigneur et que j'ai « voulu sincèrement le faire aimer. Mais ai-je suffisamment « rempli ce grand devoir ? »

A côté de ces noms connus de tous, combien d'évêques instruits et diserts : le cardinal Meignan, archevêque de Tours ; le cardinal Perraud, évêque d'Autun ; le cardinal Mathieu, archevêque de Besançon, que l'on a quelquefois appelé le dernier gallican !

C'est de la bouche d'un évêque du Mans, Mgr d'Outremont, qu'est tombée la plus belle leçon morale qu'il nous ait été donné d'entendre : « Parfois, disait-il, dans la vie, une voix trompeuse vous « dira : — Va jusqu'à telle limite du devoir et arrête-toi. — « N'écoutez pas cette voix ! Le devoir n'a pas d'autre limite que « notre pouvoir. Tant que nous pouvons faire plus, nous n'avons « pas assez fait. »

Mgr Darboy, que d'aucuns ont accusé d'être trop bien en cour, a montré par son courage, aux jours d'épreuve, qu'il avait pénétré toute la vanité du monde. Un médecin était venu le voir en sa prison, et cherchait à le réconforter en lui parlant des vicissitudes de la fortune : « La vie, répondit l'archevêque, est pour « moi une surface plane ; elle n'a ni haut ni bas. » Mot admirable, que Victor Hugo a glorifié dans ce vers sublime :

> De la hauteur de Dieu je ne vois qu'une plaine.

Parmi les prélats tout à fait contemporains, il est aussi des sages et des clairvoyants.

Mgr Duchesne, directeur de l'Ecole française de Rome, est un savant de premier ordre. Son *Histoire ancienne de l'Eglise*, dont le premier volume a paru en 1905, a fait grand bruit. On l'a définie spirituellement : « Une histoire ancienne de l'Eglise, « racontée avec toute la science du xxe siècle, dans la langue « du xviiie et à la barbe des savants du xvie. » (Houtin.)

Le cardinal Mathieu est aussi une personnalité très intéressante et bien française. Un journaliste nous fait de lui ce joli portrait : « Une longue conversation, pleine d'imprévu, où le grave se « mêle au plaisant, les allusions politiques aux anecdotes histo-« riques, des histoires de curés, très plaisantes, à de hautes « considérations, propos de presbytère et d'archives, de chan-

« cellerie et d'académie, de salon et de séminaire, de cercle
« politique et de curie romaine, saillies juvéniles et jugements
« mûris, verve que rien ne désarme, pas même l'admiration que
« peut lui inspirer tel corps, telle institution, tel personnage, le
« mot pour rire dans les circonstances les plus tragiques, un
« sans-façon admirable, une liberté stupéfiante et précieuse...
« une érudition qui ne cesse de plaisanter, une connaissance par-
« faite du passé qui lui sert à juger le présent, un ton chaud
« qui colore, égaye et éclaire : telle est la façon de cet historien
« sans morgue, qui, à tout prendre, est, sous la robe rouge, un
« amusant, fécond et hardi publiciste. »

Ajoutons, pour compléter ce croquis, ce que le cardinal nous dit
de lui-même : « J'appartiens à ce clergé français que la Révolution
« a dépouillé de ses richesses et de ses honneurs, mais qu'elle n'est
« point parvenue à détruire. Il n'a pas cru sa mission terminée
« avec son rôle politique, et il travaille courageusement à se ratta-
« cher les générations modernes, en gardant une invincible
« confiance dans le triomphe des idées qu'il sait éternelles et
« salutaires à toutes les formes de la société. »

Un savant encore, et du meilleur aloi, Mgr d'Hulst, recteur de
l'Institut catholique de Paris, qui, après avoir revendiqué en
face de l'Etat le droit à la vie de l'enseignement catholique, a pris
en main la cause de la liberté et de la science et à « su faire
« comprendre aux chefs de l'épiscopat ce que doit être, à notre
« époque, un établissement d'enseignement supérieur. » (Baudrillart.)

Un savant aussi Mgr Baudrillart, ancien universitaire passé à
l'Eglise, et recteur actuel de l'Institut catholique de Paris.

Grâce aux hommes de cette trempe, il s'est formé au sein de
l'Eglise catholique française une école historique, sage et judi-
cieuse, dont le pape Léon XIII reconnaissait déjà les mérites et
qu'il encourageait de toutes ses forces : « Il y a des esprits in-
« quiets et chagrins, disait-il en 1892 à Mgr d'Hulst, qui pressent
« les congrégations romaines de se prononcer sur des questions
« encore douteuses. Je m'y oppose ; je les arrête, car il ne faut
« pas empêcher les savants de travailler. Il faut leur laisser le
« loisir d'hésiter et même d'errer. La vérité religieuse ne peut
« qu'y gagner. L'Eglise arrive toujours à temps pour les remettre
« dans le droit chemin. »

Habitués à cette liberté, les savants catholiques ne comprennent plus qu'on les remette au joug.

Mgr Mignot, archevêque d'Albi, disait, le 15 janvier 1907, dans son oraison funèbre de Mgr Le Camus : « Le peuple chrétien se
« tourne vers nous, ses maîtres et ses pères dans la foi, nous
« demande de lui expliquer sa religion et de justifier la nôtre.
« Il parle le langage du temps où il est né, du monde où il vit, de
« la science qu'il a apprise. Il nous prie de lui parler sa langue.
« Il le demande, et nous ne répondrions pas? Nous n'essaierions
« pas de prendre contact avec ces âmes, de suivre ces explora-
« teurs, de coordonner ces découvertes, de christianiser ces
« pensées, de rattacher cette vie qui palpite à la vie divine de
« Jésus-Christ ? Et nous refuserions de donner du pain à ces
« âmes qui en demandent, et nous laisserions dans les ténèbres
« ceux qui crient à la lumière ?... On n'arrête pas la pensée
« humaine ! On l'éclaire, on la dirige, on lui répond, on la
« redresse, on l'instruit, on ne la supprime pas ! »

Il paraît que cette liberté est de nouveau menacée aujourd'hui. Nous connaissons des catholiques qui le regrettent amèrement ; mais ils croient, eux aussi, qu'on n'arrête pas la pensée humaine ; ils persistent à vouloir penser, et, tôt ou tard, le mur se fendra et leur pensée sortira vivante de la geôle où l'on aura voulu l'enfermer.

La plus belle œuvre intellectuelle de l'Eglise française, au dix-neuvième siècle, a été l'institution des conférences de Notre-Dame, où se sont succédé, pendant soixante-dix ans, tant d'hommes éminents par l'éloquence et la doctrine.

Le premier, et le plus populaire, fut Lacordaire, génie tendre et fort, qui tint sous le charme toute une génération.

Lacordaire vécut d'abord dans le siècle et, comme beaucoup d'hommes à l'esprit très délicat, s'en dégoûta de bonne heure, pour aller demander au sacerdoce la vie surnaturelle dont il avait comme la nostalgie. Nous dirions volontiers qu'il était né prêtre : « La maison du séminaire est vieille, disait-il ; les cellules
« sont étroites ; la fenêtre est en vitraux. Les meubles consistent
« dans une table, deux ou trois chaises, une commode, quelques
« rayons de bibliothèque en sapin, un lit, et un vase où il y a
« de l'eau bénite. On est tranquille et heureux là-dedans... La
« religion est ici partout ; elle se mêle aux études et aux plaisirs...

« Les moments de travail et de repos, ceux que l'on partage
« entre l'adoration de Dieu et l'étude de ses préceptes, sont
« enchaînés les uns aux autres avec tant d'art que chaque inter-
« valle paraît trop court, qu'on n'a jamais le temps de se lasser

« de ce qu'on a fait et que l'on arrive à la fin d'une journée où
« l'on a satisfait à tous les besoins de l'âme et de l'esprit avec
« une rapidité incroyable. Ici, l'ennui ne marche pas assez vite
« pour vous atteindre. »

Il avait trente-trois ans quand il monta dans la chaire de Notre-Dame. Il était déjà connu par sa campagne avec Lamennais et par quelques succès oratoires à la chapelle du collège Stanislas. Mgr de Quélen, archevêque de Paris, avait hésité à lui laisser la parole ; beaucoup le tenaient pour suspect ; quelques-uns le jalousaient... Ce fut devant un auditoire de 6.000 personnes qu'il fit sa première conférence, pendant le carême de 1835, et, dès les premiers mots, l'archevêque et l'assistance comprirent qu'une puissance se révélait.

Lacordaire lui-même a résumé de façon saisissante l'œuvre qui lui assigne un si haut rang parmi les orateurs de son temps. « Il
« me fallait, dit-il (pour entreprendre cette tâche), l'imprudence
« que donne la jeunesse, soutenue de la sécurité qu'inspire une
« vocation présumée ; j'eus l'imprudence de mon fonds et je crus
« par mon évêque à l'appel de Dieu. Tout le christianisme se
« montra devant moi, comme devant un homme qui allait en être
« l'architecte pour une génération... Il me sembla qu'il ne fallait
« partir ni de la métaphysique ni de l'histoire, mais prendre
« pied sur le sol même de la réalité vivante, et y chercher les
« traces de Dieu. Car Dieu, me disais-je, ne peut, à aucune heure,
« être absent de l'humanité ; il y a été, il y est, et il y sera tou-
« jours en une œuvre visible, proportionnée au besoin des temps
« et qui doit être aux yeux de tous sa révélation. C'est là qu'il
« faut le saisir pour le montrer à ceux qui ne le voient pas, sauf
« ensuite à remonter de siècle en siècle aux sources de son
« action, en éclairant et fortifiant chaque partie de la lumière et
« de l'unité du tout. — Or l'Eglise catholique est présentement la
« grande merveille révélatrice de Dieu. C'est elle qui remplit
« la scène du monde d'un miracle qui a, aujourd'hui, dix-
« huit siècles de durée. On peut ne pas la regarder, ne pas l'é-
« couter, ne pas la comprendre ; mais elle est là, et celui qui ne
« la voit point, ou qui la prend pour une chose vulgaire, sera
« bien autrement incapable de céder au raisonnement ou de s'ins-
« truire du passé... Ce majestueux et incomparable édifice étant
« reconnu surhumain, nous en cherchâmes l'auteur, afin de
« démêler dans son histoire et sa physionomie si le caractère de
« l'ouvrier répondait au caractère de l'œuvre. Les annales du

« monde nous nommèrent le Christ ; nous l'étudiâmes dans sa
« vie intime et publique, dans ses miracles, dans les prophéties
« séculaires qui avaient annoncé et préparé sa venue... Cet
« homme nous parut unique comme l'Eglise, et le seul qui, ayant
« osé se dire Dieu, eût réellement parlé, agi, vécu comme un
« Dieu. — Cela fait, l'Eglise à ma gauche et le Christ à ma droite,
« j'entrai hardiment avec vous dans les entrailles du dogme...
« et, suivant pas à pas le mystère obscur et lumineux de la doc-
« trine, nous en visitâmes toutes les profondeurs : Dieu, l'uni-
« vers, la chute de l'homme, le commerce de l'homme avec
« Dieu, la chute de l'humanité, sa réparation, les lois et les
« résultats du gouvernement divin. »

Caro nous a laissé une jolie page sur Lacordaire orateur : « La
« nouveauté du costume, cette robe blanche d'où s'élançait une
« tête ascétique, cette beauté sculpturale d'un visage pâli par le
« jeûne et le travail, l'éclair du regard, la vibration métallique de
« la voix, préparaient la victoire de l'éloquence par les séductions
« du regard et de l'imagination. En plein XIXe siècle, nous étions
« bien en présence d'un moine, d'un vrai moine. »

Il ne reste plus rien, aujourd'hui, de ce décor ; il a disparu, et
tous les accessoires qui l'accompagnaient paraissent maintenant
fanés et déteints. Tout ce qu'il y avait chez Lacordaire d'un peu
factice, d'un peu rhétoricien, de romantique, en un mot, a vieilli ;
mais, dans les pages où il a purement et simplement laissé parler
son âme, il est resté aussi jeune, aussi vibrant qu'au premier
jour.

Voici un exemple de sa grande manière : « Il y a deux vies : la
« vie extérieure et la vie intime. C'est la vie intime qui est le
« support de l'autre... La vie intime est la conversation de soi-
« même avec soi-même. Tout homme converse avec soi, tout
« homme se parle, et cette parole qu'il se dit à lui-même, c'est sa
« vie intime... sa vie véritable. C'est cette vie intime qui est tout
« l'homme, qui fait toute la valeur de l'homme. Tel porte un
« manteau de pourpre qui n'est qu'un misérable, parce que la
« parole qu'il se dit à lui-même est d'un misérable ; et tel passe
« dans la rue, nu-pieds, en haillons, et est un grand homme,
« parce que la parole qu'il se dit à lui-même est la parole d'un
« héros et d'un saint. C'est au jour du jugement qu'on verra cette
« volte-face du dehors en dedans, et, ce colloque mystérieux de
« chaque homme étant connu, l'histoire commencera. »

Rien, dans cette page, ne sent le romantisme ; on pourrait

presque dire que l'art en est absent, mais l'écrivain suit sa pensée, la fait surgir sous sa plume, et la dresse si haute, si imposante, que tout art semblerait mesquin à côté de tant de noblesse et de grandeur.

Lacordaire n'a pas été le seul orateur des conférences de Notre-Dame, et, s'il en paraît le plus grand, c'est peut-être qu'il fut le premier. En même temps que lui, parla un jésuite, le P. de Ravignan, dont l'action plus douce fut pour le moins aussi profonde : « Tout imposait en lui, dit l'abbé Bautain, ce front élevé, ce visage « austère, cette noblesse des traits, cette profondeur du regard « dans des yeux bleus, vifs et doux, cette distinction suprême, ce « maintien assuré et ce recueillement, ce pur accent français, « cette langue impeccable, ce geste large et sobre : tout un « ensemble qui, chez lui, parlait autant que le discours et avant « lui. *Totus vocalis erat*, dit un Père de l'Eglise parlant de saint « Jean-Baptiste ; on le pouvait dire de ce prêtre. »

Le P. Hyacinthe fut digne de ses illustres devanciers, et peut-être de tous celui qui eut la plus naturelle éloquence et l'esprit le plus large : « Que m'importe, dit-il un jour, pour aimer l'homme, « sa religion elle-même ? Ah ! s'il n'est pas un fils de l'Eglise « catholique selon le corps, selon l'unité extérieure, il l'est peut-« être selon l'âme, selon l'unité invisible ! S'il n'est un fils de « l'Eglise catholique ni selon l'âme, ni selon le corps, ni selon « l'esprit, ni selon la lettre, il l'est du moins dans la préparation « des desseins de Dieu ! S'il n'a pas l'eau du baptême à son front, « j'en gémis, mais j'y vois le sang de Jésus-Christ, car Jésus-« Christ est mort pour tous, ouvrant au monde entier ses grands « bras sur la croix !... Laissez-moi donc aimer tous les hommes !... « Et vous-mêmes, aimez tous les hommes avec moi, non seule-« ment en eux, non seulement dans leur étroite et terrestre indi-« vidualité, mais dans la grande communauté qui les appelle « tous ! » Les écrivains ecclésiastiques effacent son nom de leurs annales, comme celui de Lamennais ; ils ont tort ; l'Eglise devrait se reconnaître même en ses fils rebelles, et se rappeler que David pleura Absalon.

Le P. Monsabré mit dix-huit ans à expliquer la doctrine et la reconstruisit méthodiquement et savamment, sans lasser l'attention de son auditoire. Il n'eut cependant ni l'enthousiasme de Lacordaire, ni l'onction de Ravignan, ni l'humanité d'Hyacinthe ; nous l'avons entendu, et il en est beaucoup d'autres moins illustres que nous lui avons préférés.

Le P. Didon possédait les dons les plus admirables ; c'était un nouveau Lacordaire, plus moderne et encore plus hardi ; il séduisit beaucoup ses auditeurs, effraya ses supérieurs, et se vit retirer la parole.

Mgr d'Hulst introduisit à Notre-Dame la conférence érudite, leçon plutôt que discours, commenta lumineusement le *Décalogue* et allait s'attaquer aux questions les plus modernes et les plus controversées, quand la mort le surprit, le 17 octobre 1896, en pleine possession de son talent et de tous ses moyens.

La chaire de Notre-Dame n'est pas restée vide, et les grandes traditions continuent.

Ces conférenciers, ces penseurs, du reste, sont, en général, plus tolérants qu'on ne se l'imagine : « Aimer Dieu par-dessus « toutes choses et tous les hommes comme soi-même pour « l'amour de Dieu, consacrer sa vie à cela seul, c'est la religion « infaillible, aussi certaine que la géométrie. » Et de qui est ce *Credo*, minuscule et immense ? Du P. Gratry.

Un de nos amis, obligé pour se marier d'obtenir un billet de confession, s'adressa à un prêtre aussi indulgent qu'instruit. Ils parlèrent longtemps, en confiance, et le prêtre termina l'entretien en disant à son pénitent d'un jour : « Aimez Dieu et lisez « l'Evangile... tout le reste vous sera donné par surcroît ! »

Nous avons connu un très simple curé de campagne, paysan, sans prétention aucune, prêtre par vocation et par charité, vivant, ce qui est rare, avec son troupeau, et l'aimant réellement de tout son cœur. Pauvre desservant d'une commune de trois cents âmes, au bord de la Hague, l'abbé Denis entreprit un jour de reconstruire sa petite église croulante, et sut si bien intéresser ses paroissiens à l'œuvre commune que l'édifice sembla s'élever par miracle, chacun venant, comme aux jours lointains du Moyen-Age, apporter sa pierre à la maison de Dieu. Cet excellent homme avait presque perdu la voix par suite de maux de gorge contractés dans le service des ambulances en 1870 ; sa voix rauque et basse sortait avec peine de son gosier, et qui le voyait officier croyait voir à l'autel un prélat de grand style ; qui le voyait entre amis retrouvait en lui le vrai, le sociable, le joyeux Français, tel que nos pères l'ont connu ; il avait sur la vie et sur les hommes les idées les plus originales, et disait bien souvent : « Quel dommage « que la République ne veuille point de nous ; c'est moi qui « ferais un bon républicain ! »

C'est dans les documents privés, bien plutôt que dans les gros traités et dans les discours d'apparat, qu'il faut chercher l'âme de l'Eglise. Elle apparaît souvent, telle qu'aux meilleurs jours, ardente et candide, joyeuse et forte, alerte et prête aux sacrifices, et semble justifier le mot de Bossuet : « Celui qui n'aime pas « Dieu n'aimera jamais que lui-même. »

Un livre moitié mystique, moitié mondain, a eu dans le monde catholique un immense succès. Les *Récits d'une sœur* nous racontent la vie d'une grande dame, Alexandrine d'Alopeus, comtesse de la Ferronnays.

Les deux époux, appartenant l'un et l'autre à la société aristocratique, ne paraissaient pas faits pour se rencontrer. Le comte Albert était catholique, d'une dévotion exaltée ; Mlle d'Alopeus était protestante. L'amour fit ce miracle de les unir ; mais le comte Albert avait fait, nu-pieds et en costume de pèlerin, le pèlerinage des sept basiliques de Rome et avait offert sa vie à Dieu pour obtenir la conversion de sa fiancée. Quinze jours après son mariage, les premiers symptômes de la phtisie se déclaraient chez lui, et, après quatre années d'angoisses et de souffrances, Mme de la Ferronnays, convertie et venue librement et volontairement au catholicisme, restait veuve et donnait à son tour sa vie aux œuvres de charité.

Cette simple et douloureuse histoire choque parfois le lecteur profane par certains détails un peu mesquins, certains sentiments un peu surannés. Le comte Albert aime les églises de Rome ; il prie mieux dans une église où il y a des marbres et des dorures ; Montalembert fait chanter un beau cantique à Mme de la Ferronnays et s'excuse presque de le profaner en le laissant chanter à une protestante. Un des personnages de cette sainte histoire se réjouit de savoir un de ses amis dans un entourage franchement aristocratique. « Il y a, dans un entourage de cette sorte, des « choses qui coulent de source, et qui ne se produisent pas aussi « naturellement dans des terrains où aucune vieille sève n'a « germé. »

Ce sont là des bizarreries ; mais, à côté de ces détails un peu choquants, que de belles choses, que de pensées profondes, quels cris du cœur blessé et plein d'angoisse. — « Stupide monde !... « oh ! surtout stupide !... Pourquoi aurais-je envie de trouver « rien plus doux que la mort ? »

Quoi de plus grand que cette page de Mme de Hautefeuille : « La « terre contient encore des joies que les anges pourraient envier. « Mais ces joies, pour être complètes, il faudrait qu'elles fussent

« renfermées dans d'autres cœurs que nos pauvres cœurs mortels,
« où toujours une triste saveur de la terre vient se mêler de les
« corrompre. L'idée de l'incomplet, celle de l'incertitude, une voix
« qui crie au soir : « Rien n'est durable ! » une sorte d'impuissance
« à savourer le bonheur, faut-il le dire ?... une sorte de fatigue à
« l'éprouver, un besoin de larmes et de douleurs, viennent
« apprendre au cœur de l'homme que les joies du ciel sont pour
« le ciel, et qu'ici-bas le ravissement, qui fait éternellement sou-
« rire les séraphins, nous tuerait... ou plutôt — misère ! — nous
« lasserait bientôt. »

Plus belle encore que cette belle page est la figure de la comtesse veuve de la Ferronnays. Toute à Dieu, à ses souvenirs et à ses pauvres, la comtesse promène son infatigable activité et sa gravité souriante à travers les églises, les ouvroirs, les asiles, les hôpitaux et les pauvres logis ; elle s'oublie à tel point qu'elle n'a bientôt plus que deux robes, et qu'elle fait pitié aux pauvres eux-mêmes. Un jour, une sœur de charité lui demande en grâce une paire de chaussures pour une pauvre femme qui en a le plus pressant besoin ; la comtesse vide sa bourse ; la sœur fait acheter les souliers et force la comtesse à les chausser aussitôt, à la place des souliers invraisemblables qui laissaient son pied presque nu dans la boue et sur les pierres du chemin.

L'abbé Perreyve, professeur à la Faculté de théologie de Paris, mort à trente-cinq ans, en 1865, a laissé des lettres qui ont été recueillies après sa mort et qui constituent un fort beau livre chrétien. L'amour passionné de la religion, l'admiration la plus vive pour l'Eglise et son chef, l'enthousiasme du sacerdoce, embrasent ces pages brûlantes ; mais, à côté de l'intérêt proprement religieux qu'elles présentent, elles peignent aussi une âme très tendre et très forte, très loyale et très libre, qu'on ne peut étudier sans attirance et sans la plus vive sympathie.

L'abbé Perreyve est prêtre par vocation ; il regarde l'ambition « comme la plus grande misère qui puisse flétrir l'âme d'un « prêtre ». Admis dans l'intimité d'un évêque, il ressent auprès de lui une impression de peur, « en remarquant qu'on ne le con-
« tredisait jamais, ou presque jamais, et, quand on se hasardait
« à le faire, encore le faisait-on avec mille précautions de flatterie
« et d'excuse. Voilà de quoi damner un homme ! »

Plus juste que le *Syllabus* pour la vie conjugale, il écrivait à un ami : « Je pense souvent à vous en forme d'examen de cons-
« cience, car le concile de Trente m'ordonne de croire *sous peine*

« *d'anathème* que le célibat est meilleur et plus saint que le
« mariage, et d'autre part, quand je vous regarde, je vous trouve
« si bon et si heureux que j'en suis tout excité et aiguillonné à
« être meilleur, à servir Dieu davantage. — La belle chose si les
« prêtres aimaient l'Eglise comme les bons maris aiment leur
« femme ! » — Charmante et spirituelle parole, qui prouve que
Perreyve avait pénétré toute la beauté, toute la noblesse, toute la
pureté de l'amour légitime.

Cette âme tendre et ardente était fermée à la haine ; elle croyait
à la tolérance et à la puissance souveraine de la liberté.

Apprenant qu'Abd-el-Kader, exilé à Damas, avait ouvert sa
maison aux chrétiens, un jour d'insurrection populaire, il écrivait :
« Quel exemple de tolérance religieuse et d'esprit fraternel il
« nous donne !... L'avenir est là ; l'avenir religieux du monde est
« dans cette charité intelligente et active, qui persuadera aux
« hommes de se défendre mutuellement et de s'aimer, malgré la
« différence des religions. »

Pensant aux luttes de l'avenir entre l'esprit de révolte et l'esprit
de sacrifice, il s'étonnait de la sécheresse et de la dureté de cœur
de la plupart des hommes, même de ceux qui se croyaient chrétiens ; il voyait régner en eux mille préjugés, mille idées fausses ;
il sentait que l'Evangile leur était vraiment étranger et inconnu,
et cependant de lui devait venir le salut. « Peut-être, disait-il,
« sera-ce pour nous, un jour, un devoir de parler, parce qu'il y
« aura danger à le faire et que les paroles seront alors des actes...
« Ce sera plus un devoir pour nous que pour les autres, parce
« que nous avons reçu de Dieu deux trésors bien rarement réunis
« dans le même cœur : l'amour de Jésus-Christ et l'amour de la
« liberté... Si une voix peut empêcher le divorce absolu et la
« ruine, ce sera une voix libre, en même temps qu'une voix chré-
« tienne ; une voix qui, au milieu de la confusion extrême des
« choses, sans crainte des hommes, quels qu'ils soient, saura
« crier la justice et la vérité ; qui sera pleine d'amour, même pour
« les méchants, même pour les égarés ; qui ne prononcera pas
« l'anathème, mais le pardon ; qui appellera la liberté et le pro-
« grès social au nom de Jésus-Christ, malgré les menaces des
« amis exclusifs du passé et les menaces des révolutionnaires
« impies. Quel cœur alors il faudra montrer ! Quel grand cœur !
« Comme il faudra compter pour rien les sacrifices, les mépris,
« les désertions, les condamnations des uns, les défiances des
« autres, peut-être les souffrances, peut-être la mort, et la mort de

« la main même de ceux que nous aurons voulu servir, de la
« main de nos amis ! »

Nous nous arrêterons sur cette magnifique impression. Nous pourrions lire encore beaucoup de livres, en extraire beaucoup de citations, nous ne trouverions rien de plus fort, ni de plus savoureux. Si le catholicisme n'était représenté que par de tels hommes, il n'aurait évidemment contre lui que les ennemis de tout bien et de toute justice. Voulant ici lui rendre l'honneur qu'il mérite, nous le saluons en la personne de tous ces hommes de science, de parole et d'action, en lesquels resplendit vraiment le pur esprit chrétien.

LA FRANCE CATHOLIQUE. — LES POLÉMISTES

Si les hommes étaient plus intelligents et meilleurs qu'ils ne le sont, la vérité s'imposerait par sa seule force à leurs esprits, et ils n'auraient pas besoin de combattre pour la faire triompher ; mais ce monde a été livré aux disputes ; la vérité n'apparaît claire et lumineuse à aucun homme, et ceux qui croient la posséder, et sont assez charitables pour ne la pas vouloir garder à leur usage personnel, sont obligés, dès qu'ils veulent la répandre, d'enfler la voix, de grossir les idées, de les présenter sous un certain jour, vêtues — et presque toujours travesties — un peu au goût du moment ; car, même en ces hautes questions, la mode fait sentir son empire, et les hommes n'aiment entendre que la langue dont ils usent eux-mêmes.

Nous avons étudié l'idée chrétienne dans la poésie, dans le livre et dans la chaire, et, si l'on veut avoir une notion vraie de sa beauté, c'est là qu'il faut aller la chercher ; mais les nécessités de la vie sociale, le besoin de se défendre contre les attaques injustes ou passionnées, le désir de combattre pour la vérité, de la démontrer aux plus incrédules, d'en assurer le triomphe, de lui conquérir dans le monde toute l'influence à laquelle elle a droit, l'enthousiasme, l'esprit de propagande et de discussion, ont fait descendre les catholiques de leur cabinet de travail ou de leur chaire, et les ont jetés dans la presse, en pleine bataille. Ils ont reçu force horions ; ils les ont rendus avec usure ; ils ont compté dans leurs rangs de redoutables jouteurs et comptent leurs grands polémistes au nombre de leurs hommes les plus éminents.

L'un des premiers journaux à tendances purement catholiques fut l'*Avenir* de Lamennais. Nous connaissons déjà son étonnante fortune, son éclat éphémère et sa disparition soudaine, derrière un nuage venu d'au delà des monts.

Après l'*Avenir* surgit une revue mensuelle : l'*Université catholique*. Malgré le talent et l'entrain de ses rédacteurs, Gerbet, Salinis, Montalembert, elle disparut au bout de quelques mois.

En 1834 parut l'*Univers*, appelé à prendre une place tout à fait à part au milieu des journaux religieux ; mal vu des évêques, mais très lu dans les presbytères, l'*Univers* fut l'organe de l'intolérantisme orthodoxe, avec certaines tendances démocratiques, qui le rendaient suspect à l'autorité.

Le *Monde*, plus modéré mais moins intéressant, le *Français*, journal bourgeois, catholique et libéral, la *Défense*, créée en 1876, ne réussirent pas à donner à l'opinion catholique une direction suivie et réellement pratique.

En province, beaucoup de journaux prirent l'étiquette catholique, mais servirent surtout les intérêts du parti monarchiste, et firent ainsi plus de tort que de bien à la cause qu'ils prétendaient soutenir.

Les *Semaines religieuses* ne furent trop souvent que « des « organes d'information de sacristie et d'adulation épiscopale » (Lecanuet).

Une tentative plus intéressante fut la création du journal catholique populaire : *La Croix*. Le tirage de *La Croix* de Paris atteignit 200.000 exemplaires pour l'édition quotidienne et 600.000 pour l'édition hebdomadaire. Cent huit éditions provinciales portaient par toute la France l'ardente parole, parfois très goûtée des masses populaires, dans sa saveur amère et capiteuse.

D'autres petits journaux, *Le Pèlerin*, *La Vie des Saints*, atteignirent des tirages respectables, de 250 à 550.000 exemplaires.

Beaucoup plus sérieuses, mais bien moins puissantes sur l'opinion, furent les revues scientifiques inspirées par l'esprit ultramontain, comme les *Etudes religieuses* de la Compagnie de Jésus ; par l'esprit catholique conservateur, comme *Le Correspondant* ; par l'esprit catholique libéral, comme *La Quinzaine*, qui vient de mourir, ou la revue lyonnaise *Demain*, dont le cardinal Coullié a interdit la lecture à ses séminaristes.

Il s'est dépensé, dans cette presse catholique, beaucoup de talent, et surtout beaucoup d'énergie, et les hommes de ferme volonté qui s'y sont employés n'ont cependant pas encore réussi à créer un parti vraiment catholique, dégagé de toute compromission avec tout parti politique et avec toute réaction.

L'homme culminant de la presse catholique contemporaine a été certainement Louis Veuillot. Son nom est, pour les uns, celui d'un grand saint, et, pour les autres, celui d'un énergumène sans vergogne ; nous l'étudierons sans parti pris, dans sa vie et dans ses œuvres, lui laissant presque toujours la parole et nous efforçant de le peindre tel que nous le voyons, tel que nous le comprenons (1).

Veuillot était du peuple, et du petit peuple ; son père était ouvrier tonnelier et ne savait pas lire. Il vint à Paris de bonne heure, fut élève de l'école mutuelle, puis saute-ruisseau, puis, avant même d'avoir vingt ans, journaliste à Rouen, puis à Périgueux, journaliste ministériel, juste milieu, affreusement bourgeois... il fallait vivre ! Beaucoup de gens, à sa place, se fussent estimés heureux, et se seraient crus sur le chemin de la fortune ; son métier l'écœura ; le mensonge officiel lui pesait ; il se sentait des envies terribles de sauter à la gorge des philistins qu'il était chargé de prôner ; il se demandait anxieusement s'il valait beaucoup mieux qu'eux. Il traversait une crise morale, qui, aujourd'hui, le pousserait peut-être au socialisme ; il alla à Rome et en revint catholique, et ne lâcha plus l'idée qui lui était apparue comme la sauvegarde de sa moralité. « Il fut, dit M. Jules Le-« maître, un des grands catholiques de ce temps, le plus grand « peut-être, si l'on considère la puissance et l'ardente et amou-« reuse combativité de son talent ; le plus original, si l'on fait « attention à l'absolue pureté de son catholicisme, rare et neuf « par cette pureté même et cette simplicité. »

Ce catholicisme, aussi original qu'intransigeant, l'a exposé à toutes les calomnies. On n'a pas manqué de le traiter de Tartufe, — une accusation qui ne tient pas debout, car Tartufe se découvre tôt ou tard, et Veuillot ne s'est jamais démenti. On l'a blâmé de sa violence : on a dit « qu'il distribue l'eau bénite comme du « vitriol et qu'il manie le crucifix comme un gourdin ». On l'a comparé à un homme adossé à la porte d'une église et jetant des pierres à quiconque lui déplaît. Il s'est comparé lui-même à un suisse, qui met à la porte de l'église les chiens et les ivrognes.

Et, en tout cela, il y a du vrai ; mais ce n'est point, à notre sens, le fond de l'âme de Louis Veuillot. Veuillot est pour nous, avant tout, un grand cœur simple d'homme du peuple, épris de sincérité et de vie morale ; c'est un moraliste, qui ne voit pas les hommes en beau et qui leur dit leurs vérités avec la verve d'un satirique de premier ordre.

Epris de vie morale, il l'a montré par sa vie même, qui fut remplie par l'amour de la famille, par le travail, par la lutte incessante pour son idéal. Il a laissé à tous ceux qui l'ont connu le

---

(1) Cf. Jules Lemaître : *Etude sur Louis Veuillot*, Revue bleue. 1893.

souvenir d'une âme très fière et très haute, très tendre aussi, ouverte à tous les sentiments doux et purs. Il a parlé de l'amour en termes exquis, en homme qui l'avait profondément senti et goûté : « Tout homme a senti, ne fût-ce qu'un jour, cette étrange
« ivresse. Il y a eu un visage dont l'éclat illuminait ses insomnies
« et des yeux dont il a cherché le regard comme la plante cherche
« l'air et le soleil ; une voix entre toutes a fait tressaillir les cor-
« des intimes de son âme, et il a cru que ce visage, ce regard,
« cette voix étaient nécessaires à sa vie. Qui n'a passé, le soir, sous
« une fenêtre endormie, avec l'espérance obstinée d'y voir seu-
« lement glisser une ombre ? Qui n'a ramassé une fleur tombée
« ou jetée, pour la garder toujours ? On a été jaloux, on a versé
« des larmes dont on se souvient encore, dont on savoure encore
« l'amertume chère, longtemps après avoir oublié l'objet de tant de
« douleurs... Quelque but que l'on ait voulu poursuivre, à l'heure
« radieuse de ces premiers élans où l'on croit tout atteindre, on
« s'est dit : Une seule âme, un seul esprit, un seul regard, me
« suivront dans la carrière ; un cœur, un seul cœur fera des vœux
« pour moi, se réjouira si je triomphe, souffrira si je succombe !...
« Et, de tous les rêves de gloire, ça a été le plus doux. »

Tous ses amis ont toujours vanté sa bonté, et il a pris soin lui-même d'affirmer avec force que la haine était un sentiment étranger à son âme : « Les haines personnelles, je les ignore.
« Nul homme n'avancera dans la vie sans connaître qu'il doit être
« indulgent envers les autres hommes... L'idée que je me fais de
« la haine est celle d'une étrange bassesse, par laquelle le haineux
« s'asservit stupidement au haï. Toute espèce de haine me semble
« totalement ridicule, sauf une, qui est totalement abominable :
« celle du bien. »

Qu'il ait été sincère, nul n'en peut douter, en lisant ses lettres et ses confessions après sa conversion : « Le combat a réelle-
« ment commencé à l'acte qui devait le finir... Evidemment, cette
« lutte doit se terminer par le triomphe du bien ; mais elle est
« longue et douloureuse, en raison du mal qu'on a commis, car
« on n'a pas fait une faute, si odieuse soit-elle, qu'on ne désire
« la faire encore, et faire pis. Chaque vice de la vie passée laisse
« au cœur une racine immonde, qu'il faut en arracher avec des
« tenailles ardentes. Cela semble une chose épouvantable d'être
« tenu à une vie honnête et réglée par le grand devoir divin...
« Ces actes, ces fautes, ces plaisirs, pour lesquels on avait du
« mépris, on s'y laissait entraîner : maintenant qu'ils inspirent un

« attrait horrible, qu'ils vous donnent une soif d'enfer, vous n'y
« cédez pas. C'est la récompense ! » L'homme qui a pu s'analyser
avec cette froide exactitude et qui a jeté ce beau cri de victoire,
est éminemment un sincère ; jamais Tartufe n'a soupçonné une
telle vertu.

Comme journaliste et polémiste, l'œuvre de Veuillot est immense
et forcément inégale. On lui a reproché, avec raison suivant nous,
l'intransigeance de ses opinions et le ton violent de sa polémique,
absolument dénuée de toute charité. Il a été l'ardent apologiste
du pouvoir temporel, du *Syllabus*, de l'infaillibilité ; il a poursuivi,
pourchassé, lapidé, non seulement des hommes comme le P. Hyacinthe, mais des orthodoxes comme le P. Gratry, comme Lacordaire, comme Mgr Dupanloup. Il a poussé si loin le sarcasme et
l'insulte, que Mgr Perraud, évêque d'Autun, disait, un jour, que,
s'il avait un million, il l'emploierait à ruiner le journal de Veuillot.
L'*Univers* fut suspendu pour deux mois, en 1874, sous le ministère
du duc de Broglie, pour avoir reproduit le mandement de l'évêque
de Nîmes, qui excita si fort la colère de Bismarck. Le jugement
de suspension déclarait que « l'*Univers* avait porté une grave
« atteinte à la dignité de la presse française, compromis nos rela-
« tions extérieures, troublé la paix publique, provoqué au mépris
« des gouvernements établis par d'inqualifiables outrages ».
Veuillot poussait, parfois, la colère vertueuse jusqu'aux plus
condamnables extrémités. Il s'avisa, un jour, de signaler à
l'animadversion des fidèles un mercier qui n'observait pas le
repos dominical, et le tribunal de la Seine lui infligea fort justement, à ce propos, une condamnation à 4.000 francs de
dommages-intérêts.

Nous préférons à Veuillot journaliste Veuillot écrivain. Romans,
nouvelles, récits de voyage, pamphlets, ouvrages d'édification ou
de polémique, poésie même, il a fait de tout, et, si son œuvre
a des parties faibles et très faibles, elle en a aussi d'excellentes,
elle apparaît souvent souple et nerveuse, pleine de rêve et débordante de vie.

Satirique impitoyable, doublé d'un homme très tendre, il a
manqué peu de chose à Veuillot pour faire un poète très original.
Ce n'est pas comme poète qu'il restera ; son art manque de finesse
et d'éclat, et cependant la force de la pensée communique souvent
à ses vers un charme austère et pénétrant, qu'on ne trouvera
nulle part mieux exprimé que dans ce portrait de l'honnête
femme :

Aucun mensonge ! Rien, sur la toile vivante,
Au modèle muet ne semblait ajouté.
C'était son buste frêle et sa lèvre indolente,
C'était sa chevelure atone et peu savante,
Son œil sans flamboiements, — et c'était la Beauté.

Je regardais encore : oh ! l'aimable visage !
Comme, parfois, sous l'herbe on devine la fleur !
L'art du peintre faisait chanter dans cette image
Je ne sais quel reflet d'âme profonde et sage
Et faite pour tout vaincre, — et c'était la Douceur.

Le corsage fermé par la pudeur jalouse,
Le fidèle regard sur le ciel arrêté,
Promettaient à l'amour plus que la volupté :
C'était la vierge encor qui vivait dans l'épouse,
C'était l'honneur, la paix, — c'était la Chasteté.

Et je compris les pleurs que l'amant dut répandre,
Et je compris l'époux qui chantait son bonheur,
Et je connus aussi la femme forte et tendre
Qui, hors de sa maison, sur la boue et la cendre,
Savait ne rien verser des choses de son cœur.

Ses *Pèlerinages en Suisse* mêlent trop souvent aux récits de voyage les instructions spirituelles ou les diatribes contre les protestants ; la lecture en est cependant attachante, et mille traits imprévus viennent, à chaque instant, surprendre et amuser le lecteur, tout à fait dérouté par les frasques de cet esprit opiniâtre et capricieux, de ce prêcheur fantasque, tout prêt à éclater de rire à chaque ridicule qui passe. Il voyage bien tranquillement, en diligence, sur les bords du lac de Genève, avec d'insignifiants compagnons et une grosse dame, d'apparence on ne peut plus prosaïque : « Tout à coup, quelqu'un, montrant un clocher, nous
« dit : « Voyez, Vevey ! » Et voilà cette grosse femme qui se jette
« à la portière avec un mouvement si rapide que nous avançâmes
« tous la main pour la retenir, mais il n'y avait pas de danger :
« deux massives épaules l'arrêtaient suffisamment de chaque
« côté ; la tête seule pouvait passer. Après avoir longtemps
« regardé, elle se rassit pensive, soupirant comme un soufflet de
« forge ; et nous eûmes l'incroyable spectacle d'un sentiment de
« mélancolie dans les petits yeux et sur le petit front d'une Héloïse
« de quarante-cinq ans, car il s'agissait d'Héloïse au fond de ce
« cœur tendre : la grosse femme n'avait à Vevey ni ses enfants,
« ni son mari, ni sa caisse à chapeau. »

Sa correspondance n'est pas exempte de maniérisme, mais le révèle si brave homme, si attaché aux siens, qu'on lui passe volontiers son grain de pédantisme. Il conte à merveille l'anecdote. Il est, un jour, chez un gentilhomme propriétaire, qui le promène une heure et demie sous la pluie, dans ses herbages ; il rentre pour écrire un article ; impossible de trouver une plume au château ; enfin son ami découvre « un reste de canif à ongles » avec lequel il taille un cure-dents et l'apporte à Veuillot « avec toute la gra-
« vité d'un ancien préfet devenu ministre ». — Il habille très drôlement ses hôtes et leurs amis. Il a lu deux chapitres de *Fleurange*, par Mme Craven. « Elle sait son métier de romancière, comme si
« elle l'avait fait toute sa vie ; ce que j'ai lu n'est pas mauvais ; il
« y a même des traces de bon sens. » — Il fait deux grabuges par jour. « Je n'en gagne qu'un, dit-il ; mais c'est parce que je ne
« suis pas assez cancre. Sous ce rapport, mon adversaire est
« prodigieux ! C'est le cas de le dire, je profite à son école : vous
« verrez du beau ! » — M. de C. a un château fort sérieux, en beau style Louis XIII : « il a des sapins hauts comme des clochers et des
« chênes plus hauts que les sapins ; il a des étangs peuplés de
« carpes, des bois peuplés de lièvres et de chevreuils ; il a cent
« vaches ; il a des poules en vieille faïence ; il a cinq ou six
« plats chinois ; il a 400.000 livres de rente et il se meurt
« d'ennui et de tristesse, quoiqu'il soit le plus galant homme
« du monde, bon chrétien et abonné de l'*Univers*... — Mme de R.
« m'écrit, dimanche matin, qu'elle désire me servir jeudi au
« déjeuner de l'évêque ; qu'il faut partir à six heures, arriver à
« huit, attendre le déjeuner Dieu sait où, causer, poser, errer et
« revenir le soir. Grand-Dieu ! avec une grâce, avec un esprit,
« avec une douceur que j'admirerai toujours, je refuse. Le diable
« se serait rendu, mais une bâtisseuse d'églises ? Et nous voilà
« brouillés... ou peu s'en faut. »

Au milieu de tous ses bons mots, il n'oublie pas ses rancunes. S'il va à Ferney-Voltaire, il admire comment « le gredin était bien
« logé ». Il envoie à Mme de Pitray, très bonapartiste, cette amusante profession de foi : « Je vous le dirai, Madame, avec la noble
« indépendance du citoyen français : nous devons aimer l'empe-
« reur, nous devons le servir, nous devons l'adorer. Il est grand,
« il est sage, il est pieux, et aucun souverain n'a une si belle police.
« Vive l'empereur, Madame, vive l'empereur ! Que vos bœufs, que
« vos vaches, que vos ânes apprennent à répéter ce cri des sous-
« préfets. Vive l'empereur ! voilà ce que nous entendrons dans le

« ciel. Ce serait la béatitude, si nous pouvions ne pas envier le
« sort de nos enfants, qui vivront en ce bas monde sous les lois
« de notre empereur... Si vous ouvrez ma lettre, brûlez-la sitôt
« lue, jetez les cendres dans un puits, comblez ce puits, élevez sur
« le puits comblé une statue de l'empereur, vendez vos terres et
« allez vous établir en Russie. »

Tout cela est amusant, mais ne vaut pas le satirique sérieux.

Un des plus beaux livres de Veuillot est celui qu'il a écrit, en 1884, sous le titre : *Les Libres Penseurs*. C'est un livre incomplet, parce que la nature même de son esprit l'a empêché de comprendre la haute dignité, la noblesse de la pensée libre, consciente, sincère et pure, mais livre étonnant de vérité, quand on pense à la foule vulgaire des soi-disant libres-penseurs qui ne pensent pas, ou qui n'ont jamais pensé qu'à eux, à la satisfaction de leurs intérêts, de leurs appétits et de leurs rancunes. Pour ceux-là, le livre de Veuillot est une satire aussi sanglante que le sont, en politique, les *Châtiments* de Victor Hugo ; et, si la note est moins éclatante, elle est aussi plus profonde et plus juste : « J'ai dit ma pensée, dit-il lui-même, j'ai confessé ma
« foi, j'ai honoré mes dieux, j'ai combattu sans calcul et sans
« ménagements pour moi-même. Je n'y ai gagné qu'une chose,
« mais d'un prix immense : c'est de pouvoir relire tant de pages
« écrites tous les jours depuis vingt-deux ans, sans me prendre
« à rougir de celles où je me suis trompé... Je souhaite à la
« liberté beaucoup d'écrivains qui se servent d'elle avec le même
« scrupule et qui la servent avec le même dévouement. »

Enfant du peuple, Veuillot n'a jamais aimé la bourgeoisie ; ce qu'il y a chez elle de louche et de lâche l'a toujours profondément dégoûté. Les portraits vengeurs abondent dans son livre :
« M. Un Tel, poète, philosophe, humanitaire et concubinaire, fait
« un livre, dont la belle pièce est une peinture de certain couvent.
« Il connaît bien la maison... Il n'oublie qu'une chose : que ces
« moines qu'il déchire l'ont accueilli, l'ont soigné, l'ont consolé,
« l'ont empêché de mourir de faim et de vermine... Quand tu feras
« la seconde édition de ton livre, drôle, puisque tu veux peindre
« le couvent, décris donc aussi ce personnage, dis son orgueil et
« sa bassesse. »

« M. Pigeot, banquier, peut trouver dans Paris, du jour au
« lendemain, un million sur sa signature. Il est adjoint au maire
« de son arrondissement, lieutenant-colonel de la garde nationale,
« vice-président d'un comité de bienfaisance, officier de la Légion

« d'honneur, seigneur de village en Normandie, mari de Mᵐᵉ Pi-
« geot qui voit des gens de lettres, père de Mˡˡᵉ Pigeot, déjà
« refusée à deux jeunes fils du faubourg Saint-Germain. — On le
« connaît à la cour ; il tutoie un ministre... ses idées... sont claires
« et arrêtées. La question religieuse ne le prend pas au dépourvu.
« Officiellement, il respecte l'Eglise et tient qu'il faut une religion
« pour le peuple ; mais il déteste la superstition. Point de moines :
« ce sont de pieux fainéants ; point d'associations religieuses :
« ce sont des clubs où l'on conspire pour Henri V ; point de
« collèges ecclésiastiques : le caractère français s'y abâtardit !
« Pigeot, encore, n'aime pas ces réunions pieuses où les femmes
« se rendent, négligeant leurs ménages, où l'on veut attirer les
« ouvriers, au grand détriment du travail. Qu'il méprise ces
« mômeries ! Qu'il est agréable et fécond, lorsqu'il vient à parler
« de ces associations aux noms ridicules, et le Sacré-Cœur, et
« l'Archiconfrérie, et les frères de la Bonne Mort, et les pénitents
« bleus, et les pénitents gris, et les pénitents verts ! Pour lui,
« Pigeot, il ne manque à aucune des séances de la Société des
« aimables pourceaux, dont il est membre fondateur. »

Dur aux bourgeois, il est terrible au prêtre qui garde l'esprit mondain ; il lui a consacré une page qui eût certainement fait songer Molière :

« Pour Dieu, Monsieur l'abbé, ou ne dites plus la messe et ne
« portez plus ce titre d'abbé, ou habillez-vous en prêtre et vivez
« en prêtre... Convient-il qu'on vous rencontre à minuit, le man-
« teau sur le nez, comme un chercheur d'aventures, et que les
« gens du quartier, vous voyant entrer si tard, se disent en
« riant : « C'est ce prêtre !... » Quel avantage trouvez-vous à pa-
« raître en habit laïque, botté comme un joueur de lansquenet,
« sanglé comme un acteur ? Croyez-vous être joli ?... Vous
« êtes ridicule... et vous n'avez pas le droit d'être ridi-
« cule. Un prêtre doit être propre, mais propre de cette
« façon !... Soyez plutôt râpé, fripé, rapiécé, soyez plutôt sale !
« Il y a des prêtres dont les soutanes font pitié. Dans la rue, un
« jour, je suivais une de ces soutanes, mal faite et fatiguée, pro-
« pre néanmoins ; mais la brosse, à force de frotter, l'avait lustrée
« et blanchie. Elle battait des souliers rougis par le temps ; elle
« était surmontée d'un chapeau... ah ! Monsieur l'abbé, je ménage
« vos nerfs et je ne décris pas ce chapeau. Bon Dieu ! me dis-je,
« voilà un pauvre prêtre à qui l'on ferait bien de donner une
« soutane ! Cependant les passants saluaient avec respect ce

« prêtre mal vêtu ; après l'avoir salué, ils se retournaient pour le
« voir encore. Je doublai le pas, je saluai à mon tour. C'était le
« P. de Ravignan. Qui dira combien sont tombées de larmes
« consolantes et salutaires sur la soutane usée de Ravignan ? Mais
« qui voulez-vous, Almaviva de sacristie, qui aille pleurer sur
« votre justaucorps chargé de fanfreluches ? Vous n'y tenez pas ;
« je le sais bien ! mais alors que faites-vous dans l'Eglise ? Vous
« direz que vous y êtes et que vous n'en pouvez sortir ! Vous
« pouvez du moins vous cacher... Ne savez-vous pas que l'im-
« piété ne sera vaincue et le monde sauvé que par un sacerdoce
« humble, pauvre, laborieux, mortifié, et qu'au milieu d'une
« société, chargée de tous les vices que le christianisme vint
« combattre, il faut aller au combat avec la foi et la bure des
« apôtres !... Malheur à vous, qui êtes un argument dans la
« bouche de l'impie ! Malheur à vous, dont il peut dire, pour
« échapper à la vérité qui le presse : « Voyez ce prêtre ! »

Ce morceau est de très haute allure. Veuillot est cependant allé plus haut encore, quand il nous a peint, de main de maître, l'horreur qui saisit devant son œuvre un pornographe resté au fond honnête homme. Rien de plus dramatique et de plus poignant que cette confession d'un enfant du siècle :

« Je bâclai une bacchanale effrontée, même pour le théâtre de
« bacchanales auquel je la destinais... Quand il fallut lire cela
« aux comédiens, en vérité, je n'osais pas... Dix fois dans le
« cours des répétitions, je fus tenté de reculer... Je retirai
« mon nom et je laissai jouer la pièce. J'étais curieux d'en faire
« l'expérience, de voir comment le public prendrait cette injure.
« Le public n'hésita pas un moment... Deux cents représenta-
« tions ne satisfirent pas cet appétit d'abjection. Je devins le
« grand homme du boulevard... Les acteurs, lancés par le succès,
« ne jouaient plus ma pièce, mais la leur. J'avais fait une polisson-
« nerie impardonnable ; leur propre génie et leur mimique en
« avaient fait une ordure sans nom. C'était cette ordure qu'on
« applaudissait, qui sans cesse rappelait et rajeunissait la foule.
« J'abhorrais ce spectacle et je ne sais quelle force me contrai-
« gnait d'en chercher l'amertume. J'avais la rougeur au front, la
« terreur dans l'âme... J'ai connu la vile et inénarrable tristesse
« des histrions ; j'ai craint, j'ai senti le glaive de la justice divine.
« J'avais déjà des enfants : je me disais qu'un jour peut-être, par
« représailles de Dieu, ou mon fils ou ma fille tomberaient dans
« cette fange du théâtre et joueraient devant cette foule immonde

« des rôles semblables à ceux-là... Je m'avouai que j'étais un
« corrupteur public. Chaque jour, je voyais dans la salle d'im-
« béciles honnêtes gens, qui venaient là en famille et qui restaient
« jusqu'à la fin. Oui, oui, ils restaient là, le mari à côté de
« l'épouse, le père et la mère à côté de leurs enfants ! Ils compre-
« naient et ils ne s'en allaient pas ; ils restaient à cet enseigne-
« ment de dérision, d'impiété, d'adultère, de luxure... Oh ! les
« sauvages ! Je voyais l'étonnement, l'embarras, la malice, la
« passion bestiale, passer tour à tour sur les jeunes fronts ; je
« voyais la fange indélébile envahir les jeunes cœurs, et je me
« disais : Je serai puni. »

Voilà, n'est-il pas vrai, une page digne d'un grand moraliste, et ceux qui regardent Veuillot comme un des maîtres de la prose française ne disent encore que la moitié de la vérité.

Ce rude batailleur, qui ne pécha que par excès de logique et de conscience, ne fut au fond ni un aristocrate, ni un réactionnaire, ni même un monarchiste. Il voulait que la première place fût occupée par un représentant héréditaire de la nation ; mais son roi n'était pas le sauveur, dont tout le pays devait attendre le salut, son roi n'était pas une idole : c'était une nécessité et une sauvegarde politique ; il voyait, dans le roi, le meilleur gardien de la liberté. Il eût voulu un État souple et décentralisé, où eussent trouvé place les libertés provinciales et les libertés corporatives. Au fond, ce catholique avait l'âme d'un démocrate et d'un républicain ; mais il ne pouvait comprendre la chose publique sans le sentiment du devoir, sans le sentiment de l'honneur, sans le sentiment de la morale, et il avait cent fois raison.

Personne ne peut, dans la presse catholique, être comparé à ce géant tout d'une pièce, si bien d'aplomb sur son cheval de bataille, la visière toujours levée, la lance toujours au poing.

Cependant il est un homme qui, même auprès de lui, émerge de la foule des polémistes : c'est Mgr Freppel, l'ardent et colérique évêque d'Angers. Parmi tous les ouvrages qu'a composés ce grand travailleur, aucun peut-être n'eut un aussi grand retentissement que la brochure consacrée par lui à la *Révolution française*, à l'occasion du centenaire de 1789. Partisan avéré du *Syllabus* et de l'infaillibilité pontificale, Mgr Freppel est pour la Révolution un juge très sévère et très partial ; mais son style vigoureux ne comporte aucune violence incongrue, et ses raisons sont parfois très hautes et très sérieuses. Quelques extraits suffiront pour nous donner une idée de sa manière et de la valeur de son livre :

« Lisez, nous dit-il, la Déclaration des droits de l'homme. Voyez
« quelle idée l'on se forme à ce moment-là des pouvoirs publics,
« de la famille, du mariage, de l'enseignement, de la justice et des
« lois; à lire tous ces documents, à voir toutes ces institutions
« nouvelles, on dirait que, pour cette nation, chrétienne depuis
« quatorze siècles, le christianisme n'a jamais existé, et qu'il n'y a
« pas lieu d'en tenir le moindre compte. Attributions du clergé en
« tant que corps politique, privilèges à restreindre ou à suppri-
« mer, tout cela est d'intérêt secondaire ; c'est le règne social de
« Jésus-Christ qu'il s'agit de détruire et d'effacer jusqu'au moindre
« vestige. La Révolution, c'est la société déchristianisée ; c'est
« le Christ refoulé au fond de la conscience individuelle, banni de
« tout ce qui est public, de tout ce qui est social, banni de l'Etat,
« qui ne cherche plus dans son autorité la consécration de la
« sienne propre, banni des lois, dont sa loi n'est plus la règle sou-
« veraine, banni de la famille constituée en dehors de sa béné-
« diction, banni de l'école où son enseignement n'est plus l'âme
« de l'éducation, banni de la science où il n'obtient plus pour
« tout hommage qu'une sorte de neutralité non moins injurieuse
« que la contradiction, banni de partout, si ce n'est, peut-être,
« d'un coin de l'âme, où l'on consent à lui laisser un reste de do-
« mination. La Révolution, c'est la nation chrétienne débaptisée,
« répudiant sa foi historique, traditionnelle, et cherchant à se
« reconstruire, en dehors de l'Evangile, sur les bases de la raison
« pure, devenue la source unique du droit et la seule règle du
« devoir. Une société n'ayant plus d'autre guide que les lumières
« naturelles de l'intelligence, isolées de la révélation, ni d'autre
« fin que le bien-être de l'homme en ce monde, abstraction
« faite de ses fins supérieures et divines : voilà, dans son idée
« essentielle, fondamentale, la doctrine de la Révolution. »

Cette laïcisation complète de l'Etat, Mgr Freppel la trouve
infiniment regrettable, et il en donne cette raison : « L'idée de
« Dieu une fois disparue, il fait nuit dans l'âme humaine, et on
« peut y prendre au hasard le vice pour la vertu et le crime pour
« la légalité. »

Les conséquences de la Révolution lui paraissent tout aussi
condamnables que son principe. Il est l'adversaire absolu de l'om-
nipotence de l'Etat : « J'entends bien les doctrinaires de la Révo-
« lution française déclarer solennellement que tous les hommes
« naissent et demeurent libres ; mais c'est là une vaine décla-
« mation, qui ne tient pas debout devant l'idée révolutionnaire de

« la toute-puissance de l'Etat. On n'est pas libre, quand, de quel-
« que côté que l'on se tourne, on vient se heurter à ce pouvoir
« omnipotent, qui prétend ne rien laisser en dehors de sa sphère
« d'action. »

Le suffrage universel ne trouve pas en lui un admirateur plus
enthousiaste que la Déclaration des droits de l'homme : « Ce qui
« est inadmissible, c'est que, sous prétexte d'égalité, le nombre
« seul devienne la loi suprême d'un pays... et qu'en un jour d'é-
« lection, où se posent les questions les plus difficiles de droit
« constitutionnel, de relations avec l'étranger, des questions de
« vie ou de mort pour un peuple, le suffrage d'un individu sa-
« chant à peine lire et écrire, ou recueilli dans un dépôt de men-
« dicité, pèse d'un même poids dans la balance des destinées
« nationales que celui d'un homme d'Etat rompu aux affaires
« par une longue expérience. Il n'est pas de sophisme qui puisse
« colorer d'un prétexte spécieux une pareille absurdité. Un pays
« qui sacrifie son existence à une utopie aussi dangereuse, court
« au-devant de toutes les aventures. »

Il flagelle encore l'esprit de parti dans une page qu'on ne
saurait trop méditer : « Je suppose un régime sous lequel un
« parti politique, arrivé au pouvoir, jouit exclusivement de
« tous les avantages de la situation, se réserve à lui seul toutes
« les places et tous les emplois, sans admettre à aucune fonc-
« tion publique ceux qu'il traite d'adversaires, si tant est qu'il
« ne les mette pas hors la loi, en leur refusant ce qui est équi-
« table et juste ; un régime où tout est vexation pour les uns
« et faveur pour les autres ; où il suffit que les parents soient en
« défiance auprès du parti dominant pour que leurs enfants voient
« se fermer devant eux les carrières de la magistrature, de l'ad-
« ministration et des finances ; où il n'est même pas possible
« d'arriver à un poste de juge suppléant, eût-on tous les diplômes
« et tous les mérites, du moment que l'on a fait ses études dans
« telle maison d'éducation plutôt que dans telle autre ; où la
« moitié des contribuables se trouvent exclus des bénéfices de
« la communauté, bien que les charges soient les mêmes pour
« tous ; est-ce sérieusement qu'un pareil régime d'oppression
« pour ceux-ci, de privilège pour ceux-là, pourrait être appelé
« un régime d'égalité ? »

Il condamne enfin, avec véhémence, en homme qui combat
pour ses autels, les préjugés anticléricaux des gouvernants républicains : « Est-ce calomnier nos modernes jacobins de dire que

« leur hostilité à l'égard des pires ennemis de la France n'est pas
« comparable à celle qu'ils témoignent à un Français, du moment
« que ce Français porte une soutane de prêtre ou une robe de
« religieux ?... La Révolution a développé chez ce peuple, si gé-
« néreux par nature et si chevaleresque, des instincts de bruta-
« lité qui sont devenus l'étonnement du monde entier... Prenons
« le libéralisme révolutionnaire aux époques où, condamné à une
« modération relative par l'esprit du temps, il consent à se ren-
« fermer dans la persécution légale ; chaque fois qu'il remonte
« au pouvoir, après 1830, après 1848, après 1879, son premier
« mouvement est de restreindre la liberté des catholiques. On le
« dirait rivé à ce genre de despotisme par la fatalité de son prin-
« cipe. Quelques jésuites ou quelques dominicains, se réunissant
« pour prier en commun, pour enseigner ou pour prêcher, le
« mettent en émoi, plus que ne sauraient faire des menaces par-
« ties de l'étranger. On sent que la liberté religieuse est tout ce
« qu'il y a de plus antipathique à ces publicistes et à ces hommes
« d'Etat. — Confisquer les biens ecclésiastiques pour dépouiller
« le clergé du droit de propriété, sans lequel il n'y a pas de vraie
« liberté ; empêcher le plus possible les manifestations extérieures
« du culte ; entraver les rapports des évêques entre eux et avec
« le Saint-Siège ; les subordonner à l'autorisation préalable d'un
« conseil d'Etat composé d'incroyants en majeure partie, sinon
« en totalité ; remplacer les bénéfices stables et permanents par
« un salaire variable, contesté et discuté périodiquement dans des
« débats sans honneur et sans dignité : c'est ainsi que la Révolu-
« tion, même sous sa forme la plus modérée, a toujours compris
« la liberté des catholiques. »

Si fier que soit un pareil réquisitoire, il nous sera cependant
permis de penser qu'un langage si amer n'est peut-être pas tout
à fait celui qui convient le mieux à un évêque ; et nous avouerons délibérément préférer aux rancœurs du prélat les très
hautes et très dignes paroles imprimées tout récemment par
quelques simples prêtres de notre Auvergne dans de modestes
bulletins de paroisse, où nous ne nous attendions pas à trouver
de si simple, si naturelle et si vraiment chrétienne éloquence.

Le bulletin paroissial de *Servant* se préoccupe de la situation
faite au clergé par les lois actuelles et répond vaillamment aux
pessimistes : « On dit qu'il faut, à tout prix, sauver nos églises ; on
« a raison, puisqu'elles sont la maison de notre Dieu et celle du
« peuple chrétien. Mais n'aurions-nous ni temples, ni presbytères,

« ni séminaires, — les apôtres n'en avaient pas, — l'Eglise vivrait,
« parce que l'Eglise, c'est l'âme humaine, qui ne meurt ni par le
« glaive ni par la persécution. Après qu'on aura tout dérobé, et
« nos immeubles, et les ressources dont vivaient nos œuvres et
« nos pauvres, et notre influence sociale, et notre popularité, il
« nous restera assez devant Dieu et devant les honnêtes gens, et
« nous vivrons si nous gardons les âmes : *Da mihi animas, cætera
« tolle tibi !* » (3 mars 1907.)

Mais, pour garder les âmes, il faudrait un miracle, disent les timides ; et les forts répondent : « Faites le miracle que firent nos
« ancêtres des premiers siècles : le paganisme était corrompu,
« ils furent purs et chastes ; — il était égoïste, ils furent géné-
« reux ; — il était sensuel, ils furent austères et détachés ; — il
« recommandait la haine des ennemis, ils en recommandèrent
« l'amour. » (17 mars 1907.)

Le *Messager de Brassac*, œuvre personnelle du curé de cette importante paroisse, est une intéressante petite feuille, remplie de bon sens et de charité, et les conclusions du curé de campagne sont dignes d'un disciple de saint Jean : « Un des maux
« les plus funestes dont souffre la société, c'est la haine... qui
« fait descendre l'homme au-dessous de la bête, car les loups ne
« se mangent pas entre eux... Il y a des hommes — Dieu les
« éclaire et les convertisse ! — qui emploient leurs talents et leurs
« ressources à la propager, rejetant l'amour mutuel qui caracté-
« rise le christianisme, barrant la route à la marche civilisatrice
« et ascensionnelle de l'Évangile, détruisant à la fois la vérité qui
« délivre et la religion de bonté inaugurée par le Sauveur.
« Qu'opposerons-nous à ce fléau déprimant et rétrograde ? La
« diffusion de l'amour fraternel. » (Avril 1903.)

Cette religion de l'amour, M. le curé de Brassac la veut ample et active :

« Ce que les ennemis de l'Eglise appréhendent, c'est le catho-
« licisme agissant par la sympathie, favorable aux causes natio-
« nales et populaires, allant à la démocratie et entrant au cœur
« de la nation... Ils ne comprennent qu'une religion purement
« cultuelle, décrépite, emmaillotée dans le conservatisme, tournée
« uniquement vers les dévots et le petit piétisme replié sur lui-
« même. Le Concordat n'est pas un principe de mal, pas plus que
« la séparation ne sera une source de renaissance. C'est l'effort,
« l'effort plein et contenu, c'est l'effort cordial et généreux, qui
« fera luire les prochaines aurores ! »

Voilà, enfin, une parole douce et lumineuse, et qui n'a besoin ni d'artifice ni de tapage pour se faire entendre : elle sort naturellement d'une belle âme simple ! Comme ces cris du cœur sont plus émouvants que les plus éclatantes satires de Veuillot, ou les plus savantes discussions de Freppel; et comme l'on comprend, en les écoutant, que le Christ se soit mieux plu en la société des humbles qu'en celle des grands !

LA FRANCE CATHOLIQUE. — LES ATTARDÉS ET LES VIOLENTS

La France catholique n'a pas eu que de belles âmes, de nobles penseurs et de grands écrivains ; elle a connu, elle connaît encore toutes les misères intellectuelles et morales dont n'est exempt presque aucun homme, dont souffrent toujours toutes les sociétés. Dire qu'elle a connu ces misères, que nous connaissons tous, n'est pas lui manquer de respect : c'est l'étudier avec la royale liberté dont parle l'Apôtre, et qui est la condition indispensable de tout jugement impartial.

Nous pensons que presque tout ce que l'on peut reprocher de plus sérieux et de plus grave au clergé français actuel, s'explique par son mode très défectueux de formation intellectuelle.

De nombreux ecclésiastiques se sont occupés de la question, et c'est à eux que nous demanderons de nous renseigner sur l'enseignement des grands séminaires et sur ses lacunes. Nous ne citerons, en si délicate matière, l'opinion d'aucun laïque (1).

Le futur prêtre devrait, d'après certains auteurs, être instruit dans des collèges spéciaux, « où l'éducation devrait être tout « entière conçue et réglée, comme si tous ceux qui y entrent en « devaient sortir prêtres ». (R. P. Zocchi.) D'après d'autres, il vaut mieux qu'il soit élevé dans des collèges accessibles aux jeunes gens du monde, qui ne se destinent pas à la prêtrise. Mgr Bougaud y voit pourtant ce grand inconvénient que de tels collèges « ne déversent habituellement dans les grands sémi- « naires que la queue des classes, la tête allant chercher « fortune ailleurs ».

Le choix des maîtres qui enseignent dans les petits séminaires ne dépend que du bon plaisir des évêques. Certains prélats voient d'un bon œil les prêtres munis d'un grade universitaire : baccalauréat ou licence ; d'autres n'ont point « le fétichisme des grades », et, d'un geste, changent le séminariste de la veille en

(1) Cf. P. Saintyves, *La Réforme intellectuelle du clergé*, Paris, 1904.

professeur de latin, d'histoire, de philosophie ou de sciences à leur choix. On raconte, à ce propos, l'amusante anecdote que voici. Un supérieur fait venir un jeune clerc et lui dit à brûle-pourpoint : « Vous allez enseigner les mathématiques ! — Moi, répond l'autre, « enseigner les mathématiques ? — Oui, vous. — Mais je ne les « connais point ! — Vous les apprendrez. — Mais je n'ai aucune « aptitude pour cela ; c'est à peine si je sais faire une addition. « — Vous aurez la grâce d'état, et l'obéissance fera le reste. »

Un autre est bombardé professeur d'histoire et préparateur à l'Ecole de Saint-Cyr ; rempli du sentiment de son incompétence et de sa responsabilité, il n'a d'autre ressource que de prier ses élèves de le tirer de ce mauvais pas. A sa prière, ils simulent une révolte et menacent de quitter la maison, si on leur impose un tel professeur.

Certains ecclésiastiques poussent si loin la méfiance de toute science profane, qu'ils vont jusqu'à regarder d'un mauvais œil les classiques grecs et latins. On sait que Mgr Dupanloup dut défendre les anciens contre Veuillot. L'abbé Aubry voyait en eux des corrupteurs de la jeunesse : « La morale qui découle de leurs « œuvres, dit-il, est une quintessence exquise, capable, étant « délayée par l'éducation dans les intelligences, de porter la « peste dans toute une génération, avec espoir qu'il ne sera pas « de sitôt possible d'extirper, de faire mourir le germe empoi- « sonné répandu par cette opération chimique. »

On fait remarquer que les élèves des séminaires remportent au baccalauréat au moins autant de succès que les élèves des lycées de l'Etat, et on en conclut que les professeurs non gradés font d'aussi bonne besogne que les licenciés et les agrégés officiels ; notre expérience personnelle du baccalauréat nous permet d'affirmer, en toute connaissance de cause, que, si les élèves de l'enseignement religieux ont, en général, une connaissance du latin égale à celle des élèves de l'Université, ils leur sont très souvent inférieurs pour la culture scientifique, philosophique ou historique. Ils paraissent avoir appris l'histoire comme on apprend une leçon ; leurs réponses ressemblent à une récitation ; et, si l'on essaie de faire appel à leur raisonnement et à leur esprit critique, on n'obtient bien souvent aucun résultat. Interrogeant, un jour, un candidat de philosophie sur la liberté de la presse, nous lui demandâmes si ce n'était point une bonne et agréable chose de dire ce que l'on pensait ; nous ne pouvons vous peindre la physionomie effarée du candidat à cette simple question :

« Oh ! Monsieur, finit par répondre le pauvre garçon, c'est bien
« dangereux ! » Réponse vraiment stupéfiante chez un enfant
de dix-huit ans.

La culture que suppose le baccalauréat est bien élémentaire et
bien médiocre ; elle effraie cependant nombre d'évêques, qui se
soucient très peu d'avoir des bacheliers au grand séminaire.

Mgr Le Camus concède qu'il pourrait être sage d'exiger le baccalauréat à l'entrée du grand séminaire ; mais il proteste contre les dires d'un indiscret, qui l'avait accusé d'avoir introduit cette règle dans son diocèse. Mgr Lacroix écrit « qu'en des temps
« comme les nôtres, où tout le monde est avide de s'instruire, où
« l'on demande à l'instruction aussi bien la richesse que les
« honneurs, la science est le meilleur terrain que l'Eglise puisse
« choisir pour reconquérir les sympathies qu'elle a perdues ». Il
eût voulu exiger le baccalauréat de ses futurs prêtres, au seuil du
séminaire ; il est dénoncé à Rome comme un téméraire novateur.

L'évêque de Saint-Claude interdit le baccalauréat à ses clercs.

M. Alfred Loisy nous écrit que : « depuis 1875 jusqu'à ces der-
« nières années, il y avait eu un sérieux effort pour renouveler
« les études ecclésiastiques. L'effort avait été tenté par les ins-
« tituts catholiques, surtout par celui de Paris, il gagnait du ter-
« rain et donnait des résultats dans les grands séminaires,
« au moins dans certains. Mais il est comme anéanti par les
« actes de Pie X concernant le modernisme. Le Pape veut rame-
« ner l'enseignement ecclésiastique au point où il était avant cet
« essai de réforme. »

En dépit de tous les efforts, l'enseignement que le candidat à la prêtrise reçoit au grand séminaire est dominé par un esprit singulièrement exclusif et autoritaire. Voici comment un jésuite italien, le père Zocchi, en caractérisait les méthodes, en 1903 :

« Quiconque veut avoir l'esprit d'apostolat s'attachera à mettre
« sous le joug, sinon à exterminer sa nature corrompue. Les
« aspirants au sacerdoce seront donc soumis à cette autorité
« disciplinaire discrètement, mais sans faiblesse, sans concession
« au flou du temps, aux partis pris modernes, à l'irritante manie
« de discuter et de critiquer, à l'esprit d'indépendance, de
« présomption et d'orgueil. Qu'ils y soient soumis avec une
« immuable rigueur, comme par une main de fer qui ne des-
« serre pas son étreinte... Si les directeurs combattent éner-
« giquement le libéralisme d'idées, il est difficile que les jeunes
« gens dissimulent longtemps. Ou ils sortiront d'eux-mêmes,

« ou ils resteront malgré eux, forcés par la règle inflexible qui
« les brisera... Les évêques et les réguliers n'enverront aux
« Universités que le nombre d'élèves absolument nécessaire,
« — pas un de plus. Les ordres enseignants n'en enverront
« aucun. Ils les y maintiendront le temps strictement requis,
« pas une minute de plus. »

Ce code terrible a reçu l'approbation d'un grand nombre de prélats italiens. « J'ai lu, dit l'un d'eux, avec un extrême intérêt
« votre très beau travail ; vous cherchez à y combattre spécia-
« lement la maligne influence du siècle, pénétrant peu à peu le
« jeune clergé et lui faisant prendre des mœurs intellectuelles qui
« menacent de le conduire à sa ruine. Je fais des vœux pour que
« tous ceux qui sont chargés de l'éducation des clercs fassent
« grand état de votre petit volume. » Le prélat qui s'exprimait ainsi était le cardinal Sarto, patriarche de Venise.

Le futur clerc qui entre au séminaire, médiocrement préparé en général, et qui va être mis sous le joug défini par le P. Zocchi, trouvera-t-il au moins dans les sciences ecclésiastiques, qui vont être désormais le seul aliment de son esprit, tout ce qui est nécessaire à sa réfection spirituelle ? Science jalouse et vengeresse, la théologie va-t-elle, du moins, le consoler de tout ce qu'il lui est défendu de savoir, lui tenir lieu de toutes les clartés auxquelles on lui fait fermer les yeux ?

L'abbé Moreau nous dit que « l'enseignement des grands sémi-
« naires, en général, est faux et fausse l'esprit des séminaristes ;
« que cet enseignement est futile, étroit, et que, pour le rendre
« plus ennuyeux encore, on le donne en latin. »

Mgr Fèvre est encore plus sévère : « Point d'originalité, point
« de recherches, point d'études propres et approfondies, pas
« même de pensée personnelle. Un travail de copiste et des exer-
« cices de mémoire, et c'est tout. La mémoire d'un perroquet
« peut faire de vous le saint Thomas du nouveau régime. S'il
« fallait qualifier une semblable méthode d'enseignement, il fau-
« drait l'appeler la méthode de la crétinisation. »

Le mot est si dur que nous voulons le tenir pour passionné ; mais Mgr Touchet, très respectueux de l'influence sulpicienne, est presque aussi sévère que Mgr Fèvre pour les manuels théologiques. Il critique l'habitude invariable des auteurs d'établir les vérités à démontrer : 1° par l'autorité ; 2° par l'écriture ; 3° par la tradition ; 4° par la raison théologique. Toutes ces démonstrations sont mises sur le même pied, quoique leur importance relative

diffère beaucoup suivant les questions. Les manuels font souvent preuve d'une critique insuffisante. Des questions essentielles sont laissées de côté, sous prétexte que ce sont des questions modernes. « Mais, ajoute avec raison l'évêque d'Orléans, de ce
« que ces problèmes sont modernes, de ce que nos concitoyens
« vibrent, vivent, meurent de discussion, s'ensuit-il qu'il n'en
« faut rien ou presque rien savoir ?... Et pourquoi écrire ces
« choses ? Que les hommes et Dieu me le pardonnent ! C'est
« pour accuser. Et accuser qui ? Accuser ce que j'ai loué ; accuser
« ce que j'aime et vénère ; accuser ce à quoi je dois beaucoup ;
« accuser ce qui m'instruisit, me disciplina, me prépara ; accuser
« ce qui me donna la vie de mon âme ; accuser la Compagnie de
« Saint-Sulpice. Je vous accuse, chers et vénérés maîtres ! Vous
« êtes la grande force théologique de France... Le clergé est
« entre vos mains. Il aura de tout à fait bons livres, si vous les
« lui donnez. Donnez-les-lui ! Il ne les a pas. » (*Lettre sur la formation morale et pastorale.*)

Suivant l'abbé Lenoir, « les manuels sont des squelettes de
« livres où les preuves ne sont données qu'à dose infinitésimale.
« Dans un cours de soixante élèves, quatre comprennent à peu
« près tout, dix la moitié du livre, et le reste ne comprend rien. »

« Les manuels de philosophie suivis dans les séminaires, dit
« un autre écrivain, ne livrent qu'un saint Thomas détérioré et
« ne donnent même pas des caricatures complètes des philo-
« sophes modernes ; ils ignorent les contemporains... les élèves
« sont parqués dans le pâturage scolastique... La langue des
« manuels est un mauvais latin, forgé avec des mots français lati-
« nisés et des locutions qui ne remontent pas au delà du Moyen
« Age. Le professeur donne ses explications en français, tant il
« comprend lui-même que cette langue bâtarde est moins claire
« que l'autre. » (P. Saintyves.)

Les explications du professeur ne sont, d'ordinaire, que des citations ou une brève condamnation des théories contraires à la sienne. L'élève qui demande trop souvent des explications est bientôt considéré comme un esprit chagrin. Tout embryon d'esprit critique est condamné à périr. Un supérieur de séminaire écrit à un de ses élèves qu'il ne lui croit point la vocation ecclésiastique, « parce qu'il n'a point la routine de la piété et qu'il est
« d'ailleurs trop intelligent et trop indépendant, pour qu'on n'ait
« pas à redouter qu'il ne tombe par la suite en toutes sortes d'é-
« carts. » (P. Saintyves, p. 36.)

Le R. P. Fontaine, de la Société de Jésus, avoue « que la jeu-
« nesse cléricale des grands séminaires est très friande de nou-
« veautés, qu'elle prend pour des progrès. Rien n'est propre à
« la séduire comme une sorte d'impartialité scientifique, qui se
« fait une loi de se dégager de tout préjugé dogmatique. De tous
« les rationalismes, le pire est bien celui qui se glisse dans l'é-
« tude des sciences religieuses... On n'en guérit pas ; c'est là le
« péché contre le Saint-Esprit... Voilà pourquoi les facultés de
« théologie protestantes sont des officines d'incrédulité. »

Une éducation dirigée de la sorte ne peut incontestablement donner que de très médiocres résultats. Beaucoup de prêtres distingués le reconnaissent et en gémissent. L'abbé Garilhe écrivait, en 1899 : « Le clergé n'a pas reçu la haute culture intellectuelle
« des derniers siècles ; ni les petits, ni les grands séminaires, ni
« la Sorbonne ne la lui ont donnée en général ; il n'a pas été
« familiarisé avec l'emploi des méthodes scientifiques contempo-
« raines, souvent même il les ignore et ne peut les apprendre. »

Cette observation est très juste et marque très nettement le défaut capital de l'éducation scolastique. Qu'est-ce donc que cette *méthode*, plus nécessaire encore que la science à la formation de l'esprit ? Quelle est cette pierre philosophale, ce talisman mystérieux ? M. Lanson nous le dit fort simplement et en excellents termes : « La recherche méthodique du vrai, voilà en quoi
« consiste l'esprit scientifique, et le faire dominer, c'est subor-
« donner toutes les études à l'idée que leur but commun, leur
« direction convergente, doivent être de façonner des esprits, qui,
« toute leur vie, en toutes choses, sachent pratiquer la recherche
« scientifique du vrai. » La méthode, c'est donc l'amour du vrai, scientifiquement et rationnellement cherché et démontré.

L'éducation scolastique est le contre-pied de la méthode : « Le
« premier sentiment, dit Dom Guéranger, que fait naître chez un
« grand nombre le récit d'un miracle est la défiance. Le vrai
« catholique, au contraire, se sent tout d'abord incliné à croire.
« Pour lui, la critique, toute nécessaire qu'elle est, est la loi
« odieuse. »

A la raison, à la science, à la critique, à la méthode, à toutes ces petites subtilités mondaines, le scolastique oppose l'autorité, la révélation, la foi, la grâce. Ce qu'on lui enseigne échappe à l'analyse et à la dialectique, aux procédés ordinaires du raisonnement humain ; mais qu'importe si ces vérités contradictoires à notre entendement ont Dieu pour auteur ? Tant pis pour notre raison, si elle ne sait pas les comprendre; tant pis pour nos yeux, s'ils ne savent pas les voir ! Et l'on arrive au cri de Tertullien : *Credo quia absurdum, quia impossibile !*

Nous avons entendu un prédicateur parler avec un enthousiasme communicatif des joies de la foi : « Les trophées de la « science, disait-il, si je ne les ai point conquis, ce n'est point « faute d'avoir combattu pour les obtenir, ce n'est point faute de « les avoir désirés avec ardeur; mais que m'eût donné la science, « au prix de ce que m'a donné la foi? M'eût-elle dit d'où je viens, « ce que je dois faire en ce monde, où je vais? Non, sans doute ! « et, avec les yeux de ma foi, je vois les éléments obéir à la pen- « sée créatrice, le chaos se débrouiller, la terre se parer de fleurs « et se peupler d'animaux ; je vois naître l'homme ; j'assiste à sa « déchéance et à sa rédemption ; je vois la loi d'amour succéder « à la loi de représailles et de vengeance; je vois s'ouvrir, devant « l'humanité purifiée, la route du ciel et de l'immortalité ! »

A Dieu ne plaise que nous méconnaissions la grandeur d'une pareille vision. Nous aussi, nous en avons — et maintes fois — goûté l'enchantement, et si les nécessités de la vie ne nous avaient condamné à l'acharné labeur, nous fussions allé où nous portait notre cœur : vers la contemplation, vers le rêve ! Nous avons été contraint de vivre autrement, de nous plier à une autre discipline, et nous croyons sincèrement qu'elle nous a été fortifiante et salutaire ; nous croyons qu'il n'est pas sain à l'homme de vivre en dehors de la vie, et nous nous rappelons ces dures mais justes paroles d'un de nos maîtres : « Si vous ne voulez pas « vivre avec votre temps, cela ne l'empêchera pas de marcher; et « vous verrez, vous, ce que cela vous coûtera ! » L'éducation en vase clos est un mauvais système d'éducation.

Elle suppose, en premier lieu, une étrange défiance de la vérité religieuse. Faut-il donc tant de remparts, de ponts-levis et de herses pour la garder? Elle est donc bien délicate et bien fragile, qu'on craigne pour elle le moindre contact extérieur? Pourquoi ne se plaît-elle que dans les geôles et les ténèbres ? Quelle princesse enchantée est-ce donc là ?

L'expérience prouve que la foi irréfléchie est réellement moins solide que la foi lentement acquise par le labeur de l'esprit. Le nombre est plus grand qu'on ne le croit de ceux qui sortirent du séminaire avec la foi du charbonnier et qui la perdirent au souffle de l'air libre.

La foi de l'ignorant ne se conserve que par l'ignorance ; aussi les partisans de l'éducation scolastique veulent-ils la continuer, même après la sortie du séminaire, toujours, jusqu'à la mort : défense à l'adepte de jamais lever le bandeau.

Le P. Fontaine ne veut, à aucun prix, que les clercs fréquentent nos Universités ; il va jusqu'à les appeler « de bien mauvais lieux ». Nous avons, aux hasards d'une villégiature, vécu quelques jours avec un prêtre breton, professeur dans un petit séminaire de Bretagne. Une sympathie naturelle ne tarda pas à s'établir entre nous ; nous parlâmes de tout ce qui nous intéressait mutuellement ; nous étions presque toujours d'accord, mais notre collègue disait souvent avec une terreur comique : « Ah ! si mon supérieur me voyait en conversation avec un profes- « seur de Faculté ! Non !... ce serait la fin du monde ! » Il nous avait demandé quelques renseignements professionnels : nous lui avons écrit ; nous n'avons jamais reçu de réponse. La bastille s'est refermée sur lui ; le pont-levis s'est redressé devant le Sarrasin.

Si quelque clerc hardi veut pousser ses études, surtout dans ces sciences éducatives que sont l'histoire et la philosophie, il constate bientôt que son éducation est à reprendre par la base, et quand, à force de patience et d'efforts, il est arrivé à refaire son esprit, il sort de l'épreuve suspect aux siens, jalousé et parfois honni.

S'il a le malheur d'aborder les études théologiques avec un sens critique tant soit peu développé, il court à peu près infailliblement à sa perte.

On appelle exégèse l'étude philologique et historique de la Bible. Le concile de Trente a dressé la liste des livres canoniques, et le concile du Vatican a fulminé l'anathème contre quiconque « ne recevrait pas pour sacrés les livres saints de la sainte Ecri- « ture dans leur intégrité, avec toutes leurs parties, comme le « saint concile de Trente les a énumérés, ou nierait qu'ils sont « divinement inspirés ».

Cependant la philologie s'est attaquée à l'ancien et au nouveau Testament, comme elle s'était attaquée à Homère et à tous les textes antiques ; elle a collationné les manuscrits latins et grecs ; elle a étudié le texte hébreu ; elle a découvert dans les livres saints des traces nombreuses de remaniements et d'interpolations ; elle a reconstitué l'histoire et la chronologie de ces textes, et les conclusions auxquelles s'arrêtaient les Pères du concile de Trente deviennent, de jour en jour, plus difficiles à maintenir. C'est, cependant, ce maintien absolu qu'entendent défendre les orthodoxes.

Le cardinal Meignan disait, en 1892, à M. Alfred Loisy : « Il n'y « a rien à faire ; tous ceux qui reprendront la tentative de Ri- « chard Simon seront écrasés comme il l'a été par Bossuet. « Les théologiens sont féroces, mon bon ami, ils nous met- « traient à l'index pour rien (1). »

Mgr Turinaz jette, en ces termes, le cri d'alarme contre les no- vateurs : « Si cette critique et cette exégèse sont dans le vrai, s'il « leur est permis de nier la véracité ou l'inspiration d'un seul « des livres que l'Eglise a définis être canoniques, l'Eglise s'est « trompée ; si l'Eglise s'est trompée, Jésus-Christ n'est plus Dieu ; « si Jésus-Christ n'est pas Dieu, il n'y a pas de religion vraie, et « je pourrais ajouter : Dieu n'existe pas (2) ! »

L'abbé Ledrain, qui s'était imprudemment engagé dans le labyrinthe de l'exégèse, y a vu de telles choses, qu'il est tout simplement sorti de l'Eglise, « estimant l'orthodoxie biblique « incompatible avec les nouvelles découvertes ».

Mgr Duchesne, esprit bien plus souple et plus avisé, n'a pas échappé aux rigueurs des orthodoxes. Il a vu son cours suspendu pendant un an, à l'Institut catholique de Paris, par l'autorité dio- césaine, et, quand il a repris son cours, M. Icard, supérieur de Saint-Sulpice, a défendu aux élèves du séminaire d'assister à ses leçons.

Le plus célèbre des exégètes catholiques est M. Alfred Loisy, un savant de haute valeur, dont la vie sera, un jour, bien intéres- sante à écrire. Ses premiers travaux, très sérieux et très prudents, ont été ainsi caractérisés en Angleterre : « Ses livres ne sont que « des premiers pas dans la bonne voie. Il n'est jamais assez criti- « que et assez scientifique pour oublier qu'il est théologien, ayant « une cause à entendre et un client à défendre... Il est, en un « mot, le critique catholique du criticisme biblique (3). »

Il n'en a pas moins été attaqué avec une véritable fureur par les traditionalistes ; il a été exclu de l'Institut catholique, con- damné par le pape, persécuté, pourchassé dans toutes les revues où il a écrit, même sous des pseudonymes. Il n'est pas de prêtre scandaleux pour lequel l'Eglise n'ait vingt fois plus de ménage- ments que pour ce savant homme, coupable seulement de penser

---

(1) *Les périls de la foi et de la discipline dans l'Église de France à l'heure présente*, Paris, 1902.
(2) *Contemporary Review*, août 1894.
(3) Cf. Houtin, *La Question biblique chez les catholiques de France au* xixe *siècle*, Paris, 1902.

que le texte de la Vulgate n'est pas encore scientifiquement établi. Son histoire apparaît à un de nos maîtres du Collège de France comme le chef-d'œuvre de la méchanceté cléricale. On peut certainement la rapprocher de celle de Galilée ; car on lui a demandé de se soumettre, lui aussi, à des jugements que sa conscience de savant s'est refusée à accepter. Il a comparé le savant catholique « à un enfant tenu en lisière, et qui ne peut faire un « pas en avant sans être battu par sa nourrice ». Il a été battu et terriblement. Il vient de l'être encore. Le décret du Saint-Office *Lamentabili sane exitu* et l'encyclique pontificale *Pascendi dominici gregis* sont en partie dirigés contre lui, considéré comme un des chefs du mouvement moderniste. Sans discuter les choses au fond, le savant exégète vient de publier de ces deux documents la plus pénétrante critique qui pût en être faite. Il a reconstitué les procédés de raisonnement employés par les auteurs des documents pontificaux, et il explique comment ils ont, de très bonne foi, faussé les opinions qu'ils ont prétendu exposer, en leur appliquant les procédés scolastiques de la déduction syllogistique et en les transformant en principes absolus et en base de raisonnement. Ils ont ainsi constitué le système « que les mo« dernistes doivent avoir, bien qu'ils ne le professent pas ». Après avoir montré combien les membres du Saint-Office romain sont peu préparés à entendre ce qui n'est pas notion abstraite et argumentation purement logique, M. Alfred Loisy s'adresse au pape lui-même et lui reproche doucement de voir des orgueilleux là où il n'y a que des hommes de bonne foi, épris de vérité : « Lais« sez-moi vous dire, très Saint-Père, en toute sincérité, que, si les « modernistes étaient les hommes que vous croyez, ils auraient « devant vos censures et vos reproches une autre attitude que « celle qu'ils savent garder. J'ajouterai que, si celui qui écrit ces « lignes était l'orgueilleux que vous dénoncez en particulier dans « vos encycliques, il ne serait pas resté dans l'Eglise à subir les « humiliations dont on l'abreuve depuis quinze ans et auxquelles « Votre Sainteté a mis le comble (1). »

Les orthodoxes prétendent, eux aussi, faire de l'exégèse. Il y a auprès du Vatican une Commission biblique pontificale, qui condamna, en 1906, l'opinion contraire à l'origine mosaïque du Pentateuque. « Cette décision, dit un savant américain, n'aura pas

---

(1) A. Loisy, *Simples réflexions sur le décret du Saint-Office « Lamentabili sane exitu » et sur l'encyclique « Pascendi Dominici gregis »*, Paris, 1908.

« beaucoup de poids… et, quelle qu'en soit l'importance dans les
« cercles ecclésiastiques, ne peut être que de peu ou de point de
« conséquence devant le tribunal de la science biblique… Le rec-
« teur Janssens traite la Bible d'une façon si peu scientifique,
« celle dont il manie la langue hébraïque trahit une si profonde
« ignorance, que nul travailleur sérieux ne saurait lui reconnaître
« de compétence… Le nom de Vigouroux évoque une apologé-
« tique vieillie… Si ces deux noms sont bien représentatifs de la
« majorité de la Commission, son rapport est vraiment sans va-
« leur (1). »

Il n'est pas besoin, pour encourir les foudres de l'Index, de composer un ouvrage nouveau; la simple entreprise de traduire les
Livres Saints y expose le traducteur. Le 5 juillet 1870, cinquante-
cinq archevêques et évêques demandent au pape la permission de
publier la traduction de l'ancien Testament faite par l'abbé Glaire.
Ils n'obtiennent aucune réponse. En 1872 seulement, l'abbé Glaire
reçoit enfin l'autorisation de faire examiner sa traduction par les
archevêques de Bordeaux, de Paris et de Bourges et de la publier
sous la responsabilité des trois prélats. Rome tolère, mais n'au-
torise pas. Un catholique avéré, M. Henri Lasserre, écrit une traduction des Evangiles ; il passe douze ans à la corriger ; elle est
bénite par le pape, approuvée et célébrée par une trentaine de
cardinaux et d'évêques; vingt-cinq éditions se succèdent en treize
mois ; 1.500 exemplaires d'une édition de luxe sont enlevés en
quinze jours… ce qui n'empêche pas le livre d'être bientôt mis à
l'Index. M. Lasserre se plaint, offre de corriger les erreurs qu'on
lui signalera. On le fait attendre des mois et on lui demande de
supprimer 91 passages dans la préface et de corriger 5.548 passages dans le texte et dans les notes ; il devra, en outre, supprimer 4 à 5.000 majuscules, ou mots mis en italique, ou points de
suspension, ou guillemets.

Les tendances actuelles semblent encore accentuer la politique
de compression.

Une récente encyclique pontificale vient de restreindre le peu
de liberté accordé jusqu'ici aux commentateurs des Livres Saints.
Un prélat distingué, placé à la tête d'un des Instituts catholiques
de France, a été révoqué. Un barnabite italien, le P. Salvatore
Minocchi, vient d'être suspendu *a divinis* pour n'avoir pas consi-

---

(1) A. Briggs et F. de Hügel, *La Commission pontificale et le Pentateuque*,
Paris, 1907, p. 11.

déré comme historique et indiscutable la version de la Genèse au sujet du paradis terrestre, et avoir vu dans le récit biblique une conception symbolique de l'origine de la morale. L'espionnage et la délation sont encouragés par les autorités orthodoxes. Décidément, comme le disait le cardinal Meignan, « les théologiens sont féroces ».

Et ainsi s'est forgé peu à peu l'esprit clérical, qu'il faut bien se garder de confondre avec l'esprit chrétien, et dont on a dit : « C'est lui qui a trouvé pour la vérité ces deux étais : l'ignorance « et l'erreur. Son histoire est écrite dans l'histoire du progrès « humain, mais au verso. Il n'y a pas un écrivain, pas un poète, « pas un philosophe, pas un penseur que vous acceptiez, et tout « ce qui a été écrit, trouvé, déduit, imaginé, inventé par le génie, « le trésor de la civilisation, l'héritage séculaire des générations, « le patrimoine commun des intelligences, vous le rejetez. »

Le clérical n'a pas le sentiment de son ignorance ; il se croit, au contraire, le vrai représentant de la science légitime, et il n'est pas de théorie abandonnée ou hasardeuse qui effraie son audace. Victor de Bonald, fils du philosophe, croyait à l'immobilité de la terre dans l'espace : « Ainsi, disait-il, du haut des cieux, les « anges contempleraient, au milieu des ouvrages de la création, « celui qui en est le chef-d'œuvre et le roi, non dans l'attitude « majestueuse et grave d'un prince au milieu de ses sujets, mais « tournoyant, culbutant et pirouettant à l'infini, en présence du « soleil et des étoiles immobiles ! Je ne sais ; mais cette image « singulière a quelque chose qui refroidit involontairement pour « le système reçu. » En 1838, Lachèze allait plus loin et rétablissait purement et simplement le système de Ptolémée : la terre immobile au centre de l'univers, et tous les globes célestes tournant autour de nous dans des espaces « bien moins éloignés que « ne se figurent les astronomes ».

On enseignait encore, en 1870, au séminaire de Grenoble, la théorie de la création du monde en six jours de vingt-quatre heures. — « Ni l'existence des fossiles, disait-on, ni l'aspect « sédimentaire des roches stratifiées, ni la cristallisation des « roches primitives, ni le soulèvement des montagnes, ni la flui- « dité des éléments terrestres à leur origine, ne nous empêchent de « croire que la création n'a duré que six jours. Au contraire, tous « ces faits s'expliquent mieux en supposant le monde créé dans « ce court intervalle, qu'en supposant une création qui dure de « longs siècles, comme le fait la géologie. »

L'abbé Ferrière croit que la Bible a été imitée par Homère, Hésiode, Pindare, Eschyle, Sophocle et Euripide (1).

La critique est considérée par ces singuliers savants comme l'hérésie des hérésies. La critique allemande les met particulièrement en fureur : « Les Allemands, dit l'un d'eux, sont grossiers
« et impudents. Leur impudence a quelque chose de bestial. Ils
« se jettent dans le bourbier sans hésitation, de préférence même,
« et en sortent tout souillés et viennent ensuite se frotter à nous
« et nous parler tout près et nous empuanter de leur odeur. »
(Balleyquier, 1878.)

L'abbé Dessailly blâme M. Loisy de s'incliner parfois devant la critique germanique : « La fière raison gauloise, dit-il, donnera « toujours le coup de pied de l'âne à cette science tudesque » (2). Remarquons, en passant, que « donner le coup de pied de l'âne » n'a jamais passé pour une action d'éclat, et que le français de l'abbé Dessailly n'est pas meilleur que sa critique.

Incrédules à la raison scientifique, ces mêmes hommes croient aux présages, aux avertissements, aux prophéties. L'abbé Raboisson prédisait la fin des maux de l'Eglise pour 1874, d'après le livre de Daniel et l'*Apocalypse*, et adjurait la France de proclamer le comte de Chambord. L'abbé Mémain, chanoine de Sens, commente les mêmes Livres Saints et trouve dans l'*Apocalypse* l'indication très précise des canons et des fusils modernes (3).

Le R. P. Ollivier considère l'incendie du Bazar de la Charité comme une manifestation de la colère céleste et fait entendre à Notre-Dame, devant le Président de la République, le conseil des ministres et le corps diplomatique, ces stupéfiantes paroles : « Sans
« doute, ô Maître souverain des hommes et des sociétés, vous
« avez voulu donner une leçon terrible à l'orgueil de ce siècle, où
« les hommes parlent sans cesse de leur triomphe contre vous.
« Vous avez retourné contre lui les conquêtes de la science, si
« vaine quand elle n'est pas associée à la vôtre, et de la flamme
« qu'il prétend avoir arrachée de vos mains, comme le Prométhée
« antique, vous avez fait l'instrument de vos représailles. Ce qui
« donnait l'illusion de la vie a produit l'horrible réalité de la mort.
« Dans le morne silence qui enveloppe Paris et la France depuis
« quatre jours, il semble qu'on entende l'écho de la parole bibli-

---

(1) *La Bible travestie par Homère*, 1891.
(2) *Le Paradis terrestre et la race nègre devant la science*, Paris, 1895.
(3) *L'Apocalypse de saint Jean et le VIIe chapitre de Daniel, avec leur interprétation*, Paris, 1898.

« que : Par les morts couchés sur votre route, vous saurez que
« je suis le Seigneur ! »

Disons bien vite que des voix nombreuses s'élevèrent, au sein
même du clergé, contre la théologie sanguinaire du P. Ollivier ;
mais de tels discours justifient ce mot: « Le vrai clérical a une
âme d'inquisiteur ». Et, comme il en a l'inhumanité, il en a
aussi la superbe ; il écrit tranquillement que, « si les anges ren-
« contraient un prêtre, ils devraient baiser la robe de ce nouveau
« Christ ». (P. Saintyves, p. 68.)

Chez l'immense majorité des membres du clergé, tous ces
défauts, fruits naturels de la discipline scolastique, n'apparaissent
qu'atténués par la charité et par l'indulgence que donne le spectacle des misères humaines. Leur ignorance devient de l'apathie
intellectuelle ; leur intransigeance se mue en dédain pour l'hé-
térodoxe ; leur orgueil s'assoupit en une satisfaction, légèrement
pharisienne, de ne pas être, comme tel ou tel, dans la voie de la
perdition.

Nous ne croyons pas que ce soit chez les prêtres que doivent
être cherchés les types les plus complets d'esprit clérical, mais
bien chez certains laïques, plus jésuites que Sanchez, et plus ultramontains que le pape lui-même. Ceux-là prendront la doctrine
telle qu'on la leur donne, et en pousseront les conséquences
jusqu'aux plus folles extrémités, ne se piquant jamais que de logique et nullement de charité.

Il y aurait une étude fort curieuse à entreprendre sur les défor-
mations que subit l'idée religieuse dans les esprits étroits et
chez les mauvais cœurs. Hérétiques à leur manière, ces bouillants
champions de l'orthodoxie ne prennent dans la religion que ce
qui peut flatter leurs idées, leurs rancunes, leurs haines véritables ; leur âme fielleuse ne sait voir partout que sujets d'indignation et motifs de proscription et d'anathème. On ne sait pas jusqu'où peut descendre la sotte méchanceté de certains esprits.
Nous avons eu jadis entre les mains un petit livre de colportage
dévot intitulé *Jacques Latour* ; c'est le nom d'un assassin fameux
qui, vers 1863, tua deux vieillards à coups de hache pour les
voler. L'auteur avait fait de cette abominable histoire un réquisitoire en forme contre l'Université. Si Jacques Latour était
devenu un assassin, c'est qu'il avait été élevé à l'école communale laïque, et le livre n'était qu'un tissu d'histoires et de contes
à dormir debout sur les excès et les hontes de l'internat
officiel. — Un autre petit livre du même acabit avait pour

titre *Abd-el-Kader* et instruisait avec le même sans-gêne le procès de la franc-maçonnerie.

Quand des hommes ainsi faits se font journalistes, leur première idée est de prendre Veuillot pour modèle ; mais, comme ils n'en ont ni les hautes idées, ni le grand cœur, ni l'intelligence, ils ne lui empruntent que ses défauts, ses violences, ses outrances, ses partis pris furieux. Le monde leur apparaît comme une sentine où rampent mille animaux immondes ; les ambitions et les passions humaines, même les plus légitimes, ne sont pour ces pessimistes que des manifestations de l'esprit d'orgueil et d'impureté ; ils frappent avec une joie sinistre sur tout ce qu'ils ne comprennent pas ; s'il arrive quelque malheur à leur patrie, ils s'en réjouissent férocement, comme s'ils assistaient à un *auto-da-fé* ; ils ne parlent que de chaînes, de geôles, de supplices et de tyrans. Ils anathématisent comme ennemi de Dieu quiconque les combat ou simplement hausse les épaules devant leurs fureurs.

Ils ont un vocabulaire d'injures d'une réelle opulence (1). S'ils parlent de Voltaire, c'est pour l'appeler « illustre ignare » ; c'est pour se moquer de ses « bévues et de ses inepties ». Ils tournent en dérision « le drapeau omnicolore de la libre pensée ». La révolution du 4 septembre est, pour eux, « un tour de coquins ». Les hommes d'État italiens de l'école de Cavour forment « une « engeance d'hommes sans tête et sans cœur... Le Seigneur « fera descendre dans l'opprobre les rejetons excommuniés de « la maison de Savoie ».

Quatre classes d'hommes leur sont particulièrement odieuses : les juifs, les libres penseurs, les protestants et les francs-maçons. Il n'est pas de crime dont ils ne soient tout prêts à les croire coupables.

L'antisémitisme est une opinion régressive et barbare, dont un homme de liberté ne saurait être partisan. Si l'on entend par juif l'homme d'argent, l'avare, l'agioteur sans scrupules et sans entrailles, on a raison de le considérer comme un type vraiment haïssable ; mais il faut se dire qu'il y a de tels hommes dans toutes les classes et dans toutes les religions, et qu'il est beaucoup de pseudo-catholiques qui sont juifs sur ce point. Ce n'est pas ainsi que l'entendent les antisémites ; pour eux est juif, ou

(1) Les citations suivantes sont empruntées au *Dimanche des Familles* de Clermont-Ferrand (1869-73) et à la *Croix d'Auvergne*.

vendu aux juifs, quiconque n'épouse pas toutes leurs querelles, et tous n'ont pas le talent — un peu gros d'ailleurs — de M. Drumont pour faire passer leurs diatribes.

Les libres penseurs sont l'objet de moqueries sans fin, qui paraissent être l'un des plats de résistance de cette mauvaise cuisine. Voici comment une brochure de propagande, le *Contrepoison*, fait parler un libre penseur : « Je crois à ce que je vois,
« moi, et pas à autre chose ! Le palpable, voilà ce que j'admets
« et voilà ce que j'aime. Parlez-moi d'une bonne table ! A la
« bonne heure ! Ça me va !... Le vice ? La vertu ?... Viandes
« creuses que tout cela !... Le vice, la vertu, le dévouement, le
« sacrifice, savez-vous ce que c'est que tout cela ? De simples
« produits, comme le vitriol ! »

Le 20 décembre 1874, un petit journal dévot du Puy-de-Dôme dressait ainsi l'acte d'accusation du libéralisme : « Soit religieux,
« soit politique, le libéralisme est la plaie sociale la plus terrible
« de nos jours, — c'est le pape qui l'a dit. — Le libéralisme se per-
« sonnifie dans les de Broglie, les Decazes, les de Cumont. » Le républicain le plus modéré était « un innocent, qui ne soupçonnait
« pas les scélératesses que masque l'opinion républicaine, et qui
« ne devinait pas les catastrophes que sa diffusion préparait. »

Les protestants, que Bossuet lui-même appelait nos frères séparés, sont poursuivis avec un redoublement de rage. « Les
« pasteurs prétendent avoir le même Evangile que les catholi-
« ques. Possible, et je les en félicite : ça leur fait au moins un bon
« livre ; mais ils devraient nous dire encore à quelle sauce ils
« le mettent... Le protestantisme n'est pas, en effet, une religion :
« c'est une salade de religions. Chacun s'y fait la sienne, plus ou
« moins salée ou forte, comme son café, suivant ses goûts. »
« (*Croix d'Auvergne*, 29 avril 1900.)

Quant aux francs-maçons, « les connaître, c'est les maudire » (*id.*, 14 janvier 1900) ; ce sont « les brigands qui rédigent les lois
« dans les loges et les font voter ensuite par leurs ministres et
« leurs députés ». (*Id.*, 18 février 1900.)

Et ces députés, ces sénateurs !... ne m'en parlez pas ! « Tous
« ces gens-là se valent. S'ils se disputent de temps en temps,
« c'est parce qu'il leur fait peine de partager l'assiette au beurre
« que chacun voudrait garder pour soi. » (*Id.*, 7 janvier 1900.)

La République est, bien entendu, la plus détestable forme de gouvernement que l'on puisse imaginer. On en donne quelquefois de bien singulières raisons :

En 1873, M. Thiers fut assez sérieusement indisposé : « N'est-
« ce pas pitoyable et effrayant, écrivait un journal monar-
« chiste, qu'un pays comme le nôtre en soit réduit à voir sa
« tranquillité dépendre de l'existence d'un vieillard de soixante-
« seize ans, qu'on peut trouver mort dans son lit, le matin ? Cette
« idée seule bouleverse les sens. Voilà où nous ont conduits
« quatre-vingts ans de révolution, et voilà ce que nous donne la
« République : un inconnu affreux, que l'on redoute de connaître.
« Au diable soit la République ! » (*Dimanche des Familles*, 16 mars
1873.) Qu'aurait dit cet intelligent royaliste, s'il eût vécu en 1714,
alors que le roi avait soixante-seize ans, pouvait mourir d'un jour
à l'autre, mourut effectivement l'année suivante et laissa après
lui cet affreux inconnu qui s'appela la Régence, avant cet inconnu
non moins affreux qui s'appela le règne de Louis XV ?

Ce n'est pas seulement la République qui est mauvaise, c'est
la France tout entière qui ne vaut rien. La famille, par exemple,
n'existe plus. « Aujourd'hui, il n'y a plus de famille. Il y a un
« homme, une femme et des rejetons, qui, de temps en temps,
« et à de rares intervalles, se réunissent sous le même toit, dans
« la même maison, à la même table, — mais ce n'est pas la
« famille. L'homme, d'un côté, roule son existence désœuvrée
« et nonchalante dans les auberges, dans les cafés, dans les cer-
« cles. Là, il s'abrutit, il s'enivre de boissons et de tabac, jus-
« qu'à ce que la police le mette à la porte à une heure avancée de
« la nuit... La femme, de son côté, sous le fallacieux prétexte de
« faire des visites ou d'en recevoir, passe son temps à des riens et
« à des futilités. — A l'âge de treize ou quatorze ans, les enfants
« fument le cigare, culottent des pipes, vont au café... Voilà com-
« ment est élevée la génération actuelle ! Citez-moi un homme
« public de valeur !... Aussi la France se débat dans les convul-
« sions de la mort ; elle râle, et pas un homme ne surgit pour la
« sauver, pas un de ses enfants ne se lève pour la prendre dans
« ses bras, et par un élan surhumain de piété filiale la sortir du
« gouffre honteux et malheureux où elle est plongée aujour-
« d'hui ! « (*Dimanche des Familles*, 14 mai 1871.)

Heureusement, direz-vous, il y a encore dans ce triste pays
quelques royalistes, et l'on va sans doute nous montrer nos sau-
veurs. Hélas ! ils sont tout aussi gangrenés, tout aussi veules que
les autres : « Trouvez-moi, soit à la Chambre, soit en France, un
« légitimiste de valeur, un homme d'action sensé, d'influence
« puissante, un homme dont l'éclat, l'intelligence, rayonnent tant

« soit peu et projettent une lumière, si pâle qu'elle soit ?... Mais,
« pour être juste, ce parti a cela de supérieur aux autres, c'est
« qu'il a conscience de sa nullité et qu'il se tient prudemment et
« sagement tranquille dans son coin ! » (*Id.*, 1ᵉʳ déc. 1872.)

Il n'est pas surprenant que cette France de juifs, de libres penseurs, de huguenots et de francs-maçons, où les hommes vont au café, où les femmes font des visites, où les enfants fument des cigares et où il n'y a même plus de légitimistes, attire sur elle les colères célestes.

Avant la guerre, on écrit : « Satan règne en maître, en ce
« moment, dans la capitale de la France. Le dévergondage des
« mœurs rivalise avec le dévergondage de la pensée. Le premier
« se dévoile à la province étonnée par des journaux à chroniques
« scandaleuses et à gravures immondes, où les saturnales des
« bals travestis, publics et privés, s'étalent dans tout leur cynisme.
« Le dévergondage de la pensée se fait jour par les journaux de
« la libre pensée, les réunions politiques, et se traduit enfin par
« des émeutes où le ridicule se mêle au tragique. » (*Id.*, 1ᵉʳ février 1870.)

Mais le châtiment est enfin venu, et la joie du pieux moraliste ne connaît pas de bornes : « Sodome, Gomorrhe, Babylone,
« Jérusalem, ont péri en punition de leurs crimes ; mais, au
« moins, Dieu a pris, pour ainsi dire, la peine de les détruire. Il a
« fait tomber Sodome et Gomorrhe dans les flammes qu'il a
« faites lui-même, et qu'il a envoyées lui-même du ciel. Il a fait
« démolir Babylone et Jérusalem par l'étranger. Tandis qu'il ne
« veut pas s'occuper de punir Paris. La punition sera autrement
« sanglante, dramatique, terrible, épouvantable. Les bons, les
« mauvais, tous confondus ensemble, périssent dans la même
« fournaise. — Dieu, qui regardait Paris encore au commence-
« ment de la guerre, a aussitôt détourné ses regards pour l'aban-
« donner à lui-même. Il a mis un cercle de fer prussien, quelque
« chose de tudesque et de rude, pour lui battre les flancs, puis il
« s'est retiré. Alors Paris, comme un fou furieux, prend un cou-
« teau, s'ouvre le ventre et jette lui-même au vent ses entrailles
« que des chiens immondes et dévorants viennent consommer ! »
(*Id.*, 4 juin 1871.)

Arrêtons-nous ici ; car nous touchons à cette limite où l'imbécillité se change en fureur, et nous avons promis de ne pas la dépasser.

Nous venons de faire le tour d'une société où se rencontrent tous les extrêmes, où se heurtent tous les contrastes. Avec ses plus nobles représentants, nous avons atteint les plus hautes cimes ; avec ses plus médiocres adeptes, nous avons pénétré des abîmes de niaiserie féroce. Par en haut, elle semble toucher au ciel ; par en bas, elle descend bien au-dessous du niveau moyen de l'humanité, déjà si bas pourtant. Suivant l'étage où l'on s'arrête pour la contempler, elle apparaît comme sublime, ou vulgaire, ou barbare. Considérée dans son ensemble, on n'y voit plus qu'une société comme toutes les autres sociétés humaines, ni meilleure ni pire, qui n'a le droit de jeter l'anathème à aucune autre, et qu'aucune autre n'a le droit d'anathématiser.

LA FRANCE NON CATHOLIQUE. — LES DISSIDENTS

S'il est relativement aisé de démêler les traits principaux de la France catholique, il est beaucoup plus difficile de fixer la physionomie de cette partie, de plus en plus considérable, de la société française contemporaine qui vit en dehors du catholicisme. Là, plus d'idée générale commune à tous, plus de ligne directrice, c'est le chaos, à l'aspect bouleversé qui faisait dire à de Vigny :

> Ainsi tout est osé ! Tu vois, pas de statue
> D'homme, de roi, de Dieu qui ne soit abattue,
> Mutilée à la pierre et rayée au couteau,
> Démembrée à la hache et broyée au marteau,
> Or ou plomb, tout métal est plongé dans la braise
> Et jeté pour refondre en l'ardente fournaise.
> Tout brûle, craque, fume et coule ; tout cela
> Se tord, se cuit, se fend, tombe là, sort de là ;
> Cela siffle et murmure, ou gémit, cela crie,
> Cela chante, cela sonne, se parle et prie,
> Cela reluit, cela flambe et glisse dans l'air,
> Eclate en pluie ardente ou serpente en éclair.
> OEuvre, ouvriers, tout brûle ; au feu tout se féconde.
> Salamandres partout !... Enfer !... Eden du monde !
> Paris ! principe et fin ! Paris ! ombre et flambeau !
> Je ne sais si c'est mal, tout cela !... Mais c'est beau !

Comment appeler cette France-là ? — La France libre penseuse ? Mais que faire du groupe protestant, du groupe israélite orthodoxe ? — La France anticléricale ? Mais que faire de tous ceux qui ne veulent la mort de personne, et dont les âmes, encore pleines des souvenirs du passé, sont des églises à peine désaffectées ? — La France libérale ? Mais que faire des jacobins autoritaires, des sceptiques persécuteurs, dont la haine illogique ne s'embarrasse d'aucun scrupule et ne répugne à aucun sophisme ? La France que nous voulons étudier n'a qu'un caractère commun, et il est tout négatif : elle n'est pas catholique ;

ce qu'elle est, elle n'en sait rien elle-même ; ce qu'elle sera un jour, nul ne pourrait le dire sans témérité ; nous n'essaierons même pas de le deviner ; nous l'ignorons profondément.

Il nous a semblé rationnel de diviser notre étude en trois étapes, qui nous mèneront chacune plus loin du catholicisme, en nous faisant passer des dissidents aux adversaires, des adversaires aux ennemis déclarés et militants de l'idée catholique ; mais ce cadre ne s'applique à peu près bien qu'à la libre pensée et nous devons d'abord dire quelques mots des protestants et des israélites, qui restent en dehors de notre classification.

Les protestants français ont recouvré la liberté civile dès 1787 et ont reconquis l'égalité politique avec la Révolution. Leur histoire, au dix-neuvième siècle, mériterait certainement d'être écrite, et renfermerait — tout comme celle du catholicisme — d'admirables pages.

Minorité active et sérieuse, d'une culture intellectuelle et morale supérieure à la culture moyenne de la nation, les protestants ont compté, au dix-neuvième siècle, parmi les fils les plus instruits, les plus laborieux, les plus probes de la patrie ; ils se sont montrés, en général, passionnés pour le droit et pour la liberté.

L'esprit du siècle a soufflé sur eux comme sur nous tous, et la discussion a apporté la division dans l'Eglise réformée. Les uns ont voulu rester fidèles à la vieille doctrine calviniste, si bien faite dans son inflexible logique pour plaire à des âmes françaises ; ils se sont souvenus que cette doctrine avait donné à leurs ancêtres la force de combattre la persécution ; c'est à elle qu'ils continuent à demander leur nourriture spirituelle, le pain des forts, substantiel, réconfortant et qui ne lasse jamais. Solidement établis sur leur orthodoxie traditionnelle, peu jaloux d'élargir leur église, très résignés à ne former qu'une minorité, fiers peut-être de leur isolement, ils trouvent dans leur foi une source intarissable de vie intérieure et de sanctification et jouissent paisiblement à l'écart, réservés, discrets, parfois un peu hautains, de la liberté reconquise. Les autres estiment que les idées ont progressé depuis le seizième siècle, que la réforme fut un mouvement et qu'elle ne doit pas s'arrêter. L'Eglise protestante n'ayant ni pontife suprême, ni congrégation de l'Index, le protestantisme libéral n'a pas connu la proscription dont le catholicisme libéral a été frappé. Les orthodoxes ne se sont pas résignés sans combat à lui faire sa place ; il y a eu, il y a encore, au sein de l'église protestante française, de très vives polémiques ;

mais le principe du libre examen a fini par triompher, et l'assemblée de Jarnac, en octobre 1906, a promulgué dans le plus noble langage la charte constitutionnelle du protestantisme libéral évangélique.

Les protestants réunis à Jarnac ont proclamé :

1° « Leur foi en Jésus-Christ, le fils du Dieu vivant, don
« suprême du Père à l'humanité souffrante et pécheresse, le
« Sauveur qui, par sa vie sainte, son enseignement, sa mort sur
« la croix, sa résurrection et son action permanente sur les
« âmes et dans le monde, sauve parfaitement tous ceux qui, par
« lui, s'unissent à Dieu, et leur impose le devoir de travailler à
« l'édification de la Cité de justice et de fraternité.

« 2° La valeur religieuse unique de la Bible, document des
« révélations progressives de Dieu.

« 3° Le droit et le devoir pour les croyants et pour les Eglises
« de pratiquer le libre examen, en harmonie avec les règles de
« la méthode scientifique, et de travailler à la réconciliation de
« la pensée moderne avec l'Evangile.

« 4° Le caractère nettement laïque et populaire des groupe-
« ments religieux, la coopération fraternelle de tous, pasteurs et
« fidèles, dans la paroisse, chacun mettant au service des autres
« les dons qu'il a reçus.

« 5° Le maintien du régime presbytérien synodal, qui implique
« l'autonomie religieuse, administrative et financière, des pa-
« roisses et leur solidarité sous la forme d'une confédération des
« Eglises. »

Ainsi présenté, le protestantisme libéral évangélique peut être considéré actuellement comme la forme la plus moderne, la plus libre et la plus démocratique de la pensée chrétienne. Ses sentiments à l'égard du catholicisme résultent de ses principes mêmes. Il est évidemment aussi opposé que possible à la politique spirituelle du Vatican; mais il paraît animé des sentiments les plus fraternels à l'égard des catholiques libéraux, et ses membres les plus distingués espèrent toujours qu'une heure viendra où tous les hommes d'esprit vraiment religieux seront, enfin, assez chrétiens pour se donner la main, quelle que soit la confession particulière à laquelle ils appartiennent, et pour travailler tous à la vigne du Maître, dans toute la mesure de leurs forces et dans toute la sincérité de leur cœur.

Le judaïsme connaît, comme le protestantisme, et plus encore que lui, une forme orthodoxe et une forme libérale. Le judaïsme orthodoxe ne sera, nous dit-on, bientôt plus qu'un souvenir. Le judaïsme libéral est une philosophie, que l'on dit très belle, et qui aurait, paraît-il, les plus hautes ambitions.

Les Israélites jouent, en ce moment, en France, un rôle considérable, qu'ils doivent, en partie, aux circonstances politiques, en partie à leur esprit d'association et à leur richesse, mais aussi, il faut le reconnaître, à leur très vive intelligence, à leur merveilleuse faculté d'adaptation, à leur extraordinaire puissance de travail. A l'âge où le petit Français de vieille souche ne pense encore « qu'à l'ornement et à la distraction de sa personne », comme disait Dickens, le petit Israélite sait déjà ce qu'il veut être un jour, et sait ce qu'il faut faire pour arriver au but qu'il s'est marqué à lui-même. Son application et son émulation sont extraordinaires ; sa mère en est malade, quand il n'est pas le premier de sa classe ; il collectionne les idées et les faits, il les range méthodiquement dans sa mémoire, il les étiquette, toujours avec l'arrière-pensée de les faire servir un jour à ses intérêts ; très sociable, très liant, il s'habitue de bonne heure à aiguiser son sens critique, à pénétrer et à jauger les gens ; il se garde avec soin de tout emballement, il donne tout à la réflexion et au calcul. Étonnez-vous qu'ainsi armé, il aille plus vite et plus loin que beaucoup d'autres.

Ses philosophes lui donnent pour caractéristique l'esprit de justice ; mais c'est là sans doute une manière un peu trop flatteuse de le représenter. Il nous paraît plus vrai de le considérer comme un ferment mondial, destiné, peut-être, à atténuer les fièvres nationalistes des différents peuples. Chaque nation moderne constitue aujourd'hui une véritable personne morale, consciente de ses intérêts, de ses droits et de son honneur ; ayant ses goûts particuliers et son humeur propre ; abandonnées à leurs seuls instincts, ces nations rivales seraient toujours en guerre ; répandu partout, riche partout, puissant partout, admirablement renseigné, le juif noue entre les nations mille relations d'affaires et d'intérêts ; il les enlace, sans qu'elles y prennent garde, et concourt ainsi, à leur insu, malgré elles, au maintien de la paix générale et au bien de la civilisation.

Israël n'a, croyons-nous, qu'une considération assez médiocre pour le christianisme ; mais il se défend de toute idée persécutrice, et il a peut-être raison, quand il prétend que le signal des hostilités n'est point parti de son camp.

En dehors des minorités juive et protestante, et en face de la grosse armée catholique, se rangent les bataillons, sans cesse grossissants, des hommes qui ont renoncé aux religions positives et dont les opinions vont du catholicisme presque avoué jusqu'à l'indifférentisme le plus complet.

Le catholicisme était, hier encore, la religion officielle de la majorité des Français ; la culture catholique a formé la plupart des âmes françaises. Qu'on le veuille ou non, nous sommes presque tous pénétrés, imbibés de catholicisme, et ceux d'entre nous qui s'éloignent de la vieille Eglise des ancêtres, en gardent la marque indélébile dans leur cœur et dans leur esprit, si bien qu'on a pu voir dans les plus farouches anticléricaux de simples « catholiques retournés ».

Parmi ceux qui ont renoncé à l'obédience catholique, immense est le nombre de ceux qui ont gardé pour la religion de leurs jeunes années un culte véritable, une tendresse émue et persistante, semblable à l'amour que l'on garde pour sa mère, alors qu'on est séparé d'elle par les différences d'opinion les plus profondes et les plus tranchées.

Les poètes ont une préférence marquée pour ces stations aux portes de l'église. Ils y entrent parfois et ressortent charmés de la beauté du lieu. Ecoutez comme un de nos plus beaux poètes contemporains décrit une cathédrale :

> Mais un lourd édifice, au bord, jetant son ombre
> Surgit haut sur la voie et barra le ciel bleu ;
> Le portail apparut, vieux front strié de rides ;
> Et l'enfant, las d'errer sous les rayons torrides,
> Poussa la porte et fut dans la maison d'un Dieu.

> Un peuple aux rangs pressés remplissait tout le temple ;
> Le jour, par les vitraux peints de vives couleurs,
> Des bas côtés étroits jusqu'à la nef plus ample,
> Filtrait comme une aurore et glissait des pâleurs ;
> Tout au fond, dans des ténèbres plus assombries
> Sur un bloc noir et blanc, chargé d'orfèvreries,
> Les cierges allumés tremblaient parmi les fleurs.

> Au-dessus, vers la voûte, en flocons de fumées,
> Les aromes brumeux montaient des encensoirs.
> Des voix d'appel aigu, puis d'autres voix calmées,
> Se renvoyaient les chants de craintes ou d'espoirs ;
> Un grand flot de musique épanché sur les têtes,
> Emportant la voix calme et les voix inquiètes,
> Roulait dans un seul cri des piliers aux voussoirs.

Et des marbres polis et des dorures mates,
Qui, tout au fond, dans l'ombre, éclataient de splendeur ;
Un mystère émanait parmi les aromates,
Jusqu'à lui, venu là, morne et souffrant rôdeur,
Un mystère si doux d'amour et de délice
Qu'il sentit, un moment, sous ce vaste édifice,
Tout son être dissous dans la molle tiédeur.

Mais tout à coup les voix se turent, la musique
Expira dans un merveilleux ravissement ;
Du fond du temple un lourd silence liturgique
Appesantit sa paix dans tout le monument ;
Et par-dessus les fronts de la foule assemblée,
Seul, en un très haut siège, à sa place isolée,
Un homme apparut droit dans un long vêtement.

Et cet homme enseignait, parlant à cette foule.
Il énonçait les mots selon le sûr savoir ;
Il disait la douleur et le temps qui s'écoule
Et le seul et vrai bien qui ne peut décevoir ;
Puis, plus haut, soulevé sur le bord de la stalle,
Avançant sur les fronts sa main sacerdotale,
Il ordonnait la règle unique et le devoir.

— O mes frères, mes sœurs, je vous le dis encore :
Heureux celui qui souffre et n'est point irrité !
Car toute âme est conduite à des fins qu'elle ignore,
Et Dieu l'appelle à soi de toute éternité.
Or donc, vivez en paix les jours que Dieu vous donne.
Nous souffrons, Dieu le veut ! notre souffrance est bonne.
Tout doit être accompli suivant sa volonté (1) ! »

Le héros du poète prend peur à ces graves paroles et sort du temple ; mais il retrouvera d'autres poètes sur le parvis. Ils sont là, contemplant la masse prodigieuse de l'église, suivant du regard les flèches qui pointent vers les nues ; ils examinent les bas-reliefs et les statues, qui, de chaque portail, font un poème de pierre ; ils sourient aux douces martyres, aux belles vierges sages, les yeux baissés sous leurs longues cornettes, ils s'arrêtent devant la benoîte Vierge Marie, et les plus païens trouvent pour la chanter des accents d'une suavité délicieuse.

Voyez ce pauvre bohème, pâli dans la lourde atmosphère des bars et des estaminets, c'est Verlaine, et le voilà à genoux devant Notre-Dame, et le voilà qui chante :

(1) Henri Rouger, *Poèmes fabuleux*, Paris, 1897.

Je ne veux plus aimer que ma mère Marie.
Tous les autres amours sont de commandement,
Nécessaires qu'ils sont, ma mère seulement
Pourra les allumer aux cœurs qui l'ont chérie,

C'est pour Elle qu'il faut chérir mes ennemis,
C'est par Elle que j'ai voué ce sacrifice ;
Et la douceur de cœur et le zèle au service,
Comme je la priais, Elle les a permis,

Et comme j'étais faible, et bien méchant encore,
Aux mains lâches, les yeux éblouis des chemins,
Elle baissa mes yeux et me joignit les mains
Et m'enseigna les mots par lesquels on adore.

C'est par Elle que j'ai voulu de ces chagrins,
C'est pour Elle que j'ai mon cœur dans les cinq plaies,
Et tous ces bons efforts vers les croix et les claies.
Comme je l'invoquais, Elle en ceignit mes reins.

Je ne veux plus penser qu'à ma mère Marie,
Siège de la sagesse et source des pardons...

Les poètes, d'ordinaire, n'aiment pas se mettre à genoux ; mais ils aiment lever les yeux vers le ciel, et il en est beaucoup qui, après l'avoir contemplé, baissent la tête et joignent les mains.

Victor Hugo a gardé, jusqu'à son dernier jour, la croyance en Dieu et la foi en l'immortalité de l'âme. Il a refusé les offices de toutes les églises ; mais il a demandé une prière à toutes les âmes. On pourrait extraire de ses œuvres des volumes entiers d'admirables poésies religieuses, parmi lesquelles on n'en trouverait pas de plus splendide que la pièce des *Contemplations* intitulée *Relligio*.

L'ombre venait ; le soir tombait, calme et terrible.
Hermann me dit : « Quelle est ta foi ? Quelle est ta Bible ?
    Parle, es-tu ton propre géant ?
Si tes vers ne sont pas de vains flocons d'écume,
Si ta strophe n'est pas un tison noir qui fume
    Sur un tas de cendre néant ;

Si tu n'es pas une âme en l'abîme engloutie,
Quel est donc ton ciboire et ton eucharistie ?
    Quelle est donc la source où tu bois ? »
Je me taisais, il dit : « Seigneur qui civilises,
Pourquoi ne vas-tu pas prier dans les églises ? »
    Nous marchions tous deux dans le bois.

Et je lui dis : « Je prie. » Hermann dit : « dans quel temple ? »
Quel est le célébrant que ton âme contemple,
　　Et l'autel qu'elle réfléchit ?
Devant quel confesseur la fais-tu comparaître ?
L'église, c'est l'azur, lui dis-je, et quant au prêtre... »
　　En ce moment le ciel blanchit.

La lune à l'horizon montait, hostie énorme ;
Tout avait le frisson, le pin, le cèdre et l'orme,
　　Le loup, et l'aigle, et l'alcyon ;
Lui montrant l'astre d'or sur la terre obscurcie,
Je lui dis : « Courbe-toi ; Dieu lui-même officie,
　　Et voici l'Elévation ! »

— N'est-ce pas Hugo encore qui a su — don si rare ! — atteindre à la sublime simplicité de l'Evangile dans ces quatre vers, écrits au bas d'un crucifix :

Vous qui pleurez, venez à ce Dieu, car il pleure.
Vous qui souffrez, venez à Lui, car il guérit.
Vous qui tremblez, venez à Lui, car il sourit,
Vous qui passez, venez à Lui, car il demeure.

Quel orthodoxe fit jamais mieux pleurer et chanter l'orthodoxie ?
Alfred de Musset, le chantre de l'amour, le poète de toutes les faiblesses, est aussi l'auteur de l'*Espoir en Dieu*. Il a beau se sentir trop tremblant devant l'Eternel, trouver les cieux trop hauts et trop déserts, il ne peut plus dormir sur le commode oreiller du doute épicurien :

Quoique nous puissions faire,
Je souffre, il est trop tard ; le monde s'est fait vieux.
Une immense espérance a traversé la terre ;
Malgré nous, vers le ciel il faut lever les yeux.

Et, à ce ciel qu'il interroge, il demande désespérément Dieu :

Brise cette voûte profonde
Qui couvre la création ;
Soulève les voiles du monde,
Et montre-toi, Dieu juste et bon !

Tu n'apercevras sur la terre
Qu'un ardent amour de la foi,
Et l'humanité tout entière
Se prosternera devant toi.

> Tu n'entendras que tes louanges,
> Qu'un concert de joie et d'amour,
> Pareil à celui dont tes anges
> Remplissent l'éternel séjour.
>
> Et dans cet hosanna suprême
> Tu verras, au bruit de nos chants,
> S'enfuir le doute et le blasphème,
> Tandis que la Mort elle-même
> Y joindra ses derniers accents.

Le fier de Vigny se plaint aussi que Dieu se cache trop à nos regards, et ne réponde pas à nos prières :

> S'il est vrai qu'au jardin sacré des Ecritures
> Le fils de l'homme ait dit ce qu'on voit rapporté.
> Muet, aveugle, et sourd au cri des créatures
> Si le ciel nous laissa comme un monde avorté,
> Le juste opposera le dédain à l'absence
> Et ne répondra plus que par un froid silence
> Au silence éternel de la Divinité.

Mais ce silence lui pèse et c'est toujours de Dieu qu'il parle, quand il invoque l'Idéal, quand il proclame sa foi dans l'invincible puissance des idées :

> Le vrai Dieu, le Dieu fort est le Dieu des Idées.
> Sur nos fronts où le germe est jeté par le sort,
> Répandons le savoir en fécondes ondées,
> Puis recueillant le fruit, tel que de l'âme il sort,
> Tout empreint du parfum des saintes solitudes,
> Jetons l'œuvre à la mer, la mer des multitudes,
> Dieu la prendra du doigt pour la conduire au port !

Leconte de Lisle lui-même, l'impassible, l'inexorable Olympien, a senti parfois passer sur son âme le souffle chrétien le plus pur. La pièce des *Poèmes barbares*, intitulée *Le Nazaréen*, est un magnifique hommage au fondateur du christianisme, insulté sur la croix par le publicain et le pharisien :

> Mais tu sais, aujourd'hui, ce que vaut ce blasphème.
> O fils du charpentier, tu n'avais pas menti !
>
> Tu n'avais pas menti ! Ton Eglise et ta gloire
> Peuvent, ô Rédempteur, sombrer aux flots mouvants ;
> L'homme peut sans frémir rejeter ta mémoire
> Comme on livre une cendre inerte aux quatre vents ;

> Tu peux, sur les débris des saintes cathédrales,
> Entendre et voir, livide et le front ceint de fleurs,
> Se ruer le troupeau des folles saturnales
> Et son rire insulter tes divines douleurs !
>
> Car tu sièges auprès de tes égaux antiques
> Sous tes longs cheveux roux, dans ton chaste ciel bleu,
> Les âmes, en essaims de colombes mystiques,
> Vont boire la rosée à tes lèvres de Dieu !
>
> Et comme aux jours altiers de la force romaine,
> Comme au déclin d'un siècle aveugle et révolté,
> Tu n'auras pas menti, tant que la race humaine
> Pleurera dans le temps et dans l'éternité.

Et ce ne sont pas seulement des grands génies du siècle passé qui ont, tous, rendu hommage à la beauté de l'idée chrétienne ; les poètes nos contemporains l'ont saluée aussi et lui doivent souvent leurs meilleures inspirations. C'est elle qui a dicté à Jean Aicard son *Jésus* et à Rostand sa *Samaritaine* ; c'est elle encore qui apparaît par endroits dans les *Noces corinthiennes* d'Anatole France, et dans le sonnet du *Vieil orfèvre* d'Heredia. — N'est-ce pas une chose curieuse que les poètes qui ont le mieux parlé de l'âme, du ciel et du Christ, ne comptent pas parmi les orthodoxes proprement dits ? Est-ce, comme le dit M. Jules Lemaître, que notre siècle « consulte tous les dieux, non plus pour « y croire, mais pour comprendre et vénérer les rêves que « l'énigme du monde a inspirés à nos ancêtres et les illusions qui « les ont empêchés de tant souffrir ? » La curiosité des religions est-elle « un de nos sentiments les plus distingués et les meilleurs ? » N'y a-t-il, en tout cela, que dilettantisme, amour des poétiques légendes, des belles lignes architecturales et des somptueuses orfèvreries ?

Ne serait-ce pas plutôt — au moins chez les plus grands et les plus sincères — un reproche douloureux à ceux qui ont fait l'Eglise si fermée, si étroite, si jalouse et si dure ? Pourquoi tant de justes sont-ils sortis ? C'est peut-être qu'ils ne voyaient plus assez Dieu sous des voûtes trop sombres, qu'ils n'entendaient plus sa parole sous une rhétorique trop mondaine et trop redondante, qu'ils ne reconnaissaient plus sa charité devant les grands mariages et les enterrements de première classe, avec flammes vertes et catafalque empanaché ? Ils sont sortis, et la beauté des cieux et la misère des hommes ont rallumé dans leur cœur la flamme sacrée, qui a lui de nouveau, plus claire et plus haute, plus chaude et plus fraternelle.

Un homme résume en lui avec un éclat tout particulier ces caractères du dissident resté sympathique à l'Eglise qu'il a quittée. Cet homme est une des plus attrayantes figures de notre dix-neuvième siècle : c'est Ernest Renan.

Né à Tréguier, le 27 février 1823, il était fils d'un Breton, capitaine au long cours, et sa mère était originaire de Gascogne. Il perdit son père à cinq ans et fut élevé dans un paisible milieu de femmes et de prêtres, sous la tutelle de sa sœur Henriette, de douze ans plus âgée que lui. Il fut un enfant grave et réfléchi, ennemi du bruit et des querelles, préférant la société des petites filles bien sages à celle des garçons tapageurs et brutaux.

Il commença ses études au petit séminaire de Tréguier, puis, à quinze ans et demi, obtint une bourse à Paris, au petit séminaire de Saint-Nicolas du Chardonnet, dirigé par l'abbé Dupanloup. Le provincial naïf et mystique, qu'il était alors, trouva à Paris un catholicisme mondain, bien différent de celui de Tréguier, qui le choqua. Il entra cependant en 1842 au séminaire d'Issy et, en 1843, à Saint-Sulpice. Il avait déjà fait connaissance avec la philosophie allemande, avec Hegel et avec Herder ; ses *Observations et faits psychologiques* (1) nous permettent d'entrevoir ce qu'il sera un jour. Il a encore la foi, mais une foi qui raisonne et ne se paie point de mots : « Ce soir, dira-t-il, on « lisait, à la lecture spirituelle, l'histoire d'un philosophe ancien, « qui jeta son argent à la mer, pour se mettre uniquement à l'é-« tude de la sagesse, et la communauté se mit à rire. Si on avait « raconté ce trait d'un saint, on l'aurait admiré. » La fête de l'Epiphanie lui paraît admirable ; mais il y voit un mythe, une allégorie de la manière d'arriver à la vérité. Il dira qu'il ne faut pas être injuste pour la scolastique, mais parce que c'est à elle que nous devons l'esprit rationnel et scientifique des modernes. Il écrira cette phrase, où le doute perce déjà : « La meilleure « preuve de la religion est dans l'histoire de la philosophie, et la « plus forte objection contre elle dans l'histoire de l'Eglise ». Un peu plus loin, le doute se montrera pleinement vainqueur : « Une « des choses qui me semblent les plus sinistres pour l'avenir de « la religion en France, c'est qu'on n'a jamais vu dans l'histoire

---

(1) *Revue Bleue*, 4 et 11 janvier 1908.

« un mouvement rétrograde des idées, et il en faudrait un pour
« que la religion s'y maintînt. »

Le doute de Renan est venu de la science. Il s'était mis à apprendre l'hébreu, et « l'étude des textes, en lui révélant des « trésors historiques et esthétiques, lui prouva aussi que la Bible « n'était pas plus exempte qu'aucun autre livre antique de con-« tradictions, d'inadvertances et d'erreurs. » Le catholicisme qu'on lui enseignait alors était tout d'une pièce ; une seule pierre descellée entraînait la ruine de tout l'édifice ; personne ne lui apprit « à discerner entre les exigences religieuses fondamen-« tales et les prescriptions des théologiens » (Mgr Duchesne). Il crut sa foi perdue sans ressources, sa propre sœur l'engagea à ne pas rester plus longtemps dans une voie qui n'était pas la sienne, et, au mois de novembre 1845, il quitta Saint-Sulpice pour rentrer dans le siècle.

Il a expliqué très nettement et très noblement les motifs qui l'avaient poussé à abandonner la carrière ecclésiastique : « Le « catholicisme, dit-il, suffit à toutes mes facultés, sauf à ma « raison critique, je n'espère pas pour l'avenir de satisfaction « plus complète. Il faut donc, ou renoncer au catholicisme ou « amputer cette faculté. Cette opération est difficile ou doulou-« reuse ; mais croyez bien que, si ma conscience morale ne s'y « opposait pas, si Dieu venait ce soir me dire que cela lui est « agréable, je le ferais... je vois autour de moi des hommes purs « et simples, auxquels le christianisme a suffi pour les rendre « vertueux et heureux ; mais j'ai remarqué que nul d'entre eux « n'a la faculté critique... Ah ! si j'étais né protestant !... Mais, « dans le catholicisme, il faut être orthodoxe : c'est une barre de « fer, il n'entend pas raison. » (Lettre à l'abbé Cognat, 24 août 1845.)

Non seulement il a cru bien faire en quittant Saint-Sulpice, mais il s'en est applaudi jusqu'à la fin de sa vie ; dans un discours prononcé à Quimper, en 1885, il a dit : « Je suis gai, parce que je « suis sûr d'avoir fait en ma vie une bonne action ; j'en suis sûr. » Et c'est de sa libération qu'il voulait parler. La loyauté et l'amour de la vérité ont été les deux idées directrices de ce grand et honnête esprit ; et beaucoup d'hommes lui ont jeté la pierre et l'ont maudit pour avoir abandonné une position que sa conscience lui faisait un devoir de quitter ; tant pis pour eux, s'ils n'ont pas compris la noblesse de cette action, s'ils y ont vu le châtiment de quelque péché atroce et inconnu : l'action fut digne et fut belle.

A partir de 1845, la vie de Renan appartient tout entière à la science, dont Berthelot, plus jeune que lui de quatre années, lui révéla l'imposante grandeur. Laissant à son ami le champ des sciences physiques et chimiques, il s'attacha à l'étude de l'histoire et de la philologie, et devint bientôt un des maîtres de la science contemporaine ; mais, quoique son érudition ait été considérable, il sut voir plus loin et plus haut que le mot, le fait ou le document. Il vit dans la science l'instrument par excellence du progrès social, il lui demanda de révéler à l'homme ses véritables destinées, il en fit une religion, et mit à la servir et à la propager toutes les ardeurs d'une âme restée sacerdotale.

« Si je voyais, disait-il, une forme de la vie plus belle que la
« science, j'y courrais. Oh ! vérité, sincérité de la vie ! O sainte
« poésie des choses ! Avec quoi se consoler de ne pas te sentir ?
« Vivre ; ce n'est pas jouer avec le monde pour y trouver son
« plaisir, c'est consommer beaucoup de belles choses, c'est être
« le compagnon de route des étoiles, c'est savoir, c'est espérer,
« c'est aimer, c'est admirer, c'est bien faire. Celui-là a le plus
« vécu qui, par son esprit, par son cœur et par ses actes, a le plus
« adoré. »

Son âme resta longtemps chrétienne et garda toujours une tournure religieuse : « Comparez, disait-il après sa sortie de
« Saint-Sulpice, l'Evangile au symbole de saint Athanase, ou aux
« Canons du Concile de Trente. Est-ce le même monde ? Quel tort
« s'est fait le christianisme, en se définissant ainsi dans le moule
« scolastique. Le christianisme primitif, le christianisme, en Jésus-
« Christ, en l'Evangile ? Qui ne tomberait à genoux devant lui ?
« Pas un seul des plus antichrétiens qui ne s'incline devant
« celui-là ? »

Il tenait l'avènement du christianisme pour le fait capital de l'histoire, et il se proposa d'étudier les origines et la naissance de ce mouvement prodigieux, en rejetant résolument le surnaturel et en n'admettant d'autres instruments de connaissance que l'observation, la science et le raisonnement.

Quand il commença ce gigantesque travail (1860), il y avait quinze ans qu'il avait quitté Saint-Sulpice. Il était devenu non seulement un savant de premier ordre, mais un écrivain d'un goût très pur et d'une exquise originalité.

En Galilée, dans le pays même où vécut le Christ, il conçut l'idée de son premier volume, la *Vie de Jésus*, qui parut le 23 juin 1863. Une histoire purement rationnelle de Jésus avait déjà été écrite en Allemagne par le docteur Strauss (1835) ; mais elle était peu connue en France, et le livre de Renan y fut considéré comme une scandaleuse nouveauté. Quoiqu'aucun esprit scientifique ne puisse admettre que Renan n'avait pas le droit absolu de présenter l'histoire de Jésus sous le jour qu'il estimait être le véritable, l'auteur se vit aussitôt l'objet des attaques les plus passionnées et les plus injurieuses. Après quarante ans passés, un prélat appelle le livre une « œuvre de ténèbres, un livre « faux, systématiquement faux. L'auteur ment pour tromper, « ment pour mentir. Il a aveuglé les foules, il a fait pleurer les « saints, il a fait saigner le cœur de l'Eglise, notre mère, il a « donné le ton à la critique menteuse, il a donné du crédit au « blasphème élégant (1). »

Le livre coûta à Renan sa place de professeur au Collège de France, qui ne lui fut rendue qu'en 1870. Sans se départir, un instant, de son olympienne sérénité, il publia en 1866 son second volume, *Les Apôtres* ; en 1869, son troisième volume, *Saint Paul*. Les trois derniers : l'*Antéchrist*, l'*Eglise chrétienne* et *Marc-Aurèle*, parurent après la guerre et furent suivis d'une *Histoire d'Israël* en cinq volumes (1872-1892), qui rattacha l'histoire de l'ancienne loi à l'histoire de la loi nouvelle et paracheva le grandiose monument élevé par le penseur à la gloire du christianisme, considéré par lui « comme un prodigieux réveil de l'idée de justice et une « soif de moralité et de sainteté. »

Rien n'est plus à l'honneur de Renan que le calme qu'il a su conserver au milieu des attaques furieuses dont il a été l'objet. Impassible dans la tempête, il est resté à la barre et a tenu sa voile toujours orientée vers le même but. Injures, calomnies atroces, haines déchaînées, rien n'a pu le faire dévier de son chemin ; rien n'a pu altérer même sa magnifique bonne humeur. Ironique pour tout dogmatisme étroit et intolérant, bienveillant pour tout effort vers le vrai, vers le bien, ou simplement vers le bonheur ; il a fini par personnifier la sagesse inaltérable et souriante, parvenue à l'entière possession de soi-même, à l'égalité d'âme absolue, tant prisée des sages antiques et si prodigieusement rare parmi nous.

C'est qu'il avait réellement fait le tour de la pensée. Parti de la foi, il était allé vers la science, qu'il avait, pendant cinquante ans, servie, honorée, élargie et embellie de toutes les richesses

(1) Mgr Baunard, *Un siècle de l'Eglise de France*, Paris, 1906, p. 178-181.

de son esprit et de son cœur ; et il avait fini par comprendre que ces deux cimes, en apparence si distinctes, ne sont que les deux sommets d'une même montagne. Il avait longtemps cru pouvoir opposer au Dieu personnel du christianisme, parfait dès l'éternité, mais qui tolère le mal et la douleur, le Dieu hégélien qui n'est autre que l'éternelle aspiration des choses vers l'organisation et vers la vie, et des êtres vers la conscience, vers la vertu, vers l'idéal ; mais, dans cette lente ascension vers la vérité, le christianisme lui était apparu, malgré ses erreurs scientifiques et l'étroitesse de son dogmatisme théologique, comme la source de vertus morales vraiment éternelles, et il concluait : « Nous ne « savons pas : voilà tout ce qu'on peut dire de plus clair sur ce « qui est au delà du fini. Ne nions rien, n'affirmons rien, espé- « rons ; gardons une place dans les funérailles pour la musique « et l'encens. Ne disputons pas sur la dose, ni sur la formule de « la religion. Bornons-nous à ne pas la nier, gardons la catégorie « de l'inconnu, la possibilité de rêver. »

Et cet incroyant, resté pieux et poète, mena la vie la plus belle qu'ait jamais menée le saint le plus régulièrement canonisé. « Il était, a-t-on dit, chrétien comme un catéchumène, à qui son « missionnaire aurait oublié de parler des Conciles. » Il avait gardé de ses habitudes d'enfance la coutume de l'examen de conscience et de l'oraison ; il vécut d'une vie intérieure profonde, austère et délicieuse ; il connut le recueillement de l'âme au sein du mystère, la retraite dans la contemplation ; sa religion fut une adoration perpétuelle de la vérité. Très simple dans ses goûts, très désintéressé, très peu curieux de ses intérêts matériels, il s'appliquait à des tâches obscures, utiles mais peu rémunératrices, alors que son nom au bas d'une page amusante était pour lui, quand il le voulait, une petite fortune. Quand l'âge amena la souffrance, elle le trouva stoïquement résigné, et consolé d'avance de ce qu'il aurait à endurer par les grandes et nobles joies que lui avait données la vie (1).

Ce grand travailleur, dont l'œuvre fut si considérable, et restera si belle, fut le modèle du savant sans parti pris. Ce n'est pas pour lui que l'histoire était « l'art de mettre en valeur un petit « nombre de textes probants et bien choisis ». L'histoire était pour lui l'art de pénétrer jusqu'au cœur même des hommes, de démêler leurs pensées les plus confuses, leurs raisons les plus

---

(1) Cf. E. Faguet, Ernest Renan, *Revue de Paris*, 1898.

minces, parfois les moins conscientes. Comprendre, tout comprendre ; voilà à quoi il s'efforçait, soit qu'il eût à peindre un Jésus ou un Néron, une Poppée ou un saint Paul. Il apportait à ces examens de conscience historiques toutes les ressources de sa casuistique avisée, toutes les finesses de son esprit gascon, toutes les élégances de sa science parisienne... de là tant de pages étonnantes de profondeur, étincelantes d'esprit, charmantes de naturel. Il entrait réellement dans la familiarité de tous ses personnages, et lui qui était toujours dans le monde si réservé, presque timide, s'émancipait avec ses héros, ne s'en laissant imposer ni par les prophètes, ni par les empereurs, et parlant de tous avec amour quand il les devinait nobles et bons, avec un mépris de grand seigneur quand il les trouvait bas et vulgaires.

Tout ce travail porta son esprit à un tel degré de culture et de fécondité, qu'à côté des travaux les plus sérieux il trouva le temps de composer mille fantaisies délicieuses, royales largesses à la foule, qui n'eût pas été capable de le suivre sur les hauts lieux où il se complaisait.

De la même main qui corrigeait les épreuves du *Corpus inscriptionum semiticarum*, il écrivait ses *Dialogues philosophiques*, son étonnant *Caliban*, son mélancolique *Prêtre de Némi*, sa dramatique *Abbesse de Jouarre*.

L'*Abbesse de Jouarre* ! Les snobs, les philistins, les Tartufes la lui ont-ils assez reprochée ! Quelles clameurs, quels cris, quels abois !... Et pourtant, comme elle est humaine et vraie, cette simple histoire ! Quelle délicate analyse de la société frivole et charmante du dix-huitième siècle ! quelle liberté philosophique ! et tout aussitôt quelle haute préoccupation morale! quelle expiation suit pour l'abbesse l'erreur d'un instant, et comme la vaillante accepte noblement l'épreuve et se relève d'elle-même jusqu'au jour où tous la jugent digne du pardon. L'*Abbesse de Jouarre* ! Supposez un instant, qu'elle ne soit point de Renan, mais d'un auteur bien pensant, biffez quelques expressions hardies, et vous en faites une histoire édifiante.

Renan avait fini par être le plus séduisant causeur que l'on ait vu. Cet homme, qui avait collectionné tant d'idées, en faisait les honneurs à ses amis et à ses disciples avec une rondeur charmante. Il les prenait dans sa large main grasse, il les présentait comme des bibelots précieux et fragiles, il en montrait les beautés et les faiblesses ; il en sortait d'autres plus rares encore, de tout âge, de tout style ; il en donnait ; il en laissait mettre dans les poches et accompagnait tout cela de réflexions amusantes et fines, de boutades sans fiel, de plaisanteries familières d'un imprévu délicieux : « Travailler, ça repose ! — Quand l'homme n'est pas « très méchant, il faut être très bon pour lui. — Tout ce qui n'a « pas été attendri par le christianisme est viande dure et mau- « vaise. — Qui sait si la vérité n'est pas triste ? Si la vérité est « triste, eh ! bien, que voulez-vous !... — Royaume de Dieu ?... « parfait épanouissement de la conscience de l'univers. Dieu « qui règne maintenant si imparfaitement régnera un jour « pleinement. — Comme il faut peu de chose à l'humanité pour « affirmer ses espérances !. (1). »

Ne pensez-vous pas que Renan n'eût pas trouvé spirituel du tout que l'on plantât sa statue au pied d'une Pallas gigantesque, juste en face de la cathédrale de Tréguier ? Nous nous le représentons philosophant avec saint Yves, après la cérémonie de l'inauguration, et haussant ses larges épaules, au souvenir des hommages de tant de gens qui ne l'avaient jamais lu, et étaient parfaitement incapables de le comprendre. Sa conversation a dû être étincelante, ce soir-là.

(1) Pensées posthumes.

LA FRANCE NON CATHOLIQUE.—LES ADVERSAIRES

Si tous les Français avaient l'esprit et la sagesse de Renan, il n'y aurait jamais eu de question religieuse en France. Chacun fût allé à ses dieux, avec la même liberté qu'on va à ses affaires, et il est infiniment probable que la chose publique ne s'en fût pas plus mal trouvée.

Mais vous savez déjà que les catholiques n'ont pas su laisser Renan en paix, et l'ont même poursuivi avec une animosité vraiment haineuse. Il ne faut donc pas s'étonner, si tant de fiel entre dans l'âme des dévots, qu'on en trouve aussi, et presque autant, dans l'âme des simples profanes.

Si détaché qu'il fût du christianisme, Renan l'admirait fort et n'en parlait qu'avec bienveillance : « Que c'est beau, semblait-il « dire, et quel dommage que ce ne soit pas tout à fait vrai ! »

Mais, à côté de ce parfait attique, combien y a-t-il eu de barbares, dépourvus de toute ironie, et incapables de discerner les mille nuances de la vérité ! Combien y a-t-il eu aussi d'âmes moins subtiles, mais peut-être plus chaudes, qui n'ont pu garder leur sang-froid dans la lutte et qui ont jeté dans la bataille d'énergiques et stridents appels de guerre !

M. Hanotaux a cherché à définir la France libre penseuse, comme il avait déterminé la physionomie de la France catholique ; il a vu en elle : « le doute de Montaigne, le rire de « Voltaire, l'affirmation d'Auguste Comte, l'idée d'une humanité « s'appliquant à l'œuvre précise des réalités, et reconstruisant « sa morale et son idéal sur les données de la nature et du pro« grès, une conviction profonde, répandue surtout dans les classes « intermédiaires, que l'enseignement de l'Église est contraire au « développement de la civilisation et de la science, et que le « gouvernement des curés est toujours à craindre, que le jésuite « et la congrégation guettent la société et sont à la veille d'un « triomphe décisif. En face du clergé, que la nation continue à « maintenir et à reconnaître par le vote du budget des cultes, « une organisation occulte et puissante : celle de la franc-maçon-

« nerie, très active, mêlée au siècle et s'attachant avec passion
« au problème de l'instruction laïque. »

La bourgeoisie libre penseuse est jugée assez sévèrement par
M. Hanotaux : « Elle est, dit-il, restée fidèle à la tradition voltai-
« rienne ; elle garde la vieille méfiance nationale contre le gou-
« vernement des curés. Il y a dans ses sentiments de l'aigreur,
« de l'intolérance, un goût prononcé — et qui tient peut-être aux
« origines serves — pour le complot sournois, les machinations
« ourdies de longue main, les influences occultes ; mais il y a
« aussi de l'entrain, de l'allant, de l'élan. » (*Histoire contemporaine*, II, p. 525.)

Les maîtres de la pensée moderne n'appartiennent pas au
catholicisme.

Auguste Comte (1798-1857) est le père du positivisme contemporain. Il ne mentionne l'inconnaissable que pour l'ignorer et
érige en dogme la religion de l'humanité. Il a trouvé dans Littré
(1801-1881) un infatigable propagateur. Ce doux philosophe
« frugal, chaste et sobre », pour lequel Pasteur a trouvé la belle
expression de *saint laïque*, a été un travailleur prodigieux et a
développé les idées d'Auguste Comte avec une netteté admirable.
Proscrivant, comme impraticable, toute recherche d'origine et de
fin, il a déclaré vouloir rester dans le domaine scientifique,
« comme dans une île enveloppée par l'océan, pour lequel nous
« n'avons ni barque ni voile ». Mais il a exploré ce domaine avec
une obstination qui ne s'est jamais lassée, et a porté audacieuse-
ment le positivisme dans la politique et dans la sociologie.

Taine (1828-1893) appartient, comme Littré, à l'école scientifique et a senti, mieux que personne, tout ce que le christianisme
a d'étranger à l'esprit européen : « Les peuples modernes sont
« chrétiens, dit-il, et le christianisme est une religion de seconde
« pousse, qui contredit l'instinct naturel ; on peut le comparer
« à une contraction violente, qui a infléchi l'attitude de l'âme
« humaine... Pascal ne voit pour l'incrédule d'autre attente
« que l'horrible alternative d'être éternellement anéanti ou éter-
« nellement malheureux. La perspective d'une éternité bienheu-
« reuse ou malheureuse a rompu l'équilibre de l'âme humaine
« jusqu'à la fin du Moyen Age. Sous ce poids incommensurable,
« elle a été comme une balance affolée et détraquée : au plus bas,
« au plus haut, toujours dans les extrêmes. Encore aujourd'hui,
« la discorde subsiste. Il y a en nous et autour de nous deux mo-
« rales, deux idées de la nature et de la vie, et leur conflit inces-

« sant nous fait sentir l'aisance harmonieuse du jeune monde, où
« les instincts naturels se déployaient intacts et droits, sous une
« religion qui favorisait leur pousse au lieu de les réprimer. »
(*Philosophie de l'Art*.)

L'idée que le christianisme a amené dans le monde une diminution de beauté et d'harmonie, est une idée chère aux positivistes, mais c'est surtout au nom de la science qu'ils l'attaquent et le condamnent.

Vacherot écrivait, en 1868 : « Après avoir perdu les vastes domaines de la nature, il est visible que la théologie est en train de perdre les domaines plus obscurs de l'histoire, et que le moment n'est pas très éloigné où il lui faudra céder ces profonds et intimes domaines de la conscience, qui sont ses derniers retranchements. Il est, sans doute, un parti de théologiens qui résistera toujours à l'expérience historique et morale, comme il a résisté à l'expérience physique ; mais, dans cette lutte obstinée contre la loi du progrès, garderont-ils en psychologie, en morale, en histoire, la direction de la pensée moderne, qui leur a échappé en astronomie et en physique ? Le passé semble répondre ici de l'avenir. »

M. Gabriel Monod, portant la question dans le domaine de l'exégèse, déplore « que le Concile de Trente ait émis sur la valeur du témoignage des Écritures et sur l'autorité du texte de la Vulgate des définitions que le Saint-Siège se croit obligé de maintenir, bien qu'elles aient été rédigées à une époque où la critique biblique était dans l'enfance... Malgré les efforts des traditionalistes, il a bien fallu, devant les exigences impérieuses de la science, aller de concession en concession... les jésuites eux-mêmes pratiquent le concessionisme. ... Il est ridicule de voir enseigner la légende du déluge universel aux enfants des écoles primaires, réduire cette légende à un déluge partiel pour les écoles secondaires et la supprimer tout à fait dans l'enseignement supérieur. »

L'idée s'impose peu à peu à un grand nombre d'esprits, que le christianisme est ruiné par la science moderne. M. Goyau écrit *l'Irréligion de l'avenir* et Berthelot n'offre au catholicisme qu'une assez dédaigneuse tolérance.

« Conservons toujours la sérénité bienveillante qui convient
« à notre amour sincère de la justice et de la vérité. La voix de la
« science n'est ni une voix de violents ni une voix de doctri-
« naires absolus. Quels qu'aient été les crimes de la théocratie,

« nous ne saurions méconnaître les bienfaits que la culture
« chrétienne a répandus autrefois sur le monde. Elle a représenté
« une phase de la civilisation, un stade, aujourd'hui dépassé, au
« cours de l'évolution progressive de l'humanité. Il serait con-
« traire à nos principes d'opprimer, à notre tour, nos anciens
« oppresseurs, s'ils se bornent à rester fidèles à des opinions
« d'autrefois, sans prétendre à les imposer. » (1894.)

En même temps que se développait la philosophie positiviste
de notre époque, les sciences marchaient à pas de géant, et il
n'était, pour ainsi dire, pas d'années qui ne fût marquée par une
grande découverte. Emerveillée par les applications pratiques
de la science, par les chemins de fer, les navires à vapeur, les
machines de toutes sortes, les télégraphes, les téléphones, la
photographie, la phototypie, la radiographie, la foule applaudissait les faiseurs de miracles, les grands enchanteurs qui parlaient à travers les océans, rétrécissaient la terre, mettaient en
fuite les maladies les plus terribles, armaient les nations d'instruments de guerre si formidables que la guerre semblait reculer
d'effroi devant son propre appareil. La science, toute-puissante
et bienfaisante ou redoutable, apparaissait ainsi aux yeux des
hommes comme le *Dieu certain* que les anciens voulaient voir
dans le soleil. Les savants partagent l'enthousiasme populaire. Voyant reculer devant eux les brumes du mystère, ils se
flattent de surprendre, un jour, le dernier mot de l'énigme de la
nature. Ils espèrent triompher un jour de la maladie, du crime,
de la vieillesse — qui sait ? de la mort même ! Nous demandions
à l'un de ces audacieux si la science pouvait légitimement espérer découvrir le secret de la vie, et il nous répondit : *oui, sans
hésiter*.

Nous aimons mieux ce que dit de la science M. Lavisse : « Vous
« entendrez souvent parler de la science ; je vous préviens que
« ceux qui en parlent le plus volontiers et avec le plus d'assurance
« sont des ignorants, qui, entre autres choses, ignorent ce qu'elle
« est. La grande vertu de la science est d'être une chercheuse
« perpétuelle. Il arrive qu'elle se trompe dans ses recherches,
« même gravement ; mais une autre de ses vertus est de trouver
« elle-même les erreurs qu'elle a commises et de renoncer à
« des illusions qui l'avaient, un moment, enchantée. Après quoi,
« elle se remet à chercher. Jusqu'où elle ira, personne ne le sait.
« Sa grandeur, sa beauté, son humanité sont dans cette incerti-
« tude même. » Voilà, à notre sens, le langage du véritable savant.

Et Renouvier nous donne, à son tour, le mot du philosophe :
« La science est une méthode de travail, et, comme telle, inap-
« préciable, mais que peut-elle pour le bonheur de l'humanité ?
« Au point de vue moral, c'est une méthode d'abêtissement. Elle
« ne donne aucune solution aux questions qui nous touchent le
« plus, et qui n'existent même pas pour elle : le sens de la vie, le
« problème du mal, qui naît du sentiment profond de nos mi-
« sères et de nos hontes. »

Parmi les savants, il en est qui ont gardé une âme très religieuse, comme Louis Pasteur. D'autres, comme Emile Duclaux, sont restés fidèles à l'idéal spiritualiste. Beaucoup ont oublié la vieille chanson qui avait bercé leur enfance, et l'exemple de ceux-là a été très contagieux ; il y a, aujourd'hui, divorce à peu près complet entre l'esprit scientifique et l'esprit chrétien.

Tandis que la science prenait une amplitude et une grandeur inconnues des siècles précédents, Saint-Simon appelait l'attention de ses contemporains sur les questions sociales, et nous mettait au pied une épine que nous sentons toujours plus cuisante et plus douloureuse.

Toutes les sociétés humaines apparaissent à l'historien comme des exploitations plus ou moins savantes de la grande majorité des hommes au profit d'une infime minorité ; ce sont des jardins où l'homme joue le rôle de fumier et d'où s'élèvent quelques glorieuses fleurs : empereurs, rois, pontifes, artistes, lettrés, hommes d'argent ou riches propriétaires de terres, d'esclaves et de troupeaux. Guizot disait aux Français mécontents de son système: « Enrichissez-vous par le travail ». S'il avait eu une notion vraie des choses, il leur eût dit : « Enrichissez-vous par le travail des « autres », car il n'est pas, en réalité, d'autre moyen de s'enrichir.

Au lendemain des guerres de l'Empire, la France se remit au travail avec une ardeur admirable, et, grâce aux progrès de la mécanique, l'ère de la grande industrie commença. Au régime de la petite industrie familiale d'autrefois succéda le régime de l'usine, avec ses centaines d'ouvriers affairés autour des machines. Séparés des patrons par une distance sociale chaque jour plus grande, commandés presque militairement par des ingénieurs et des contre-maîtres, isolés et sans protection en face de l'arbitraire patronal, les ouvriers connurent toutes les humiliations et toutes les misères du salariat, et formèrent bientôt dans la nation un peuple sans droits, sans culture, sans avenir, dont la déplorable situation fut vraiment la honte des monarchies censitaires.

Ce peuple trouva d'éloquents défenseurs en quelques hommes de grand cœur et de haute intelligence, qui unirent toutes les hardiesses de la pensée à toutes les audaces de l'action.

Le premier de tous fut le comte de Saint-Simon (1760-1825), petit-neveu de l'auteur des *Mémoires*, penseur original et opiniâtre, qui lança le premier cri de révolte contre les iniquités sociales.

Saisi d'admiration par le spectacle de l'éveil industriel auquel il assistait, devinant qu'un monde nouveau naissait sous ses yeux, il entreprit de substituer à la vieille théologie verbale et vaine un nouveau christianisme, ou plutôt un christianisme rajeuni, ramené à sa pureté primitive, redevenu la religion sociale d'amour et de charité, la religion des travailleurs et des humbles.

Dès 1807, il publiait son *Introduction aux travaux scientifiques du XIXe siècle*, et proclamait la nécessité de substituer le physicisme au déisme. En 1816, il fondait un périodique : *L'Industrie* ; en 1819, un journal : *L'Organisateur*, et il y imprimait : « Mieux « vaudrait la disparition de la famille royale, de la haute noblesse, « du haut clergé, de la haute bureaucratie, soit 3.000 individus, « que celle des 3.000 plus grands savants et plus habiles « ouvriers. » Poursuivi en cour d'assises, le jury de la Seine l'acquittait, quoique ces hardiesses fissent alors à peu près le même effet que font aujourd'hui les sophismes de M. Hervé. En 1821, dans son *Système industriel*, il réclamait le gouvernement temporel de la France pour les travailleurs et le gouvernement spirituel pour les savants.

En 1823, dans son *Catéchisme des Industriels*, en 1824, dans son *Nouveau Christianisme*, il déterminait le but poursuivi par la nouvelle école : « Améliorer le plus promptement et le plus com- « plètement possible l'existence physique et morale de la classe « la plus nombreuse. »

Il mourut l'année suivante, épuisé de travail et de misère ; mais il avait ouvert la voie à une science nouvelle : la sociologie, dont les progrès allaient constituer le caractère le plus original du xixe siècle. Il avait posé en principe que la structure de la société peut être étudiée scientifiquement ; que le travail est la grande force sociale, et qu'à lui doit appartenir le pouvoir politique ; qu'il n'est permis à personne de ne pas travailler.

Le saint-simonisme survécut à son fondateur et essaya de s'organiser en Église, sous la direction de Bazard et d'Enfantin, mais il se perdit dans un mysticisme bizarre, qui fournit aux bourgeois l'occasion d'une facile revanche.

D'autres hommes continuèrent l'œuvre de Saint-Simon. L'utopiste Fourier scandalisa les gens sages par son inconsciente et candide immoralité, et prêta beaucoup à la plaisanterie par ses idées fantastiques sur l'avenir du monde. Cependant, parmi ses idées les plus bizarres, on trouve parfois comme un germe de vie et de progrès. Ce n'est point une idée fausse de croire que les passions sont des forces utilisables pour des fins excellentes ; la sagesse qui pousse l'homme au travail pour se nourrir, la *gastrosophie*, comme l'appelle Fourier, est peut-être la philosophie du terre-à-terre ; bien entendue, elle peut être la base solide sur laquelle s'édifieront par la suite des constructions plus fières et plus hautes. Fourier contribua pour sa part à l'œuvre émancipatrice par ses critiques amères contre l'ordre social, par ses idées sur l'éducation en commun, sur la puissance de l'association, sur l'attraction passionnelle vers le travail.

Pierre Leroux (1797-1871) fonda en 1824 le journal *Le Globe*, traversa le saint-simonisme, rédigea en 1846 *L'Eclaireur* et la *Revue sociale* et eut une influence marquée sur les idées de George Sand. Il chercha à concilier la famille, la propriété et la patrie avec des théories égalitaires très avancées.

Cabet (1788-1856) fut un utopiste comme Fourier, mais eut la première idée du collectivisme, dont Karl Marx devait, après lui, déterminer les principes. Son *Voyage en Icarie* (1840) fut le manifeste de la nouvelle école ; son journal *Le Populaire* se chargea de la propagande.

Cabet se rendait compte que l'humanité n'était point encore mûre pour vivre à la mode icarienne ; il consentait à maintenir provisoirement la propriété, mais frappait les riches d'un impôt progressif, supprimait l'armée et dotait le travail d'un budget provisoire de 500 millions. Ainsi réformée, la société s'acheminerait vers l'icarisme, où fleurirait un collectivisme absolu. Une assemblée politique élue aurait le gouvernement de la République et soumettrait au peuple toutes les questions épineuses. Le travail devait être libre, mais le mariage obligatoire. L'enfant serait laissé à sa mère jusqu'à cinq ans, puis serait dirigé sur l'école jusqu'à dix-huit ans, puis sur l'école de travail de dix-huit à vingt et un ans. La répartition du travail se ferait par voie de concours. Chaque icarien devrait à la société le même nombre d'heures de travail, quelle que fût sa spécialité. Des magasins publics recevraient les produits du travail collectif. Les femmes à 55 ans et les hommes à 60 auraient droit au repos absolu.

Ces alléchantes perspectives déterminèrent quelques centaines de Français à passer aux Etats-Unis pour y fonder une communauté icarienne. Après trente ans de vicissitudes et d'épreuves, les groupes icariens se sont dissous d'eux-mêmes (1879) pour rentrer dans les vieux cadres de la société banale. Les bourgeois en concluraient que le système est jugé ; les collectivistes en concluent que l'épreuve est à recommencer.

Cabet attendait tout de l'Etat pour reconstruire la société sur un plan rationnel. Proudhon (1809-1865) adopte, comme lui, la suppression de la propriété, supprime tout fermage, toute rente, tout intérêt, et veut remplacer la monnaie par des bons de circulation, payables en services ou en produits ; mais il ne compte nullement sur l'Etat pour faire triompher ses idées ; il a foi dans le progrès moral de l'humanité, dans le développement de l'idée de justice. Il espère qu'un jour viendra où l'homme aura d'assez bons yeux pour « percevoir la dignité individuelle en autrui « comme en soi-même », et, ce jour-là, l'homme sera parvenu à un tel degré de liberté et d'autonomie que toute autorité pourra disparaître sans inconvénient. L'anarchie, c'est-à-dire l'absence de gouvernement, sera le régime applicable à l'humanité majeure, comme la liberté et l'autonomie sont déjà le régime normal de l'homme adulte et en pleine possession de lui-même.

Sans aller aussi loin dans la voie de l'utopie, Louis Blanc exerça peut-être plus d'influence sur les milieux ouvriers par ses tendances égalitaires et ses idées sur l'organisation du travail. Rêveur un peu candide, mais d'âme ardente et passionnée, il aima sincèrement le peuple et en fut aimé; mais il n'y avait point en lui l'étoffe d'un homme d'action.

Tout autre fut le tempérament de l'allemand Karl Marx (1818-1883), qui vécut surtout en France, en Belgique, en Angleterre, et formula avec une précision inconnue avant lui les dogmes de la nouvelle Eglise socialiste. Le collectivisme est, d'après lui, la seule manière d'assurer « le bonheur matériel du « plus grand nombre ». Les moyens de production ne doivent pas appartenir à des particuliers, mais à des collectivités corporatives, municipales ou nationales. Plus de bénéfices, d'intérêts, de crédit, de fermages, de loyers. Plus de bourse. Le travail sera évalué en valeur sociale et payé en chèques ou bons de travail. Le travail, une fois bien organisé, laissera à chaque citoyen de larges loisirs, qu'il pourra dépenser à sa fantaisie ; s'il les emploie à quelque travail utile, il aura droit à des bons ou chèques supplémentaires, qui seront sa pleine et entière propriété, et qu'il pourra transmettre même à ses enfants. On pourra donc être encore propriétaire ; mais cette propriété ne s'appliquera plus qu'à des objets mobiliers ou à des moyens de consommation. Les deux sexes seront égaux en droits. L'amour libre remplacera le mariage. L'humanité remplacera la patrie. Le gouvernement sera résolument antimonarchique et antiaristocratique, surveillé sans relâche par la démocratie. Pour amener le triomphe de la Raison, Marx ne compte, en vrai Allemand, que sur la Force, « la grande, la toute-puissante accoucheuse des sociétés. Sans « elle, rien ne se fait, et tout ce qui se fait se fait par elle. Ceux-« là seuls qui ont la force vivent et triomphent. Malheur à « ceux qui s'énervent, qui hésitent, qui doutent, qui reculent « devant les nécessités cruelles et les responsabilités redouta-« bles ! Malheur à ceux qui versent la pitié là où il faut l'énergie, « et qui compromettent ainsi irrémédiablement l'avenir ! »

On reconnaît à ce brutal langage l'Allemand moderne, adorateur de la Force, et l'on s'étonnera sans doute que des idées en apparence aussi étrangères à la vieille âme française aient pu s'acclimater chez nous. Mais l'Allemagne fut aussi, naguère, sentimentale et rêveuse, et la beauté du rêve humanitaire rend les cœurs des hommes insensibles aux maux inséparables de la lutte.

Les déshérités de ce monde aspirent au bonheur terrestre, et voilà le thème sur lequel les virtuoses du socialisme exécutent leurs brillantes variations ; voilà l'idée nouvelle qui a jailli au milieu des foules comme une colonne de feu, et qui s'est mise à marcher, et qui les entraîne derrière elle en bataillons de plus en plus serrés, de plus en plus fanatiques. Les âmes se chargent de colère, d'enthousiasme et d'espérance. Nous nous rappelons avoir entendu par hasard, il y a quinze ans, un simple facteur rural prononcer tranquillement, sur le quai d'une petite gare, cette phrase admirable : « Ça me serait bien égal de mourir, si les « autres pouvaient en être plus heureux après moi ! »

Ni les philosophes ni les théoriciens du socialisme n'auraient réussi à gagner ainsi les foules, si les artistes n'avaient transfiguré leurs idées et ne les avaient pas divinisées aux yeux des peuples. La grande littérature du xixe siècle a tendu à l'action sociale, et ceux-là même qui n'ont pas voulu s'y mêler, l'ont favorisée à leur insu par leurs amères critiques de l'ordre établi, par les passions qu'ils ont allumées dans tous les cœurs.

L'histoire a été, sous la plume de Michelet, un merveilleux instrument de propagande. Michelet, un des très grands hommes du xixe siècle, n'est pas seulement un savant de haute valeur, c'est avant tout un poète ; c'est le chantre du peuple, dont il avait, tout enfant, connu la misère et les souffrances, et dont il a raconté tout au long de l'histoire de France la douloureuse et glorieuse épopée. Après avoir conduit nos annales jusqu'à la Renaissance et avoir consacré à Jeanne d'Arc les plus belles pages qui aient jamais été écrites sur elle, il désespéra de comprendre notre histoire, s'il ne pénétrait point jusqu'au fond de l'âme populaire ; il laissa l'histoire de France au départ de Charles VIII pour le voyage d'Italie, et il raconta en cinq volumes l'histoire de la Révolution ; puis, connaissant bien désormais le vrai héros de l'histoire, il rattacha la Renaissance à la Révolution par une série d'études partielles, où le peuple occupe toujours le premier rang. François Ier, Richelieu, Louis XIV, le Régent, Louis XV, deviennent dans cette colossale histoire des sortes de comparses ; on sent la nation palpiter, vivre, souffrir, gronder derrière ses maîtres du jour, et monter lentement vers l'émancipation, vers la justice, vers le droit. Michelet ne se laisse jamais éblouir par la fausse gloire ; il est toujours du côté des persécutés et des victimes. On l'a accusé d'avoir accordé trop d'importance à certains petits côtés de l'histoire, de s'être fait le valet de chambre de l'histoire. Qui pourrait nier que cette méthode ne lui ait fait découvrir maint aperçu jusqu'alors insoupçonné ? Très tendre et très passionné, Michelet a rendu à la femme toute son importance historique et sociale, et a été l'un des précurseurs du féminisme.

Louis Blanc a dressé dans son *Histoire de dix ans* le bilan de la monarchie de Juillet de 1830 à 1840, et a porté ses passions socialistes dans son *Histoire de la Révolution française*.

L'*Histoire des Girondins* de Lamartine a hâté, dit-on, l'explosion de la révolution de 1848.

Le « brumeux-Quinet » a été mené à l'anticléricalisme par ses études d'histoire religieuse ; mais on lui pardonnera ses outrances pour les loyales et libérales conclusions de son *Histoire de la Révolution*.

L'*Histoire de Napoléon* de Lanfrey n'est souvent qu'un pamphlet, mais a contribué à la ruine de l'Empire.

Les *Origines de la France contemporaine* de Taine sont l'ouvrage d'un philosophe devenu historien. Les philosophes prétendent qu'il a appris aux historiens à écrire l'histoire. Un professeur d'histoire de la Révolution vient de s'acharner à prouver qu'il n'en est rien. L'œuvre de Taine n'en reste pas moins éminemment suggestive et n'en a pas moins porté un coup sérieux à la légende jacobine.

M. Aulard, l'adversaire de Taine, s'est attaché à organiser l'étude scientifique de l'histoire de la Révolution. Un de ses disciples, M. Mathiez, étudie avec la plus riche documentation l'histoire religieuse de la période révolutionnaire. M. Jaurès a essayé de nous donner une histoire socialiste de la Révolution. Une vaste enquête sur l'histoire économique de la Révolution se poursuit en ce moment, et les faits importants qu'elle révèle déjà, éclairent la physionomie de cette grande époque et expliquent l'immense intérêt que la nation avait à défendre ses conquêtes récentes sur l'Eglise et sur l'aristocratie.

Tous ces grands travaux ont été de formidables machines de guerre ; l'histoire, au XIXe siècle, ressemble à un grand champ de bataille, sur lequel ont soufflé tous les vents de l'esprit.

Plus puissante encore sur les foules que l'action de l'histoire a été celle du roman ; histoire d'imagination, histoire fausse, mais composée tout de même avec des documents humains, et d'une vérité parfois aussi profonde et aussi saisissante que l'histoire proprement dite.

Stendhal, le premier en date de nos grands romanciers contemporains, très égoïste, très sensuel, étranger à tout sentiment religieux, ne voit dans la vie que la chasse au bonheur, et le bonheur, fruit rare et précieux, est le prix de l'énergie. Le héros de son principal roman *Rouge et Noir* est un plébéien ambitieux et sans scrupule, démoralisé par la légende napoléonienne, qui se lance dans le monde avec un furieux désir de parvenir, et avec une obstination terrible. *Rouge et Noir* fut le livre de chevet des arrivistes.

Balzac est un des géants de notre histoire littéraire. Son œuvre immense restera l'une des sources capitales d'information pour l'étude de la société française de la première moitié du dix-neuvième siècle. Ce qui fait peut-être l'unité de la *Comédie humaine*, c'est la course à l'argent, la peinture implacable de tout ce que l'argent fait faire, de tout ce qu'il explique, de tout ce qu'il excuse. La vie de Balzac n'avait été qu'un corps à corps avec la fortune, et les angoisses de cette terrible lutte, où il laissa sa vie, trouvent un écho dans son œuvre précipitée, haletante, enfiévrée, où défilent au galop de charge les avares de province, les banquiers sans scrupules, les ambitieux effrénés, les intrigants de toute taille et de tout acabit. Balzac a donné l'exemple d'une obstination surhumaine, et son œuvre est, en somme, un cours d'énergie, mais c'est une énergie passablement déréglée, qui n'a, sans doute, pas contribué à équilibrer les esprits de nos contemporains.

George Sand, superbe écrivain et penseur médiocre, offre une extraordinaire variété d'aspects, qui s'expliquent par les diverses influences qu'elle refléta tour à tour. Elle a écrit des romans à tendances socialistes, comme les *Compagnons du tour de France* et le *Péché de Monsieur Antoine*, des romans de propagande politique comme le *Meunier d'Angibaut*, de charmantes idylles paysannes qui sont probablement le meilleur de son œuvre, et des romans passionnés qui ont été beaucoup lus et que les moralistes sévères accusent de terribles méfaits.

Un psychologue vigoureux, qui se croyait romantique, Flaubert, a compris quels ravages pouvait causer la littérature passionnelle dans les cœurs faibles et dans les cerveaux vaniteux. *Madame Bovary* en est un éclatant exemple ; mais qui nous dit qu'elle ne se serait point égarée, même si elle n'avait point lu de romans ? C'est une grosse question que de savoir si l'art comporte une morale. Nous croyons fermement que oui ; mais cette morale n'est pas celle des contes du chanoine Schmidt, c'est bien plutôt l'idée antique, qui condamne tout excès et fait de l'équilibre des facultés la condition essentielle d'une vie harmonieuse et bien ordonnée : « Je respecte trop les jeunes filles, disait Alexandre « Dumas fils, pour les engager à venir voir mes pièces, et je res- « pecte trop mon art pour ne mettre à la scène que ce qu'elles « peuvent entendre » ! Le champ de l'art est infini, comme la vie même ; il faut savoir tout lire sans en être ni ébranlé ni souillé. On sait qu'il y a dans une grande littérature des parages malsains : on les traverse sans s'y arrêter ; on sait qu'il y a des coins mal odorants : on n'y va pas ; on sait qu'il y a des coupe-gorge : on ne s'y rend que bien armé.

Victor Hugo a eu, comme romancier, une vogue presque égale à sa renommée poétique. Les *Misérables* sont une véritable épopée, où le poète s'est parfois révélé observateur exact et ingénieux. Son évêque idéal, Mgr Miriel, a été pris tour à tour pour une création fantaisiste ou pour une amère satire de l'épiscopat. Sa

Fantine, victime innocente, jetée au vice par la misère, et restée, malgré ses hontes, si profondément et si héroïquement mère, n'est pas une création du génie de Hugo : il y a, par centaines, des femmes faites ainsi, et les présenter dans leur abjection sociale et leur beauté morale, c'est jeter à la société un des plus sanglants reproches qu'on lui puisse adresser. Gavroche était si bien peint et si vrai, que tout le monde l'a reconnu sur l'heure, et que son nom s'est appliqué à toute la menue jeunesse des rues de Paris. Le bonhomme Gilles Normand nous représente, dans sa solennité comique et dans ses rouerles égoïstes, le bourgeois voltairien et conservateur, qui prétendait sous Louis-Philippe représenter la France tout entière ; le portrait magistral de ce guizotin compte parmi les meilleures pages de Victor Hugo. Javert, le policier par vocation, l'homme d'ordre, ennemi-né de tout ce qui sort du rang et de la règle, est peint aussi de main de maître, mais peut-être un peu simplifié et d'une psychologie trop sommaire. Jean Valjean, le héros de l'épopée, peut paraître grandi à la taille d'un colosse : c'est un être d'exception ; mais il reste humain et vivant malgré tout, puisqu'il intéresse et passionne le lecteur. Les *Misérables* sont un chef-d'œuvre, dans toute la force du terme. Les *Travailleurs de la Mer* ne sont qu'une allégorie, mais combien puissante ! La lutte symbolique de Gilliatt contre la pieuvre, c'est la lutte de l'homme contre les iniquités de son destin, contre les obstacles qui barrent sa route, contre l'ignorance qui le paralyse, contre les vices qui l'entravent, contre sa propre barbarie ; c'est le bon combat pour l'amour, pour l'honneur, pour la satisfaction de la conscience. Avec son *Quatre-vingt-treize*, Hugo nous met en face de la Révolution héroïque et oppose le fanatisme vendéen au fanatisme révolutionnaire. Cimourdain incarne avec puissance le sombre esprit jacobin ; le vieux marquis de Lantenac représente toutes les majestés du passé. Rien de plus tragique et de plus grand que son discours à son neveu le républicain Gauvain. Et Gauvain, c'est le gentilhomme devenu citoyen, c'est l'idéaliste impénitent qui devine l'avenir radieux par delà la guillotine. Cimourdain prépare le régime définitif, « c'est-à-dire le droit et le devoir parallèles, l'impôt proportionnel « et progressif, le service militaire obligatoire, le nivellement, et « au-dessus de tous et de tout cette ligne droite : la loi. La répu-« blique de l'absolu. — O mon maître, répond Gauvain, dans « tout ce que vous venez de dire, où placez-vous le dévouement, « le sacrifice, l'abnégation, l'entrelacement magnanime des bien-

« veillances, l'amour? Mettre tout en équilibre, c'est bien ; mettre
« tout en harmonie, c'est mieux. Au-dessus de la balance, il y a
« la lyre. Votre république dose, mesure et règle l'homme. La
« mienne l'emporte dans l'azur ! »

La France a compté, depuis quarante ans, de très grands romanciers qui ont exercé sur notre esprit une très sérieuse influence.

A l'inverse de Flaubert, Zola a été un romantique, qui s'est pris pour un réaliste et a bien osé donner un pendant à l'œuvre de Balzac. Le grand Tourangeau l'emporte par la fécondité, par la variété et la vérité des types, par la finesse de l'analyse. Zola l'emporte par la fougue, par l'ampleur, par la richesse exubérante, par la couleur, par tout le côté plastique de l'œuvre. Il fait parfois songer à ce style espagnol du xviiie siècle, qu'on appelle le churrigueresque, et dont la somptuosité s'exagère jusqu'à la folie. Son dessin est colossal et fantastique ; sa couleur, violente et barbare, mais il anime tout ce qu'il touche d'une vie prodigieuse et il y a en lui, comme chez Veuillot, avec lequel il a tant de parenté intellectuelle, du moraliste et du pessimiste. C'est par le carreau noir qu'il regarde les hommes ; il les voit certainement plus laids, plus ignobles et plus puants que nature. Dieu sait, cependant, s'il était nécessaire de forcer la note ! Malgré ses prétentions morales, malgré son idéal très sincère de justice sociale et de solidarité, il a beaucoup contribué à nous mettre au dehors en renom d'immoralité et de grossièreté. Sa verve n'a reculé devant aucune immondice, et il n'a pas, comme Rabelais, l'excuse de la joyeuse humeur, ou, comme Léon Daudet, l'excuse de la folle jeunesse.

Pierre Loti a, pour la beauté, le même culte que Zola a pour la fange. C'est un artiste prestigieux, un sertisseur de mots, dont l'art magique fait penser aux subtils et délicats chefs-d'œuvre de Lalique ou de Falize. C'est le serpent tentateur, c'est le démon fascinateur et maître en toutes sortes de voluptés.

Alphonse Daudet, conteur charmant, le plus français de nos conteurs, le plus humain, le plus juste de nos réalistes, celui qui sans doute a le mieux vu l'homme tel qu'il est, a touché par plus d'un livre aux questions brûlantes. *Jack*, c'est l'inique fatalité qui pèse sur le bâtard ; les *Rois en exil*, c'est la fin lamentable des grandes races ; *L'Immortel*, c'est la caricature féroce d'un coin du grand monde parisien ; mais tout cela conté avec la vaillante bonne humeur et le fin esprit d'un Français du midi le plus ensoleillé.

Guy de Maupassant a poussé plus loin encore l'implacable analyse ; il l'a menée jusqu'au désenchantement, jusqu'à la lassitude. Si vous voulez savoir ce qu'il pense des bourgeois, lisez *Boule de suif* : vous ne les y verrez pas peints en beau ; et, si vous voulez savoir ce qu'un esprit très fin pense de la démocratie, lisez *Le Disciple* ou *L'Étape* de M. Paul Bourget ; si vous voulez savoir ce que l'aristocratie pense d'elle-même, lisez les satires endiablées de Mme de Martel (Gyp). L'ironie et le scepticisme nous sont chaque jour versés à plein verre, avec les parfums les plus variés. On vantait Renan, qui savait si bien cuisiner des bonbons à saveur d'infini ; nos conteurs nous confectionnent des plats délicieux, qui nous ôtent à jamais toute joie de vivre.

Et, pour remplir le vide de nos âmes, les poètes chantent la beauté.

Leconte de Lisle dit la beauté antique, la beauté froide et morte des statues.

> Dors, ô blanche victime, en notre âme profonde,
> Dans ton linceul de vierge et ceinte de lotos ;
> Dors, l'impure laideur est la reine du monde
> Et nous avons perdu le chemin de Paros !...

Théophile Gautier — et presque tous sont ainsi — préfère la beauté vivante, et voilà ce qu'il voit dans une main de femme :

> Elle a dû, nerveuse et mignonne,
> Souvent s'appuyer sur le col
> Et sur la croupe de lionne
> De sa chimère prise au vol.
>
> Impériales fantaisies,
> Amour des somptuosités,
> Voluptueuses frénésies,
> Rêves d'impossibilités,
>
> Romans extravagants, poèmes
> De haschisch et de vin du Rhin,
> Courses folles dans les Bohêmes
> Sur le dos de coursiers sans frein ;
>
> On voit tout cela dans les lignes
> De cette paume, livre blanc
> Où Vénus a tracé des signes
> Que l'amour ne lit qu'en tremblant.

La muse d'amour et de volupté est aussi celle de Musset ; le chantre de Rosine, de Namouna, de Suzon et d'autres belles, qui amusèrent un instant ses fantaisies d'enfant gâté :

> Il prit trois bourses d'or, et, durant trois années,
> Il vécut au soleil sans se douter des lois ;
> Et jamais fils d'Adam sous la sainte lumière
> N'a de l'est au couchant promené sur la terre
> Un plus large mépris des peuples et des rois.
>
> . . . .
>
> Ce n'était pour personne un objet de mystère
> Qu'il eût trois ans à vivre et qu'il mangeât son bien ;
> Le monde souriait en le regardant faire,
> Et lui, qui le faisait, disait à l'ordinaire
> Qu'il se ferait sauter quand il n'aurait plus rien.

Et, comme leurs devanciers, c'est encore l'amour voluptueux que célèbrent les poètes d'aujourd'hui, et Catulle Mendès ose bien faire mourir sainte Thérèse amoureuse, sur une jonchée de lis, au milieu d'une église.

Et quand ils ne sont pas amoureux, les poètes sont tristes comme des enfants qui ont cassé leurs jouets.

Richepin se proclame Touranien, fils des Huns :

> Oui, ce sont mes aïeux, à moi, car j'ai beau vivre
> En France, je ne suis ni Latin ni Gaulois ;
> J'ai les os fins, la peau jaune, des yeux de cuivre,
> Un torse d'écuyer et le mépris des lois.
>
> Oui, je suis leur bâtard ! Leur sang bout dans mes veines.
> Leur sang qui m'a donné cet esprit mécréant,
> Cet amour du grand air et des courses lointaines,
> L'horreur de l'idéal et la soif du néant.

Plus sage, et non moins triste, Sully Prudhomme se résigne à la mort, sans lutte, sans soupirs, sans murmures :

> Oui, nature, ici-bas mon appui, mon asile,
> C'est la fixe raison qui met tout en son lieu ;
> J'y crois, et nul croyant plus ferme et plus docile
> Ne s'étendit jamais sous le char de son Dieu.

M. Henri Rouger ne se contente pas de se résigner à la mort inévitable ; il l'appelle, il lui confie avec joie une maîtresse adorée :

> Seule en ton lieu sacré, repose, ô solitaire,
> Je te confie au sable, au ver qui rampe, au grain
> Caché, je te confie, âme auguste, à la terre.

> Je te confie au trèfle avide, au romarin,
> Aux buissons que ta chair a fait surgir en elle,
> Aux arbres où ton sang frémit dans chaque brin,
>
> A l'oiseau qui t'emporte en tremblant sur son aile,
> A la lumière, aux vents de l'espace, à l'été ;
> Je te confie, ô morte, à la mort maternelle !
>
> A la mort, d'où ton être éclot ressuscité,
> A la mort maternelle en qui tout fructifie !
> Car la mort te fut bonne, ô morte, en vérité !
>
> Car la mort te fut bonne, à qui je te confie,
> La mort qui t'a touchée en tes sentiers divins,
> La mort, la grande mort, qui touche et purifie.

Et si vous cherchez ce qui peut exister en dehors de l'amour et de la mort, les socialistes vous montreront sans doute leur glorieux rêve de bonheur universel ; mais, dans le rêve, vous retrouverez la même amertume que dans la réalité, le même bonheur violent, fugace et mensonger, et, au fond de la coupe, la même lie âcre et nauséeuse. Le monde nouveau est à peine ébauché dans les nuages, et l'on voit déjà qu'il portera toutes les tares de l'ancien.

LA FRANCE NON CATHOLIQUE. — LES ENNEMIS

La philosophie positiviste, la culture scientifique, la propagande socialiste, la littérature réaliste et passionnelle du XIXe siècle ont fait, d'une partie très considérable de la société française, une société réellement païenne par les idées, par les goûts et par les mœurs.

L'homme, libéré de la crainte de Dieu, est revenu d'instinct à sa religion naturelle, au culte des forces cosmiques et de la vie. Pour quelques pleureurs, qui font de leur vie le temple du deuil et de la mort, le monde moderne compte par milliers les êtres qui trouvent la vie bonne en elle-même, la veulent succulente et joyeuse.

« O mes amis, disait Henri Heine, je veux composer une chan-
« son nouvelle, une chanson meilleure. Nous voulons sur la terre
« établir le royaume des cieux. Nous voulons être heureux ici-bas
« et ne plus être des gueux ; le ventre paresseux ne doit plus
« dévorer ce qu'ont gagné les mains laborieuses. Il croît ici-bas
« assez de pain pour tous les enfants des hommes ; les roses, les
« myrtes, la beauté et le plaisir et les petits pois ne manquent
« pas non plus. Oui, des petits pois pour tout le monde, aussitôt
« que les cosses se fendent ! Le ciel, nous le laissons aux anges
« et aux moineaux. Et s'il nous pousse des ailes après la mort,
« nous irons visiter là-haut les bienheureux et nous mangerons
« avec eux les gâteaux célestes. Une chanson nouvelle, une chan-
« son meilleure ! Elle résonne comme flûtes et violons ! Le
« *Miserere* est passé ; le glas funèbre se tait. La vierge Europe
« est fiancée au beau génie de la Liberté ; ils enlacent leurs bras
« amoureux ; ils savourent leur premier baiser ! Le prêtre manque
« à la cérémonie ; mais le mariage n'en sera pas moins valable.
« Vivent le fiancé et la fiancée et leurs futurs enfants ! »

Le prêtre manque à la cérémonie ! — Ce n'est plus absolument exact ; il vient, lui aussi, vers le pauvre et réclame enfin pour les déshérités leur part de bonheur terrestre ; mais il n'y a pas longtemps qu'il s'est décidé à reprendre le rôle sublime que son maître lui avait assigné et qu'il avait trop longtemps oublié pour se mettre au service des princes de la terre.

Le prêtre manque à la cérémonie !... Même aujourd'hui, c'est encore vrai pour beaucoup de prêtres, et ceux qui viennent n'ont pas, ne peuvent pas avoir la même foi et les mêmes espérances que la foule qui se rue aux nouveaux autels. Il n'y a pas antinomie entre la loi du Christ et le socialisme noblement compris ; il y a contradiction entre la loi du Christ et le socialisme vulgaire, malheureusement le plus répandu.

L'idée maîtresse du nouveau dogme est l'idée de libération absolue, si bien exprimée dans la formule anarchiste : Ni Dieu ni maître !

Pas de Dieu ! Là-dessus presque tout le monde est d'accord. C'est l'A B C de la sagesse : « Soyez d'abord athées, disait « Jaclard ; puis vous serez révolutionnaires ! »

Le Dieu personnel du christianisme est non seulement nié, mais honni et même par des poètes. Mme Ackermann le compare à l'empereur romain, qui, impassible dans sa loge impériale, regardait les gladiateurs combattre et mourir :

> Mais quoi ! si c'est un Dieu, maître et tyran suprême,
> Qui nous contemple ainsi nous entre-déchirer,
> Ce n'est plus un salut, non c'est un anathème
> Que nous lui lancerons avant que d'expirer !

Richepin a écrit les *Blasphèmes* et, comme Vigny, reproche à Dieu de rester sourd à l'appel désespéré des hommes.

Le panthéisme hégélien, qui remplaça, un instant, le déisme chrétien, est déjà passé de mode. Schopenhauer l'a déclaré plus contradictoire à la raison que le déisme lui-même : « Dieu, dit-il,
« sitôt qu'on le conçoit, doit être conçu nécessairement comme
« la puissance et la sagesse suprêmes. Or qu'un pareil être se soit
« transformé en un monde semblable à celui que nous voyons,
« c'est une idée directement absurde. Le déisme est simplement
« non prouvé, et s'il est difficile de penser que le monde infini
« est l'œuvre d'un être personnel, par conséquent individuel, tel
« que nous le connaissons seulement par la matière animale, ce
« n'est pourtant pas directement absurde qu'un être tout-puissant
« et en même temps en possession de la sagesse suprême crée
« un monde tourmenté ; cela est, en effet, toujours concevable,
« quoique nous n'en sachions pas le pourquoi. En conséquence,
« même si on lui attribue encore la qualité de la bonté suprême,

« l'insondabilité de ses voies est toujours l'issue par laquelle une
« telle doctrine échappe au reproche d'absurdité. » Ne concluons
pas de ce passage que Schopenhauer soit déiste, la seule conclusion à en tirer est que, pour lui, le panthéisme est un non-sens.

Certains esprits ont proposé un autre système : le monisme a été un moment très à la mode ; voici comment M. Hanotaux résume cette intéressante doctrine : « Le monde est l'objet d'une
« évolution continue et rectiligne, partant d'un premier mouve-
« ment inaperçu de l'éther pour se diriger vers un but, dont per-
« sonne n'a le secret. La matière ne peut exister ni agir sans
« l'esprit, l'esprit sans la matière. Il n'y a qu'une substance, c'est
« l'éther, dont on ne connaît qu'une faculté, la vibration... Chaque
« atome est pourvu d'âme... et de même l'éther cosmique. Dieu
« est la somme infinie de toutes les forces atomiques et de toutes
« les vibrations de l'éther. »

Ce monisme, qui nous paraît bien proche parent du panthéisme, peut séduire certains esprits très cultivés et très subtils ; pratiquement, croire au Dieu moniste ou ne croire à aucun Dieu est assurément la même chose.

Une sorte de religion plus intelligible et plus aisément populaire est la religion de l'humanité : « L'avenir artistique et litté-
« raire, dit un de ses adeptes, appartient à ceux qu'emporte
« impétueusement l'esprit nouveau : socialistes, panthéistes,
« naturistes, libertaires ; ceux-là seuls connaîtront la victoire,
« parce que ceux-là seuls ont la foi. Ils institueront la religion de
« l'homme et le culte du travail. Leurs basiliques seront les palais
« du peuple, les usines où les matières premières se transfi-
« gurent et s'adaptent à nos usages, les colossaux et pompeux
« théâtres où se célébreront devant des foules immenses les
« grandes et glorieuses épopées de l'histoire, les hauts faits de
« l'espèce. Les saints qu'ils honoreront seront les hommes-fonc-
« tion, érigés en archétypes, les travailleurs traduits en leur atti-
« tude essentielle. Leurs cantiques liturgiques ne ressembleront
« plus au *Dies iræ* ou au *Te Deum ;* mais on entendra des sym-
« phonies, des hymnes en l'honneur des corporations et des
« métiers, des chants qui diront la gloire des hommes héroïques
« ou la souffrance obscure des démocraties opprimées. Des céré-
« monies civiques seront créées, comme le divin Robespierre
« autrefois en tenta. Les romans prendront l'aspect d'Évangiles et
« les poèmes ne seront que des cantiques à la nature. » (Maurice
Le Blond, *La Terre Nouvelle,* Revue Lyonnaise, 1900.) Cette reli-

gion de l'humanité est, aujourd'hui, très goûtée. Il y aurait en l'homme je ne sais quoi de divin et de progressif, qui, en se développant, finirait par créer une conscience générale et par redonner à Dieu une sorte d'existence idéale. Le peuple ne voit point si haut; mais l'idée d'être dieu, comme il est déjà souverain, ne lui déplaît pas, et l'on peut se demander si le nouveau dogme est une philosophie ou une habile flatterie à l'adresse de la foule toute-puissante. Après avoir dit au peuple : Tu es roi, on lui dit : Tu es dieu.

L'opinion dominante, en matière religieuse, paraît être un indifférentisme à peu près complet, avec un dernier vestige de croyance, comme une sorte de regret, très vague, très fugace, de la foi perdue ; sentiment bien exprimé par un mot très amusant, mis par un rédacteur de la *Nouvelle Presse libre de Vienne* dans la bouche d'un bourgeois parisien : « Voyez-vous, au-dessus « de nous, il y a quelque chose !... Mais ce n'est pas la peine de « se casser la tête à savoir quoi. »

Ce peuple, qui ne se soucie pas de Dieu, ne veut surtout pas de maître et court gaiement la poste sur la grande route de l'anarchie. Morte, bien entendu, la foi à la royauté de droit divin ; 1830 en a emporté les derniers restes. L'idée qu'une famille aurait reçu de Dieu même une délégation d'autorité pour régner sur tout un peuple, cette idée est incompréhensible pour un esprit moderne. Il parvient tout au plus à la reconstruire historiquement, et à concevoir comment elle a pu naître dans le cerveau d'hommes très religieux et de sujets très fidèles, après des siècles de stabilité gouvernementale, assurée par l'hérédité de la dignité suprême dans la même maison.

La royauté n'apparaît plus aux monarchistes eux-mêmes que comme un principe politique, plus avantageux que le principe républicain ; mais la monarchie ne vient plus pour eux du ciel.

Le sentiment monarchique a laissé chez nous d'incontestables survivances. L'incompréhensible plaisir que goûtent les foules à voir défiler des présidents de la République, ou des ministres, dans des landaus de gala, entre deux haies de soldats, l'argent que toutes les municipalités sont toujours prêtes à voter pour toutes ces fêtes, prouvent qu'il y a encore chez nous une foule de gens amis du panache et des petits rubans.

Mais il faut reconnaître aussi que les politiciens ne sont pas étrangers à la persistance de ces goûts bizarres, et que le prestige de l'autorité n'y gagne pas beaucoup. Nous avons assisté à plusieurs cérémonies de ce genre, et nous avons vu très peu de gens les prendre au sérieux. Si le personnage officiel en représentation entendait les réflexions du chœur, il n'aurait pas toujours lieu d'en être bien fier.

Au vrai, le sens de l'autorité disparaît chaque jour de ce pays. Si vous voulez vous en convaincre, lisez les journaux et regardez les caricatures. Quel est l'homme public qui ait été épargné un jour depuis bientôt quarante ans ?

Evidemment, les hommes d'opposition qui finissent par conquérir le pouvoir changent de point de vue, en passant d'un côté à l'autre de la barricade ; mais leurs anciens clients semblent beaucoup moins disposés à les écouter quand ils font l'apologie de l'autorité, qu'aux jours héroïques où ils lui déclaraient la guerre. Cette situation fâcheuse est proprement le quart d'heure de Rabelais des ambitieux.

Si l'autorité se présente sur quelque point plus exigeante, plus absolue que partout ailleurs, c'est bien à l'armée. La discipline est le ciment qui de millions d'individualités forme un bloc, capable de résister à la fusillade et à la mitraille. Une armée sans discipline n'est pas seulement inutile, c'est la plus dangereuse des multitudes, c'est comme un canon fêlé, plus redoutable pour ceux qui veulent s'en servir que pour l'ennemi. Il faudrait être bien optimiste pour soutenir que l'autorité militaire a gardé tout son prestige, quand toutes les autres perdaient du leur. Admettons que ce soit encore la mieux respectée, admettons que le patriotisme latent — mais indiscutable — de nos soldats en devine implicitement la nécessité : il faut reconnaître aussi que cette autorité est attaquée furieusement par toute une faction, et que, si elle est encore debout, l'honneur en revient au bon sens national plutôt qu'à la sagesse des partis.

L'autorité des supérieurs civils n'est pas moins indispensable au bon gouvernement de la nation que l'autorité des chefs militaires à la solidité de la défense nationale, et elle est si menacée, que le gouvernement a senti la nécessité de dresser une charte des devoirs et des droits des fonctionnaires.

L'autorité patronale, qui n'est point soutenue par l'Etat, s'ébranle sous les coups incessants qu'elle reçoit et ne subsiste encore que par des miracles d'énergie.

L'autorité maritale !... Son nom seul fait sourire.

L'autorité paternelle est une vieille radoteuse, que les enfants modernes ont, depuis beau temps, mise en état d'interdiction.

La liberté intellectuelle absolue est, en somme, le régime sous lequel la France a voulu vivre : « Cherchez dans le monde, dit « M. Lavisse, un pays pleinement maître de sa destinée, puisqu'il « la peut, du jour au lendemain (tous les quatre ans, si vous « voulez), modifier du tout au tout ; un pays où aucune force du « passé : monarchie ou église, aucune organisation sociale, « aucun respect d'une supériorité, comme une aristocratie, par « exemple, aucune institution, aucune magistrature existant par « elle-même, aucune résistance de coutumes, de droits, d'auto- « nomies, n'est capable d'arrêter, endiguer ou conduire le flot de « l'immense et obscure volonté populaire. Vous en trouverez un, « mais un seul, le nôtre, où la tant de fois séculaire monarchie, « pour procurer l'absolue obéissance à son absolue volonté, a « détruit les institutions, usages et privilèges, qui donnaient à des « assemblées, à des corps, à des pays, à des offices, des moyens de « résister, de discuter, d'agir librement et de vivre à part soi, si « bien que, lorsqu'elle a croulé, entraînée par les ruines qu'elle « avait faites, elle nous a laissé la tâche de créer une France, « n'ayant elle-même créé qu'un territoire et des sujets... Mais il « est plus difficile d'élever pour la liberté que pour l'obéis- « sance. »

Cela est si difficile que l'œuvre est à peine commencée, ou plutôt n'est encore qu'en projet, et que personne ne peut s'aventurer à prédire qu'elle réussira. Ce qu'on voit, c'est une mêlée grondante, où la concurrence vitale s'est exaspérée et où la lutte des classes est ouvertement proclamée. Le capital, si maudit et si attaqué, est toujours le roi du monde et tient le travail à la chaîne. La richesse exagère son luxe, aux yeux jaloux et haineux de la misère. On n'a jamais tant parlé de bonté, de justice, de solidarité ; et jamais l'égoïsme ne s'est affirmé avec plus de férocité ; jamais l'adroit, le vigilant et le fort ne se sont plus dédaigneusement retirés à l'écart de la plèbe ignare et grossière. Il en est qui prétendent que le monde marche à la constitution d'une féodalité financière, plus oppressive que ne fut celle des barons. Quelle place trouverait l'idée religieuse dans une société pareille ? Quelques consciences lui donnent encore asile ; le grand nombre lui tourne le dos.

Et cependant, chose curieuse : même en cette société, le Christ garde encore une certaine popularité. Une poésie étrange : la *Complainte du Revenant Jésus*, de Jehan Rictus, nous dit la rencontre d'un gueux et de Jésus, par une nuit d'hiver, dans une rue de Paris ; et l'argot du rôdeur s'essaie gauchement à rendre sa douloureuse surprise et sa pitié fraternelle :

> Ah ! comm' t'es pâle ! ah ! comm' t'es blanc !

L'art réussit parfois admirablement à peindre le contraste entre notre société aux dehors chrétiens et si païenne dans le fond. Chaque année, au Salon, la sculpture mêle aux nymphes et aux bacchantes, aux bustes de médecins, de manufacturiers, de comédiens, de députés et de ministres d'exquises figures comme l'*Héloïse au Paraclet*, aujourd'hui au Luxembourg, ou *La Charité* de Delaplanche, aujourd'hui à la cathédrale de Bordeaux. La peinture nous donne en foule des pèlerins d'Emmaüs, des bons Samaritains et des Samaritaines. Elle nous montre les grands conquérants saluant humblement de l'épée l'ombre attristée de Jésus, qui leur demande compte du sang versé. M. Béraud nous introduit chez les pharisiens modernes, au dessert d'un dîner d'académiciens. Jésus est tout à coup apparu dans la salle ; Madeleine, après dix-huit siècles, a reconnu le Dieu qu'elle adora et s'est jetée à ses pieds. Autour du grand revenant, les hôtes se massent, intéressés ou railleurs ; le maître du logis, debout et courtois, attentif à la parole de l'envoyé du ciel, s'efforce de comprendre et ne semble pas y parvenir. Un autre, au front chauve, aux petits yeux perçants et froids, aux favoris courts, semble tout prêt à accuser Jésus de semer le scandale et la sédition. Un troisième le repousse doucement pour ne rien perdre du savoureux discours, et, s'il est dans le groupe quelques têtes pensives et tout près d'être émues, ce sont plutôt celles des hommes de plaisir que celles des hommes d'affaires.

Jésus est encore respecté, sinon aimé, de ceux qui le connaissent tant soit peu. C'est l'ami des enfants, des humbles, des pauvres, des pécheurs ; c'est le prophète que les princes des prêtres ont crucifié pour avoir trop aimé le peuple... Mais les prêtres ! mais l'Eglise ! les libertaires n'en veulent plus entendre parler, et voici comment Laurent Tailhade dissuade le Christ d'entrer à Notre-Dame :

> N'entre pas dans ce lieu de ténèbre et de mort,
> Toi qui pleuras un jour d'angoisse ou de remord,
> Quand perlaient à ton front des sueurs d'agonie,
> Vaincu par l'abandon et par le déconfort.

N'entre pas dans ce lieu d'où ton âme est bannie,
Viens avec nous, avec le pauvre qui t'aima,
Viens goûter avec nous l'espérance infinie !

. . . .
Arrache-les, ces clous, laisse le vain décor
Du mensonge, de la laideur, de la honte !
Sous les arbres en fleur vibre le chant du cor,
Le matin rose et bleu comme un sourire monte.
C'est le nouveau printemps, ô frère d'Adonis,
Un avril de douceur et de justice prompte.
Retourne aux insurgés, aux souffrants, aux bannis,
Anarchiste !... L'amour brode sa villanelle,
Viens, te mêlant aux chœurs des hommes rajeunis,
Chanter l'*Alleluia* de la Pâque éternelle !

Leconte de Lisle, l'impeccable styliste, n'est pas moins dur pour l'Eglise que le barde populaire. Il l'a peinte dans ses *Poèmes tragiques* sous les traits d'un monstre apocalyptique :

Telle que la Chimère et l'Hydre, ses aïeules,
Une Bête écarlate ayant dix mille gueules,
Qui dilatait sur les continents et la mer
L'arsenal monstrueux de ses griffes de fer.

La Bête vomit sur la terre des légions de croisés, qui vont massacrant, pillant, brûlant, détruisant tout sur leur passage. Et le poète voit l'Enfer :

. . . . où, sur des grils ardents,
Avec des bonds, des cris, des grincements de dents,
Les générations se tordaient enflammées,
Toujours vives cuisaient et jamais consumées.

Il voit, dans le Paradis,

Quelques rares élus penchés sur ces supplices.

Il voit le Christ au jardin des Oliviers, frappé d'épouvante par l'horrible vision :

. . . . Et l'Homme
S'abattant contre terre avec un grand soupir,
Désespéra du monde et désira mourir,
Et non loin, hors des murs de Tsiôn, haute et sombre,
La torche de Judas étincela dans l'ombre !

La haine de l'Eglise, de son esprit et de ses œuvres, semble être le *leitmotiv* de l'éloquence actuelle, et chacun apporte à le mettre en valeur toutes les ressources de son talent et toutes les véhémences de sa passion.

Même des esprits restés religieux au fond, comme Quinet, perdent tout sang-froid, quand ils viennent à toucher cette angoissante question.

Quinet écrivait, dès 1857 : « Il s'agit non seulement de réfuter « le papisme, mais de l'extirper ; non seulement de l'extirper, « mais de le déshonorer ; non seulement de le déshonorer, mais, « comme le voulait l'ancienne loi germaine contre l'adultère, de « l'étouffer dans la boue. »

Les catholiques n'ont, suivant Quinet, aucun droit à la liberté : « Quoi ! dit-il, nous tomberions sous la fatalité de deux ou trois « syllabes, et elles auraient la puissance magique de nous ôter le « plus simple bon sens ! Parce que l'oppression a appris de nous « à prononcer le mot de passe *Liberté*, nous voilà obligés en toute « conscience de lui livrer la place que nous avons charge de « défendre ! La liberté, est-ce le droit et le pouvoir de détruire « aisément et impunément la liberté ? Le despotisme religieux ne « peut être extirpé, sans que l'on sorte de la légalité. Aveugle, il « appelle contre lui la force aveugle ! »

Ces paroles ont trouvé de l'écho chez les politiques et ont accru chez nous l'esprit d'intolérance.

Schopenhauer définit la religion catholique « un billet à ordre « sur le ciel, qu'il serait trop malaisé de mériter par soi-même. « Les prêtres sont les entremetteurs de cette mendicité. »

Herbert Spencer estime difficile « de trouver une distinction « qui satisfasse l'esprit entre les prêtres et les sorciers ».

Un auteur tout récent, et d'esprit paisible, définit le catholicisme « une société de braves gens, qui croient à la divinité de « Jésus, sur la foi de copies altérées de manuscrits perdus, « rédigés on ne sait où, ni quand, par des auteurs inconnus qui « se contredisent, et qui n'ont pas été les témoins de ce qu'ils « racontent (1) ».

L'esprit anticlérical envahit jusqu'aux sceptiques, que leur dilettantisme semblait mettre à l'abri de cette polémique. Etre sectaire, quand on a une foi ardente, est presque chose pardonnable ; être sectaire, quand on ne croit soi-même à rien, est chose illogique. Torquemada brûlait les gens, mais avec la conviction intime qu'il vengeait ainsi la cause de Dieu. Les

---

(1) H. Loriaux, *l'Autorité des Evangiles*, Paris, 1907.

sceptiques actuels font la guerre à la religion sans croire pour cela à la raison, dont ils connaissent parfaitement les limites, les défaillances et les erreurs ; sans même croire à la science qui, fondée sur la raison, présente justement les mêmes lacunes, et qui leur prête à rire par ses prétentions au magistère universel. Un sceptique se doit à lui-même, suivant l'excellent conseil de Renan, « de ne rien nier et de ne rien affirmer ». Qu'il rie de tout, à la bonne heure ! Qu'il rie de ceci et s'emporte contre cela, voilà qui n'est plus de jeu, et c'est cependant le spectacle curieux que plus d'un nous donne.

Le nom de M. Anatole France n'éveille certainement pas dans l'esprit l'idée d'un sectaire bien rébarbatif. L'auteur exquis de l'*Etui de nacre* et de *Sur la pierre blanche*, le psychologue avisé et indulgent de l'*Orme du Mail* et du *Mannequin d'osier*, qui a si bien fait parler notre collègue M. Bergeret, ne semblait pas destiné à faire sa partie dans un aussi bruyant concert. Il s'est pourtant laissé entraîner et jette feu et flamme contre le catholicisme, tout comme M. Charbonnel.

« Vous avez vu là-haut, nous disait M. Charbonnel, sur vos
« collines, le grand arbre, le grand noyer ou le grand chêne. Il
« est beau, majestueux en ses puissantes ramures. Vous allez
« vous étendre à son ombre. Quand vous regardez à travers ses
« branches, vous apercevez des coins du ciel bleu, et parfois vous
« entendez des oiseaux chanter dans les branches. Vous écoutez
« et vous rêvez. Ce grand arbre est l'image de l'Église, belle en
« ses ramures séculaires de dogmes, de légendes et d'œuvres de
« toutes sortes. Quand l'humanité va dormir à son ombre, elle
« aperçoit des coins de ciel bleu, un peu de vérité à travers les
« illusions et les mensonges. Et elle entend chanter les poètes,
« les artistes qui célèbrent la légende mystique. Mais voyez ! A
« l'ombre du grand arbre meurent les herbes, les arbustes, les
« tiges de blé. Il faut aux tiges de blé, aux arbustes et aux herbes
« le plein air et la pleine lumière des prés et des champs, là-bas,
« loin de l'ombre meurtrière. Les races meurent qui se sont endor-
« mies à l'ombre de l'Église. Il faut aux hommes, pour vivre, le
« plein air et la pleine lumière de la raison libre et de la science. »

M. Anatole France n'admet même pas la poésie du christianisme. Il ne voit dans l'Eglise « qu'une institution qui, pendant
« tant de siècles, mania, pétrit, broya la multitude humaine, et
« qui garde, jusqu'en sa décrépitude, les restes d'une force qui
« courba les empereurs ».

« La religion romaine se réduit (pour lui) à quelques superstitions grossières et à de basses et machinales pratiques. Elle a perdu toute autorité morale. Elle a pour elle la coutume, la tradition, l'usage. Elle profite de l'indifférence générale. Pour beaucoup de gens, à la ville comme à la campagne, l'église est un établissement plus civil que religieux, qui tient de la mairie et de la salle de concert. On s'y marie, on y porte les nouveau-nés et les morts. Les femmes y montrent leurs toilettes. Les gras propriétaires, les industriels, les financiers, les juifs riches sont les colonnes de l'Église romaine. C'est là une force, non toutefois une très grande force dans un pays comme le nôtre, où il y a peu d'indigents. »

Cette Église décrépite tombe dans la superstition et le radotage. Voici comment M. Anatole France parle du culte, passablement idolâtrique d'ailleurs, de saint Antoine de Padoue :

« On sait ce que la basse dévotion moderne a fait de ce franciscain rempli de courage et de piété, qui, dans un siècle dur et sombre, consacra sa vie à défendre les pauvres contre l'avarice des évêques et la cruauté des princes. Maintenant, par l'intermédiaire des Assomptionnistes, il retrouve, moyennant un honnête salaire, les objets perdus, et non pas seulement l'argent, les bijoux et les clefs. Je sais, à Bordeaux, un propriétaire à qui il a fait retrouver un locataire, et une dame à qui il a fait retrouver un attachement. »

Beaucoup de gens, d'esprit très religieux, pardonneraient assez volontiers à M. Anatole France ces malicieuses réflexions à propos d'une dévotion aussi peu éclairée ; on aura plus de mal à accepter ce qu'il dit de la morale chrétienne, considérée jusqu'ici comme le plus beau titre de gloire du christianisme.

Pour lui, cette morale « manque de tendresse humaine et de générosité. L'idée du devoir s'y montre intéressée, égoïste et sèche, et le bien y consiste presque uniquement dans l'observation de pratiques insignifiantes et de formules absurdes. Ce n'est pas la faute du prêtre. Sa doctrine l'oblige à lier les âmes à son Dieu incompréhensible, avant de les unir entre elles par la sympathie et par la pitié. La morale puérile des religieux a le tort grave d'imprimer la peur dans l'âme des enfants et d'effrayer les jeunes esprits par des images de flammes et de tortures, par la menace de supplices atroces. Ils enseignent à leurs écoliers qu'on ne peut échapper à l'enfer éternel qu'en observant des règles de vie minutieuses et com-

« pliquées, dans lesquelles le désintéressement n'a point de
« place. J'ai sous les yeux un petit livre de piété à images. On n'y
« voit que brasiers, fournaises, diables cornus armés de broches
« et de fourches. Cela nous semble ridicule, mais c'est odieux. »

Une religion qui sombre dans de pareilles superstitions, et qui appuie sa morale sur des images d'aussi mauvais goût, ne devrait pas être bien redoutable dans le siècle de la Raison et de la Science ; tel n'est point l'avis de M. Anatole France, qui, après nous avoir présenté le catholicisme sous le jour le plus terne et le plus attristant, conclut en nous montrant la société civile menacée d'un asservissement complet par ce médiocre adversaire. Il n'est que temps pour elle de se défendre ; le terrain est miné sous ses pas ; quelques jours encore, et nous serons la proie du Saint-Office :

« Vous n'avez, dit-il, pas de pardon à attendre de l'Eglise ;
« vous êtes à ses yeux comme si vous n'étiez pas, puisque vous
« n'êtes plus catholiques. Elle vous a irrévocablement jugés et
« condamnés. Elle hâte le moment d'exécuter la sentence. Vous
« êtes ses vaincus et ses prisonniers. Elle augmente tous les
« jours son armée d'occupation ; elle étend tous les jours ses
« conquêtes. Elle vous a déjà pris le gros de votre bourgeoisie ;
« elle enlève des villes entières, assiège les usines ; elle a des
« intelligences, vous le savez bien, dans vos administrations,
« dans vos ministères, dans vos tribunaux, dans le comman-
« dement de votre armée. Ne lui demandez pas la paix ; elle ne
« veut pas, elle ne peut pas vous l'accorder. Si vous suivez à
« son égard les règles de vos prédécesseurs, la politique de la
« Restauration, de la monarchie de Juillet et du second Empire,
« vous serez amenés à lui donner assez pour la fortifier encore
« et trop peu pour vous la rendre pacifique, et vous vous serez
« fait seulement une ennemie plus redoutable. Gardez-vous de
« lui rien céder, elle ne vous cédera rien. Elle médite, cette fois,
« non plus de faire concourir le pouvoir laïque à ses desseins et
« à sa gloire, mais de l'anéantir pour son infidélité. Elle prend
« votre place ; elle se substitue à vous. Le gouvernement tem-
« porel des papes, qui était la honte de l'humanité, votre Eglise
« travaille ouvertement à l'établir chez vous. Elle veut faire
« de la France une province des Etats pontificaux univer-
« sels (1). »

(1) Anatole France, *l'Eglise et la République*, Paris, 1904.

M. Anatole France voit l'ombre du chapeau de Basile s'étendre du haut de Montmartre sur Paris et sur la France, et nous nous frottons les yeux, nous demandant si nous sommes bien éveillés, nous qui ne voyons ni chapeau ni ombre. Comme la passion grossit, comme elle déforme les objets! Quel catholique intelligent reconnaîtra sa foi, sa vie religieuse, sa morale, dans les caricatures de M. Anatole France? Quel Français, médiocrement au courant des choses de son temps et de son pays, croira, une minute, au péril noir, à l'imminence d'une conquête de la France par la Société de Jésus? Quel historien, tant soit peu impartial, ne se refusera à voir dans le gouvernement temporel des papes « la honte de l'humanité »? Que ferait-on alors du gouvernement de Nicolas Ier, du gouvernement d'Isabelle II, du gouvernement d'Abd-ul-Hamid, le Sultan rouge, le massacreur d'Arméniens? Que ferait-on des gouvernements de l'Amérique du Sud? Préférerait-on à Pie IX, débonnaire et ami des arts, le docteur Francia, tyran du Paraguay, ou Cipriano Castro, président du Venezuela?

A voir ainsi les choses en gros et en noir, on ne voit plus juste ; on ne fait plus de philosophie ni d'histoire : on fait du pamphlet.

Les écrivains libres penseurs ne sont pas plus impartiaux vis-à-vis de l'Eglise que l'Eglise ne l'est à l'égard de la libre pensée, c'est le même parti pris, le même mépris, la même colère, les mêmes menaces : on dirait deux héros d'Homère s'invectivant avant de se lancer l'un contre l'autre.

M. de Lanessan nous dira : « Nous devons écraser l'infâme ; « mais l'infâme, ce n'est pas le cléricalisme, c'est Dieu ! » (*Monde maçonnique*, avril 1881, p. 503.)

M. Fernand Faure ajoutera : « Je dis que nous devons éliminer « l'influence religieuse, sous quelque forme qu'elle se présente. « Je vais plus loin encore : nous devons éliminer toutes les idées « métaphysiques, ou, pour mieux dire, toutes les croyances qui, « ne relevant pas de la science, de l'observation des faits, de la « seule et libre raison, échappent à toute vérification et à toute « discussion. Ces croyances-là sont une véritable infirmité dans « l'esprit de l'homme. » (*Bulletin du Grand-Orient*, 1883, p. 706.)

Pour M. Massé, « toutes les mesures qui tendront à diminuer « comme parti politique l'autorité de l'Eglise, à restreindre son « pouvoir, à limiter ses richesses, à soustraire à son influence « et à sa domination les jeunes intelligences, enfants d'aujour- « d'hui, citoyens de demain, sont des mesures auxquelles il

« nous faut applaudir, parce qu'elles marquent un progrès et
« constituent un pas en avant dans la voie de l'émancipation
« intellectuelle. » (*Compte rendu du Convent de 1903*, p. 399
et 400.)

Pour M. Delpech, « le triomphe du Galiléen a duré vingt siècles ;
« il disparaît à son tour, le Dieu menteur ! et s'en va rejoindre
« dans la poussière des temps les autres divinités de l'Inde, de
« l'Egypte, de la Grèce et de Rome, qui virent tant de créatures
« abusées se prosterner au pied de leurs autels. » (*Ibid.*, p. 381.)

Ces idées prennent, sous certaines plumes, le tour le plus
violent. M. Delannoy, auteur d'un livre sur *l'Enseignement
laïque gratuit et obligatoire*, nous dit : « Le prêtre est un parasite
« dans le monde : il consomme et ne produit pas. C'est donc
« un être antisocial, qui, lui aussi, a fait son temps, comme
« le vieux monde pourri qui nous l'a légué. Le prêtre n'a ni
« patrie, ni famille. Il constitue donc un être à part, recevant
« les impulsions d'une autorité que nous ne reconnaissons pas.
« Il n'a d'autre but, en convoitant l'éducation de la jeunesse, que
« de la façonner au profit de son ambition personnelle, ou des
« despotes dont il est le complice intéressé. »

La *Lanterne* du 4 mars 1905 veut que les prêtres « soient
« considérés comme des êtres dangereux et malfaisants, qu'il
« faut mettre par tous les moyens hors d'état de nuire. C'est un
« scandale d'aimer et même de tolérer leur œuvre de mensonge,
« leurs entreprises d'escroquerie, les atteintes perpétuelles qu'ils
« portent à la liberté de conscience. En simple justice, et d'après
« les règles élémentaires du droit commun, il n'y a qu'un édifice
« gratuit qui soit fait pour ceux qui vendent des denrées ima-
« ginaires : la prison. »

Nous pourrions aller plus loin encore ; nous préférons nous
borner à citer deux petits faits qui nous permettront de
conclure.

Nous causions un jour avec un anticlérical instruit et de bonne
compagnie, homme d'esprit à ses heures, extrêmement sceptique
au fond et somme toute assez bon diable : « Pourquoi, lui disions-
« nous, tenez-vous absolument à faire la guerre au clergé ? En
« quoi votre situation personnelle peut-elle différer de ce qu'elle
« serait s'il n'existait plus ? Etes-vous forcé d'aller à la messe
« ou au sermon, de suivre le dais un cierge à la main, de
« tendre votre balcon sur le passage de la procession ? Etes-vous
« obligé de mettre votre fils au petit séminaire ou votre fille au

« couvent? Etes-vous obligé de donner votre argent aux quêtes
« et aux œuvres de paroisse ? Votre curé est-il jamais venu
« vous faire visite et vous importuner ? N'êtes-vous pas libre
« de dire de la doctrine et des clercs ce que bon vous semble, de
« publier ce que vous croyez être le vrai, sans ménagement
« aucun, sans réticence, brutalement même, si vous le voulez?
« Votre attitude risque-t-elle de vous brouiller avec vos chefs et
« de retarder votre avancement ? Non ! Alors pourquoi tant
« d'acrimonie et tant d'hostilité contre des gens qui sont en majo-
« rité de braves gens, qui ne vous demandent rien et ne peuvent
« rien contre vous ? » Et notre interlocuteur nous répondit :
« C'est ennuyeux de rencontrer ces ensoutanés sur le trottoir! »
Nous ne lui fîmes pas, bien entendu, l'injure de prendre sa
réponse au sérieux ; mais nous y vîmes l'aveu d'une chose que
nous soupçonnions : c'est que l'anticléricalisme est, au fond, un
sentiment beaucoup plus qu'une doctrine. Ajoutons d'ailleurs
que c'est un mauvais sentiment.

Le second fait que nous voulons citer est plus frappant
encore. C'était en ce pays et en cette ville de Clermont-Ferrand.
Un ministre était venu prononcer un discours politique, au
dessert d'un banquet, resté fameux dans les annales de la
gastronomie clermontoise. La philosophie ministérielle n'avait
rien d'inaccessible et ne donnait pas le vertige : c'était cependant
encore un art trop subtil pour la plupart de ceux qui étaient
là, et, à quelques pas de l'orateur, un député disait à son
voisin : « Qu'est-ce que c'est que tout ça ? Ce n'est point ainsi
« qu'on présente les choses. On crie : A bas les curés ! et ça
« suffit ! »

Que conclure maintenant, après cette longue étude, qui nous
a menés de Renan au banquet des Gravanches ?

Que conclure ? Exactement ce que nous avons conclu de notre
étude sur la France catholique, qui nous avait menés de Lacordaire au *Dimanche des Familles.*

Nous venons de faire encore le tour d'une société où se rencontrent tous les extrêmes, où se heurtent tous les contrastes. Avec
ses plus nobles représentants, nous avons atteint les plus hautes
cimes ; avec ses plus médiocres adeptes, nous avons pénétré des
abîmes de niaiserie haineuse. Par en haut, elle semble toucher au
ciel ; par en bas, elle descend bien au-dessous du niveau moyen
de la moralité générale. Suivant l'étage où l'on s'arrête pour la
contempler, elle apparaît comme sublime, ou vulgaire, ou

barbare. Considérée dans son ensemble, on n'y voit plus qu'une société, semblable à toutes les autres, ni meilleure ni pire, qui n'a le droit de jeter l'anathème à aucune autre et qu'aucune n'a le droit d'anathématiser.

La France catholique et la France non catholique sont toutes les deux filles légitimes de la même mère ; elles sont sœurs ; elles se ressemblent trait pour trait ; elles ont mêmes qualités et mêmes défauts, le même esprit logique et les mêmes ambitions, la même générosité et les mêmes passions, la même impatience de tout joug et la même soif d'autorité.

Supposons, un instant, qu'à la place de deux moitiés de nation, nous soyons en présence de deux jeunes filles offrant, sous le même toit familial, les mêmes ressemblances de caractère et les mêmes contrastes d'idées. Vivront-elles en paix ou en guerre ? Elles vivront très probablement en guerre ; mais, si elles vivent en paix, soyez sûrs qu'elles sont l'une et l'autre très libres, et qu'elles s'aiment beaucoup.

Et voilà, du même coup, la solution de notre problème : si nos deux Frances se font la guerre, c'est qu'elles ne sont pas vraiment libres ; c'est qu'elles ne s'aiment pas, et l'intérêt supérieur de la patrie voudrait cependant qu'elles vécussent toutes les deux en bon accord. Il ne nous reste plus qu'à voir ce qu'on a fait pour les rendre libres et pour les réconcilier.

LA GUERRE AUX CONGRÉGATIONS

La France catholique et la France non catholique ne se sont jamais sincèrement aimées, et n'ont fait que se tolérer sans bonne grâce. Contrairement à l'opinion courante, nous pensons que c'est la France non catholique qui s'est montrée pendant longtemps la plus raisonnable.

Pour s'en convaincre, il n'y a qu'à comparer la situation de l'Eglise de France aux deux dates extrêmes du xixe siècle.

En 1800, le catholicisme sort de la tourmente révolutionnaire. Il est encore tout meurtri et tout morfondu. Le schisme qui s'est produit dans son sein, à l'occasion de la constitution civile du clergé, subsiste toujours ; il y a encore des évêques et des prêtres constitutionnels. Le clergé réfractaire, plus ou moins sincèrement réconcilié avec les lois, compte 18.000 prêtres exerçant le ministère dans des églises dévastées. Sa situation est des plus précaires. Les lois de persécution n'ont pas été abolies : Fouché et ses amis jacobins continuent à les appliquer. Si l'on excepte quelques médiocres pensions, plus un seul établissement ne rappelle les grandes institutions catholiques des siècles précédents.

En 1900, M. Emile Loubet étant président de la République et M. Waldeck-Rousseau président du conseil, l'Eglise de France, pour tout ce qui concerne le clergé séculier, vit sous le régime concordataire, inauguré en 1801 par Bonaparte et tempéré, adouci, amélioré, par la monarchie restaurée et le second empire. Pour ce qui regarde le clergé régulier, sa charte officielle est écrite dans les *Articles organiques*, dont le Saint-Siège n'a jamais voulu reconnaître la légalité, mais dont tous les gouvernements français ont affirmé le caractère officiel de loi de l'Etat français. L'article XI déclare que « les archevêques et évêques pourront, « avec l'autorisation du gouvernement, établir dans leurs diocèses « des chapitres cathédraux et des séminaires. Tous autres établis- « sements sont supprimés. » Voilà le principe initial ; l'Etat ne reconnaît pas l'existence du clergé régulier. Mais ce n'est pas seulement en théologie que l'on distingue la thèse de l'hypothèse ; en droit politique aussi, il y a le principe absolu et il y a les tempéraments applicables dans la pratique. Napoléon lui-même n'ose pas maintenir la rigueur du principe ; il laisse se relever des monastères, il permet à des ordres religieux de se reconstituer.

La Restauration montre plus de bienveillance encore, et la résurrection des ordres monastiques est si rapide qu'elle fait déjà jeter le cri d'alarme à Montlosier, en 1825. Une loi du 24 mai de la même année exige à l'avenir une loi formelle pour l'autorisation de toute nouvelle congrégation religieuse de femmes, mais permet, sur simple avis des conseils municipaux intéressés, la fondation de succursales nouvelles des congrégations de femmes déjà autorisées. En fait, de nombreuses congrégations nouvelles se forment sans aucune autorisation.

Sous la monarchie de juillet, les congrégations enseignantes d'hommes et de femmes profitent largement de la loi de 1833 sur l'enseignement primaire. Lacordaire rétablit en France l'ordre des Frères prêcheurs ; les Jésuites ne sont pas sérieusement inquiétés. En 1850, le clergé conquiert la liberté de l'enseignement secondaire ; en 1875, la liberté de l'enseignement supérieur.

Grâce à ce régime de large tolérance, les congrégations d'hommes comptent, en 1876, 224 instituts autorisés, desservis par 22.759 religieux et distribuant l'enseignement dans 3.086 écoles. Les congrégations non autorisées possèdent, à la même époque, 384 établissements peuplés de 7.444 religieux. Les Jésuites disposent de 66 maisons, dont 26 collèges, et comptent 1840 membres. Pour les congrégations de femmes, 113.750 religieuses autorisées dirigent 3.196 établissements et 16.478 écoles ; 14.003 religieuses non autorisées possèdent, en outre, 612 établissements. Le nombre total des congréganistes hommes et femmes monte à 158.040 personnes.

En 1901, après vingt ans d'anticléricalisme officiel, les chiffres n'ont pour ainsi dire pas varié ; la France compte 30.136 religieux et 129.492 religieuses, en tout 159.628 personnes engagées dans les congrégations. Si l'on se rappelle qu'en 1789, on ne comptait dans tout le royaume que 60.000 religieux et religieuses, on sera bien forcé de reconnaître que le dix-neuvième siècle a renforcé, bien plutôt qu'affaibli, l'institution monastique.

Si, au lieu de considérer la France dans son ensemble, on

s'attache à un point particulier, les constatations apparaissent plus intéressantes encore. Paris possédait, en 1900, des Frères des Ecoles chrétiennes, des Marianistes, des Lazaristes, des Prêtres des Missions étrangères, des Maristes, des clercs du Saint-Viateur, des religieux de la Sainte-Famille, des religieux de la Congrégation du Saint-Esprit et du Saint-Cœur de Marie, tous autorisés ; des Assomptionistes, des Dominicains et des Jésuites, non autorisés. Les congrégations de femmes comprenaient des religieuses de l'Assomption, des Augustines, des chanoinesses régulières de Saint-Augustin, des Augustines de la Miséricorde, des Augustines du Saint-Cœur de Marie, des Augustines hospitalières, des aveugles de Saint-Paul, des Bénédictines de Sainte-Geneviève, des Bénédictines du Temple, des Sœurs du Bon-Secours, des sœurs de Saint-Vincent de Paul, des sœurs de la Charité de Nevers, des sœurs du Cœur Immaculé de Marie, des religieuses de la Compassion de la Sainte Vierge, des filles de la Conception, des filles de la Croix, des sœurs de la Croix, des sœurs de la Doctrine chrétienne, des Dominicaines de la Croix, des dames du Sacré-Cœur de Jésus, des sœurs de l'Adoration réparatrice, des Auxiliaires de l'Immaculée-Conception, des sœurs de l'Espérance de la Sainte-Famille.

Clermont, nous le savons, possédait, en 1789, 15 monastères d'hommes et 15 monastères de femmes. En 1900, l'agglomération clermontoise, y compris Chamalières et Royat, renfermait quinze établissements dirigés par des religieux : un grand séminaire, un petit séminaire, un noviciat des frères de la Doctrine chrétienne, un orphelinat des frères, cinq écoles des frères, un asile d'aliénés dirigé par les frères de Sainte-Marie de l'Assomption, un asile de sourds-muets dirigé par les frères de Saint-Gabriel, une maison de Missionnaires diocésains, une maison de Missionnaires africains, un couvent de Capucins et un couvent de Jésuites. Treize congrégations de femmes existaient également à Clermont. Les Ursulines occupaient l'ancienne abbaye royale de Saint-Allyre. Le Bon Pasteur avait sa maison mère rue du Bon-Pasteur, sa maison de famille rue Abbé-Lacoste, son refuge rue Sainte-Claire, sa maison des champs à Fontmaure. La Visitation, les sœurs du Sauveur et de la Sainte-Vierge, les religieuses de Notre-Dame, entretenaient aussi des pensionnats. Les religieuses de la Miséricorde tenaient trois écoles. Les sœurs de la Charité et de l'Instruction chrétienne de Nevers avaient une école communale, une école maternelle, une crèche et un ouvroir.

Les sœurs de Notre-Dame de Bon-Secours soignaient les malades, les sœurs de Lamontgie assistaient les opérés à la maison de santé de Saint-Amable. Les religieuses de Saint-Vincent-de-Paul, les petites sœurs des Pauvres, les Franciscaines, se partageaient encore d'autres œuvres de charité. Les Dominicaines, les dernières venues de toutes, bâtissaient dans le quartier des Roches un des plus beaux couvents de la ville (1).

Les congrégations n'avaient pas seulement reconstitué leurs cadres, elles avaient aussi réparé leur fortune, submergée dans le grand naufrage de l'ancien régime. Les restitutions qu'elles avaient obtenues des gouvernements amis, les gains qu'elles avaient réalisés par leur industrie et surtout les libéralités qu'elles avaient reçues leur avaient rendu une partie de leur ancienne richesse. Une enquête, entreprise à ce sujet en 1880, leur attribue un avoir de 712 millions de biens fonds. En 1900, une enquête, dirigée par l'administration des contributions directes, démontra que les congrégations religieuses possédaient un domaine foncier de 48.757 hectares 38 ares 57 centiares, valant 1.071.775.260 francs. Dans la seule ville de Paris, les congrégations possédaient 133 hectares 30 ares 48 centiares, valant 190.445.675 francs, et grevés d'une dette hypothécaire de 20.572.913 francs.

C'est, assurément, un spectacle admirable que l'activité congréganiste. Religieux et religieuses avaient le droit de s'applaudir de leur œuvre, en pensant que leurs longs et persévérants efforts, l'avaient emporté sur la malice du siècle et avaient remis debout la puissance monastique.

Il y avait bien loin, certes, des fastueuses abbayes du dix-huitième siècle aux modestes couvents et aux humbles écoles du dix-neuvième. On eût en vain cherché en France un ensemble comparable à ceux de Marmoutier, de Fontevrault ou de Cluny. Plus de monastères-palais, ayant des cathédrales pour chapelles, des parcs pour jardins, des domaines pour vergers; mais, aussi, plus de commendes, plus de chapitres nobles, plus d'ordres mondains, refuges des filles de grande maison et des cadets voués à l'Eglise; partout la discipline, l'ordre et le travail, partout un ingénieux esprit d'adaptation aux besoins du siècle.

Une des plus graves lacunes de notre loi civile est la situation déplorable faite à l'enfant naturel ; l'Eglise est venue à son

---

(1) *Le Clergé français. Annuaire*, 1904.

secours, en lui ouvrant ses « tours » aussi longtemps que la loi l'a permis, puis en organisant des hôpitaux d'enfants trouvés et des orphelinats. Les femmes de la classe ouvrière ne savent, pendant les heures de travail, à qui confier leurs enfants : des crèches se sont fondées pour les recevoir. Après la crèche, c'est l'asile, qui recueille les jeunes enfants dont la mère ne peut s'occuper, puis vient l'école, dont nous parlerons dans un instant. Au sortir de l'école, le patronage offre au jeune homme ou à la jeune fille un centre de réunion attrayant et moral, où la culture s'achève, où se conservent les bons enseignements reçus à l'école. Puis viennent les sociétés d'anciens élèves des écoles ecclésiastiques ; les dispensaires, les ouvroirs, les fourneaux économiques, pour assurer aux pauvres la nourriture, le vêtement et les médicaments nécessaires. On connaît le rôle glorieux rempli dans nos hôpitaux par les sœurs de Charité ; mais, s'il est beau de soigner les malades, combien plus méritoire encore de soigner les vieillards, les déments, les incurables, les idiots, les gâteux ; et toujours l'Église a trouvé des femmes pour toutes ces besognes, si ingrates, si répugnantes qu'elles fussent. Elle a toujours trouvé des hommes d'action disposés à se dépenser sans compter pour le soulagement des pauvres et la consolation des malheureux. C'est là proprement la gloire de l'Eglise moderne, c'est le trésor que personne ne pourra lui ravir.

Les congrégations et le clergé ont donné à l'enseignement une extension considérable. L'institut des Frères de la Doctrine chrétienne, couvrant toute la France de ses écoles, obéissant partout aux mêmes méthodes, a été un agent très puissant de l'unification nationale. C'est par lui que le français correct a pénétré dans les campagnes et a, peu à peu, évincé les patois locaux. C'est lui qui, le premier, a étendu les programmes restreints de l'enseignement primaire, y a ajouté le dessin, la musique, les notions pratiques utiles à l'agriculteur et à l'ouvrier.

L'instruction secondaire ecclésiastique, moins chère que celle de l'Etat, a ouvert les portes des carrières libérales à une foule d'hommes qui, sans elle, eussent végété dans leur village. Les pensions ecclésiastiques, les petits séminaires, ont fait à leur manière, et peut-être à leur insu, œuvre démocratique.

Tandis que l'Etat se désintéressait complètement de l'éducation féminine, c'est l'Eglise qui instruisait les jeunes filles dans ses couvents et dans ses pensionnats. Nos mères sortent presque toutes de ces maisons ; il y aurait pour nous une véritable ingratitude à l'oublier. Aujourd'hui que l'Etat a mieux compris ses devoirs envers la femme, les catholiques profitent à leur tour du mouvement et ouvrent dans les grandes villes des cours secondaires, qui distribuent parfois un enseignement comparable à celui de nos meilleurs établissements, bien supérieur, en tout cas, à la vieille instruction routinière d'autrefois.

L'Eglise est, par nature, portée à la prédication et à la propagande ; Franciscains et Dominicains ont retrouvé dans la France du xixe siècle leurs succès des siècles passés ; les Jésuites ont pris aussi leur part à l'œuvre d'évangélisation. Et ce n'est pas seulement en France, c'est dans les contrées les plus éloignées que s'est fait sentir la force d'expansion de l'Eglise française, la première du monde par la dignité des mœurs et l'ardeur de sa foi.

Quelques vieux ordres, un peu attardés, ont continué leur vie d'antan. Les Bénédictins ont publié quelques travaux estimables, avant d'aller repeupler les solitudes du monastère de Silos, en Castille. Les Trappistes ont, comme par le passé, retourné la glèbe et élevé les troupeaux. Les Chartreux ont mené dans les montagnes la vie enclose et solitaire où leur fondateur a cru trouver le secret de la perfection.

Est-ce à dire que tout doive être loué sans réserve dans l'œuvre immense accomplie au dernier siècle par les congrégations ? Non, certes ; nulle œuvre humaine ne peut prétendre à une gloire sans taches et sans ombres. La charité catholique n'a pas été suffisamment désintéressée, n'a pas su se dégager assez des vieilles idées qui font de l'obligé l'inférieur et comme le subordonné de celui qui l'oblige. Il est bien de donner à manger à ceux qui ont faim et de vêtir ceux qui sont nus ; mais ces charités ne confèrent à ceux qui les font aucun droit sur ceux qu'ils secourent. Donnez, mais ne demandez rien en retour, ni pour vous, ni même pour Dieu, car vous perdez par là même tout le mérite de ce que vous avez fait. L'aumône doit être un pur don et ne doit pas être un moyen d'amener le pauvre à la piété, ou simplement à l'hypocrisie. Pour avoir méconnu cette vérité, l'Eglise a perdu presque tout le fruit de ses dévouements et de ses sacrifices ; ses bienfaits n'ont laissé dans les âmes incultes, barbares ou basses, que la rancune des mensonges imposés. Il ne faut dire à personne : va à la messe et je te donnerai du pain. Il ne faut pas dire non plus : n'y va pas et je te donnerai une place. La vilenie est pareille dans les deux cas et attire les mêmes mépris sur celui qui s'en rend coupable.

Nous avons souvent demandé à des médecins sans préjugés quelle était leur opinion sur la laïcisation des hôpitaux. Beaucoup nous ont paru regretter cette mesure, mais presque tous nous ont dit que la sœur de charité légendaire est un type exceptionnel (il est, en effet, trop admirable pour ne pas être rare) et que l'éducation professionnelle des religieuses gardes-malades laissait à désirer. Quelques-uns se sont plaints de leur esprit de routine et de leur peu de docilité aux ordres du médecin. Mais tous s'accordent à dire que, si le régime ancien pouvait être perfectionné, le régime nouveau ne laisse pas moins à désirer. Nous sommes encore très loin d'avoir constitué un corps d'infirmières laïques comparable à celui que la libre Angleterre a su former.

Les orphelinats de jeunes filles ont été parfois transformés en maisons de travail forcé, où des malheureuses ont perdu la santé et la vie, à travailler sans relâche, pour enrichir le couvent, devenu pour elles une véritable prison. Mgr Turinaz, évêque de Nancy, a dénoncé lui-même des scandales de ce genre et a, ce jour-là, mérité l'estime de tous les honnêtes gens.

La discipline des maisons religieuses n'a pas toujours été exempte de dureté, ni même de sévices ; elle est restée ce qu'elle était il y a deux siècles, et paraît aujourd'hui presque sauvage à nos yeux peut-être trop indulgents.

L'enseignement donné aux jeunes gens a été sérieux et profitable, puisque les maisons religieuses ont pratiqué avec succès la préparation aux examens et aux concours les plus difficiles ; mais ces maisons semblent avoir eu en vue les résultats tangibles plutôt que l'émancipation des esprits. On les a accusées, avec une grande apparence de raison, de laisser dans l'esprit de leurs élèves une irrémédiable timidité, une impuissance étrange à vivre de la vie autonome, une horreur singulière de l'initiative et de la responsabilité. On les a accusées surtout — et c'est là le grand grief des politiques — de créer des réactionnaires, ennemis des institutions et du progrès démocratiques. Les imprudences de la presse cléricale, les bruyantes manifestations d'une jeunesse étourdie n'ont pas peu contribué à faire naître cette opinion dans laquelle il peut y avoir une part de vérité, mais dans laquelle aussi il n'est que juste de faire une part à l'influence et à la volonté des familles.

Enfin, l'activité monastique s'est exercée dans le domaine industriel et commercial, et le succès de quelques entreprises n'a pas tardé à susciter les jalousies des concurrents laïques. En bonne justice, ces plaintes ne sont pas plus fondées que les criailleries des antisémites, car ceux-ci reprochent aux juifs exactement ce que les ennemis des congrégations reprochent aux moines d'affaires : pas moyen de lutter avec ces gens qui sont d'une habileté rare, d'une attention imperturbable, d'un sang-froid stupéfiant, et qui paraissent n'avoir ni besoins ni passions. Mais, si ces plaintes sont injustes, elles n'en trouvent pas moins un écho dans le cœur d'une foule d'hommes, et ce grief, quoique peu sérieux, a été l'un des plus souvent invoqués contre les institutions monastiques.

Tout compte fait, les congrégations représentaient un capital matériel et moral d'une incontestable et immense valeur, et l'Etat, qui avait eu, pendant au moins vingt-cinq ans, le tort de ne pas les surveiller, se rappela tout d'un coup leur existence en un jour de mauvaise humeur qu'il eût bien fait de réprimer.

C'était en 1899, au fort de l'agitation créée dans le pays par l'affaire Dreyfus. La mort subite du président de la République avait été suivie de l'élection de M. Emile Loubet. Le parti nationaliste se révélait, aux yeux surpris de ceux qui l'avaient d'abord accueilli avec sympathie, comme un parti violent et anticonstitutionnel. Les funérailles de Félix Faure étaient marquées par une tentative de coup d'Etat. Un peu plus tard, le président de la République était insulté à Longchamp, la stabilité des institutions paraissait compromise, l'existence même de la République pouvait à bref délai être mise en jeu. M. Loubet fit appel à un homme d'État fort habile, qui réussit en quelques mois à raffermir les institutions ébranlées.

Le cabinet Waldeck-Rousseau ne paraissait pas appelé à une longue vie. Formé des éléments les plus disparates, il unissait un militaire comme le général de Gallifet à un socialiste comme M. Millerand et à des radicaux comme MM. de Lanessan et Delcassé. Le président du conseil sut faire masse de toutes ces énergies et développa chez ces hommes, venus de points si divers, un très vif sentiment de solidarité politique. Il chercha ensuite à quelle besogne il pourrait les attacher, pensant bien qu'une longue campagne, poursuivie en commun, les rendrait encore plus unis et par conséquent plus forts. Il eût pu les convier à travailler à l'apaisement des esprits ; mais on était encore en pleine lutte, et un programme de pacification n'eût point intéressé ces belliqueux ; il aurait pu les pousser vers l'étude des grandes questions sociales ; mais son ministère était trop peu homogène, il était lui-même trop bourgeois pour se montrer désireux d'aborder ces grands problèmes. Il préféra se rabattre sur une question beaucoup moins importante, mais d'un maniement plus facile, et il proposa à ses alliés une campagne contre les congrégations. Presque tous avaient rencontré sur leur chemin l'opposition catholique, presque tous avaient des griefs à venger ; ils suivirent l'impulsion qui leur était donnée. Ce fut une habile manœuvre de parti. L'histoire ne dira peut-être pas que ce fut une grande politique.

Le 1er juillet 1901 fut votée la loi nouvelle sur les associations. Elle débute sur le ton le plus libéral : elle proclame le principe de la liberté d'association ; « elle fait disparaître de la loi pénale « toutes les dispositions restrictives de cette liberté, qui dé-« sormais ne connaît plus d'entraves ; des citoyens, en quelque « nombre que ce soit, ont aujourd'hui la faculté de réunir leurs « efforts, de discuter en commun, d'associer leurs lumières, à la « seule condition que le but à atteindre n'ait rien de contraire « à la morale ou aux lois (1) » et qu'il ne s'agisse pas d'une société civile ou commerciale, ces sociétés restant sujettes à des lois spéciales.

Toute association qui fait une déclaration publique d'existence et dépose ses statuts à la préfecture du département où elle s'établit, obtient la capacité juridique, peut acquérir les immeubles strictement nécessaires à l'accomplissement du but qu'elle se propose et administrer le produit des cotisations de ses membres, qui ne peuvent être rédimées par des sommes supérieures à 500 francs. Les associations déclarées peuvent être reconnues d'utilité publique, et peuvent recevoir alors des dons et legs, qui sont convertis en valeurs mobilières et placés en titres nominatifs.

Tel est le droit commun. Les congrégations religieuses en sont exclues par le titre III de la loi : « Aucune congrégation « religieuse ne peut se former sans une autorisation donnée par « une loi, qui déterminera les conditions de son fonction-« nement. Elle ne pourra fonder aucun nouvel établissement « qu'en vertu d'un décret rendu en Conseil d'Etat. La dissolution « de la congrégation ou la fermeture de tout établissement « pourront être prononcées par décret rendu en conseil des

---

(1) *Les lois nouvelles*, Revue de législation et de jurisprudence, 15 octobre, 1er novembre 1904, article de M. Monier.

« ministres. » (Art. 13.) La congrégation autorisée est placée sous la surveillance constante de l'administration ; elle est tenue de représenter chaque année, et même à toute réquisition du préfet, une liste complète de tous ses membres, un état inventorié de ses biens meubles et immeubles, un compte financier de ses revenus et de ses dépenses (art. 15). Un délai de trois mois est accordé à toutes les congrégations non autorisées pour déposer une demande en autorisation. Faute à elles de demander cette autorisation, ou faute de l'obtenir, elles sont dissoutes de plein droit. Un liquidateur séquestre procède à la liquidation des biens de la congrégation, restitue à chaque membre ce qui peut lui appartenir en propre et à chaque donateur ou ayant droit les biens sur lesquels il peut établir son droit de reprise. Le reste paie les frais de justice et les allocations accordées aux congréganistes nécessiteux. Les fonds disponibles après tous ces prélèvements sont déposés à la Caisse des dépôts et consignations (art. 18). Si les membres d'une congrégation dissoute essaient d'en prolonger illégalement l'existence, ils sont passibles d'une amende de 16 à 5.000 francs et d'un emprisonnement de six jours à un an (art. 8). Sont punies de la même peine toutes les personnes qui favorisent la réunion des membres de l'association dissoute en consentant l'usage d'un local dont elles disposent (*id.*, § 3). Si une congrégation cherche à s'établir sans autorisation, les fondateurs et directeurs peuvent être frappés d'une amende de 32 à 10.000 francs, et d'un emprisonnement de 12 jours à 2 ans (art. 16, § 3). L'enseignement est interdit à tout membre d'une congrégation non autorisée (art. 14).

M. Anatole France estime que cette loi est bien dans la tradition française : il fait observer que l'exposé des motifs se retrouve dans une loi du second Empire et que l'interdiction d'enseigner faite aux membres des congrégations non autorisées était tenue pour juste par Salvandy et par Odilon Barrot. Il nous dit encore que l'édit de 1749, rédigé par d'Aguesseau, exigeait la permission du roi pour la fondation de tout nouveau séminaire.

Il faut remarquer en outre que la disposition la plus draconienne, celle qui refuse aux membres de la congrégation dissoute le droit de se partager l'actif de la communauté, est empruntée à la loi du 24 mai 1825 sur les congrégations religieuses de femmes. L'art. 7 de cette loi de Charles X répartit les biens des congrégations dissoutes entre les établissements ecclésiastiques, et les hospices des départements dans lesquels sont situés les établissements éteints.

La raison de cette étrange attribution est que les membres d'une congrégation ne sont pas copropriétaires de l'avoir commun, comme le sont les membres d'une société commerciale ou industrielle. « Le congréganiste n'a rien apporté comme part
« contributive, représentant une part égale de droits dans l'actif
« social ; il serait donc excessif qu'il fût admis au partage de cet
« actif ; il y trouverait la source d'un enrichissement subit et
« injuste, que l'équité ne saurait sanctionner, parce qu'il est
« dépourvu de cause, et qu'il serait en même temps contraire à
« l'idée qu'on doit se faire d'une association exclusive de tout
« gain personnel, comme l'est une congrégation, où il ne peut
« être question, sans ruiner le principe essentiel et la raison d'être
« d'une telle association, de partager le patrimoine, accumulé
« par des générations de sociétaires, entre les membres existants
« au moment où disparaîtra la personnalité juridique. » (*Les lois nouvelles*, 15 octobre, 1er nov. 1904, p. 485.)

Telles sont les raisons des politiques et des légistes. Elles ne paraissent pas sans réplique au libéral, qui sera toujours tenté de répondre qu'il faut suivre les traditions quand elles sont bonnes et les oublier quand elles sont mauvaises, que Louis XV, Charles X et Napoléon III lui-même pouvaient faire des choses que la République doit s'interdire en vertu de ses propres principes, et qu'attribuer à l'Etat, en vertu d'une loi de M. de Villèle, la dépouille des congrégations dissoutes par l'Etat lui-même, c'est peut-être lui ouvrir « la source d'un enrichissement subit et
« injuste, que l'équité ne saurait sanctionner parce qu'il est
« dépourvu de cause ».

Cependant, quoique vraiment très sévère, la loi du 1er juillet 1901 ne constituait pas, dans la pensée de Waldeck-Rousseau, un arrêt de mort sans appel contre les congrégations religieuses. Il n'était point touché à la situation des congrégations autorisées, et les congrégations non autorisées étaient invitées à réclamer elles-mêmes leurs lettres de naturalité ; c'était leur faire espérer qu'elles obtiendraient en grand nombre le bénéfice de la reconnaissance officielle. « Chasser les moines ligueurs et
« les moines d'affaires, nous dit M. Anatole France, et faire ren-
« trer dans la vie légale et régulière les moines contemplatifs,
« hospitaliers et enseignants, voilà ce que voulait le chef du
« cabinet, une entente avec le Saint-Siège eût été bientôt

« faite et Waldeck-Rousseau eût été le Bonaparte des moines. »

Le renouvellement de la Chambre amena aux affaires une majorité radicale plus hardie et plus hostile que jamais à la cause des congrégations. Pour des motifs très divers, et qui ne sont peut-être pas encore tous connus, Waldeck-Rousseau quitta le ministère et désigna au choix du président de la République un homme dont il ne soupçonnait sans doute pas l'extraordinaire opiniâtreté.

Dans un tout récent article de la *Revue bleue* (1), M. Émile Combes affirme avec force « qu'il a été mû uniquement, dans les « graves mesures proposées par lui au Parlement contre les « ordres religieux, par des doctrines politiques et des considéra- « tions d'ordre général ». Il nous dit qu'il a « rendu aux personnes « comme aux œuvres qu'elles poursuivaient la justice qui leur « était due; se montrant respectueux des unes dans la proportion « où ce respect se conciliait avec la vérité des faits, condamnant « les autres comme radicalement incompatibles avec les principes « de la société moderne ». M. Émile Combes était donc un doctrinaire anticlérical : c'était par principe politique qu'il était opposé à l'Église, en laquelle il voyait une rivale dangereuse pour son parti. Il croyait au « péril clérical », à la nécessité de refaire l'unité morale de la France ; il répétait, après tant d'autres : « Le cléricalisme, c'est l'ennemi ! » Au mois de juillet 1903, il demanda à la Chambre des députés de rejeter, en bloc et sans examen, toutes les demandes d'autorisation déposées par les congrégations non autorisées, suivant les prescriptions de la loi de 1901. C'était aller bien au delà des prévisions de Waldeck-Rousseau, qui avait dit au Sénat : « Aucune école ne sera fermée en vertu « de la loi de 1901. La fermeture d'une école est une question « d'enseignement ; la loi de 1901 ne règle que des questions « d'association. » La Chambre donna raison à M. Combes. Toutes les congrégations non autorisées furent supprimées du même coup, et avec elles disparurent immédiatement ou à court terme toutes les écoles qu'elles entretenaient sur tous les points du territoire.

L'épiscopat témoigna la douleur que ne pouvait manquer de lui causer une pareille politique. Quelques désordres, peu graves d'ailleurs, éclatèrent sur divers points. On accusa M. Combes d'avoir méconnu l'esprit de la loi de 1901. Il s'engagea à présenter

---

(1) *La liquidation des biens congréganistes*, Revue Bleue du 29 février 1908.

au Parlement un projet de loi relatif à la suppression de l'enseignement congréganiste.

La loi fut votée le 7 juillet 1904. Elle édicte dans son article premier que « l'enseignement de tout ordre et de toute nature « est interdit en France aux congrégations. Les congrégations, « autorisées à titre de congrégations exclusivement enseignantes, « seront supprimées dans un délai maximum de dix ans ». Demeureront seules autorisées les congrégations contemplatives ou hospitalières. Le recrutement des congrégations enseignantes est arrêté. Le *Journal officiel* publie, tous les six mois, la liste des établissements congréganistes fermés. La liquidation de toutes les congrégations enseignantes est commencée et, lorsqu'elle se terminera avec la suppression des dernières écoles, les fonds restés libres, après tous les prélèvements légaux, « serviront à « augmenter les subventions de l'Etat pour construction ou « agrandissement de maisons d'écoles et à accorder des subsides « pour location ». (Art. 5.)

Le 4 septembre 1904, dans un discours prononcé par lui à Auxerre, M. Combes annonçait que, sur 16.904 établissements d'enseignement congréganiste, 13.904 étaient déjà fermés.

Mais, si la loi refusait le droit d'enseigner aux congrégations, elle ne le refusait pas individuellement aux anciens congréganistes, et beaucoup de ces hommes, n'ayant ni ressources ni industrie, cherchèrent à continuer à enseigner, à titre individuel, comme la loi leur en donnait le droit.

Ceux qui étaient prêtres prirent le rabat noir, ceux qui n'étaient point engagés dans les ordres prirent l'habit laïque. Des sociétés civiles se formèrent, et l'on dit qu'aujourd'hui, sur les 15.000 écoles supprimées, plus des deux tiers sont déjà rouvertes ; mais les anticléricaux songent déjà à pousser plus loin leurs exigences et parlent d'interdire l'enseignement à tout homme qui aura fait, un jour dans sa vie, partie d'une congrégation dissoute.

Une révolution si subite et si radicale n'a pu s'accomplir sans léser les intérêts et la conscience d'un grand nombre de particuliers. S'il y a eu quelques congréganistes à se réjouir de la liberté recouvrée, la plupart n'ont quitté qu'avec d'infinis regrets les pieuses maisons où ils avaient voulu vivre. Les femmes, et plus encore les hommes, rejetés brusquement dans le monde, le cœur plein d'angoisse, la tête remplie de confusion, n'ont su que faire, ni comment se rattacher à l'existence. Leur ignorance de la vie pratique les a exposés à toutes sortes de traverses. Une vieille

religieuse disait à une dame de ses amies : « Oh ! moi, je ne crains
« rien : je suis riche ; j'ai 300 francs de rente ; avec cela je
« vivrai à l'aise, et je prendrai même avec moi une de nos sœurs
« les plus pauvres. » Il est de ces femmes qui ont dû se faire servantes pour gagner leur pain. Il en est que leurs couvents ont renvoyées sans un sou, et pour lesquelles les liquidateurs ont dû réclamer en justice une pension alimentaire. Il en est qui, pour rester fidèles à leurs vœux, ont quitté la France. Nous avons vu à la gare de Port-Bou le départ d'un groupe d'exilées. Elles faisaient bonne contenance ; mais les larmes ruisselaient sur leurs joues, et, quand le train s'ébranla, les adieux des amis restés en France se changèrent en cris de douleur et d'indignation. On dit que trente-cinq mille religieux et religieuses ont quitté le sol français. Parmi ces congrégations émigrées, il y en a de riches qui ont emporté à l'étranger des capitaux considérables. Le gouvernement fédéral helvétique a racheté les chemins de fer suisses avec l'argent de nos moines. Les chartreux, chassés du Dauphiné par la jalousie des petits liquoristes, ont fondé un nouvel établissement à Tarragone. Les jésuites ont installé leurs collèges en Belgique et en Angleterre. Mais beaucoup sont partis sans ressources, à la grâce de Dieu, et sont tombés dans une misère profonde. Dans certaines villes de l'étranger, on fait des quêtes pour payer leur pain.

Si l'on cherche les raisons avouées d'un pareil acharnement, on les trouve dans le discours prononcé le 28 octobre 1900, à Toulouse, par Waldeck-Rousseau.

« Deux jeunesses, disait-il, moins séparées encore par leur
« condition sociale que par l'éducation qu'elles reçoivent, grandissent sans se connaître, jusqu'au jour où elles se rencontre-
« ront, si dissemblables qu'elles risquent de ne plus se com-
« prendre. Peu à peu se préparent ainsi deux sociétés différentes;
« — l'une de plus en plus démocratique, emportée par le large
« courant de la Révolution, et l'autre, de plus en plus imbue de
« doctrines qu'on pouvait croire ne pas avoir survécu au grand
« mouvement du xviiie siècle, — et destinées un jour à se heurter. »

L'argument est spécieux et devrait nous toucher particulièrement, puisque nous avons pris un soin tout spécial d'appeler votre attention sur ces deux Frances, dont parle le ministre, et dont nous nous sommes attaché à faire ressortir les contradictions et les ressemblances. Nous avouerons cependant n'être nullement sensible à cette raison. Il serait désirable que ces deux

Frances vécussent en paix et bon accord ; il n'est pas juste que l'une d'elles supprime l'autre, et, cette épouvantable opération fût-elle possible, il ne serait ni bon ni désirable qu'elle s'accomplît. Quelques hommes ont pu se laisser prendre au mirage de l'unité : *Une foi, une loi, un roi !* formule sonore, cri de guerre, si l'on veut, rien de plus ! L'unité morale est une chimère. A la poursuivre, les politiques s'exposeraient à perdre toute notion de justice, tout souci du droit, tout respect de la liberté ; c'est un fantôme violent, qui les entraînerait toujours plus loin, vers les fondrières où les nations sages ne s'aventurent jamais. Les hommes civilisés ont droit à l'autonomie, à la pleine liberté de leur pensée. Ils entendent ne point penser par ordre, avoir le droit de ne tenir pour juste et bon que ce que leur jugement leur indique comme tel. Cette liberté, qui n'est légitime que si elle appartient à tous, enfante des partis. Il y a des partis chez toutes les nations libres, et seule la servitude ignare n'en connaît point. Les partis sont légitimes, les partis peuvent différer les uns des autres autant qu'ils le veulent, ils se peuvent combattre par la parole et par le livre et par la presse ; mais ils n'ont pas le droit de s'entre-tuer. Tant qu'ils ne sortent pas de leur droit, leur action est utile et féconde, et sert les intérêts de la patrie : ce sont les forces régulatrices de l'action politique, ce sont les centres de gravité et d'équilibre des masses sociales. Quand tous les partis paient l'impôt, se soumettent au service militaire et respectent l'ordre public, l'unité nationale est suffisamment assurée, et cette unité désirable est compatible avec autant de variétés d'opinion que l'Etat compte de citoyens.

Un pays libre est comparable à une grande maison de rapport bien construite, bien habitée et bien administrée. Le propriétaire, on ne le voit jamais ; il se contente de toucher ses revenus par les soins de son notaire et d'assurer les divers services par l'entremise de son architecte. Le concierge garde la maison et met à la porte les ivrognes et les malandrins. Dans les sous-sols et dans la cour, des industries diverses. Au rez-de-chaussée, des magasins. A l'entresol, l'habitation des négociants. Au premier étage, une riche famille, qui passe l'hiver à Paris et l'été dans ses châteaux, un médecin spécialiste auquel on a loué, par grâce, à condition qu'il aurait peu de clients et prendrait très cher. Au second, un avocat, une dame veuve et ses filles. Au troisième, des jeunes ménages. Au quatrième, un prêtre, de petits rentiers. Au cinquième, des employés de ministère, des professeurs.

Encore plus près du ciel, des contremaîtres garçons, des étudiants sérieux. Et tout ce monde d'origines diverses, de fortunes et d'opinions différentes, vit en paix, parce que chacun vit chez soi et à ses affaires et sait respecter son voisin. Il y a peu de relations entre toutes ces personnes ; mais on se salue quand on se rencontre dans l'escalier, on ne médit pas les uns des autres ; jamais de bruit, jamais de querelles; et, s'il arrive quelque malheur dans la maison, la sympathie commune s'éveille naturellement et se traduit par de délicates et discrètes prévenances.

Un pays qui n'est pas libre ressemble à une maison mal tenue. Le gérant est venu habiter l'immeuble. On ne rencontre que lui ou ses gens dans la cour et dans l'escalier ; il prétend savoir tout ce qui se passe dans la maison ; il veut que tous ses locataires pensent comme lui en morale, en religion et en politique ; il a ses favoris et ses bêtes noires ; il est, tour à tour, hautain ou trop familier ; il agit par caprices, parle un matin de faire maison nette et le lendemain tolère tous les abus. Il a le verbe dur et cassant, il fait des scènes, il est odieux. Tout le monde autour de lui se surveille, se jalouse, se hait ; la maison est devenue un enfer, parce que la méfiance a succédé au bon vouloir, parce que le mépris d'autrui a remplacé le mutuel respect et la réciprocité des égards.

LA SÉPARATION DE L'ÉGLISE ET DE L'ÉTAT

Il avait été relativement aisé de faire la guerre aux congrégations religieuses, qui n'avaient en France qu'une situation mal définie, précaire, souvent même extra-légale. Il semblait beaucoup plus difficile de toucher au clergé séculier, protégé contre les entreprises des politiques par une charte écrite et déjà séculaire : le Concordat.

Le Concordat de 1801 n'est pas un acte de foi ou de repentir, mais un simple acte politique, arraché par Bonaparte à l'anticléricalisme de ses conseillers, et qui réduisit au strict minimum les concessions faites à l'Eglise, officiellement replacée au rang de grand corps de l'Etat. Les droits qui lui furent alors laissés ne sont que les épaves d'un naufrage. Le Concordat formait la base du droit ecclésiastique français, et un examen impartial permet bien vite de reconnaître combien cette base était étroite ; le tour en est bientôt fait.

Tout d'abord, le Concordat est un acte de droit international, un traité négocié de puissance à puissance, et, comme le portait le projet de loi présenté au Corps législatif : une *convention entre le gouvernement français et le pape*.

Cette convention contenait des articles favorables au pape et des articles favorables au gouvernement français ; elle avait, au plus haut point, le caractère d'un contrat synallagmatique, où chacune des deux parties assurait à l'autre certains avantages, en vue d'obtenir elle-même certaines concessions, certains privilèges.

Parmi les droits ainsi établis figure, au premier chef, le droit de propriété de l'Eglise sur les édifices consacrés au culte et sur les traitements attribués à ses membres. La loi du 2 novembre 1789 avait déclaré que les biens de l'Eglise étaient « *mis à la disposition de la nation* », et cette formule adoucie, les étatistes l'ont toujours interprétée dans le sens d'une expropriation complète, d'un transfert de propriété de l'Eglise à l'Etat. Or l'article XII du Concordat porte que « toutes les églises, métropolitaines, cathédrales,

« paroissiales et autres, non aliénées, nécessaires au culte, seront
« mises à la disposition des évêques ». L'article 75 des articles organiques répète la même formule. De l'identité des termes on doit conclure que, si la loi du 2 novembre 1789 a transféré la propriété des biens d'Eglise à la nation, le Concordat, à son tour, a transféré à l'Eglise la propriété des églises métropolitaines, cathédrales et paroissiales.

Cette opinion se trouve corroborée par la jurisprudence. Un arrêt du Conseil d'Etat du 1er avril 1887, rendu en faveur de la fabrique de l'église Saint-Roch, à Paris, déclare que « l'arrêté par « lequel un préfet, en exécution de l'arrêté consulaire du 7 ther-« midor an XI, envoie une fabrique en possession de biens lui « ayant appartenu, et non aliénés par l'Etat, a pour effet d'aban-« donner au profit de la fabrique les droits de propriété apparte-« nant à l'Etat ». De nombreux arrêts antérieurs qualifient également de droit de propriété le droit transmis aux fabriques par l'envoi en possession. (Rennes, 1824. — Bourges, 1838. — Cassation, 1839. — Cassation, 1854.)

Le Concordat n'avait pas seulement rendu au clergé les églises non aliénées ; il lui avait encore attribué un traitement, et les juristes et les politiques discutent entre eux pour savoir si ce traitement constituait une générosité toujours révocable, ou une compensation des biens ecclésiastiques confisqués en 1789 par la nation : c'est cette dernière opinion qui est incontestablement la vraie.

« Le budget du culte catholique, dit avec raison M. Guiraud (1),
« ne date pas du Concordat, qui n'a fait que le reconnaître. Il date
« du jour où, prenant à l'Eglise tous les biens qu'avait accu-
« mulés la libéralité des fidèles, l'Assemblée constituante a inscrit
« au budget national, et même dans la constitution, au profit du
« culte catholique, apostolique et romain, une rente perpétuelle,
« intérêt permanent de l'immense capital qu'elle lui enlevait. »

Cette dette de l'Etat français envers l'Eglise, il en a été parlé au cours des négociations du Concordat : « Sa Sainteté, disait « Spina à Bernier, faisant usage de toute son indulgence envers « les acquéreurs de biens ecclésiastiques, vous conviendrez qu'elle « ne doit pas perdre de vue les intérêts de la religion et la subsis-« tance de ses ministres. Il faut donc que le gouvernement assure « la subsistance, non seulement des évêques, mais encore des

---

(1) *La séparation de l'Eglise et de l'Etat et les élections*, Paris, in-12, 1906.

« curés, et des autres ministres inférieurs. » (15 novembre 1800.)

Le conseiller d'Etat Siméon, rapporteur du projet de Concordat, exprimait la même idée au Tribunat, quand il disait : « L'as-
« semblée nationale applique le patrimoine ecclésiastique aux
« besoins de l'Etat, mais *sous la promesse* de salarier les fonctions
« ecclésiastiques. Cette obligation, trop négligée, sera remplie
« avec justice, économie et intelligence. Il n'en coûtera pas au
« Trésor la quinzième partie de ce que la nation a gagné à la
« réunion des biens du clergé. »

Le débat est magistralement résumé par le duc de Broglie dans son livre sur *Le Concordat* : « Si la vente des biens ecclésiastiques
« n'avait pas été confirmée par une déclaration pontificale, jamais
« le Concordat n'aurait été seulement mis en discussion ; mais,
« réciproquement, si la subsistance du clergé dépossédé par la
« Révolution n'eût été assurée par une promesse formelle, jamais
« la déclaration pontificale n'eût été obtenue. On est donc ici en
« présence d'un contrat parfait et d'une application rigoureuse
« de la formule : *do ut des*. »

Tous les écrivains ayant le sens du droit reconnaissent le caractère synallagmatique de la loi du 2 novembre 1789 : « On a beaucoup épilogué, dit M. Aulard, sur ces mots : *à la
« charge de...* et l'on a dit qu'ils ne constituaient pas un
« engagement. C'était bien un engagement, et un engagement
« solennel (1). » Et cet engagement, le Concordat l'a fait revivre.

Ce que nous disons des traitements ecclésiastiques doit s'entendre également des immeubles mis par les articles organiques à la disposition des évêques et des curés pour leur habitation. La section III du titre IV des articles organiques est intitulée : *Du traitement des ministres*.

Les articles 64, 65, 66, fixent à 15.000 francs le traitement des archevêques, à 10.000 francs celui des évêques, à 1.500 et à 1.000 fr. le traitement des curés. L'article 71 dispose que « les conseils
« généraux des départements sont autorisés à procurer aux arche-
« vêques et évêques un logement convenable. » L'article 72 porte
que : « Les presbytères et les jardins attenants, non aliénés,
« seront rendus aux curés et aux desservants des succursales. A
« défaut de ces presbytères, les conseils généraux des communes
« sont autorisés à leur procurer un logement et un jardin. »

(1) *Revue Bleue*, 14 nov. 1904.

La présence de ces dispositions dans le titre relatif aux *traitements des ecclésiastiques* prouve bien que le logement est considéré par le législateur comme partie accessoire et complémentaire du traitement. Un évêque reçoit une pension en argent et une maison d'habitation ; pension et maison constituent son traitement. Un curé reçoit 1.500 ou 1.000 francs en argent, plus un presbytère et un jardin ; l'argent, le presbytère et le jardin constituent son traitement. Et de même que le Concordat reconnaît à l'Église de France la propriété de ses temples, il lui reconnaît également la propriété des salaires de ses ministres et des immeubles, évêchés ou presbytères, affectés à leur habitation.

Le Concordat reconnaît enfin aux Français le droit de faire des fondations en faveur des églises (art. 15), et les articles organiques confirment ce droit dans l'article 73, ainsi conçu : « Les « fondations qui ont pour objet l'entretien des ministres et l'exer-« cice du culte ne pourront consister qu'en rentes constituées « sur l'État. Elles seront acceptées par l'évêque diocésain, et ne « pourront être exécutées qu'avec l'autorisation du gouverne-« ment. » D'où l'on est en droit de conclure qu'une libéralité acceptée par l'évêque, autorisée par le gouvernement et convertie en rentes sur l'État, devient la propriété de l'Église, comme ses temples, les salaires de ses ministres, les évêchés et les presbytères. Des milliers de Français avaient ainsi, sur la foi des traités, fait des largesses à l'Église de France et avaient cru leurs donations aussi fermes et aussi stables que peut l'être chose de ce monde.

Tels sont les droits reconnus à l'Église par le Concordat et par les articles organiques.

Pendant longtemps, la législation concordataire ne souleva, en France, aucune opposition. Napoléon pensait que le code civil et le Concordat seraient, un jour, ses meilleurs titres de gloire aux yeux de la postérité, et la France n'était pas loin de penser de même. Le Concordat n'avait contre lui que quelques audacieux, comme Lamennais, qui ne trouvaient autour d'eux aucun écho. Les évêques, dont le Concordat avait démesurément grossi la situation, tenaient à une législation qui leur était si favorable ; les politiques se défiaient d'une Église libre et préféraient de beaucoup une Église salariée.

Vers la fin du second Empire, le parti républicain commença de songer à la séparation de l'Église et de l'État, pour se venger de l'attitude de l'Église à son égard en 1851 ; il n'obtint, tout d'abord, qu'un succès de curiosité.

Un député à l'Assemblée nationale, M. Pierre Pradié, comprit, dès 1871, le péril que pouvait courir un jour le Concordat, et, catholique convaincu, il proposa hardiment à l'Assemblée un projet de séparation très bien conçu. L'État ne nommait plus les évêques et renonçait à toute intervention dans les affaires de l'Église : « Il se bornait à protéger la liberté de conscience, en « maintenant l'ordre public, si les cérémonies extérieures du culte « étaient matériellement troublées ». Les églises, les chapelles, les cimetières appartenaient au clergé. L'Église et ses corporations, dotées de la personnalité civile, recevaient le droit de posséder et d'acquérir sans l'autorisation du gouvernement. Le budget des cultes était remplacé par une inscription de rentes au Grand Livre ; ces rentes devaient s'éteindre, à mesure que se reconstituerait le patrimoine ecclésiastique. Le gouvernement s'entendrait avec Rome pour prévenir les captations et les agglomérations de biens de mainmorte, qui dépasseraient les besoins du clergé, du culte, des corporations et des œuvres de bienfaisance. Pour empêcher ces abus, le gouvernement solliciterait de Rome des condamnations spirituelles sévères, et même l'interdit contre les coupables.

Il y aurait eu, certainement, plus d'un amendement à proposer à ce projet ; les précautions indiquées contre la reconstitution des bien de mainmorte étaient insuffisantes ; mais le projet pouvait être accepté dans ses grandes lignes, séparait l'Église de l'État, débarrassait celui-ci d'une tutelle délicate et onéreuse, et laissait à l'Église toute la liberté qu'elle a dans les pays les plus libres. M. Pradié ne fut pas compris. Thiers s'employa de toutes ses forces à faire échouer le projet.

L'idée de la séparation ne devait pas tarder à être reprise par d'autres et allait devenir le premier article du programme politique de la franc-maçonnerie. L'influence de cette association se fait sentir en France dès 1873. En 1876, les francs-maçons comptent déjà 306 ateliers, renfermant 203.000 membres, dont 15.000 pour Paris seulement. Les loges attirent surtout la bourgeoisie ; mais elles ont des affiliés dans les campagnes. Notaires, médecins, vétérinaires, marchands, instituteurs les renseignent, favorisent leur action, répandent leurs idées, et, aux jours d'élections, mènent les électeurs à la bataille. La franc-maçonnerie, qui n'avait été longtemps qu'une association libérale et philanthropique, tend à se transformer de plus en plus en société politique, et se sépare nettement de toute religion positive (1).

Elle se pose en ennemie du clergé, ennemi de la République, et, comme elle offre aux hommes politiques ses cadres tout prêts, sa large publicité, ses journaux : la *République Française,* le *Siècle,* le *National,* le *XIXe siècle,* la *Marseillaise,* le *Mot d'ordre,* le *Rappel*; comme elle a, dans la *Ligue de l'Enseignement,* un organe de propagande très puissant, les chefs du parti républicain trouvent commode de profiter de cette organisation toute faite (2).

En 1876, une première protestation contre le budget des cultes est portée devant la Chambre des députés ; elle réunit 68 voix.

Quatre-vingt-sept députés contresignent, en 1881, la proposition Boysset, dont les termes mêmes indiquent déjà l'âpreté des passions politiques : « Nous, républicains de 1881, nous ne sommes
« à aucun titre les héritiers de Napoléon Bonaparte et nous ne
« pouvons être liés par un traité qu'il a consenti. La République
« française ne peut soutenir plus longtemps de ses millions et de
« son mandat officiel ses ennemis déclarés... Il s'agit de revenir
« à la raison et à l'ordre, et de rompre officiellement ces liens
« plus qu'à moitié brisés, dont nos ennemis irréconciliables tirent
« profit et prestige contre nous-mêmes et qui ne nous donnent à
« nous nation, à nous France républicaine, que charges écra-
« santes, troubles et périls. »

Jules Ferry répondit aux signataires de la proposition Boysset que « la séparation de l'Église et de l'État, loin d'être un élément
« d'apaisement, loin d'apaiser la question religieuse, la porterait
« plus vive et plus intime jusqu'au sein même de la famille, et,
« loin de fortifier l'État, ne pourrait que l'affaiblir et ne fortifie-
« rait que les passions. »

C'était là le langage d'un homme d'État ; mais, contraints de tolérer le Concordat, les anticléricaux entreprirent de s'en faire

---

(1) « L'humanité, voilà le seul vrai Dieu; elle a tous les droits, sans aucun devoir, car tel est le privilège nécessaire de la divinité. Le respect de l'humanité, voilà le premier de tous les devoirs, celui qui comprend tous les autres. Le dévouement à l'humanité, voilà la synthèse de toutes les vertus. Le père, le fils et la femme, voilà la seule Trinité. La génération du fils, par le père, dans le sein de la femme; voilà le mystère de l'Incarnation, la perpétuelle réparation que le père, devenu vieux, trouve dans la jeunesse de son enfant. ». — Leroux, souverain grand inspecteur général, *La franc-maçonnerie sous la troisième République,* t. I, p. 115.

(2) Cf. Hanotaux, *Histoire contemporaine,* t. II, p. 525.

une arme contre l'Eglise. Paul Bert développa, en 1883, la théorie de l'*observation stricte* du Concordat. Il supprimait toutes les institutions monastiques : « Plus de ces ordres nombreux, qui dé-
« vorent sans avantage la substance du peuple... et qui ne
« servent dans les Etats modernes qu'à y entretenir un esprit
« étranger et funeste. » Il supprimait l'immunité militaire des séminaristes et les expulsait des séminaires. Il ne voulait plus d'honneurs extraordinaires pour les évêques, « classés à leur
« rang de préséance parmi les fonctionnaires départementaux. »
Il leur retirait la jouissance des palais épiscopaux, « habitations
« parfois princières, qui augmentaient au moins autant leur
« autorité morale que leurs ressources matérielles ». Il retirait aux établissements ecclésiastiques le droit de posséder des immeubles et ne leur laissait que les rentes sur l'Etat. Il enlevait aux prêtres la direction des fabriques, dont la comptabilité bien établie ne devait plus permettre d'abus. Il interdisait au clergé toute participation à l'enseignement public. Il punissait sévèrement le prêtre coupable de s'être mêlé d'administration, de politique et d'élections. « L'Eglise, disait-il, rame-
« née ainsi à la stricte exécution du Concordat qu'elle a signé,
« sans qu'aucune apparence de persécution puisse être invoquée
« justement par elle, ne recevant plus de l'Etat aucune conces-
« sion propre à augmenter sa richesse ou son influence politique,
« n'aura plus que la part très grande et très légitime d'autorité
« que lui accorde la docilité des fidèles... Sans toutes ces
« mesures, l'Eglise rayée du budget de l'Etat, chassée de ses
« presbytères et de ses temples, mais laissée absolument libre,
« retrouverait bientôt une richesse personnelle qui lui fait
« aujourd'hui défaut, une influence politique qui chaque jour
« s'en va diminuant, et reconquerrait tous ces édifices dont on
« l'aurait chassée, toutes ces situations privilégiées dont on l'au-
« rait violemment dépouillée. »

Le gouvernement n'osa appliquer, dans toute leur rigueur, les théories de Paul Bert. Il en resta cependant quelque chose, une tendance à restreindre les avantages concordataires, à surveiller de plus près le clergé, à se montrer à son égard de plus en plus défiant.

La question de la séparation faisait peu de progrès au Parlement. L'abolition du budget des cultes réunissait 143 voix en 1883, 173 voix en 1886, et 148 voix seulement en 1891 ; mais les ecclésiastiques les plus intelligents commençaient à perdre pa-

tience sous les attaques incessantes de leurs adversaires ; les plus hardis revenaient aux vieilles idées de Lamennais et appelaient de tous leurs vœux la séparation, qui devait être pour eux la libération. « Quant à moi, écrivait Mgr d'Hulst, je suis ravi de voir mû-
« rir la question de rupture du Concordat. Elle amènerait de
« grandes ruines ; mais elle nous rendrait la dignité, l'indépen-
« dance, permettrait de reconstituer un épiscopat fort, un clergé
« apostolique, et de reprendre à nouveau, dans des conditions
« laborieuses, onéreuses, mais finalement fécondes, l'évangélisa-
« tion de la France. Je deviens un partisan ardent de la sépara-
« tion. On est en train de nous faire un épiscopat de laquais,
« qui bientôt ne seront même plus des hommes sûrs au point
« de vue de la foi et des mœurs, et je trouve que tout,
« même et surtout la pauvreté et la persécution, vaut mieux
« que cela. Tout ce que je vous dis là, je suis prêt à le
« crier sur les toits. — Le Concordat ne nous fait plus que du mal.
« Comme on fera précéder la rupture de mesures législatives des-
« tinées à nous rendre par avance la liberté impraticable, c'est à
« la souffrance qu'il faut nous attendre, et pour longtemps. Tant
« mieux : les fruits gâtés tomberont sous les secousses de la tem-
« pête, et l'esprit du clergé, comme la foi du peuple, se retrem-
« pera dans les eaux amères. J'espère voir cela avant de mourir ;
« ce que je vois est trop écœurant (1). »

Mgr d'Hulst ne vit pas la séparation, qui ne trouva encore à la Chambre que 149 voix en 1894, 187 en 1895, 179 en 1899 et 194 en 1900. Le gouvernement ne se souciait nullement d'entamer cette grosse affaire. Waldeck-Rousseau lui-même restait nettement concordataire. L'anticléricalisme était pour lui « une manière « d'être constante, persévérante et nécessaire aux Etats » (2), mais ne constituait pas un programme de gouvernement et n'excluait pas toute idée de droit. Il fallut l'arrivée au pouvoir de M. Combes pour inaugurer définitivement la guerre au Concordat. Il a pris soin de nous dire lui-même « qu'il était résolu, dès le début de « son ministère, à préparer, et, si possible, à rendre inévitable la « séparation de l'Eglise et de l'Etat ; qu'il a apporté tous ses soins « à établir, avec une continuité attentive, par des incidents réité-
« rés et de chaque jour, l'impossibilité radicale pour l'Etat de

---

(1) Lettres du 13 décembre 1891, du 3 décembre et du 15 décembre 1895.
(2) *Le Temps*, 13 octobre 1901.

« maintenir avec l'Eglise le lien concordataire, que cette dernière
« s'évertuait follement à mettre en pièces (1). »

Le premier de ces incidents fut la querelle du *nobis nominavit*. Ces mots, par lesquels le Saint-Siège entendait dire : « Nous donnons l'institution canonique au candidat *qui nous a été désigné* par le gouvernement français (2) », M. Combes les interprétait dans ce sens : « Nous donnons l'institution canonique au candidat qui a été nommé pour nous, en notre nom, par le gouvernement français, » et il y voyait une atteinte au Concordat. Au système de l'entente préalable, il opposait celui de la collation forcée, et prétendait que la Curie devait donner l'investiture à tout candidat nommé par le gouvernement ; comme le Saint-Siège se refusait à admettre cette théorie, il arrêta le recrutement du corps épiscopal : en 1906, seize diocèses étaient vacants. L'application prolongée de ce système eût abouti à la suppression pure et simple de l'épiscopat, et eût incontestablement donné à l'Eglise de France une physionomie très inattendue et très originale.

Un incident plus grave surgit inopinément en 1903, à l'occasion du voyage à Paris du roi et de la reine d'Italie. Au mois de septembre de cette année, Victor-Emmanuel III et la reine Hélène vinrent apporter à la France un témoignage de sympathie dont tous les bons citoyens se réjouirent. Heureux de voir, enfin, dissipés les malentendus qui avaient si longtemps séparé les deux nations sœurs, les Parisiens firent aux souverains italiens l'accueil chaleureux et souriant, qu'ils réservent à ceux qu'ils aiment.

Au mois d'avril 1904, le président de la République rendit aux souverains italiens la visite qui lui avait été faite, et, comme Victor-Emmanuel était venu à Paris, capitale de la France, M. Loubet se rendit à Rome, capitale de l'Italie. Le Saint-Siège ayant fait savoir que, si M. Loubet, hôte du roi d'Italie, se présentait au Vatican, il n'y serait pas reçu, le président de la République quitta Rome sans avoir cherché à voir le pape.

Pour établir très nettement la position qu'il entendait garder, le pape adressa aux gouvernements catholiques une circulaire confidentielle, dans laquelle il se plaignait de l'attitude de la France à son égard et déclarait que tout souverain catholique

---

(1) *Nouvelle Presse libre*, janvier 1907.
(2) Le sens propre de *nominare* est « nommer, désigner par son nom ».

qui accepterait à Rome l'hospitalité du roi d'Italie verrait se fermer devant lui les portes du Vatican.

Comme le pape eût peut-être dû le prévoir, cette circulaire confidentielle ne tarda pas à être connue, et fut publiée tout au long dans le journal la *Petite République*.

L'incident n'était pas en lui-même très grave et aurait pu être vite oublié, pour peu qu'on y eût mis de bonne volonté. La France aurait pu se rappeler qu'un incident analogue avait failli, quelques années auparavant, entraîner une guerre européenne, et que la guerre avait été évitée par la sagesse des gouvernements. En 1883, le roi d'Espagne Alphonse XII, revenant d'un voyage en Allemagne, passa par Paris ; l'empereur Guillaume Ier l'avait nommé colonel honoraire d'un régiment de hulans, en garnison à Strasbourg ; le roi d'Espagne avait paru à une chasse revêtu de l'uniforme de ce régiment, et Paris le siffla outrageusement. L'Espagne et l'Allemagne avaient assurément le droit de se considérer comme offensées beaucoup plus directement, beaucoup plus gravement, que la France ne l'était en 1904 par la circulaire pontificale ; cependant le roi d'Espagne se contenta d'abréger son séjour à Paris, et l'empereur Guillaume trouva suffisant d'écrire au roi Alphonse XII une lettre sévère pour les Parisiens. Si la France eût paru ignorer la note pontificale, l'honneur national n'en eût pas souffert, et personne n'aurait cru que la République reculait devant la garde suisse ou la garde noble.

La majorité parlementaire préféra prendre la chose au tragique. M. Combes rompit les rapports diplomatiques avec le Vatican. M. Nisard, ambassadeur de France auprès du Saint-Siège, adressa au gouvernement pontifical ce laconique billet : « J'ai l'honneur d'informer Sa Sainteté que le gouvernement de « la République française a décidé de mettre fin à des relations « officielles, qui, par la volonté du Saint-Siège, se trouvent être « sans objet. » (30 juillet 1904.)

Presque au même moment, une grave affaire de discipline ecclésiastique vint mettre le comble à l'exaspération des partis. Deux prélats français, les évêques de Laval et de Dijon, avaient encouru la disgrâce de Rome ; les motifs de cette animosité sont mal connus ; la politique ne paraît pas y avoir été étrangère, et le cardinal Merry del Val connaît fort bien des églises où des prélats, infiniment plus scandaleux que ne pouvaient l'être les deux évêques français, sont cependant tolérés et reçoivent même de l'avancement. Quoi qu'il en soit, le pape manda les deux pré-

lats à Rome. M. Combes leur défendit de quitter leurs diocèses, et, quand les dociles rebelles se furent rendus aux ordres du pape, une menace de procès canonique leur arracha leur démission. M. Combes prétendit que le Concordat avait été violé, ce qui n'était point tout à fait vrai, puisque les évêques avaient démissionné, mais ce qui n'était point tout à fait faux, puisque ces démissions forcées ressemblaient à s'y méprendre à des dépositions. Il fit remarquer — et il avait cette fois raison — que de pareilles pratiques tendaient à placer l'épiscopat français tout entier sous le régime du bon plaisir pontifical, et à attribuer au pape un droit absolu sur tous les évêques. Le nonce du pape, qui s'était attardé à Paris, reçut ses passeports, et la loi de séparation absorba désormais toute l'attention des Chambres : « La vo-
« lonté, la passion de M. Combes les avaient acculées à cette
« inéluctable nécessité (1) ».

Au moment de toucher au but, il semble qu'un scrupule ait traversé l'âme des politiques, et que l'idée de faire une loi libérale se soit présentée à leur esprit : « Nous devons, disait
« M. Ranc, éviter toute apparence de persécution des personnes...
« En ce qui concerne tout ce qui est transitoire, soyons accom-
« modants, très accommodants. ». Ces velléités libérales ne furent pas de longue durée, et M. Ranc lui-même, partisan des larges concessions, montrait le peu de fonds qu'on pouvait faire sur son libéralisme, quand il ajoutait que ces concessions « n'avaient rien d'irrévocable ». Le ministre des cultes prenait soin de préciser ce point important, et rappelait « qu'une
« loi nouvelle pouvait, dans cinq ans, dans dix ans, reprendre les
« avantages concédés aujourd'hui (2)». Il devenait évident que ce n'était pas un genre de vie que la réforme préparait à l'Eglise, mais un genre de mort (3), et, quand les hommes imbus de l'idée du droit s'élevaient contre les prétentions de la majorité, il se trouvait des députés pour leur répondre : « Le droit, c'est nous qui le faisons (4) ! »

La loi du 9 décembre 1905 déclare que « la République assure la
« liberté de conscience et garantit le libre exercice des cultes, mais
« qu'elle n'en reconnaît, salarie ou subventionne aucun ». (Art. 1 et 2.)

(1) M. Maujan, *Radical* du 3 février 1905.
(2) *Journal officiel*, 9 juin 1905, p. 2154.
(3) *Revue des Deux Mondes*, 15 janvier 1887. E. Lamy, *La politique religieuse du parti républicain.*
(4) *Journal officiel*, 23 mai 1905, p. 1849.

Elle divise les biens ecclésiastiques en catégories distinctes, suivant qu'ils proviennent de l'Etat, des départements, des communes ou des particuliers, et suivant qu'ils sont grevés d'une affectation cultuelle ou d'une affectation charitable. L'Etat, les départements ou les communes reprennent leurs biens, sous certaines réserves et dans certains délais. Les biens grevés d'affectations charitables « sont attribués aux services ou établissements « publics ou d'utilité publique, dont la destination est conforme « à celle desdits biens. » Les biens grevés d'une affectation cultuelle sont dévolus aux associations qui viendront à se fonder « en se conformant aux règles d'organisation générale du culte « dont elles se proposeront d'assurer l'exercice ». (Art. 4.) A défaut de constitution des associations cultuelles, les biens qu'elles auraient dû recueillir seront attribués par décret aux établissements communaux d'assistance ou de bienfaisance. L'état général des biens ecclésiastiques sera établi par inventaire, dans le délai d'un an.

Le budget des cultes est aboli. Par mesure transitoire, les prêtres comptant moins de vingt années de service toucheront encore, pendant un an, leur traitement intégral ; les deux tiers de leur traitement pendant la seconde année qui suivra la promulgation de la loi ; la moitié pendant la troisième ; le tiers pendant la quatrième. Les prêtres affectés au service paroissial des communes de moins de 1.000 habitants toucheront ces mêmes allocations temporaires pendant deux, quatre, six et huit ans. Les prêtres âgés de plus de quarante-cinq ans, et comptant plus de vingt ans de services, toucheront une pension viagère égale à la moitié de leur traitement. Les prêtres âgés de plus de 60 ans, et comptant plus de trente ans de services, toucheront une pension viagère égale aux deux tiers de leur traitement. En aucun cas, ces pensions ne pourront dépasser 1.500 francs ; elles seront supprimées dans le cas où les bénéficiaires se rendraient coupables de diffamation de fonctionnaires publics ou d'excitations à la désobéissance à la loi. (Art. 34 et 35.)

Les églises, séminaires, évêchés et presbytères « sont et demeu- « rent propriété de l'Etat, des départements et des communes ». (Art. 12.) Les édifices consacrés au culte sont laissés à la disposition gratuite des associations cultuelles, et ne peuvent être désaffectés que par une loi, à moins que les associations cultuelles n'aient point réussi à se former dans un délai de deux ans, ou que les associations fondées aient été dissoutes, ou que le culte ait cessé d'être célébré dans l'édifice pendant six mois, ou que la conservation de l'édifice ou des objets classés compris dans son mobilier ne soit compromise par insuffisance d'entretien, ou que l'édifice soit détourné de sa destination, ou que l'association cesse de remplir son but ; dans tous ces cas, la désaffectation peut être prononcée par simple décret rendu en Conseil d'État. Par mesure transitoire, les évêchés sont laissés à la disposition du clergé pendant deux ans, et les séminaires et presbytères pendant cinq ans. Passé ce délai, l'État, les départements et les communes recouvreront la libre disposition de ces édifices.

Les églises seront représentées aux yeux de l'État par des associations cultuelles, composées de sept personnes dans les communes de moins de 1.000 habitants, de quinze personnes dans les communes de moins de 20.000 habitants, et de vingt-cinq personnes dans les communes peuplées de plus de 20.000 habitants. Ces associations ne pourront rien recevoir, sous quelque forme que ce soit, de l'État, des départements ni des communes ; mais elles seront tenues des réparations de toute nature et des frais d'assurances. Elles pourront encaisser les cotisations de leurs membres, le produit des quêtes et des rétributions cultuelles. Elles pourront verser leurs bonis dans la caisse d'autres cultuelles plus pauvres. Elles pourront former des unions avec d'autres cultuelles. Il leur sera permis de constituer un fonds de réserve égal à six fois leur revenu, si elles ont moins de 5.000 francs de rente, à trois fois seulement, si elles ont plus de 5.000 francs. En dehors de cette réserve ordinaire, elles en pourront former une autre à capital illimité « pour achat, décoration et réparation « d'immeubles servant au culte ». Leur gestion financière sera contrôlée par l'administration de l'enregistrement et par les inspecteurs des finances. En cas de contravention à la loi, l'association délinquante pourra être dissoute et ses excédents illégaux pourront être versés aux établissements d'assistance ou de bienfaisance ; une amende de 16 à 200 francs, doublée en cas de récidive, frappera les membres de l association coupable. L'association cultuelle ne pourra s'occuper d'autre chose que du culte et sera civilement responsable des délits de parole commis par les prêtres qui exerceront le culte dans l'édifice confié à ses soins. (Art. 36.)

Le culte sera public ; mais, dans l'intérêt de l'ordre, il sera placé sous la surveillance de l'autorité. « Tout ministre d'un culte qui, « dans les lieux où s'exerce ce culte, aura publiquement, par des « discours prononcés, des lectures faites, des écrits distribués ou

« des affiches apposées, outragé ou diffamé un citoyen chargé
« d'un service public, sera puni d'une amende de 500 à 3.000 francs
« et d'un emprisonnement d'un mois à un an, ou de l'une de ces
« deux peines. » (Art. 34.) Tout discours séditieux, prononcé dans
les mêmes conditions, exposera son auteur à une peine allant de
trois mois à deux ans de prison. (Art. 35.)

Telle est, dans ses grandes lignes, l'économie de la loi nouvelle.

Les israélites l'ont acceptée sans mot dire. Les protestants se
sont soumis non sans quelque regret. Les catholiques n'ont pas
dissimulé que la loi leur paraît mauvaise et n'ont pas manqué de
dire pourquoi.

Ils lui reprochent, avant tout, d'être une loi de représailles
dirigée contre l'Église par des hommes qui la haïssent; mauvaise
condition pour faire une loi juste.

La rupture entre le gouvernement français et le Saint-Siège a
été, quoi qu'en disent les politiques, voulue par eux, et leurs
excuses ne constituent, au dire de M. Ribot, « qu'un mensonge
historique ». Certains d'entre eux, du reste, avouent hautement
la préméditation.

La rupture a été une véritable déclaration de guerre. Un traité
qui portait la signature du pape et celle du premier consul
de la République française, a été déchiré par une des deux
parties, sans que l'autre ait pu négocier. Gambetta, partisan
lui aussi de la séparation de l'Église et de l'État, la concevait
comme une séparation à l'amiable entre gens du monde,
une de ces séparations pour incompatibilité d'humeur qui
laissent intacte chez chacun des conjoints l'estime réciproque
et qui se terminent par un salut et une révérence. Ce n'est point
cette sorte de séparation qu'a réalisée la loi de 1905, mais un
brusque divorce, accompagné de menaces.

L'Église pouvait revendiquer la propriété de ses temples, en
vertu du Concordat et de la jurisprudence, et la loi les lui a
enlevés. Les hommes les moins suspects de sympathie pour le
catholicisme ont senti qu'il y avait là quelque chose d'extrêmement dur. M. Augagneur, que personne ne prendra pour un
clérical, aurait voulu laisser les églises au clergé. « Elles ne sont,
« dit-il à la Chambre, utilisables que pour l'usage auquel elles
« ont été destinées. Les plus belles sont des églises gothiques,
« dans lesquelles l'absence de lumière interdira à tout jamais
« l'installation d'un musée quelconque. Il n'est pas de ville un
« peu ancienne dans laquelle on ne trouve une grange ou un

« entrepôt qui fut jadis église ou chapelle ; sa valeur est à peu
« près nulle. » (Discours du 8 juin 1905, *Journal officiel*, p. 2119.)
Les églises attribuées à l'État, aux départements et aux
communes, sont susceptibles aujourd'hui d'être désaffectées par
simple décret.

L'Église pouvait revendiquer la propriété de ses évêchés, de
ses séminaires, de ses presbytères, et la loi les lui a enlevés.

L'Église considérait le salaire de ses ministres comme une
compensation des richesses abandonnées par elle à l'époque
révolutionnaire, et l'État lui dit : « Je ne vous dois rien. »

Seule, désormais, l'association cultuelle est autorisée à acquérir, et son droit peut sembler bien précaire dans un pays
où la propriété collective n'a qu'une existence provisoire, où la
loi peut tout aussi aisément supprimer les personnes morales
qu'elle peut les créer. Instituée hier, l'association cultuelle
n'a pas encore réussi à prendre forme ; qui dit qu'elle ne sera pas
demain éteinte, avant d'avoir vécu ?

Instruit, sans doute, par l'exemple de l'Assemblée constituante,
le législateur de 1905 n'a pas voulu faire de théologie et n'a point
cherché à rédiger une nouvelle *constitution civile du clergé* ; mais,
par crainte de l'hérésie, il a affecté de ne connaître ni prêtres,
ni évêques, ni pape, ni religion quelconque, et il faut y regarder
de bien près pour se douter que la loi est faite pour un pays
catholique.

Les associations cultuelles apparaissent un peu dans la loi
comme une institution inutile si elle est dans la main du
clergé, dangereuse pour l'Église si elle n'est pas sous sa tutelle.
M. Rouanet reconnaît du reste que « les associations cultuelles
« constituent des personnes morales de nature à permettre à
« l'Etat de suivre leur évolution et leur développement, afin
« de pouvoir réprimer les abus auxquels l'Eglise sera peut-être
« tentée de se porter, auxquels assurément elle se portera ».
Les associations sont donc, dans la pensée des politiques, des comités de surveillance placés auprès de l'Église, des agences de
renseignements et de contrôle.

Ces associations doivent se conformer aux règles générales
d'organisation du culte dont elles se proposent d'assurer l'exercice,
et cette disposition semble assurer l'orthodoxie des cultuelles ;
mais si, par hasard, deux associations viennent à se fonder dans
la même paroisse, l'autorité qui prononcera sur leur orthodoxie
ne sera pas l'évêque, mais le Conseil d'Etat, tribunal mi-juri-

dique, mi-politique, dont l'Eglise décline la juridiction en matière de discipline.

En somme, la loi dit aux associations cultuelles : « Si vous ne « plaisez pas, si votre attitude n'est pas agréable au préfet ou au « ministre, nous nous réservons de constituer à côté de vous une « nouvelle association, de reprendre vos biens et de les donner à « celle-ci, de sorte que vous aurez l'église demain, mais qu'après-« demain, s'il y a des circonstances propices à ce qu'on appelle « l'évolution administrative, l'église et les biens vous seront « repris au bénéfice d'une autre association. » (*Journal officiel*, 23 mai 1905, p. 1858, discours de M. Ribot.)

La loi semble décourager elle-même les fidèles d'entrer dans les associations cultuelles, puisqu'elle déclare les fondateurs et directeurs de ces associations civilement responsables des délits commis par les ministres des cultes officiant dans l'église possédée par l'association.

Enfin, la loi semble ignorer que le culte n'est qu'une des manifestations de la vie ecclésiastique, et que la bienfaisance et l'enseignement en font partie intégrante.

Le culte public est surveillé ; le culte privé est interdit, et avec cette interdiction deviennent impossibles les retraites, les instructions pour une catégorie spéciale de personnes, mille actes de la vie morale de l'Église.

Le prêtre ne peut exercer son ministère que sous le couvert d'une association cultuelle, et son langage peut attirer sur cette association les rigueurs les plus sensibles. Une solidarité étroite est établie par la loi entre lui et les membres de l'association ; et, comme ils ont à craindre ses écarts de langage, ils seront amenés à le surveiller.

C'est cependant cette loi que les politiques ont présentée comme une loi de liberté et d'apaisement.

LES SUITES DE LA LOI DU 9 DÉCEMBRE 1905

On peut trouver une loi mauvaise et dure ; on peut même le dire, publiquement, car ainsi le veut la liberté républicaine ; mais il n'est pas permis de ne pas lui obéir, quand elle ne commande rien de contraire à la conscience et à l'honneur ; les ecclésiastiques ne sont pas moins soumis à la loi que les autres citoyens ; ils ont seulement le droit de demander, en matière religieuse, si la loi n'offense ni la foi ni la morale.

Les évêques de France pouvaient se poser cette question en face de la loi du 9 décembre 1905. S'ils avaient déclaré que la loi, si dure qu'elle fût, n'avait rien de contraire à la foi ni aux mœurs, s'ils s'étaient réunis à Notre-Dame, le lendemain de la loi de séparation, s'ils avaient chanté un *Te Deum* pour leur indépendance recouvrée, constitué dans toutes les paroisses les associations cultuelles prévues par la loi, et demandé au pape sa bénédiction, ils se seraient certainement placés très haut dans l'estime publique, et, parmi leurs adversaires, beaucoup auraient applaudi à leur attitude résolue et patriotique. Mais leur éducation ultramontaine ne leur a pas permis de trancher eux-mêmes ce cas de conscience ; ils n'ont pensé qu'à le soumettre au pape et à attendre docilement sa décision.

Le pontife dont allaient dépendre, dans une si large mesure, les destinées de l'Eglise de France, est un homme infiniment respectable. On peut sans doute regretter que le *veto* de l'Autriche ait empêché un illustre prince de l'Eglise de continuer la large politique de Léon XIII ; on ne peut contester que le cardinal patriarche de Venise n'ait très parfaitement mérité, et par la pureté de sa foi, et par la dignité de sa vie, l'honneur de s'asseoir sur la chaire de Saint-Pierre. Quand on lui posa la question traditionnelle : *Quomodo vis vocari ?* et qu'il répondit : *Pius*, il traça d'un seul mot tout le programme de son gouvernement. Pie X est pape et rien que pape. Il se considère comme le gardien de la foi, et il pense qu'il est pour lui de devoir étroit et absolu de condamner tout ce qui est contraire à la foi. Du peuple, dont il sort, il a gardé l'âme simple et candide, le jugement droit, la méfiance des « duplicités diplomatiques ». Il a une égale horreur pour le faste et pour le mensonge. Il a introduit au Vatican, et jusque dans le culte, une simplicité oubliée depuis des siècles. Quand il a une question grave à résoudre, il écoute les avis, mais son conseiller le plus écouté est la prière ; il médite jusqu'à ce que la lumière se fasse dans son esprit, jusqu'à ce qu'il lui semble entendre clairement la volonté de Dieu, et cette volonté, sitôt qu'il a conscience de la connaître, il la formule et s'y tient irrévocablement attaché.

Si les décisions pontificales restaient dans le domaine de la pure théologie et de la mystique, elles ne pourraient guère, venant d'une telle conscience, rencontrer qu'adhésion chez les fidèles et respect même chez les dissidents ; mais les sentences du Saint-Siège touchent parfois à des questions humaines d'une étonnante complexité, qui ne demandent pas seulement, pour être bien jugées, un cœur pur et un esprit droit, mais qui réclament aussi une connaissance profonde des hommes et des milieux ; et, sans manquer en aucune manière aux égards dus au chef de l'Eglise, il est permis de se demander si le pape est réellement bien instruit des affaires de notre pays.

Pie X ne parle pas notre langue, et ce n'est pas s'aventurer que de dire qu'il ne connaît pas la France. Il ne s'est jamais mis en peine de la connaître, tant qu'il n'a été qu'un simple prélat italien, et, depuis qu'il est enfermé au Vatican, il ne la connaît que dans la mesure et de la manière qu'on a voulu la lui faire connaître. Derrière ces hauts murs, la vérité ne passe que si les gardes de la porte lui permettent de passer. Pie X a donné sa confiance à un jeune cardinal espagnol, Mgr Merry del Val, qui ne lui aura certainement appris ni à comprendre ni à aimer la France moderne. Pie X reçoit la visite de touristes français, qui viennent le voir, un peu comme une des curiosités de la Ville éternelle, et dont la légèreté l'a, plus d'une fois, scandalisé. Pie X accorde des audiences à des Français, généralement d'opinion très conservatrice et mal faits pour le bien renseigner sur la situation morale de notre pays. Pie X écoute parfois nos évêques, et plus d'un parmi eux a pu lui faire entendre de sages avis ; mais, ne sachant pas le français, il ne peut converser avec eux qu'en latin, et le latin est un véritable voile jeté sur les idées : il émousse leurs angles ; il éteint leur couleur ; il leur ôte leur spontanéité, leur vivacité, leur tour moderne et précis. Puis, dans la question de la séparation, les évêques français sont juges et parties, et, si clairvoyants qu'on les suppose, ils ne considèrent et ne peuvent considérer la question que du point de vue ecclésiastique. Les prélats italiens envoyés à Paris ne semblent pas s'être beaucoup souciés d'étudier la France ; ils sont peu sortis de leur monde et n'ont pas augmenté notablement la réputation diplomatique de la cour de Rome. Le pape est, en somme, très incomplètement et très partialement renseigné sur la France. M. Alfred Loisy nous dit qu'il l'est à la fois mal et bien, mais qu'il a pris les renseignements inexacts pour les vrais (1), et on ne peut s'en étonner, quand on connaît le milieu dans lequel vit le souverain pontife. Ce milieu est exclusivement italien, gardien très jaloux des traditions, et non seulement des traditions ecclésiastiques, mais des traditions curiales, aristocratiques, mondaines, suivies depuis des siècles au Vatican. La France républicaine, irréligieuse, révolutionnaire, allant — en paroles — à toutes les outrances, est pour ce monde de prélats romains un chaos indéchiffrable, une pierre de scandale, et ils ne peuvent aider le pontife à comprendre ce qu'ils ne comprennent pas eux-mêmes. Le pape ne peut donc connaître la France, parce qu'il est étranger, parce qu'il est prêtre, parce qu'il est conseillé par des étrangers, ou par des Français, presque toujours étrangers eux-mêmes à l'esprit et aux aspirations de leur pays.

Quand parut la loi du 9 décembre 1905, le premier mot de Pie X fût un mot de répudiation. Par l'encyclique *Vehementer nos*, il condamna expressément la loi nouvelle : « Toutes les institu-
« tions de l'Eglise, disait-il, sont fondées sur la loi divine, et, con-
« trairement à ce principe, l'administration et la tutelle du culte
« vont être attribuées, non pas au corps hiérarchique, divine-
« ment institué, mais à des assemblées de personnes laïques, qui,
« elles-mêmes, seront soumises à la juridiction de l'Etat. L'auto-
« rité ecclésiastique n'aura donc plus sur elles aucun pouvoir. »
La loi était offensante pour la liberté de l'Eglise ; la loi entravait l'action de l'Eglise ; la loi laissait un champ trop large à l'arbitraire des fonctionnaires ; la loi portait atteinte au droit de propriété de l'Eglise.

Les politiques français ne s'inquiétèrent pas, outre mesure, de la réprobation pontificale ; ils ne s'étaient pas attendus à recevoir les félicitations du Saint-Siège ; mais ils ne remarquèrent

---

(1) *Le Temps*, 17 février 1908.

peut-être pas assez combien la condamnation de principe, prononcée par le pape, devait peser lourdement sur les décisions de l'épiscopat.

L'ère des difficultés commençait, et elles s'annonçaient très épineuses.

Dès la fin de janvier 1906, on procéda à l'inventaire du mobilier des églises, et sur un très grand nombre de points éclatèrent des manifestations violentes, très inopportunes, très regrettables, qui mirent le comble à l'exaspération des partis.

La formalité de l'inventaire était une mesure conservatoire, qui avait paru indispensable au moment où le mobilier des églises allait passer des fabriques aux associations cultuelles. Les fabriques devaient obtenir décharge du dépôt qui leur était confié; les associations cultuelles devaient connaître très exactement la nature du dépôt qui allait leur être remis. Cette formalité rentrait dans les traditions administratives, et n'avait en elle-même aucun caractère extraordinaire ou vexatoire. Mais un grand nombre de fidèles n'entendaient rien aux traditions administratives. L'inventaire leur parut être fait sans droit, et leur sembla le prélude de la confiscation. La question des inventaires se rattacha dans leur esprit à la question de propriété des églises, et devint pour eux, et même pour beaucoup de prêtres, une question de conscience. Les prêtres refusèrent d'assister aux inventaires, protestèrent contre cette mesure légale, mais illégitime à leurs yeux. Les impatients, les brouillons, les fous, s'en mêlèrent. Il y eut beaucoup de bruit... tant de bruit que le gouvernement suspendit, un moment, les opérations.

Le clergé de Paris avait, en majorité, désapprouvé ces excès; bon nombre d'ecclésiastiques sages et prudents s'étaient mis sans esclandre en règle avec la loi. Mgr Lacroix, évêque de Tarentaise, adressa à ses diocésains une lettre pastorale, qui est un modèle de correction et de libéralisme : « Au lieu de vous « répandre, disait-il, en vaines doléances et en récriminations « stériles, veuillez considérer que les lois défectueuses, mau« vaises, injustes même, peuvent être corrigées, amendées ou « abrogées, et que vous avez le droit, je ne dis pas assez, que « vous avez le devoir de vous y employer de toutes vos forces. « Mais par quels moyens ? Par la libre discussion, par la parole, « par la plume, par ce que les Anglais appellent une agitation « légale, c'est-à-dire par un appel actif et incessant à la conscience « publique. Après tout, vous êtes citoyens, membres d'une

« démocratie, en possession, par conséquent, d'une part de la
« souveraineté nationale. Ce que des législateurs ont fait en votre
« nom, d'autres peuvent le défaire, si vous leur en donnez le
« mandat. Certes, vous avez pour vous la raison et le droit. La
« cause de la liberté finira par triompher, si vous savez en être
« les serviteurs dévoués. »

Cette lettre fut, dit-on, très mal vue à Rome. M. Alfred Loisy nous dit qu'on s'y faisait de grandes illusions sur le mouvement des inventaires. (*Le Temps*, 17 février 1908.)

Les élections législatives d'avril 1906 consacrèrent la victoire de l'anticléricalisme. Si le clergé s'était flatté de faire rapporter la loi de séparation, il dut perdre alors tout espoir.

Le 30 mai, près de six mois après le vote de la loi, les évêques français se réunirent enfin à l'archevêché de Paris, non pour organiser le nouveau régime, confirmé cependant par le verdict national, mais pour se prononcer sur l'opportunité de la résistance ou de la soumission à la loi.

Le secret ayant été gardé sur les délibérations de l'assemblée, on sait mal ce qui s'y passa. On dit que trois partis s'y dessinèrent : les uns, comme les archevêques de Rouen, de Sens, d'Albi, de Bordeaux, d'Auch et de Besançon, tenaient pour l'accommodement ; d'autres, comme les archevêques de Lyon et de Cambrai, les évêques de Nancy et de Montpellier, tenaient pour la résistance ; quelques-uns, parmi lesquels on a cité l'archevêque d'Aix et l'évêque d'Orléans, se montraient perplexes et hésitants. Quand on en vint au scrutin, 2 évêques seulement trouvèrent la loi acceptable ; quand il s'agit de savoir si l'on appliquerait cependant cette loi déclarée mauvaise, la discussion se fit âpre et houleuse ; les partisans de la résistance groupèrent autour d'eux à peu près le tiers de l'Assemblée : 26 prélats se prononcèrent pour le rejet pur et simple de la loi ; 48 demandèrent l'essai loyal du nouveau régime ; mais tous affirmèrent leur intention d'attendre la décision du souverain pontife ; aucun de ces 74 prélats français ne se crut autorisé à accepter une loi française sans en avoir référé au pape.

Pie X ne rompit le silence que le 10 août. L'encyclique *Gravissimo* interdit aux évêques de créer des associations cultuelles dans leurs diocèses, et, ces associations étant la partie vitale de la loi du 9 décembre 1905, cette loi s'est écroulée tout entière, entraînant dans sa ruine les derniers débris du patrimoine ecclésiastique et les dernières garanties laissées au catholicisme.

L'encyclique présente un détail actuellement presque inintelligible. Le pape déclare qu'il lui parut bon de prendre l'avis de l'épiscopat et de fixer les points qui devraient être mis en délibération. Nous savons que l'épiscopat français consulté a rejeté la loi à la presque unanimité, mais s'est prononcé à une très grande majorité pour l'application de cette loi. Or Pie X déclare pleinement confirmer, de son autorité apostolique, la délibération presque unanime de l'assemblée, et interdit néanmoins toute constitution d'association cultuelle ou analogue aux associations cultuelles prévues par la loi. Il confirme donc l'opinion des évêques français en ce qu'elle a de conforme à son sentiment, et la rejette en ce qu'elle a de contraire à ses idées. On ne voit point, dès lors, à quoi a pu servir la consultation.

Le pape condamne les associations cultuelles comme contraires « aux droits sacrés qui tiennent à la vie même de l'Église ».

Il les déclare inacceptables aussi longtemps qu'il ne sera pas établi, « d'une façon certaine et légale, que la divine constitution
« de l'Eglise, les droits immuables du pontife romain et des évê-
« ques, comme leur autorité sur les biens nécessaires à l'Eglise,
« particulièrement sur les édifices sacrés, seront irrévocablement
« en sûreté dans lesdites associations ».

Il déclare qu'il n'est mû par aucune pensée étrangère à la religion, et qu'il ne refuse pas à la France ce que le Saint-Siège aurait accordé à d'autres nations : « Si un Etat quelconque, s'est
« séparé de l'Eglise en laissant à celle-ci la ressource de la liberté
« commune à tous et la libre disposition de ses biens, il a sans
« doute et à plus d'un titre agi injustement ; mais on ne saurait
« pourtant dire qu'il ait fait à l'Eglise une situation entièrement
« intolérable. »

Les raisons alléguées par le pape sont assurément très sérieuses, et tout ce qu'il dit est très vrai ; mais ce qui est vrai aussi, c'est que la loi ne dit pas un mot de la constitution de l'Église et ne peut, par conséquent, être considérée comme lui étant contraire ; c'est que, si la propriété de la plupart des églises est déniée aux catholiques, l'usage gratuit et indéfini leur en est laissé ; c'est que, si les associations cultuelles peuvent, dans certains cas, tomber sous la juridiction séculière du Conseil d'Etat, elles n'en sont pas moins obligées, par l'article 4 de la loi, de « se conformer aux règles d'organisa-
« tion générale du culte dont elles se proposent d'assurer l'exer-
« cice », et, par conséquent, les tentatives schismatiques sont peu

à redouter; dans l'immense majorité des cas, les associations cultuelles, présidées par le curé et approuvées par l'évêque, auraient assuré l'exercice du culte catholique, préservé dans le présent tout ce qui pouvait l'être et ménagé l'avenir. Ce qui est vrai, c'est qu'il n'y a présentement aucune espérance d'améliorer la loi de 1905, et que toute tentative de résistance ne peut qu'aggraver la situation. Ce qui est vrai, enfin, c'est qu'il est fâcheux et très fâcheux que l'on puisse dire à la France : « La loi « française n'existe pour les catholiques que si le pape leur per-« met de l'accepter. »

Ce sentiment-là est un sentiment très profond dans l'âme française, très répandu, très fort. On le retrouve chez les hommes les plus instruits, les plus modérés, les moins sectaires. Un de nos amis, un érudit des plus distingués, d'une parfaite éducation, d'un indifférentisme absolu, nous écrivait à ce sujet la très catégorique déclaration que voici : « Qu'il y ait, dans un avenir pro-« chain, bien des misères touchantes parmi ceux que l'Etat ne « salariera plus, je m'en doute et le déplore ; mais vais-je verser « des larmes sur l'immense sottise d'un parti politique qui attend « les ordres d'un prêtre étranger ? »

L'argument n'est pas sans réplique. On dira que personne ne peut contester à un Français le droit d'être catholique; qu'un catholique est un membre d'une religion qui reconnaît le pape comme chef suprême, comme docteur infaillible en tout ce qui touche à la foi et aux mœurs, et que, cela étant, quand les députés français font une loi concernant les catholiques, ils la doivent faire de telle façon que les catholiques puissent lui obéir en toute sécurité de conscience.

Mais le gouvernement français répondra, à son tour, que la loi qu'il est chargé d'appliquer ne touche ni à la foi ni aux mœurs, échappe par conséquent au magistère infaillible du chef de l'Eglise, et qu'il lui est impossible d'admettre l'intervention d'un tiers entre une partie des citoyens et lui. La loi oblige tous les citoyens sans distinction.

On se trouve, en somme, en présence d'une des conséquences de l'infaillibilité pontificale. Cette infaillibilité ne s'étend, d'après le concile du Vatican lui-même, qu'à la foi et aux mœurs, mais voilà que, par extension, une simple prétérition est considérée par le pontife romain comme un attentat à la foi ; voilà que la discipline rentre, à son tour, dans le ressort de la juridiction infaillible ; voilà que, non content de condamner des doctrines erronées, ou de blâmer des lois contraires aux intérêts ecclésiastiques, le pape ordonne à des citoyens français de tenir pour non avenue une loi d'Etat ; voilà que, chaque jour, ses prétentions s'affirment d'une manière plus hardie et plus inquiétante ; qu'il défend à des clercs français de parler, et même d'écrire, qu'il frappe d'interdit des journaux français (la *Justice sociale,* la *Vie catholique*), qu'il défend, sous peine d'excommunication, de lire, de discuter et même de détenir les livres qu'il a condamnés. Si bien qu'à chaque instant s'affirme, sous nos yeux, le conflit entre le dogmatisme romain et la libre pensée française.

Le gouvernement français fut très surpris de la décision du pape. « Nous nous attendions à tout, dit un politique, excepté à « ce qui est arrivé. » Les anticléricaux farouches se réjouirent, en pensant qu'ils allaient pouvoir porter de nouveaux coups à leurs ennemis ; les gens sages s'affligèrent sincèrement ; les hommes au pouvoir se promirent, tout en profitant des avantages que le refus du pape leur assurait, de ne pas pousser les choses à l'extrême et de tout faire pour le maintien de la paix publique. « Notre souci, dit M. Clemenceau, doit être de ne pas intervenir « dans l'exercice du culte, et de ne l'empêcher en aucune « façon. » (Interview avec un rédacteur du *New-York Herald*, 18 août 1906.)

Le 4 septembre 1906, les évêques se réunirent de nouveau à Paris, et, avant toute délibération, adressèrent un acte de soumission inconditionnelle au Saint-Siège. Ils s'occupèrent ensuite des moyens les plus propres à sauvegarder les intérêts catholiques, mais paraissent n'avoir su tracer aucun plan d'ensemble. Les associations cultuelles, dont quelques évêques, notamment l'évêque de Soissons, avaient commencé l'organisation, furent rejetées et avec elles toutes les associations analogues qu'on avait proposé d'appeler canoniques ou paroissiales. Le ministre des cultes avait déclaré que toute association, créée en vue d'assurer le service du culte, serait considérée par l'Etat comme une association cultuelle.

Le 7 septembre, les évêques publièrent une lettre générale, dans laquelle ils exprimèrent avec une grande précision l'idée dominante du pape, dont ils faisaient leur idée propre. L'Eglise était « une société gouvernée par des pasteurs, dont le pape est « le chef, et à qui seul appartient le droit de régler tout ce qui « touche à l'exercice de la religion ». Les associations cultuelles, étrangères à la hiérarchie ecclésiastique, ne pouvaient être acceptées par elle. « Si l'on voulait, à tout prix, séparer l'Eglise de l'Etat,

« qu'on la laissât du moins jouir des biens qui lui appartenaient
« et des libertés de droit commun, comme en d'autres pays vrai-
« ment libres. »

Le pape et les évêques s'accordaient donc à considérer comme une intolérable injure le silence gardé par la loi sur tout ce qui concerne la hiérarchie ecclésiastique. M. Brunetière précisa encore ce point particulier dans une lettre du 14 septembre 1906, où il conseillait aux catholiques de se soumettre au Saint-Siège, et aux pouvoirs publics de négocier avec Rome : « La papauté, « disait-il, est un fait, un fait historique, un fait actuellement « subsistant, un fait international, et rien ne peut faire que ce « fait ne soit pas. »

Le pape et les évêques avaient fait allusion à la législation libérale de plusieurs pays où l'Eglise vit séparée de l'Etat. En Allemagne, les églises, les presbytères, les maisons des sacristains, les hôpitaux fondés par des catholiques appartiennent aux paroisses. La paroisse ou ensemble des fidèles d'une même localité est différente de la commune civile et vit en dehors de sa tutelle... Elle est gouvernée par le curé, assisté d'un conseil d'église (*Kirchenvorstand*) élu par tous les paroissiens. Les décisions du conseil d'église sont susceptibles d'appel auprès du tribunal épiscopal. Le gouvernement exerce un droit de surveillance et de contrôle sur les biens d'Eglise, mais ne prétend pas en avoir la propriété. Certaines églises monumentales sont placées sous un régime spécial, analogue à celui qui est appliqué en France aux monuments historiques. Les cathédrales appartiennent au chapitre diocésain, ou à la province ecclésiastique, en quelques cas très rares à l'Etat ; mais, d'une manière générale, la loi allemande respecte l'autonomie de la paroisse et la propriété ecclésiastique, et reconnaît la hiérarchie catholique. Elle n'affecte pas de ne point savoir ce que c'est qu'un curé, un chanoine ou un évêque. Le prêtre de paroisse est chez lui dans son église paroissiale. La paroisse peut avoir ses services particuliers et ses hôpitaux ; la paroisse peut s'enrichir. La juridiction épiscopale est reconnue.

Aux États-Unis et en Angleterre, l'Église catholique vit sous le régime de la liberté complète. Un haut dignitaire de l'Église d'Angleterre l'a dit franchement à un journaliste français qui était venu lui demander son sentiment sur la loi française : « La loi de 1905 une loi de séparation ! Non, Monsieur ; allez « trouver n'importe quel sujet anglais, n'importe quel habitant

« des États du Nord de l'Amérique, montrez-lui seulement le
« titre de la loi qui a trait à la police du culte, et demandez-lui
« si c'est là une loi de séparation. Qu'il soit catholique, protes-
« tant ou juif, il vous dira que non. Ici, nous vivons, nous,
« prêtres catholiques, sous le régime de la séparation ; nous
« avons nos églises à nous, où nous faisons ce que nous voulons,
« sans avoir à rendre compte de nos actes à personne. La sépa-
« ration, c'est la liberté. Nous l'avons ici ; mais la loi de 1905 ne
« la donne pas aux catholiques français. » (*Le Matin*, 11 décembre 1906.)

Les évêques revendiquaient le droit commun, c'est-à-dire le droit d'association et de réunion ; mais ces droits sont si étroitement mesurés aux citoyens français, qu'ils ne peuvent suffire à l'Église catholique, et que l'enfermer dans le droit commun, c'est la condamner à périr.

Le droit commun, c'est pour les édifices du culte la pleine propriété et le droit de disposition dévolus à l'État et aux communes ; c'est, pour les revenus des églises, le transfert aux établissements d'association ou de bienfaisance ; c'est, pour le droit d'association, la loi de 1901, et l'impossibilité d'acquérir sans une reconnaissance d'utilité publique ; c'est, pour le droit de réunion, la loi de 1881, et l'assimilation du moindre office à une réunion publique avec déclaration obligatoire, constitution d'un bureau, intervention de la police, et dissolution toujours possible de la réunion.

Le droit commun est tellement inapplicable en l'espèce, que le gouvernement n'a pas voulu l'appliquer. Une circulaire du ministre des cultes, en date du 1er décembre 1906, déclara que le culte privé est libre, et ne soumit le culte public qu'à la formalité d'une déclaration, valable une fois faite pour toutes les manifestations cultuelles prévues dans la déclaration, et pour un laps de temps indéterminé. Il ne serait point nécessaire de constituer un bureau ou d'élire un président pour une réunion cultuelle ; la police n'aurait le droit de dissolution qu'en cas de conflit violent ; il serait permis de célébrer les réunions cultuelles, même après onze heures du soir, lorsque les usages liturgiques l'exigeraient. Les églises, propriété de l'État et des communes, ne pourraient être désaffectées que par une loi ou un décret. Mais le ministre faisait suivre ces déclarations libérales d'une phrase qui faisait du curé dans l'église « un occupant sans titre juridique » et, par une application légale, mais dure, de la loi de 1905, rendait aux communes la disposition des presbytères, et annonçait la fermeture imminente des grands séminaires, si des associations cultuelles ne se formaient pas à bref délai.

Les évêques ne jugèrent pas tous impraticable le nouveau régime qui leur était imposé. Le cardinal Coullié défendit à ses prêtres de faire la déclaration demandée par le ministre ; le cardinal Lecot la permit.

Mais le pape ordonna, par dépêche, de « continuer le culte dans « les églises et de s'abstenir de toute déclaration » (7 décembre 1906).

Le ministre ordonna alors de poursuivre les prêtres qui continueraient le culte dans les églises, en s'abstenant de toute déclaration, et un délit nouveau, « le délit de messe », fit son apparition devant nos tribunaux.

Le 11 décembre, le gouvernement fit expulser de la nonciature le chargé d'affaires resté à Paris depuis la rupture avec Rome, et mit la main sur ses papiers.

Le ministre des cultes prépara une loi nouvelle, qui fut promulguée le 2 janvier 1907. Considérant que, « sans motifs d'ordre « religieux, et sur injonction venue de l'extérieur, l'Église se « révoltait contre la loi », le pouvoir politique prononça la reprise immédiate des archevêchés, évêchés, presbytères et séminaires, l'attribution immédiate des biens des établissements ecclésiastiques aux œuvres communales d'assistance et de bienfaisance, toutes les fois que ces biens ne seraient pas grevés d'affectations spéciales (service du culte, fondations). L'exercice public du culte fut placé sous le régime de la loi de 1901 sur les associations, la nécessité de la déclaration préalable fut maintenue, les églises furent laissées, jusqu'à leur désaffectation régulière, à la disposition des fidèles et des ministres du culte. Les municipalités eurent même le droit d'en concéder l'usage gratuit ; les contrats de jouissance passés entre les maires et les ministres du culte purent être cessibles à un tiers, pour permettre à un nouveau curé d'entrer en jouissance de l'église sans nouveau contrat ; on permit même au ministre contractant d'écrire dans l'acte qu'il agissait en vertu d'une autorisation de ses supérieurs. Mais tout contrat d'une durée supérieure à dix-huit ans dut être homologué par le préfet, et les frais d'assurance et de réparation des bâtiments furent laissés à la charge des ministres du culte, qui, faute de se soumettre aux prescriptions de la loi, perdaient tout droit aux allocations prévues par la loi du 9 décembre 1905.

Le pape condamna la nouvelle loi, comme il avait fait de la circulaire du ministre et de la loi de 1905, et, dans un article publié le 13 janvier 1907 par la *Nouvelle Presse libre* de Vienne, M. Emile Combes lui donna raison, déclarant que son intransigeance était dogmatique et forcée. M. Combes proposait de laisser les catholiques maîtres d'organiser les réunions sans déclaration préalable, supprimait les allocations au clergé, et restituait aux communes la libre disposition des édifices religieux.

Le 30 janvier, la Chambre des députés votait une troisième loi, qui rendait la déclaration facultative, mais supprimait toute allocation pour les prêtres qui se refuseraient à faire la déclaration légale.

Une nouvelle loi, dite de dévolution, menaçait de séculariser les biens provenant de fondations pieuses et attribuait aux bureaux de bienfaisance laïques les sommes données ou léguées aux fabriques pour la célébration de messes et d'offices commémoratifs. Une pétition, émanant des ministres les plus distingués de l'Église protestante, fut adressée au Sénat pour lui demander de ne pas voter une loi qui frapperait si douloureusement la conscience des catholiques : « Le gouvernement, disaient les pétitionnaires, ne
« s'est pas avisé qu'il ressuscitait certaines pratiques de l'ancien
« régime. Quand Louis XIV rendait les ordonnances des 15 janvier
« 1683 et 21 août 1684, par lesquelles il confisquait au profit des
« hôpitaux les biens des consistoires supprimés, il prétendait
« légitimer cette spoliation en affirmant hautement que ces biens
« ne pouvaient mieux être employés qu'en soulageant les pauvres.
« L'histoire impartiale a jugé, comme ils le méritaient, ces misé-
« rables prétextes. Descendants de ceux qui ont été spoliés, persé-
« cutés et proscrits pour cause de religion, nous gardons une
« invincible horreur pour tout ce qui porte atteinte à la liberté du
« culte et à la propriété individuelle. Aussi, sans vouloir servir
« aucun parti politique, sans faire acte d'opposition, nous venons,
« au nom de la justice et du droit, demander respectueusement
« au Sénat de placer tous les citoyens, à quelque religion qu'ils
« appartiennent, sous la garantie et la sauvegarde du droit
« commun. »

Ce noble appel fut entendu. La loi du 13 avril 1908 abandonna les biens provenant des fondations pieuses aux sociétés de secours mutuels pour les prêtres âgés et infirmes ; mais le pape, un moment ébranlé par les instances de l'archevêque de Rouen, a interdit la constitution de ces sociétés de secours mutuels, comme il avait interdit la formation des associations cultuelles.

Quand tous ces faits apparaîtront, grâce au recul du temps, dans leurs véritables proportions, l'histoire dira, peut-être, que certains hommes politiques ont péché par esprit de parti en refusant de reconnaître officiellement l'existence de l'Église, en lui refusant la propriété de ses temples et de ses biens ; elle dira que le pontife romain a méconnu certaines fatalités historiques, mal compris la situation et n'a pas toujours rendu à César ce qui appartient à César ; elle dira que les évêques français se sont montrés trop exclusivement ultramontains, et pas assez français. Elle dira surtout que toute cette triste histoire fut un malheur public, une source de scandale pour une foule de très honnêtes gens, de misère et d'affliction pour des milliers de prêtres irréprochables, d'enrichissement pour des hommes infiniment moins estimables, et de joie pour beaucoup de gens sans vergogne et sans aucune valeur morale.

La situation actuelle de l'Église de France est vraiment des plus précaires. L'édifice concordataire, qui l'abrita pendant un siècle, a été démoli ; l'asile que lui offraient les associations cultuelles, son chef lui a défendu de l'accepter ; dépouillée de ses derniers biens, elle est, en fait, sans feu ni lieu, en pleine rue, abandonnée à la merci du plus capricieux des souverains : le suffrage universel.

Dans cette situation désespérée, elle donne au monde le spectacle extraordinaire d'une discipline sans défaillance et d'une constance à toute épreuve.

Nous ne pensons ici ni au pape ni même aux évêques ; nous pensons à ces milliers de prêtres qui n'ont plus pour vivre que leurs ressources personnelles, souvent des plus minces, et les dons des fidèles, souvent plus médiocres encore. Non seulement ils n'ont proféré aucune plainte contre les chefs qui les ont condamnés à la ruine, non seulement ils ont obéi à tous les ordres qui leur ont été donnés ; mais une sorte d'enthousiasme mystique a saisi leur cœur à la pensée que nul ne pourrait plus désormais les considérer comme des fonctionnaires indociles, comme des salariés séditieux. Les évêques ont dit à l'Etat : « Gardez l'argent ! *Pecunia nostra tecum sit* », et les prêtres, dont cet argent était parfois le pain quotidien, ont accepté le sacrifice sans murmures et se montrent fiers d'avoir recouvré leur indépendance. Combien seraient-ils dans la société actuelle ceux qui salueraient ainsi leur ruine matérielle ?

Un prêtre nous le disait récemment : « Les calomnies sans cesse
« répétées avaient fini par séduire bon nombre d'esprits simples.
« Beaucoup de nos prêtres se sentaient estimés comme hommes
« et méprisés comme prêtres. Maintenant, on ne peut plus leur
« reprocher d'être entrés dans les ordres pour ne rien faire et
« vivre grassement. Ils ont reconquis la liberté, et ils en sont
« fiers et heureux. Il était temps que cette chaîne se rompît : elle
« devenait intolérable. »

Déjà se fait jour l'idée vivifiante que le prêtre peut, sans déchoir, donner l'exemple du travail, vivre du travail de ses mains. On dit que plus de 2.000 prêtres ont déjà pris la bêche ou l'outil. Ils sont dans la vraie voie ; peu doit leur importer qu'on les critique ou qu'on les blâme : ils ont raison, cent fois raison ; ils sont l'honneur et l'espoir de l'Eglise.

Les conditions nouvelles de la vie ecclésiastique restreindront certainement le nombre des candidats à la prêtrise. Il fallait hier beaucoup de renoncement pour se vouer à une pareille tâche ; il faut maintenant de la fermeté et de la vaillance ; mais les difficultés même de la route surexcitent les énergies, et si les novices se présentent moins nombreux, ils paraissent aussi plus solides et plus résolus.

Le clergé est à peine sorti de la prison concordataire ; il est aux prises avec les angoisses de l'adaptation à sa vie nouvelle, et déjà il semble se réveiller à la vie et à l'action ; son langage est plus fier et plus pondéré ; son attitude, plus nette et plus hardie.

Mais que d'hostilités et de pièges autour de lui !

Les ennemis déclarés, ceux qui ont juré sa perte et son anéantissement.

Les indifférents, qui vont à leurs affaires, sans s'arrêter à rien d'autre, et pour lesquels l'Idée, sous quelque forme qu'elle se présente, n'est qu'un vain mot.

Les politiques, pour lesquels l'Eglise est toujours l'antique alliée de la réaction, la conspiratrice incorrigible, la congrégation sournoise et redoutable, qui vous embrasse pour vous étouffer.

Les conservateurs attardés dans le culte sans espoir de leurs opinions mortes. Ceux-là comptent parmi les ennemis les plus dangereux de l'Eglise nouvelle. Ce sont les anciens amis, les compagnons des anciennes luttes, les alliés d'hier, qu'il faut avoir le courage de repousser aujourd'hui, qu'il faut se résigner à combattre demain. Les hommes, et surtout les femmes de ces vieux partis tiennent encore par mille fibres secrètes à l'âme de l'Eglise. Les femmes sont pieuses et charitables ; elles donnent leurs fils aux écoles de l'Eglise ; elles retiennent leurs maris dans la fidélité à la vieille religion. Les hommes, incomparablement moins chrétiens et moins généreux, ont du moins les mêmes antipathies que l'Eglise. Quoique les fortunes se soient très amoindries et bien déplacées depuis un siècle, les familles conservatrices, nobles ou bourgeoises, détiennent encore une part importante de richesse, et c'est souvent du château que l'Eglise peut attendre les subsides les plus abondants. Tomber dans la mouvance du château serait, pour elle, un malheur pire encore que la séparation. Si elle veut vivre, il faut qu'elle se libère de toute alliance compromettante ; il faut qu'elle garde, même à l'égard de ceux qui la soutiennent, l'indépendance politique la plus entière. Ils crieront à la trahison ; ils crient déjà, paraît-il ; il faut les laisser crier, et suivre le droit chemin de la liberté.

Mais, dans cette voie nouvelle, où le jeune clergé de France semble prêt à marcher, voilà qu'un nouvel adversaire se présente, et terrible celui-là : le pape !

Pie X est traditionaliste en politique comme en religion ; la démocratie l'inquiète et le trouble ; il n'aime point tout ce fracas et tout ce mouvement. Le clerc qui va vers le peuple, ce peuple fût-il mécréant et révolutionnaire, le clerc républicain, homme de son temps, citoyen de son pays, ami de la liberté, ayant foi au progrès et à la justice, ce clerc-là, le pape ne le comprend pas, parce qu'il n'a pas encore de modèles dans le passé, et le pape le condamne et le bâillonne et l'enchaîne. Situation terrible, en vérité !

Autrefois, les distances étaient si longues, les nouvelles passaient si difficilement d'un pays à l'autre, que l'on pouvait se croire libre, sitôt qu'on vivait à cent lieues de Rome. Aujourd'hui, le télégraphe et la presse ont bien vite fait d'informer la Curie de tout ce qui se dit, de tout ce qui s'écrit, de tout ce qui se passe. Qu'un prêtre médise de l'encyclique *Pascendi*, il est aussitôt signalé à l'animadversion du pontife, dépouillé de ses titres romains et recommandé à la sévérité de son évêque. Qu'un archevêque envoie un représentant à l'inhumation d'un prêtre irréprochable, coupable d'avoir été désigné par M. Combes pour un évêché, et voilà l'archevêque au milieu d'un nid de serpents !

On dit que le pape et son conseiller espagnol suivent de près et avec un grand intérêt la conduite du clergé français. Nous le croyons sans peine, mais intérêt n'est pas le mot propre, c'est inquiétude, c'est malveillance qu'il faut dire. Notre Eglise française n'a rien de commun avec l'Eglise italienne, endormie dans sa dévote routine, ni avec l'Eglise espagnole, fanatique, persécutrice, insultant par son faste et son despotisme à la misère et à la servitude de la nation. Notre Eglise de France est composée de Français, et « bon sang ne peut mentir ». Ces Français-là, on ne peut faire qu'ils ne vivent dans un pays assurément troublé, mais singulièrement vivace et remuant, dans un pays où tout se discute et où le respect des hommes ne va plus ni à l'habit ni à la fonction, mais seulement à la valeur personnelle. On ne peut faire que la loi de séparation, si contestable qu'elle soit par certains côtés, n'ait au moins apporté avec elle un germe de liberté et d'indépendance. Tôt ou tard, ce germe lèvera.

Le pape veut, dit-on, morceler la France comme un pays conquis, la dépecer en quatre grandes provinces, empêcher les assemblées générales de l'épiscopat français, créer des Églises de Neustrie, d'Austrasie, de Provence et d'Aquitaine, et supprimer l'Eglise de France. Il veut courber les 60.000 prêtres de France sous le joug d'évêques nommés par lui, et révocables *ad nutum*. L'Eglise française est menacée par Rome d'asservissement et d'anéantissement.

Ne craignons rien : elle ne sera ni anéantie ni asservie ; car rien ne prévaut contre la vie et contre la liberté.

D'où viendra le salut, quand et comment s'opérera-t-il ? Nous n'en savons rien ; mais nous savons déjà que bon nombre d'écrivains et de penseurs catholiques français sont résolus à parler et à écrire librement, sans tenir compte d'aucune censure ni d'aucune menace.

Et pour ceux qui, engagés dans les ordres, ne peuvent marcher de l'avant si délibérément, l'un d'eux nous disait : « Instruisons-« nous, réfléchissons, attendons. La victoire ne peut être que « pour la science et pour la liberté. » Et nous avons compris, ce jour-là, que l'Eglise de France avait encore un avenir devant elle.

L'AVENIR DE L'ÉGLISE

Les adversaires de l'Eglise catholique croient à sa perte prochaine en France, parce qu'une Eglise dépouillée de ses biens leur paraît destinée à mourir d'inanition, et parce qu'une Eglise privée des honneurs officiels leur semble incapable de s'imposer aux respects de la foule. Nous croyons, au contraire, que le catholicisme a encore devant lui, s'il le veut, un avenir dans notre pays; nous croyons aussi qu'il ne peut espérer ces victoires futures qu'à certaines conditions, et ces conditions, la longue étude que nous venons de faire de notre histoire religieuse nous permettra justement de les déterminer.

Qu'avons-nous vu au cours de ces trois siècles d'histoire religieuse qui ont passé sous nos yeux? Quel est le fait capital qui se dégage de cette revision? Il semble bien que ce soit la lutte du principe de liberté contre le principe d'autorité; la lutte de la pensée libre contre le dogmatisme, et ne disons pas contre le dogmatisme immuable, car il a changé, disons contre le dogmatisme sans cesse aggravé de l'Eglise romaine.

La liberté religieuse apparaît dans notre histoire avec l'Edit de Nantes, et tout aussitôt le catholicisme médite la ruine de l'Edit et le rétablissement de l'unité doctrinale.

L'histoire religieuse du dix-septième siècle tient tout entière dans cette idée.

L'Eglise française recouvre alors une vigueur extraordinaire; elle bataille tout un siècle et elle triomphe de tous les ennemis de l'unité : des protestants, des jansénistes, des quiétistes, de Mme Guyon, de Fénelon. Non seulement l'hérésie est frappée; mais tout catholicisme qui n'est pas entièrement, absolument, régulièrement orthodoxe, est condamné. Et, jusqu'à la Révolution, l'Eglise de France triomphante jouit de sa victoire et dort sur son lit de lauriers.

Pendant son sommeil, la liberté se réveille, non plus sous une forme, mais sous mille formes ; elle se répand partout; elle s'infiltre jusque chez les clercs ; elle règne dans les écrits et surtout dans la conversation et dans les mœurs. Quand vient la grande crise, l'Eglise, qui marche à la bataille avec d'innombrables légions, les voit avec stupeur passer presque toutes à l'ennemi. Elle se trouve bientôt presque seule en face de la liberté et tombe sous ses coups.

C'est pour se relever presque aussitôt, parce qu'il y a en elle une force incomparable; c'est pour ressusciter sous les yeux mêmes de la liberté victorieuse.

Un moment, les deux adversaires ont été sur le point de faire la paix. Bonaparte est venu et les a enchaînés l'un et l'autre pour quinze ans.

A la chute de l'Empire, l'Eglise et la liberté sont sorties de prison presque ensemble; mais le souvenir de leurs anciennes luttes les a empêchées de se réconcilier.

L'Eglise, auréolée par la persécution, est rentrée à Rome plus forte qu'elle n'en était sortie; elle a trouvé en France aide et protection auprès du trône, elle a eu en de Maistre, Lamennais, Chateaubriand, des défenseurs tels qu'elle n'en connaissait plus de pareils depuis un siècle, et elle a nourri la coupable pensée de supprimer à son tour la liberté, qui lui a répondu par la révolution de 1830.

A ce moment encore, on a pu croire que le malentendu allait finir. Lamennais, mûri par la réflexion, était passé au camp libéral et entreprenait la noble tâche de réconcilier les sœurs ennemies : l'Eglise et la liberté. S'il n'avait eu devant lui que l'Eglise de France, il aurait réussi ; mais il trouva devant lui Rome, et il échoua. L'encyclique *Mirari vos* est le premier symptôme très grave de l'antilibéralisme de la papauté.

Lacordaire et Montalembert essayèrent encore de rester libéraux en restant orthodoxes, et ils eurent un instant l'illusion d'avoir réussi. On se rappelle le cri de joie et d'espérance qui salua de tous les coins du monde l'avènement du pape libéral Pie IX ; on se rappelle le cordial accueil fait par le clergé de France à la République de 1848.

Mais cette même année marqua, au contraire, la brouille définitive entre l'Eglise et la liberté. Les journées de juin en France, le meurtre de Rossi à Rome, éloignèrent plus que jamais des idées libérales et l'épiscopat français et le pontife romain ; et le second Bonaparte enchaîna la liberté française et la donna à garder à l'Eglise de France, qui fut une geôlière soupçonneuse et tyrannique.

Quand la liberté et l'Eglise se retrouvèrent face à face, le 4 septembre 1870, elles étaient bien changées l'une et l'autre. Vingt ans de captivité avaient enlevé à la liberté toutes ses illusions, et l Eglise avait elle-même étrangement vieilli. La prélature italienne, qui la gouverne, n'avait pas su éviter la ruine temporelle de la papauté ; mais elle avait entrepris d'exalter jusqu'à un point inouï sa puissance spirituelle. Le pape avait, de sa propre autorité, ajouté un dogme nouveau à la liste des dogmes orthodoxes. Le pape avait condamné la plupart des principes sur lesquels repose le droit des nations modernes. Le pape s'était fait reconnaître infaillible par un concile. Le gouvernement de l'Eglise, qui avait jadis été républicain, puis était devenu monarchique, puis monarchique absolu, avait été changé en un véritable tzarisme spirituel ; un seul homme ayant qualité pour penser pour tous.

La lutte entre l'Eglise et la liberté recommença en France dès le lendemain de l'avènement de la République. Nous avons indiqué les phases principales de cette longue lutte, et nous savons que les derniers événements ont constitué pour l'Eglise une défaite telle qu'elle n'en avait pas éprouvé de comparable depuis la Révolution.

L'histoire en main, nous sommes en droit de dire que, si l'Eglise a été vaincue et ainsi traitée, c'est pour avoir, pendant trente ans, fait la guerre à la liberté, au nom du *Syllabus* et de l'infaillibilité pontificale.

Il est vrai, et incontestablement vrai, de dire qu'entre le catholicisme du *Syllabus* et de l'infaillibilité et la liberté il existe une antinomie irréductible et absolue. Ces choses s'excluent mutuellement.

L'infaillibilisme prend, chaque jour, sous nos yeux, un caractère plus tranchant et plus alarmant. Il entend maintenir tous les dogmes, et il a le droit légal d'ajouter indéfiniment de nouveaux dogmes aux dogmes déjà reconnus. On l'accuse avec raison « de vouloir tuer les idées à coups de bâton ».(A. Loisy). Ses décisions n'inspirent d'ailleurs aucune confiance aux savants, car elles méconnaissent les résultats les plus indiscutables de la philologie et de l'exégèse. Un des maîtres de l'histoire religieuse écrivait l'an dernier à l'un de nos amis : « Je ne nie pas la possibilité de
« la foi, ce qui serait absurde, puisqu'elle existe ; je nie seule-
« ment qu'elle puisse se fonder sur des faits historiquement soli-
« des et sans suppléer par l'imagination à la pauvreté des certi-
« tudes. Loisy me paraît avoir, la mort dans l'âme, dit les mots

« définitifs sur la question. L'immense domaine métaphysique
« reste ouvert à la foi ; celui de l'histoire lui est fermé. Il est
« impossible d'aboutir à une autre conclusion, quand on écoute
« parler les textes, sans essayer de leur faire dire ce qu'ils igno-
« rent. Entreprendre de justifier un dogme quelconque par des
« arguments historiques est une duperie, à laquelle peut seule
« se laisser prendre la prodigieuse naïveté monovisuelle d'un
« catholique. Les protestants, qui voient mieux le péril, s'en gar-
« dent avec un soin de plus en plus prudent, et ils ont bien raison.
« L'exégèse ne donne pas des certitudes historiques ; mais elle
« pose d'inébranlables négations dogmatiques, parmi lesquelles
« le croyant ne peut que s'égarer, s'il est aveugle, ou désespérer,
« s'il voit clair. Saint Paul, qui a prévu bien des choses, pour-
« rait bien avoir entrevu cet inconvénient de la *science du dehors*,
« quand il a recommandé aux fidèles de la fuir. La paix de l'âme
« est à ce prix, strictement. J'entends la paix de l'âme de celui qui
« peut réfléchir. »

Le *Syllabus* est tout aussi inconciliable que l'infaillibilisme avec
la mentalité française moderne. Espérer que le *Syllabus* pourra
devenir, un jour, la règle de conduite des Français est une espérance tout à fait vaine : c'est là une de ces choses rares, dont on
peut dire *à priori* qu'elles sont impossibles.

On a peine à s'imaginer les colères qu'a déchaînées ce malencontreux document. Nous avons cherché à en parler sans passion ;
mais tous les rationalistes n'ont pas nos scrupules, et voici
comment parle du catholicisme du *Syllabus* un des meilleurs et
plus modernes historiens de l'histoire religieuse de la Révolution :
« Pour moi, dit-il, je vois un antagonisme profond, irréductible,
« nécessaire, entre la société moderne fondée sur la liberté, la
« raison, la science, et la religion, quelle qu'elle soit, qui est
« essentiellement l'autorité, le mystère et l'absurde. La religion
« m'apparaît aujourd'hui comme le principal obstacle au progrès
« de la race, ce qui ne m'empêche pas de reconnaître les services
« qu'elle a pu rendre autrefois à des moments de l'histoire. Entre
« toutes les religions, le catholicisme est une des plus nuisibles,
« parce qu'une des plus antinaturelles, antiraisonnables, anti-
« progressistes. Plus que toute autre, il contribue à tenir dans la
« résignation, dans la nuit et dans la misère l'humanité hébétée
« et souffrante. C'est plus qu'il n'en faut pour légitimer, pour
« glorifier plutôt les efforts de ceux qui le combattent par les
« armes de la persuasion, les seules qui soient permises et effica-

« ces. A l'Etat, nous ne demandons qu'une chose, c'est qu'il sup-
« prime à l'ennemi les privilèges légaux dont il jouit indûment
« et dont il se soutient. Et, quand on en sera là, la campagne
« devra continuer encore par les moyens permis, par la propa-
« gande et par la presse. »

Cette lettre, qui nous a été écrite le 12 mars 1907, n'émane pas d'un politicien, mais d'un érudit, à la science très sûre et à l'esprit très libre. Nous n'en admettons pas, pour notre part, les conclusions ; mais nous la citons, parce qu'elle résume avec une netteté frappante les grandes objections de principe que font les hommes d'aujourd'hui aux représentants du catholicisme actuel, tel que l'ont fait le *Syllabus* et l'infaillibilisme. Le *Syllabus* a pris soin de déclarer « que le pontife romain ne doit pas se réconcilier « et se mettre d'accord avec le progrès, avec le libéralisme et « avec la civilisation moderne ». Or le libéralisme, qui est l'âme de la civilisation moderne et l'instrument indispensable du progrès, ne reculera certainement pas devant l'anathème du pontife romain, et il faut bien se dire qu'il a pour lui l'immense majorité des penseurs de toutes les nations civilisées.

La lutte ne peut finir que par la défaite du *Syllabus* et de l'infaillibilisme, qui entraînera avec elle la ruine du pontificat romain, ou par l'abandon du *Syllabus* et de l'infaillibilisme par le pontificat lui-même, converti au progrès, au libéralisme et à la civilisation.

La ruine du pontificat romain, nous ne voulons pas la prévoir ; quoiqu'une révolution italienne puisse, quelque jour, rendre impossible le maintien du Saint-Siège à Rome et changer ainsi le caractère de la monarchie ecclésiastique, même reconstituée ailleurs.

Un changement dans l'attitude du pontificat romain paraît aujourd'hui bien improbable, mais n'est nullement impossible. On peut le prévoir logiquement, et on doit le désirer.

L'Eglise se vante d'être un pouvoir universel et son gouvernement est tout italien. Depuis la mort d'Adrien VI (1523), tous les papes ont été italiens, et étaient choisis, le plus souvent, parmi les natifs de l'Etat pontifical. Non seulement le pape est italien ; mais la plupart des cardinaux, des prélats romains, des généraux d'ordre et des membres des congrégations romaines appartiennent à cette nationalité et sortent des séminaires italiens ou des grandes écoles romaines : Académie des nobles ecclésiastiques, université grégorienne, séminaire romain, collège romain, collège Capranica, collège de la Minerve, collège de la Sapience.

Sur 373 noms propres, cités dans un récent ouvrage sur *Rome, l'organisation et l'administration générale de l'Eglise*, 280 sont des noms italiens, et, parmi les autres, figurent les ambassadeurs des différentes puissances mondiales et les chargés d'affaires des ambassades.

Les orthodoxes considèrent cet italianisme du gouvernement pontifical comme une excellente chose. Ils vantent la culture classique et l'enseignement théologique donné dans les écoles romaines. Ils disent que la vie à Rome, la pratique de l'administration, l'éducation graduelle de l'intelligence dans le milieu romain, assurent à l'Eglise un corps politique plus homogène, plus uni, plus puissant, que si chaque nation y apportait son tempérament particulier. Comme l'idéal des orthodoxes est éminemment conservateur, leur opinion est logique ; mais il n'en est pas moins vrai que la prédominance presque exclusive d'un seul élément national, au détriment de tous les autres, donne à l'Eglise un caractère plus étroit que ne le voudrait son titre d'Eglise universelle. On a dit qu'il y aurait quelque chose de changé dans le monde le jour où un cardinal américain, anglais, allemand, ou même français, parviendrait au suprême pontificat, et c'est là une incontestable vérité. On voit, tous les jours, la différence qui peut exister entre un pape italien et un autre pape italien ; que serait-ce si, au lieu de voir le cardinal Sarto succéder au cardinal Pecci, on allait voir un Gibbons ou un Ireland s'asseoir sur la chaire de saint Pierre ? Cette éventualité ne s'est pas encore réalisée ; elle peut se réaliser, elle se réalisera très probablement un jour ou l'autre.

Il est bien certain qu'il n'y pas unanimité absolue dans le Sacré Collège ; que cette assemblée a ses réactionnaires et ses libéraux, et rien ne dit que l'élément réactionnaire soit destiné à l'emporter toujours ; il a déjà subi, avec Léon XIII, une éclipse de vingt-cinq ans ; il a repris le pouvoir, mais il peut le reperdre de nouveau, et un pontife, plus hardi encore que Léon XIII, peut rouvrir devant l'Église la voie, actuellement fermée, du libéralisme, du progrès et de la civilisation. Assurément, ce jour-là, l'infaillibilisme et le *Syllabus* resteront bien gênants, bien encombrants, et il n'est pas à croire que le Saint-Siège puisse jamais les désavouer solennellement ; mais il pourra les considérer comme des ornements hors d'usage, et les reléguer respectueusement dans quelque coffre-fort dont on aura soin de perdre la clef. On n'en parlera plus ; on fera le silence sur ces erreurs d'un jour, comme on l'a fait sur bien d'autres choses, même au Vatican.

Nous avouons souhaiter ardemment que cette révolution pacifique s'accomplisse, parce qu'elle marquera la victoire du catholicisme libéral, si cruellement persécuté jusqu'ici, et le seul viable désormais.

Ce que sera le catholicisme libéral, le catholicisme de l'avenir, on peut déjà s'en faire une idée en contemplant le catholicisme américain.

En 1775, les Etats de la Nouvelle-Angleterre comptaient trois à quatre millions d'habitants, parmi lesquels il n'y avait guère plus de trente mille catholiques. Le 15 août 1790, le docteur John Carroll fut sacré évêque de Baltimore et fut le premier évêque américain. Aujourd'hui, la république des Etats-Unis compte plus de 9 millions de catholiques sur 75 millions d'habitants, et l'influence catholique semble grandir tous les jours.

L'Eglise catholique américaine (1), vivant dans un milieu où existe réellement et pratiquement la liberté des cultes, est aussi tolérante que notre catholicisme français a été jusqu'ici jaloux et fermé. Quand Mgr de Cheverus, qui avait été évêque de Boston, mourut archevêque de Bordeaux, les Bostoniens se rappelèrent leur ancien prélat, et tous les temples protestants sonnèrent le glas. Un saint de l'Eglise américaine, le R. P. Hecker, disait : « Je « voudrais aider les catholiques de ma main gauche et les protes- « tants de ma main droite. Je voudrais ouvrir les portes de l'Eglise « aux rationalistes ; elles me semblent fermées pour eux. Je sens « que je suis le pionnier qui ouvrira la voie. » Un de ses biographes nous dit : « Il aurait voulu abolir la douane, faire l'entrée de « l'Eglise facile et large à tous ceux qui n'auraient conservé que « leur raison pour guide. »

Les disciples du P. Hecker, les Paulistes, se sont efforcés de montrer à leurs compatriotes que le catholicisme, « avec tous ses « ordres et toutes ses ramifications, est la plus multiple, et prati- « quement la plus élastique, la plus individuelle des religions. Le « catholicisme, qui, en Europe, vante toujours son unité, en « Amérique célèbre sa variété ; il donne toutes les religions en « une ; il se plie à toutes les personnalités ; il admet, en quelque « sorte, autant de catholicismes que d'individus. Le cardinal « Gibbons a acquis la sympathie générale par le respect qu'il « témoigne aux autres confessions chrétiennes ; il ne néglige « aucune information, aucune bonne volonté, il ne s'inféode à

---

(1) Cf. A. Houtin, *l'Américanisme*, Paris, 1904, in-12.

« aucune école. Mgr Ireland, archevêque de Saint-Paul, prêche
« sans cesse la marche en avant et conquiert partout son audi-
« toire par la conviction et la chaleur de son éloquence.
« Mgr Spalding est un poète et un philosophe, qui émaille ses
« sermons de citations empruntées aux auteurs modernes et
« surtout aux Allemands. ».

Tous ces prélats se vantent d'être de libres citoyens américains, et entendent jouir de toutes les libertés de droit commun.

Tandis qu'un prêtre français n'oserait se montrer au théâtre en habit ecclésiastique et commence à peine à s'aventurer à parler hors de l'église, le prêtre américain, vêtu à l'ordinaire de la redingote civile, n'endosse la soutane que pour dire la messe, paraît dans les cercles, dans les théâtres, dans les réunions publiques. En juillet 1895, l'archevêque de New-York a présidé au théâtre de Plattsburg les exercices de l'Ecole d'été. En 1898, à l'occasion de son jubilé épiscopal, il a assisté à une soirée donnée à l'Opéra de New-York où il fut complimenté « comme citoyen » par les notables de la ville, sans distinction d'opinions politiques ou religieuses. En 1902, le cardinal Gibbons a assisté, à l'Opéra de Baltimore, à une conférence du député irlandais John Dillon.

Le prêtre américain est avant tout un homme d'action, un propagandiste et un administrateur. Il a, vis-à-vis du dogme, une attitude à la fois très correcte et très hardie. Il ne conteste rien, il admet tout ce qu'admet Rome ; mais il parle de toutes ces choses le moins possible. Le dogme n'est pas pour lui la partie essentielle du christianisme, et il traite volontiers les questions dogmatiques de discussions byzantines. Mgr Spalding entretient ses auditeurs de toutes sortes de questions actuelles et pratiques, et il leur serait bien souvent impossible après la conférence de dire à quelle secte appartient le très révérend *gentleman* qui vient de parler. Ce procédé, qui semblerait scandaleux à beaucoup de nos prêtres, est tout à fait recommandable, parce qu'il met en lumière toutes les idées qui peuvent rapprocher les hommes, et laisse pieusement dans l'ombre tout ce qui risquerait de les diviser.

« La religion qu'il nous faut, disait Mgr Ireland, ne consiste
« pas à chanter de belles antiennes dans des stalles de cathédrale,
« vêtus d'ornements brodés d'or, tandis qu'il n'y a de multitude
« ni dans la nef ni dans les bas-côtés, et qu'au dehors le monde
« meurt d'inanition spirituelle et morale. Cherchez les hommes,
« parlez-leur, non en phrases montées sur des échasses, ou par
« sermons dans le style du dix-septième siècle, mais en paroles

« brûlantes qui trouvent le chemin de leurs cœurs en même
« temps que de leurs esprits. »

Ces prêtres, si peu amateurs de curiosités théologiques, sont agents d'affaires, tiennent des bureaux de placement, créent des écoles et des patronages, bâtissent des églises, parlent, écrivent, enseignent, administrent les revenus de leurs paroisses, ne considèrent aucune besogne licite comme interdite à leur activité.

L'Eglise catholique d'Amérique ressemble ainsi à une grande organisation de charité, et s'intéresse à la question sociale sous toutes ses formes.

Mgr Ireland voit, dans « l'histoire de l'Eglise, l'histoire de l'af-
« franchissement des esclaves, de la répression des tyrans, de la
« défense du pauvre, du peuple, de la femme et de tous les êtres
« sociaux que l'orgueil et la passion se plaisent à opprimer... On
« ne répète pas assez que les principes qui servent d'appui au
« mouvement social de notre époque, dans tout ce qu'il a de lé-
« gitime, sont des principes constamment enseignés par les écoles
« de théologie catholiques... Le résultat de la civilisation, si nous
« continuons de marcher dans la voie du progrès, doit être d'as-
« surer à tous un travail qui, avec le nécessaire et le confortable,
« donne à chacun sa part de joie et de consolation, de force, de
« pureté et de lumière. Quand ce jour-là sera venu, le XIXe siècle
« ne paraîtra guère supérieur au IXe, car une société où des mil-
« liers d'individus sont condamnés à un travail abrutissant, sous
« peine de mourir de faim, est une société de barbares... C'est la
« doctrine même de l'Eglise que la terre a été donnée à l'homme
« pour qu'il la soumette à ses besoins... On ne saurait dénaturer
« plus grossièrement la vérité chrétienne qu'en attribuant à
« l'Evangile l'idée que, pour parvenir à la béatitude éternelle, il
« faille se rendre malheureux en ce monde. Ceux qui suivent le
« Sauveur marchent dans la paix et dans la joie. Ici, en Amérique,
« plus que partout ailleurs, les temps nouveaux s'annoncent
« riches en opportunités. Ici, l'œuvre n'est que commencée ; nous
« n'avons fait que frayer des voies, dessécher des marais, jeter
« des ponts sur les rivières ; nous n'avons qu'éclairci les forêts et
« assaini l'atmosphère pour une race appelée à des pensées plus
« hautes et à des œuvres autrement divines. Notre siècle est un
« siècle d'action par excellence. Tout est à l'action autour de
« nous ; dans le monde matériel, dans le monde social, dans le
« monde de l'intelligence... et, cependant, il en est qui restent
« timides et indolents... Il en est qui érigent leur apathie en une

« véritable doctrine religieuse : habitués à ne rien faire et à ne
« voir rien faire autour d'eux, ils en arrivent à croire que l'inac-
« tion est l'état normal voulu du ciel, et que le service de Dieu
« consiste à blâmer ceux qui font preuve d'activité... Travaillez
« pour la patrie et pour l'Eglise, travaillez avec énergie et persé-
« vérance, travaillez quand d'autres travaillent avec vous, tra-
« vaillez encore si vous êtes seuls, travaillez selon la volonté
« de Dieu. Là où il n'y a pas de travail, il n'y a pas de vie ; là où
« il n'y a pas de vie, c'est la mort. »

Cette Eglise de l'action libre ne demande rien à l'Etat. Le régime de la séparation est le régime légal des Etats-Unis, et est très sincèrement accepté par les catholiques : « C'est un état de
« choses, dit Mgr Spalding, que les catholiques de langue anglaise
« acceptent sans réserves, sans défiance et sans vains regrets ;
« les droits communs dont nous jouissons, au sein d'une liberté
« universelle, ont éveillé en nous une énergie de pensée et d'ac-
« tion qui nous a conduits, dans le siècle admirable qui s'achève,
« à des triomphes inconnus ailleurs. » Mais hâtons-nous d'ajouter que la séparation des Eglises et de l'Etat n'implique, de la part de l'Etat américain, aucune pensée d'hostilité contre aucune Eglise chrétienne. Le christianisme, entendu dans un sens large, est considéré par lui comme la religion du pays, et le président de la République ne craint pas de convier toutes les Eglises à remercier Dieu, avec lui, de toutes les faveurs qu'il a accordées à la nation américaine.

Trouvant dans un droit commun, bien plus large et bien plus généreux que le nôtre, toutes les libertés nécessaires à son développement, le catholicisme américain adhère sans réserve à la démocratie, et vit de la pleine vie civile, en communion d'idées politiques avec tous les citoyens de l'Union.

« Si j'avais le pouvoir, disait le cardinal Gibbons, de modifier
« la constitution des Etats-Unis, je n'en effacerais pas ou n'en
« modifierais pas un seul paragraphe, une seule ligne, un seul
« mot. La constitution est admirablement adaptée à la croissance
« et à l'expansion de la religion catholique, et la religion catho-
« lique est admirablement adaptée au génie de la constitution.
« Elles sont faites l'une pour l'autre, comme deux anneaux de la
« même chaîne. »

« République d'Amérique, dit à son tour Mgr Ireland, reçois-
« le tribut de mon amour et de ma loyauté. Je prie de tout mon
« cœur pour que ta gloire ne soit jamais diminuée. *Esto perpetua !*

« Tu portes dans ta main les espérances de la race humaine. Ta
« mission, reçue de Dieu, est de montrer aux nations que les
« hommes sont capables des plus hautes libertés civiles et poli-
« tiques. Sois à jamais libre et prospère ! Que par toi la liberté
« triomphe sur toute la terre du levant au couchant : *Esto perpe-*
« *tua !* Souviens-toi que la religion et la moralité peuvent seules
« donner la vie à la liberté et lui conserver une jeunesse qui ne
« se flétrit point... Crois-moi, il n'y a pas de cœurs à t'aimer plus
« ardemment que les cœurs catholiques, pas de langues à célé-
« brer mieux tes louanges que les langues catholiques. Dans la
« guerre et dans la paix, pour défendre tes lois et tes institutions,
« aucunes mains ne s'élèveront plus volontiers et plus vaillam-
« ment que les mains catholiques. *Esto perpetua !* »

Comme le catholicisme américain comprend que les libertés
publiques sont les puissantes mais les seules garanties de ses
propres libertés, il est libéral lui-même et ne conteste à personne
les droits dont il profite, et dont il entend bien ne pas se laisser
dépouiller. Il a su éviter tout grave conflit politique ou social et
n'est point entré en lutte avec la science profane.

« Jésus-Christ, disait en 1901 Mgr Spalding, n'a enseigné ni la
« littérature, ni la philosophie, ni l'histoire, ni la science, et, par
« conséquent, ce n'est pas pour enseigner ces choses qu'il a établi
« son Eglise. C'est une Eglise qu'il a fondée et non une acadé-
« mie. » Sages paroles, s'il en fut, qui font à chacun sa part et
mettent l'Eglise en dehors des querelles scientifiques.

L'américanisme n'a pu prendre une physionomie si nouvelle
et heurter tant de préjugés sans susciter bien des oppositions et
des attaques. Même en Amérique, le libéralisme a des ennemis ;
en France, il a trouvé d'ardents apologistes et de furieux contra-
dicteurs. A Rome, il a été tout particulièrement mal vu ; ses
détracteurs, qui ne sont pas loin d'y voir une hérésie, ont fini
par arracher à Léon XIII une sorte de blâme adouci, un conseil
de prudence : la lettre du 22 janvier 1899 au cardinal Gibbons.
Mais cette lettre elle-même n'a condamné ni le républicanisme,
ni le libéralisme, ni l'activité de l'Eglise américaine, qui n'a
d'ailleurs rien changé à son langage ni à ses habitudes, et a
même laissé entendre que des exigences plus précises de la part
du Saint-Siège rendraient impossible la prédication du catholicisme aux Etats-Unis.

C'est un régime analogue qui peut encore s'établir en ce
pays. C'est la libre et large Eglise que nous rêvons pour la

France, et beaucoup de bons citoyens, beaucoup de prêtres, nous le savons, la rêvent avec nous.

Pourquoi l'Eglise de France ne se réconcilierait-elle pas, un jour, avec la démocratie? Quelle monarchie peut-elle regretter? Celle de Louis XV ou du voltairien Louis XVIII? celle de Louis XVI ou de Charles X, qui perdirent la monarchie et faillirent perdre la religion? celle de Louis-Philippe, le roi bourgeois et concordataire, qui refusa à l'Eglise la liberté de l'enseignement? celle de Napoléon Ier, bourreau du pape? celle de Napoléon III, parjure à ses serments, et auteur responsable de la ruine et du démembrement de la France? Quel monarque l'Eglise pourrait-elle, aujourd'hui, souhaiter à la France? quel élu porte sur son front le signe de la grâce et du salut?

Bien trop longtemps l'Eglise de France s'est attardée aux regrets superflus et aux vaines espérances; il est temps pour elle d'abandonner cette situation intenable. Qu'elle tourne définitivement le dos au passé; qu'elle regarde l'avenir en face: il aura ses beautés et ses gloires.

Il n'est pas besoin que l'Eglise se convertisse bruyamment à la démocratie; elle n'a qu'à l'accepter simplement, sans arrière-pensée, comme un fait accompli, sur lequel il n'est ni possible ni désirable de revenir. Elle n'a surtout qu'à renoncer à toute action politique; c'est la politique qui a été la cause efficiente de sa ruine. La politique a été la mauvaise fée qui a retourné contre elle jusqu'au bien qu'elle a pu faire; que l'Eglise rompe avec cette mauvaise conseillère, qu'elle s'accommode de la démocratie, et, du jour où celle-ci ne verra plus en l'Eglise une ennemie, elle ne lui marchandera plus la liberté.

La liberté! voilà le grain de senevé d'où sortira le grand arbre qui ombragera, un jour, la terre entière. On a commis bien des crimes en son nom; on ne lui rend encore qu'un culte idolâtre; on l'avoue des lèvres et on ne l'a point dans le cœur; mais elle vit, elle grandit malgré les criminels et les sacrilèges, et c'est à son ombre seule que pourront désormais vivre et croître la justice et le droit.

L'Eglise a droit à la liberté, à toutes les libertés: à la liberté du culte, à la liberté de la parole et de la presse, à la liberté de l'enseignement, à la liberté de la propagande, à la liberté du commerce, de l'industrie, de la propriété, de la charité; mais qu'elle veuille bien reconnaître que si, un jour, le peuple lui a contesté tous ces droits, c'est qu'elle les avait elle-même, pendant longtemps, contestés à ses adversaires. Il faut qu'elle reconnaisse que les dissidents, que ses adversaires, que ses ennemis ont le même droit qu'elle à toutes les libertés. Il faut qu'elle tolère ces libertés, non pas comme un mal inévitable et passager, mais comme un droit indiscutable et absolu. Pour que personne ne s'avise de lui envier ses libertés, il faut qu'elle soit toujours prête à défendre celles d'autrui.

Nous touchons ici au point le plus délicat de la conscience catholique : « Quoi ! diront les orthodoxes, l'Eglise, seule en « possession de la vérité révélée, de la foi divine, qui seule « assure le salut, devra pactiser avec l'hérésie, avec le schisme, « avec l'infidélité ? » Et nous répondons : Oui, parce que les droits de l'hérésie, les droits du schisme, les droits de l'infidélité, sont dans le monde moderne les mêmes que ceux de l'Eglise, et, en défendant les droits de l'hérésie, du schisme et de l'infidélité, l'Eglise défendra les droits de l'orthodoxie, de l'unité et de la foi.

Les anciens docteurs interprétaient à la lettre la terrible parole : « Hors de l'Eglise, point de salut ! » Aujourd'hui, les prêtres les plus chrétiens enseignent que tout homme de foi et de devoir, à quelque religion qu'il appartienne, est avec l'âme de l'Eglise et peut trouver grâce devant Dieu. Et c'est là la vraie vérité chrétienne ; mais, s'il en est ainsi, ne voit-on pas que l'hérétique, le schismatique, l'infidèle même, peuvent être avec l'âme de l'Eglise, tandis que tel ou tel orthodoxe n'y sera point ? Voilà pourquoi il faut admettre tout le monde à la liberté. Que tous vivent, et vivent libres : Dieu saura bien reconnaître les siens !

Que tous vivent libres, même et surtout l'homme de science, qui ne peut faire œuvre utile que dans l'absolue liberté. Que l'Eglise le laisse libre, comme nous lui demandons de laisser libre l'hérétique, le schismatique et l'infidèle. Qu'elle lui permette même de dire parfois quelques folies, en pensant à tout ce que l'orthodoxie farouche lui en a fait dire à elle-même aux siècles passés.

« Mais, dira-t-on encore, que deviendra le dogme au milieu de « toutes ces libertés ? » Il en est qui répondraient : « Le dogme « deviendra ce qu'il pourra. » Nous ne le dirons pas. Le dogme restera ce qu'il est, la manne de l'âme et chaque fidèle en prendra suivant ses besoins : Les forts en feront leur pain quotidien ; les humbles y goûteront avec modestie ; les difficiles en savoureront une portion choisie ; les petits enfants en ramasseront joyeusement les miettes. Pourquoi rejetterait-on hors du temple celui qui aime Dieu par-dessus toutes choses et son prochain comme lui-même, pour l'amour de lui ? N'est-ce pas là toute la loi ? Pourquoi n'admettrait-on même pas celui qui aime la justice et désire son triomphe parmi les hommes ? N'est-il pas déjà plus qu'à moitié chrétien ? Est-ce en le repoussant qu'on augmentera sa foi ? Elargissez l'Eglise ; faites-la assez vaste et assez ample pour que tous les hommes de bon vouloir y puissent entrer. Nos vieilles cathédrales ont trois portes majeures, Bourges en a cinq, Chartres en a neuf ; faites une église aux cent portes, et que l'humanité presque tout entière y puisse pénétrer. Faites une Eglise vraiment universelle, toute douceur et toute charité, qui ne saura que bénir et bien faire et dont tous les fils des hommes célébreront à l'envi la beauté. Et en attendant que nous puissions tous redevenir catholiques dans cette Eglise élargie et régénérée, restons chrétiens, parce qu'il y va réellement du salut de ce grand pays.

La France a quitté la vieille route royale où elle avait si longtemps cheminé, et s'est lancée, à travers les précipices, à la poursuite de la liberté. Elle a eu raison, mais il ne faut pas qu'elle s'égare, qu'elle aille à cette contrefaçon de la République qu'on a appelée la Démocratie du moindre effort.

Le peuple, devenu souverain, a ses flatteurs comme les avaient les anciens monarques. Aux conseillers prudents qui crient sans cesse : « Travaille, surveille-toi, arme-toi ! » les flatteurs répondent : « Fais-en le moins possible, jouis, et moque-toi du reste. » Si la nation venait jamais à les écouter, c'en serait fait de la France.

Contre toutes ces tentations, l'esprit chrétien reste le plus sûr des antidotes. Ceux qui attaquent la morale du christianisme comme surannée, intéressée ou mesquine la connaissent mal ; elle est de toutes la plus claire, la plus pratique et la plus humaine. Elle a réduit ses principes en axiomes si simples et si frappants, qu'il n'est aucun homme qui ne les puisse comprendre et retenir. Elle ne demande pas à l'homme une perfection inaccessible, mais seulement de ne pas faire à autrui ce qu'il ne voudrait pas qui lui fût fait. On a trouvé cette maxime insuffisante en sa forme négative, et l'on a voulu la remplacer par cette autre : Fais à autrui tout ce que tu voudrais qui te fût fait. C'est peut-être plus beau, mais c'est impraticable ; il est toujours en mon pouvoir de m'abstenir du mal, et il ne m'est jamais possible de faire tout le bien que je rêve, parce que mes ressources et mes forces ne suffisent pas à l'immensité de la tâche. La morale chrétienne est douce et indulgente, car elle ne demande à chacun de nous que ce qu'il peut donner ; chacun n'aura à rendre compte que du talent qui lui aura été confié. Elle propose, il est vrai, une récompense à l'homme vertueux, et elle menace le criminel d'un châtiment; mais elle montre par là quelle profonde connaissance elle a du cœur de l'homme et ses enseignements ne se bornent pas à prêcher la crainte de l'Enfer et l'espoir du Paradis. En nous proposant l'amour divin comme mobile et la perfection divine comme modèle, elle coïncide avec la sagesse hellénique, qui demandait à la vertu de chercher la ressemblance avec la divinité.

Il est plus sain pour l'homme de croire que la terre est un champ d'épreuve que de s'imaginer qu'elle est un lieu de plaisir. Oui, la vie est bonne et vaut d'être vécue; mais non pas à cause des satisfactions, des succès, des voluptés, qu'y peuvent donner la richesse ou le pouvoir ; elle est bonne et vaut d'être vécue, quand elle est une montée vers l'idéal, un effort généreux vers une plus grande valeur morale, et cette vie de la conscience, l'esprit chrétien est plus apte que tout autre à la développer, parce qu'il enseigne à chacun à se dévouer pour autrui, à se dévouer par grâce et par amour.

Les nouveaux moralistes opposent à l'antique charité une vertu nouvelle, qui remplacerait toutes les autres : la solidarité. Mais la solidarité est un fait et n'est pas une vertu. S'il est vrai, d'une manière très générale, que les hommes soient solidaires les uns des autres, le sentiment de ce fait ne pourrait devenir une vertu que s'il développait en chaque individu le sens altruiste ; mais le développement d'un altruisme général est impossible, parce que la vie restera toujours une lutte, ou, tout au moins, une rivalité, et l'homme n'aura jamais ni le pouvoir, ni le droit de s'oublier soi-même, ce qui serait se livrer sans défense à ses rivaux. Au lieu donc d'éteindre l'émulation entre les hommes, mieux vaut créer pour les batailles de la vie de bons soldats, à la fois vaillants et généreux, pleins d'ardeur mais remplis de charité, forts comme les lions, mais doux comme les colombes. C'est par le perfectionnement de l'individu qu'on parviendra, s'il est possible, au perfectionnement de la masse.

La vie n'est pas seulement un champ de travail ; elle est aussi un foyer de passion, et l'esprit chrétien a apporté au redoutable problème de l'union des sexes la solution la plus digne et la meilleure. Le mariage, fondé sur l'amour vrai et désintéressé, sur la mutuelle estime et sur le sentiment réciproque du devoir, est la chose la plus noble qui soit sur la terre. Il y a assurément beaucoup de mauvais mariages, mais c'est que ni l'amour, ni l'estime, ni le devoir, n'ont présidé à leur naissance. Faisons tous nos efforts pour qu'ils y président le plus souvent possible ; au lieu de célébrer bassement et vilainement les « beaux mariages » qui unissent des titres ou des sacs d'écus, réservons nos sympathies pour les unions fondées sur l'amour et sur l'honneur ; n'allons pas, sous prétexte que les mauvais mariages engendrent la tyrannie, pousser la femme vers la tyrannie cent fois plus pesante et dégradante de l'union libre, dont Zola résumait jadis ainsi tout le programme : « On se plaît, on se prend ; « on ne se plaît plus, on se quitte. » Cette union là n'a pas de nom dans la langue des honnêtes gens.

Restons chrétiens, non seulement parce que la valeur morale de notre pays en dépend, non seulement parce que la dignité de la famille française l'exige, mais encore parce que la sécurité de la patrie le commande impérieusement.

La patrie n'est pas un mot creux et sonore : c'est la plus objective des réalités ; c'est le grand vaisseau qui porte la fortune et l'avenir de la nation ; c'est la garantie suprême de nos libertés et de nos droits. Le patriotisme, c'est la solidarité poussée jusqu'à l'héroïsme, jusqu'au sacrifice de tous les intérêts particuliers, jusqu'au sacrifice de la vie ; mais cette solidarité-là, bon nombre de solidaristes ne veulent pas en entendre parler, parce que leur solidarité n'est qu'égoïsme. Le chrétien parle moins de solidarité et comprend mieux ses devoirs envers son pays. Il n'y a pas de sans-patrie parmi les chrétiens et aucun d'eux ne désertera son poste quand viendra le jour du danger.

Restons chrétiens, enfin, parce qu'en dehors et au-dessus de tout ce qui se constate, de tout ce qui se dose, se pèse et se mesure, de tout ce qui change et de tout ce qui meurt, de tout ce qui nous blesse et nous attriste, s'étend l'immense et intangible domaine du rêve et de l'espérance, le royaume de l'absolue beauté et de l'éternelle justice, le royaume de Dieu, dont le Christ seul nous a montré le chemin.

TABLE DES MATIÈRES

	Pages.
Napoléon et l'Eglise.	1
Les origines du parti prêtre.	18
Le Concordat de 1818. La Congrégation.	34
Charles X et l'Eglise.	50
L'Eglise et l'Université.	66
La liberté de l'enseignement.	84
Lamennais.	99
Le mouvement de 1848.	114
L'unité italienne et la papauté.	130
Le Syllabus.	149
Le concile du Vatican.	166
L'Eglise et la République, de 1870 à 1900.	183
La France catholique : les écrivains et les penseurs.	199
La France catholique : les polémistes.	217
La France catholique : les attardés et les violents.	233
La France non catholique : les dissidents.	252
La France non catholique : les adversaires.	269
La France non catholique : les ennemis.	286
La guerre aux congrégations.	302
La séparation de l'Eglise et de l'Etat.	318
Les suites de la loi du 9 décembre 1905.	334
L'avenir de l'Eglise.	350

Poitiers. — Société française d'Imprimerie et de Librairie.

www.ingramcontent.com/pod-product-compliance
Lightning Source LLC
Chambersburg PA
CBHW050307170426
43202CB00011B/1812